GRIECHISCHE SAGEN

GRIECHISCHE SAGEN

EINGELEITET UND NEU ÜBERTRAGEN
VON LUDWIG MADER

ALBATROS

Aus dem Nachlaß herausgegeben und ergänzt
von Liselotte Rüegg

© 1963 Artemis Verlags-AG
© 1995 Patmos Verlag GmbH & Co. KG
Artemis & Winkler Verlag, Düsseldorf/Zürich

Bibliographische Information der Deutschen Bibliothek

Die Deutsche Bibliothek verzeichnet diese Publikation
in der Deutschen Nationalbibliographie;
detaillierte bibliographische Daten sind im Internet
über http://dnb.ddb.de abrufbar.

© 2003 Patmos Verlag GmbH & Co. KG
Albatros Verlag, Düsseldorf
Alle Rechte, einschließlich derjenigen
des auszugsweisen Abdrucks sowie der fotomechanischen
und elektronischen Wiedergabe, vorbehalten.
Umschlaggestaltung: butenschoendesign, Lüneburg
Umschlagmotiv: Dionysos in menschlicher Gestalt,
begleitet von einem Satyrn, Schale, Antikenmuseum,
staatliche Museen Preußischer Kulturbesitz
ISBN 3-491-96107-6
www.patmos.de

EINLEITUNG

I

In seinem Timaios läßt Platon den alten ägyptischen Priester zu seinem
Gesprächspartner sagen: «Solon, Solon, ihr Hellenen bleibt doch ewig
Kinder! Kein Grieche ist alt, ihr seid alle jung an Seele, ihr besitzt keine
alte, aus Urväterkunde stammende Weisheit, keine altersgraue Erkennt-
nis!» Veranlaßt ist diese Bemerkung des Ägypters durch die Tatsache,
daß Solon nach seiner eigenen Darstellung dem Gespräch absichtlich die
Wendung auf die ältesten griechischen Mythen gegeben hatte, auf Phoroneus, der als der erste Mensch galt, auf Deukalion und Pyrrha mit
ihren Nachkommen, und sie ist ebenso – leicht sarkastisch – ablehnend gemeint, wie die Absage von Phorkyas-Mephisto im «Faust II» gegenüber
der klassischen Antike: Fabeln, von denen es gilt, sich möglichst schnell
freizumachen! «Eurer Götter alt Gemenge, laßt es hin, es ist vorbei!»
Gegenüber dem uralten orientalischen, insbesondere ägyptischen Wissen
ist das alles nur Spiel und Kinderei. Die Frage, ob es Platon selbst ist, der
hier in der Maske des ägyptischen Priesters spricht – Nietzsche nennt ihn
einmal den Antihellenen, «der am weitesten von allen Grundinstinkten
des Hellenischen abgeirrt ist» –, können wir hier auf sich beruhen lassen.
Auf jeden Fall wird damit die jugendliche und in höchstem Maß schöpferische Genialität der griechischen Frühzeit vor Sokrates und mit ihr –
seltsam genug – gerade die Entwicklungsstufe des Griechentums abge-
lehnt, die nach Jacob Burckhardt «seine wahre, unerreichbare Größe»
ausmacht. «Etwas wie seine Philosophie hätten Neuere auch zustande
gebracht, den Mythos nicht.»

    In welchem Ausmaß der Mythos, die Götter- und Heldensage oder,
um den Begriff mit den Worten eines namhaften Forschers unsrer Tage
zu umschreiben, «die religiöse Erzählung, deren Helden Götter, göttliche Wesen und Heroen sind und deren Taten sich in der fernsten Vergangenheit, für die Griechen in der Zeit vor der dorischen Wanderung ab-

spielen», das eigentlich schöpferische Element, geradezu die Voraussetzung der griechischen Kultur bildet, davon mag der Fernerstehende unmittelbar eine Vorstellung bekommen, wenn er sich folgende Tatsache vergegenwärtigt: von den Stücken, mit denen die tragischen Dichter Athens vor die Öffentlichkeit getreten sind, sind uns etwa 400 ganz oder zum Teil erhalten oder dem Titel nach bekannt, darunter sind keine zehn, die einen zeitgeschichtlichen oder gar frei erfundenen Stoff behandeln. Der Mythos mit seiner Fülle von Gestalten und Schicksalen, mit seinen Urformen des Grauens, der Angst und der Leidenschaften ist das unerschöpfliche Repertoire, auf das die Dichter immer wieder zurückgreifen, und dadurch, daß sie von vornherein den Inhalt in groben Zügen als bekannt voraussetzen dürfen, sind sie immer der unmittelbaren Wirkung sowohl in die Breite wie in die Tiefe sicher. Die Gestaltungsfreude des Dichters und die erwartungsvolle Bereitschaft des Zuschauers kommen hier auf der gleichen Ebene einander aufs glücklichste entgegen. Nicht anders ist es in der bildenden Kunst. Mythologische Szenen und Motive sind es durchweg, mit denen Giebelfelder, Friese und Metopen der Tempel geschmückt sind, an den Götterbildern hat sich die Rundplastik entwickelt, und gar die Vasenmalerei, was wäre sie ohne den Mythos! Er ist das immer wieder abgewandelte Thema, das sie sich stellt und immer aufs neue mit der gleichen Erzählerfreude ausführt. Selbst wenn die literarische Überlieferung restlos untergegangen wäre: von den Tausenden und Abertausenden griechischer Tongefäße, die uns der Boden Griechenlands und Unteritaliens erhalten hat, könnte man die Heldensage in den großen Zügen greifbar ablesen, so daß man geradezu – mit einem nicht gerade schönen, aber kaum entbehrlichen Ausdruck – von «Kunstmythologie» zu sprechen pflegt, von Mythologie also, wie sie sich auf Grund der Denkmäler darstellt.

Den gleichen Eindruck nun – auch ganz abgesehen von der Sphäre, in welcher der Mythos sozusagen heimatberechtigt ist, dem religiösen Kult – gewinnen wir in fast allen Bezirken des griechischen Lebens. Angefangen von der Natur, in die der griechische Mensch hineingestellt ist, von der Landschaft mit ihren geologischen, physikalischen und klimati-

*schen Gegebenheiten über die erste Besiedelung und Bewirtschaftung des
Bodens bis zur Herausbildung und Entwicklung von weiteren naturbe-
dingten Haupterwerbszweigen – über alles hat der Mythos sein schim-
merndes Gewand gebreitet. Durchsichtig genug – wenn wir bei Athen
bleiben wollen – spiegelt sich der felsige Charakter des Landes im Namen
eines seiner mythischen Könige, Kranaos («Felsenmann»), seine Lage
zum Meer im Streit der Athene mit Poseidon und in dessen Schlichtung.
Einen andern Namen aus der Königsreihe, den des Erechtheus, hat man
ansprechend als «Schollenbrecher» gedeutet, und auf dem Burgfelsen
von Athen hat Athene den ersten Ölbaum gepflanzt. In Arkadien ließ
im Waldgebirge «den göttergleichen Pelasgos die dunkle Erde empor-
steigen, damit ein Geschlecht von Menschen vorhanden sei».*

*Für uns ist es heute ein selbstverständlicher Gedanke, daß die Begriffe
«geschichtlich» und «mythisch» Gegensätze sind, die einander aus-
schließen. Von «Geschichte» im doppelten Sinn des Wortes – einmal dem
historischen Geschehen selbst und dann seiner Darstellung – reden wir
erst da, wo Taten, Ereignisse, Zustände der Vergangenheit so kenntlich
sind und uns nach Möglichkeit so dargestellt werden, «wie sie eigentlich
im allgemeinen waren und wie alles gekommen ist». Für den antiken
Menschen existiert der Gegensatz noch gar nicht in solcher Schärfe, oder
anders ausgedrückt: es kommt ihm vielfach gar nicht zum Bewußtsein,
wo der Mythos aufhört und wo die «Geschichte» beginnt. Im Raum der
Antike – nicht gewaltsam, mit jähem Bruch, sondern mit vielfachen, im
einzelnen oft kaum wahrnehmbaren Abstufungen – vollzog sich erst der
Übergang vom Mythos zum Logos. Wo etwa ein Stück echter Genealogie überkommen war, blieb es umsponnen von einem Wust erdichteter Ge-
schlechterfolgen, oder mitten in echter völkerkundlicher Überlieferung
machten sich ausgesprochene Fabelvölker breit, wie etwa Lapithen, Kentauren, Amazonen. Den weltgeschichtlichen Zusammenstoß zwischen
Griechen und Persern, der sich doch im hellen Licht der Geschichte ab-
spielt, verfolgt Herodot allen Ernstes bis in die mythische Vorzeit zurück, bis auf Jo, Europe und Helena. In dem Streit zwischen Athen und
Megara um die Insel Salamis wurde durch Schiedsspruch den Athenern*

*die Insel zugesprochen mit der Begründung, nach dem Homerischen
Schiffskatalog hätten die Schiffe des Aias neben denen der Athener gestanden. Die Megarer erhoben zwar Einspruch gegen diesen Spruch,
aber – und das ist vor allem bezeichnend – nicht wegen dieser Art von
Begründung, sondern mit der Behauptung, die betreffenden Verse seien
nachträglich in den Homer-Text eingeschmuggelt. Seine Stellungnahme
zugunsten der Akarnanen (250 v. Chr.!) begründete der römische Senat
damit, die Akarnanen seien die einzigen Griechen gewesen, die den Zug
gegen die Mutterstadt Roms, Troia, nicht mitgemacht hätten. Noch unter dem Kaiser Tiberius glaubten die Epheser in aller Unbefangenheit
politische Forderungen dadurch zu stützen, daß Artemis und Apollon
nicht auf Delos, sondern an ihrem heimischen Fluß Kenchreos geboren
seien! Ebenso griff man für die Ableitung und Erklärung vieler Ge-
wohnheiten und Formen des öffentlichen Lebens ohne jedes Bedenken auf
Mythen der Frühzeit zurück, fühlte sich im besten Glauben als Erben und
Rechtsnachfolger einer heroischen Vergangenheit. So galt Theseus den
Athenern als Begründer und Schutzherr der Demokratie auch in ihrer
späteren Form, ohne daß man sich des inneren Widerspruchs bewußt wurde,
der darin lag, daß der gleiche Theseus durch seine sonstigen Taten (Be-
seitigung von Ungeheuern und Gewaltmenschen, Vereinigung der zerstreuten Gaugemeinden zu einer Bürgerschaft usw.) die erste Voraussetzung für eine Staatsbildung überhaupt geschaffen haben sollte.*

*Nietzsche, wenn ich nicht irre, hat einmal gesagt: « Erst ein mit My-
then umstellter Horizont schließt eine ganze Kulturbewegung zur Ein-
heit ab.» Es wäre indes eine falsche, wenn auch vielleicht naheliegende
Vorstellung, wenn man annehmen wollte, der Mythos sei in seiner Entstehung einzig und allein an die großen, eindrucksvollsten Erscheinungen
der Natur gebunden, wie Auf- und Untergang der Sonne, ihre zeitwei-
lige Verfinsterung, ihre oft verzehrende Wirkung in der Glut des Som-
mers; das Werden und Vergehen im Wechsel der Jahreszeiten; die
atmosphärischen Vorgänge, wie Wolkenbildung und -bewegung und das
entfesselte Toben der Elemente im Gewitter; Erderschütterungen und
vulkanische Ausbrüche; die bedrückende Einsamkeit einer Bergwildnis;*

die Gewalt der wogenden Meeresflut. Oder gebunden an die Urformen und Urvorgänge des Menschenlebens, wie Geburt und Sterben, Ehe, Muttertum, übermächtige Leidenschaften, die tief in das Schicksal der Einzelnen wie ganzer Völker eingreifen; an die entscheidenden Wandlungen oder Umwälzungen im geschichtlichen Leben. Freilich, es gibt seltsame, bis ins Riesenhafte und Ungeheuerliche absonderliche Mythen – man denke an Uranos und Kronos oder wenn in der Sage von Perseus der Medusa das Haupt vom Rumpfe getrennt wird und Mann und Roß hervorspringen! –, da fühlt man, daß sich hier ein Gewaltiges, tief Bedeutungsvolles unter sonderbarem Bild darstellt, doch «wer kann solch ein Bild noch deuten?» Aber schlechthin alles, was sich dem Bewußtsein des primitiven Menschen aufdrängt, was er «apperzipiert», die reale Welt, in die er gestellt ist, «Berg und Fels, Quell, Fluß und Meer, Bäume und Kräuter, die Tiere vom überlegenen Raubtier bis herunter zu Maus und Käfer, Vögel und Fische» (Usener) ebenso wie seine äußeren und inneren Eindrücke und Erfahrungen: Krankheit, Schmerz, Tod, Traum, Begehren, Hoffnung, Enttäuschung – mit einem Wort: alles, was in seinen Vorstellungskreis fällt, auch das Alltägliche, wird ihm zum «numen», zum «Gott», womit aber durchaus nicht gesagt ist, daß es in jedem Fall, um einen Ausdruck Hermann Useners zu gebrauchen, «Mythos entwickelt». Nicht im Sturm, der die Berge zerriß und die Felsen zerbrach, nicht im Erdbeben und im Feuer, sondern – und ein tiefer Sinn liegt in dieser alttestamentlichen Erzählung – im stillen, sanften Sausen, das dann folgte, erschien Gott dem Elia auf dem Berg Horeb.

Zusammen mit dem Volk aus dem vorgeschichtlichen Dunkel heraus sich entwickelnd, ist die Mythenbildung die erste und einzige Verfahrensweise für den primitiven Menschen, um sich geistig mit der inneren und äußeren Welt auseinanderzusetzen, die erste Welt«anschauung», die erste Antwort, die ein noch urtümliches Denken auf die sich aufdrängende Frage nach Sinn und Wesen der Welt sich zurechtlegt, es ist, wie es ein großer Dichter einmal ausgedrückt hat, der Hauch der Märchen, in denen «der Mensch das Letzte zu begreifen versucht, nicht mit Apparaten und Formeln, sondern mit den Gestalten, die er schafft». Im

Mythos spiegelt sich die Geschichte der Volksseele am getreuesten wider, von der ersten, noch traumhaften Regung bis dahin, wo der Logos einsetzt. Am Anfang war der Mythos. Deswegen tun wir gut daran, für seine Entstehung und ersten Entwicklungsstufen nicht ohne weiteres eine Geisteshaltung vorauszusetzen, die sich immer und überall der uns heute geläufigen Denkgesetze bedient. Immerhin mag das biogenetische Grundgesetz, nach dem die Entwicklung des Individuums eine abgekürzte Wiederholung der Entwicklung der Gattung darstellt (neuerdings ist es nicht unbestritten!), hier noch Geltung besitzen. Tatsache ist es jedenfalls, daß auch das Kind «Mythen» bildet oder Mythen noch besonders leicht zugänglich ist und damit sich über Dinge oder Vorgänge in seiner Umgebung beruhigt. Etwa indem es den Gegenstand schlägt oder bei der Mutter verklagt, an dem es sich gestoßen hat, oder indem es den rollenden Donner mit einem zornigen Mann in Verbindung bringt, der Stühle umwirft. Das ist im Grund der gleiche psychische Vorgang, wie wenn etwa für den Primitiven hellenischer Vorzeit das unheimliche, überwältigende Schweigen einer wilden Berglandschaft mit elementarer Kraft in Pan Gestalt annimmt oder die Urgewalt des wogenden Meeres im «Erderschütterer» Poseidon.

Freilich, wenn sich die mythenbildende Phantasie des primitiven Menschen mit der Umwelt auseinandersetzt, so geht die Rechnung ebensowenig auf wie später mit den rationellen Methoden des wissenschaftlichen Denkens, ja, was an Dunkel und Schwere bleibt und lastet, überwiegt das Helle und Freundliche. So geht auch durch die griechischen Mythen ein Zug von schwermütiger Resignation, von tiefem Pessimismus, und nur mit starker Einschränkung kann man die schönen Verse Lenaus gelten lassen von den Hellenen, die «den Erlöser und sein Licht nicht kannten»: «Drum scherzten sie so gern und nannten / Des Schmerzes tiefsten Abgrund nicht. / Daß sie am Schmerz, den sie zu trösten / Nicht wußte, still vorüberführt / Erkenn ich als der Zauber größten / Womit uns die Antike rührt.» Nein, die meisten Schicksale, von denen die griechische Sage erzählt, scheinen nur die Eitelkeit alles Großen in der Welt (oder was dafür gilt!) verdeutlichen zu wollen, ob es um Völker und

*ganze Geschlechter oder um einzelne Heroen. Den Siegern im
Kampf um Troia geht es zuletzt nicht besser als den Besiegten, am Ende
weiß man nicht, ob man nicht die vor der Stadt Gefallenen für die Glück-
licheren halten soll. Vor dem Zug der Sieben gegen Theben weiß einer der
Führer, der Seher Amphiaraos, daß das Unternehmen von den Göttern
nicht gebilligt wird, auch die andern wissen es durch ihn und ahnen, zudem noch durch Zeichen gewarnt, ihren Untergang. Tatsächlich kommt
auch keiner zurück, bis auf den einen Adrastos, der dann zeit seines Lebens trauert. Auf dem Hinweg hatten sie das Kind des Königs von Nemea, das gerade an einem Schlangenbiß gestorben war, begraben, und
Amphiaraos hatte dabei erklärt, das bedeute ihren eigenen Tod, worauf
sie den Knaben Archemoros nannten, das heißt «Führer in den Tod».
«Besitzt wohl die Heldensage irgendeines andern Volkes einen Zug wie
diesen?» (Jacob Burckhardt). Als Demeter durch den Raub Plutons
ihre Tochter verlor, «verließ sie», wie es bei Apollodor heißt, «den
Himmel und die Götter». Ist Mutterleid jemals ergreifender und
schlichter zugleich zum Ausdruck gekommen? Höchstens pathetischer
und großartiger im Mythos von der Niobe, die im Schmerz zu Stein
wurde, von dem nun in alle Ewigkeit die Tränen niederrinnen.*

    *Man hat von einer «überwältigenden Fähigkeit der Griechen zur
Mythenbildung» gesprochen, aber auch sie ist, im Ganzen ihrer Entwicklung gesehen, offenbar nur ein weiterer Ausdruck des eigentümlich
griechischen Denkens überhaupt, seiner Abneigung gegenüber allem
Abstrusen, Dunkeln und Spukhaften, gegenüber allem fratzenhaft Ver-
zerrten, Magischen und Irrationalen und seiner Vorliebe für Gleichgewicht und Ebenmaß, für das Klare und plastisch Greifbare, das bildhaft
Begrenzte und Überschaubare – mit einem Wort: der Geistesrichtung,
die dann den Gang der abendländischen Kultur weithin bestimmt hat. In
helles Licht gerückt wird sie durch den Gegensatz etwa zum indischen
Denken, dem die Fähigkeit abgeht, die Phantasie zu zügeln, und das damit weitgehend den Maßstab für die Welt der Wirklichkeit verliert. In
der Betätigung ihrer mythenschöpferischen Veranlagung aber waren die
Griechen vor andern Völkern, namentlich des Orients, durch eine Reihe*

weiterer glücklicher Umstände offensichtlich bevorzugt. «Ich preise euch glücklich um die Freiheit, die ihr besitzt», sagte der jüngere Kyros zu seinen griechischen Söldnern vor der Entscheidungsschlacht bei Kunaxa und traf damit den Punkt, der auf ihn, der aus einer ganz andern Welt kam, den tiefsten Eindruck gemacht haben muß. So ist es vor allem aus ihrer Freiheitsliebe heraus zu verstehen, wenn sich bei den Hellenen nicht wie im Orient von Anfang an der Druck theologisch formulierter Glaubenssätze, das Gewicht einer ausgebildeten Orthodoxie erstickend auf den aufkeimenden Mythos legte. Hier konnte er sich nach seinen eigenen Gesetzen frei entfalten. Auch keinen jähen, gewaltsamen Bruch mit der Vergangenheit, keine politische Katastrophe großen Ausmaßes, die schon in einem frühen Stadium etwa hoffnungsvolle Ansätze kultureller Entwicklung geknickt hätte, hat es hier gegeben, und was gerade der Geschichte der griechischen Religion ihren eigenartigen Wert gibt, ist diese ungebrochene Kontinuität der Entwicklung von der tiefsten auf die höchste Stufe. Vor allem aber eines noch trug dazu bei, aus dem Mythos der Griechen ein plastisches und farbensattes Bild des Lebens zu machen mit den Urgesetzen und Urtrieben, die in ihm, mit den «Mächten», die über ihm walten, mit der ganzen Problematik, die auf ihm lastet; das ist die Tatsache, daß ihn von früh an die Dichtung mit ihrem schimmernden Duft umwoben hat. Wenn es allerdings auch nicht so ist, wie man gelegentlich meint, daß Mythos und Poesie zusammenfallen, – ihrem innersten Wesen nach ist es die gleiche psychische Kraft, die in der Mythenbildung wie in der Dichtung wirksam ist: die Phantasie. Aber die inneren und äußeren Bedingungen, unter denen beide zu einer gegebenen Zeit und in einer bestimmten Volksgemeinschaft hervortreten, sind verschieden. Der Mythos ist nach seinem letzten Ursprung eine Schöpfung der Volksphantasie und verliert sich mit seinen Anfängen im geheimnisvollen Dämmer der Vorzeit, die Dichtung bemächtigt sich seiner erst mit dem Augenblick, wo der Einzelne oder höchstens eine der Gesamtheit des Volkes gegenüberstehende beschränktere Gemeinschaft oder Gruppe den überlieferten Stoff künstlerisch formt und ihm einen persönlichen Stempel aufdrückt. Mythos ist Anfang, tastender Beginn, in der Dichtung erst

*geht einem Volk – nach dem schönen Wort von Jacob Grimm in seiner
Schiller-Rede – die volle Blüte seines Wachstums und Gedeihens auf. Damit ist nicht gesagt, daß sich immer und überall scharfe Grenzen ziehen
lassen, im einzelnen Fall wird es oft zweifelhaft bleiben, ob wir es mit
echtem Mythos oder mit Dichtung zu tun haben, wenn es sich nicht um
eine literargeschichtlich feststellbare Formung handelt oder die indivi-
duelle Prägung nicht sonstwie auffällig hervortritt.*

 *Im allgemeinen gilt aber auch hier: «Was bleibt, stiften die Dich-
ter.» Die Hauptquelle, aus der wir die Kenntnis der griechischen Mythen schöpfen, ist die griechische Dichtung. Homer und Hesiod haben
nach dem bekannten Wort Herodots den Griechen die Götter «geschaffen», Hymnendichtung und Tragödie zehren von dem reichen Erbe,
aber nur ein verschwindend geringer Bruchteil des ursprünglichen
Reichtums ist uns erhalten. Das gilt auch von der schriftlichen Auf-
zeichnung der Mythen in Prosa, der «Mythographie», die im 4. Jahrhundert v. Chr. in der Schule des Aristoteles, aufkam und in ihren Anfängen unmittelbar aus den literarischen Quellen schöpfte. Was uns von
dieser Sammelschriftstellerei (an ein Zurückgreifen auf die unmittel-
bare lebendige Volksüberlieferung, die für die moderne Sagenforschung
eine wichtige Rolle spielt, dürfen wir für die damalige Zeit ohnehin kaum
denken) erhalten ist, steht wieder, von einzelnen Bruchstücken abgesehen, am Ende einer längeren Entwicklung und beruht in der Regel nicht
auf unmittelbarer Benützung der Dichtungen, sondern geht auf Bearbeitungen zweiter oder dritter Hand, auf Auszüge aus den Dichtern in
Prosa, zurück. Trotzdem ist es für eine tiefere Kenntnis der griechischen
Mythen unentbehrlich. Vielfach stoßen wir hier auf Gebilde voll rätselhaften Tiefsinns, die den Stempel des Hochaltertümlichen tragen; einem
Urgestein gleich, das aus dunkler Tiefe heraufkommt und in jüngere
Schichten hereinragt. So etwa noch im Hygin (139): wenn die Amme
Amaltheia den eben geborenen Zeus zum Schutz vor Kronos, der ihn auf
der ganzen Erde sucht, in seiner Wiege an einem Baum aufhängt, «da-
mit er nicht im Himmel, nicht auf der Erde und nicht im Meer gefunden
werde». Man hat darin verhältnismäßig späte Erfindung erblicken*

*wollen, kaum mit Recht. Aufgeklärtere Zeiten wären wohl nicht mehr
auf solche Mythen verfallen, die durchaus auf ein urtümliches mythi-
sches Denken hindeuten, ebenso wie der verwandte seltsame germanische
Mythos von Odin, der seine Weisheit fand, als «er neun Nächte lang am
windbewegten Baume hing, vom Speer verwundet».*

II

*Wie wir gesehen haben, ist die Grenze zwischen Dichtung und Mythos
nicht immer leicht und einwandfrei zu ziehen. Damit hängt auch die
Unsicherheit im Sprachgebrauch der Alten zusammen, wo von Mythographie oder von Mythographen die Rede ist. So lesen wir etwa bei Diodor (IV 7): «Die Musen werden von den meisten, und gerade von den
bewährtesten Schriftstellern über Mythologie für Töchter des Zeus und
der Mnemosyne erklärt, nur wenige Dichter, darunter Alkman, nennen
sie Töchter des Uranos und der Gaia. Auch über ihre Zahl ist man nicht
einig. Einige sprechen von drei, andere von neun Musen. Doch ist die
Zahl Neun, die von den angesehensten Schriftstellern, von Homer, Hesiod
und andern, bestätigt wird, die gewöhnlich angenommene.» Wenn hier
offensichtlich zwei Gruppen von im Grund verschiedenen Gewährsmän-
nern als Mythographen im weiteren Sinn zusammengefaßt sind, so gebraucht andrerseits zum Beispiel Plutarch (Theseus, cap. I) «Mythographen» nur in einem engeren, die Dichter ausschließenden Sinn, und
so versteht man auch nach dem heutigen Sprachgebrauch unter Mythographen, «Sagendarstellern», diejenigen antiken Schriftsteller, die sich
in den Zeiten des Hellenismus (also etwa in den letzten drei Jahrhun-
derten v. Chr.) und bis in die römische Kaiserzeit hinein philologisch-
wissenschaftlich mit der griechischen Götter- und Heldensage befaßt
haben. Ortsgeschichtliche oder genealogische Literatur dagegen, oder
solche, die einen theologisch-philosophischen oder erbaulich-religiösen
Charakter hat, auch wenn sie vielleicht in mythologischem Rahmen auf-
tritt, scheidet aus, ebenso alles, was romanhaft ausgeschmückt ist und
nur der Unterhaltung dienen will.*

Einer der ältesten Mythendarsteller in diesem engeren Sinn war der Schüler des Isokrates, Asklepiades von Tragilos, der um 380 v.Chr. lebte. Von seinen « Tragodumena» (« von den Tragödiendichtern behandelte Stoffe») sind uns Fragmente erhalten, die uns einigermaßen seine Eigenart erkennen lassen. Er bemüht sich um fortlaufende Erzählung, legt aber auch Wert darauf, übereinstimmende oder abweichende Auffassung einzelner Tragiker gegenüber der gangbaren Tradition zu vermerken. Gelegentlich nennt er dabei auch den Namen seines Gewährsmannes, im allgemeinen begnügt er sich mit unbestimmten Angaben («man sagt», «einige berichten» u.dgl.). Je mehr besonders die epische und tragische Dichtung anwuchs, die beide vom Mythos lebten, desto stärker stellte sich bei den Gebildeten das Bedürfnis ein, über den ungeheuren mythischen Stoff, der hier verarbeitet war, knapp und ansprechend unterrichtet zu werden, wie etwa heute – mutatis mutandis läßt sich das vielleicht vergleichen – ein Bedürfnis nach Operntextbüchern vorliegt. So ist uns aus einem Werk über das Epos ein Grammatikerauszug späterer Zeit erhalten, der den «epischen Kyklos» (von der Theogonie bis zum Tod des Odysseus) behandelt. Die Mythen sind hier in einer Art von Gesamtübersicht wiedergegeben (vgl. unten S.XXIII f.), wobei die Fugen und Risse zwischen den einzelnen Teilen notbedürftig überklebt sind. Ähnlich mag wohl das Werk des Asklepiades angelegt gewesen sein. In andern mythographischen Werken war der Stoff nach genealogischen Gesichtspunkten geordnet, wie in dem «Kyklos» des Samiers Dionysios, doch haben wir im einzelnen davon keine rechte Vorstellung, ebensowenig wie von dem in der «Bibliothek» des Apollodoros erwähnten Peisandros.

Ob die «mythischen Stoffe des Euripides und Sophokles» des Aristotelesschülers Dikaiarchos von Messene reine Sagendarstellung waren oder sich auch kritisch mit den Tragödien und ihrem Verhältnis zu den Quellen befaßten, läßt sich nicht mehr erkennen, auf jeden Fall ist der Verlust dieses Werkes besonders zu bedauern. Dikaiarchos war ein vielseitig interessierter Mann, als Geograph und Historiker von Cicero hoch geschätzt, unter anderem verfaßte er ein «Leben Griechenlands», eine Art

2

Kulturgeschichte. Auch die Stoffe, die Aischylos gestaltet hatte, fanden ihren Darsteller, doch wissen wir kaum mehr als Namen und Titel (Glaukos, «Mythen des Aischylos»). Etwas besser orientiert sind wir über den attischen Lokalhistoriker Philochoros, da er von Späteren viel zitiert wird («Mythen des Sophokles» in fünf Büchern). Auch unter dem Titel «Tragödien», an sich vieldeutig, scheint er Sagengeschichte behandelt zu haben.

Wenn die Mythographie in ihren Anfängen noch als eine Art Hilfswissenschaft in engem Zusammenhang steht mit der dramatischen und epischen Literatur, so scheint sich das später, als die Wissenschaften allgemein vom 3. Jahrhundert an in Alexandria einen großen Aufschwung nahmen, geändert zu haben. Vermutlich unter dem Einfluß des vielseitigen Kallimachos (er lebte um 250 und war Gelehrter und Dichter zugleich) und in Ausnützung der reichen Bestände der alexandrinischen Bibliothek wurde die Sagendarstellung ein selbständiger Literaturzweig. Entsprechend den persönlichen Neigungen des Meisters wurden wenig bekannte oder halbvergessene Mythen, vielfach rein lokaler Natur und zum Teil wohl nur mündlich überliefert, mit Aufgebot großer Gelehrsamkeit wieder hervorgeholt. Der häufige Titel «Merkwürdigkeiten» – außer bei Kallimachos selbst begegnet er uns bei seinen Schülern Istros und Philostephanos – deutet schon den aus dem Rahmen des Üblichen herausfallenden Inhalt an. Auch dem Anscheine nach geographische Werke, wie «Gründungen und Umbenennungen von Inseln und Städten», «Städte in Asien», «Elis», «Argolis», «Kyllene» und dergleichen, haben sagengeschichtlichen Inhalt, wie die erhaltenen Reste zeigen, wobei strittige Fragen eine besondere Rolle spielen und ebenfalls, wie es scheint, das Entlegene und Unbekannte mit Vorliebe zusammengesucht wird. So wissen wir von «Sagen um Kreta» von Deinarchos, von einem kretischen «Kyklos» des Menekles von Teos, von «Einheimischen Mythen um Delos» des Demoteles von Andros. Im «Periplus» (Rundreise) des Mnaseas von Patara waren neben sonstigen Merkwürdigkeiten auch interessante örtliche Sagen verzeichnet; er war also eine Art Vorläufer des bekannten antiken Baedeker, wenn man ihn so nennen will, des Pausanias «Führung durch Griechenland».

III

Mehr aus den praktischen Bedürfnissen des Kultes heraus (Aufzeich-
nungen von Priestern über und für ihre Praxis, über Opfer, Feste, recht-
liche Angelegenheiten, sakrale Altertümer u. dgl.) entwickelte sich eine
zweite Gattung der Mythographie, die ebenfalls zuerst in der Schule
des Aristoteles, wie es scheint, gepflegt wurde und in Alexandria eine
hohe Blüte erlebte. Gerade sie bot der Vorliebe der alexandrinischen Ge-
lehrten für das Abseitige und Eigenartige ein besonders dankbares Ar-
beitsfeld. Ihren namhaftesten Vertreter fand diese Richtung in dem
Athener Apollodoros (um 140 v. Chr.) mit seinen 24 Büchern « Über
die Götter». Aus den erhaltenen Bruchstücken dieses Werkes, das einen
starken theologischen Einschlag hatte, gewinnen wir eine hohe Meinung
von dem Verfasser, und gewichtige Gründe sprechen dafür, daß seine
Gelehrsamkeit auf eigenem Quellenstudium beruht und nicht, wie es
später auf diesem Gebiet fast die Regel wird, eine wüste Kompilation
darstellt. Auf die Entwicklung der Mythographie konnte es natürlich
nicht ohne Einfluß bleiben, daß etwa von der Mitte des 5. Jahrhunderts
an, mit dem Aufkommen der Sophistik, die Stellung zum Mythos selbst
sich allmählich änderte. Die Sophisten hatten mit ihrer Kritik, die durch
die breite Wirkung der Euripideischen Tragödie noch wesentlich ver-
stärkt wurde, den Anstoß gegeben, den unbefangenen Glauben an die
alten Mythen zu untergraben. Dadurch war einer freieren Behand-
lung und Auffassung der Weg geöffnet, der sich durch die nächsten
Jahrhunderte deutlich verfolgen läßt. Der Dichtung selbst ging mehr
und mehr die große Linie verloren, die Fähigkeit, ein «totum ponere».
Im bewußten Gegensatz zur klassischen Heldendichtung, die gerade
darin ihre Stärke entfaltet hatte, aus der bunten Fülle des alten Mythos
die großen typischen Bilder immer wieder zu gestalten und einzuprägen,
ging man jetzt in steigendem Maß dazu über, den großen Zusammen-
hang in ein kleinliches Hintereinander von intimen Einzelgeschichten
und Episoden aufzulösen, die in minutiöser Filigranarbeit ausgefeilt
wurden. Kallimachos hat dieser Richtung das Stichwort gegeben: « Ver-

haßt ist mir alles Breitgetretene.» So hatte sich auch das Interesse der
Mythographen im Lauf der Zeit zunehmend dem Seltsamen und Kurio-
sen zugewandt, dem Novellistischen oder Idyllischen, der Legende, mit
der Absicht auf prickelnde Unterhaltung. Vor allem wurde in Dichtung wie Mythendarstellung von den Alexandrinern der Liebesleiden-
schaft endgültig die Rolle zugewiesen, die sie von da an so entschieden in
der Weltliteratur behauptet hat. Dabei begnügte man sich nicht damit,
dem neuen Zeitgeschmack dadurch entgegenzukommen, daß man alles,
was ihm entsprach, in den alten Mythen aufsuchte, man ging so weit,
solche Züge nachträglich in die altehrwürdigen Götter- und Heroen-
geschichten hineinzulegen, sie mit neuerfundenen erotischen Abenteuern
oder Ausblicken auf fremde Völker und Länder mit seltsamen Gebräu-
chen und Einrichtungen romanhaft auszuschmücken und ihnen dadurch
neuen Reiz abzugewinnen. Ein Vorläufer dieser romanhaften Mythographie begegnet uns schon um 400 v. Chr. in Herodoros von Herakleia.
In seiner Darstellung der Herakles- und Argonautensage bot ihm der
stark rationalistisch und allegorisch aufgefaßte alte Stoff nur den Rahmen, um geographische und naturkundliche Merkwürdigkeiten aus allen
möglichen Ländern vor dem Leser auszubreiten. Dionysios Skytobrachion aus Mytilene (wohl aus dem 2. Jahrh. v. Chr.) will seine mythologischen Romane von den «Argonauten», «Amazonen» und dergleichen aus uralter Überlieferung geschöpft haben, natürlich nur eine
schriftstellerische Fiktion nach dem Vorbild des Euhemeros (um 300
v. Chr.), der die Göttermythen rein rationalistisch erklärt und besonders
bei den Römern großen Anklang damit gefunden hatte. Angeblich
hatte er auf einer Insel im Indischen Ozean in einem Tempel eine Säule
entdeckt, auf der die Taten des Uranos, Kronos und Zeus aufgezeichnet
waren. Nach seiner Meinung waren die Götter bedeutende Herrscher
der Vorzeit, die sich um den kulturellen Fortschritt große Verdienste
erworben hatten. Auch dadurch suchte man den alten Stoff schmackhaft
zu machen, daß man etwa wie Hegesianax in seinen «Mythen um Troia»
unter der Maske eines Zeitgenossen der Heroen ihre Taten und Schicksale
als miterlebt erzählte.

Was die älteren Mythographen bis ins 1. Jahrhundert v. Chr. hinein in sorgfältiger Arbeit zusammengetragen hatten, ist in der Hauptsache untergegangen. Erhalten sind nur Bruchstücke, die es uns zur Not gestatten, uns ein Bild der Entwicklung im großen zu machen. Auch dieser Bruchteil der Überlieferung wäre für uns verloren, wenn die Späteren nicht die – von unserem Standpunkt gesehen unschätzbare – Gewohnheit aufgebracht hätten, den jeweiligen Vorgänger Wort für Wort auszuschreiben. So ist uns aus den ursprünglichen Sammelwerken immer noch manches ungemein Wertvolle an echter Gelehrsamkeit erhalten, und zwar nicht nur in rein sagengeschichtlichen, sondern auch in mehr philosophischen Schriften, wie bei dem Epikureer Philodemos von Gadara («Von der Frömmigkeit»), oder in Geschichtswerken, wie in Diodors «Historischer Bibliothek», einer Darstellung der Weltgeschichte bis auf Caesar, in der die griechische Mythologie mitbehandelt ist. Der Sizilier Diodor, ein Zeitgenosse des Kaisers Augustus, schöpft aus verschiedenen mythographischen Handbüchern, unter anderem auch aus Schriften romanhaften Charakters, wie denen des obengenannten Skytobrachion.

Der sagengeschichtliche Ertrag der Sammeltätigkeit des alexandrinischen Grammatikers Didymos (Zeit des Cicero und Augustus) ist vor allem in seine Kommentare zu Homer, Pindar, Sophokles und Euripides mit übergegangen, die sich durchaus nicht auf die Kritik der Texte und auf sprachliche wie ästhetische Fragen beschränkten. Erhalten ist uns diese ungeheure Belesenheit (seines Fleißes wegen nannte man ihn Didymos Chalkenteros, was etwa soviel besagt wie «der mit dem ehernen Sitzfleisch») in den späteren Scholien, erklärenden Anmerkungen, zu diesen Dichtern. Er galt dem späteren Altertum als «grammaticorum omnium facile eruditissimus», dessen leitendes wissenschaftliches Prinzip es war, keine Behauptung aufzustellen, die er nicht belegen konnte. Seine literarische Hinterlassenschaft strotzt auf diese Weise von Gelehrsamkeit. Kein Wunder, daß sie für alle Späteren die reichste Fundgrube war. Wenn Didymos seine wissenschaftliche Arbeit im wesentlichen dem klassischen Schrifttum zugute kommen ließ, so bemühte sich sein jüngerer

*Zeitgenosse Theon vor allem um die Erklärung der alexandrinischen
Dichter. In den Scholien zu Kallimachos, Lykophron, Theokrit und
Apollonios dem Rhodier sind Bruchstücke seiner umfassenden mytho-
graphischen, aus älteren Quellen (u.a. dem schon genannten Buch
Apollodors « Über die Götter», aus Mnaseas und Philostephanos)
geschöpften Gelehrsamkeit erhalten.*

   *Mit Beginn der römischen Kaiserzeit, als die griechische Bildung in
immer breiterem Strom sich nach Italien ergoß und auch das Schwerge-
wicht der wissenschaftlich-gelehrten Arbeit sich von Alexandria nach
Rom verlagert hatte, stand die Mythographie vor neuen Aufgaben. Mit
der Kleinarbeit, wie sie die zuletzt genannten Grammatiker hauptsächlich geleistet hatten, mit dem Aufstöbern räumlich und zeitlich entle-
gener, kaum bekannter Mythen oder Mythenversionen war dem römischen gebildeten Publikum wenig gedient, es verlangte mehr nach derber
mythographischer Hausmannskost, nach Handbüchern, in denen das
Material bequem zusammengefaßt und zurechtgelegt war vor allem
unter dem Gesichtspunkt einer ausreichenden Orientierung über alles,
was für das Verständnis Homers, der Kykliker, der attischen Tragiker,
des Rhodiers Apollonios erforderlich war. Ein Auszug aus einem derartigen mythographischen Handbuch (vielleicht mehreren zugleich)
ist die « Bibliothek» des Grammatikers Apollodoros aus Athen. Daß
dieser Titel eine Fiktion ist, vermutlich um mit einem berühmten Namen
dem Buch eine größere Zugkraft zu geben, steht heute fest. Der schon
mehrfach genannte Apollodoros, der das bedeutende Werk « Über die
Götter» verfaßt hat, lebte im 2. Jahrhundert v.Chr., die «Bibliothek»
dagegen kann erst nach 61 v.Chr. entstanden sein (II 5 wird ein Geschichtsschreiber Kastor zitiert, dessen Werk bis zum Jahr 61 reicht).
Erhalten ist von ihr etwas mehr als die Hälfte, aber zwei vor etwa 60
Jahren gefundene Auszüge (der eine in der Bibliothek des Vatikans,
der andre in einem Kloster in Jerusalem) gewähren uns zur Not einen
Ersatz für das Verlorene. Auf die Sagen von der Herkunft der Götter
folgen die Genealogien des Deukalion (dabei die Argonautensage), des
Inachos und Belos (dabei die Sage von Herakles), des Agenor (mit den*

Sagen um Theben), des Pelasgos, des Atlas, des Asopos. In der Erzäh-
lung der attischen Sagen (die Könige der Athener) bricht das Buch bei
Theseus ab, ursprünglich endete es mit dem Tod des Odysseus, das Ganze
also ebenso wie das Werk des obengenannten Dionysios ein « Kyklos»,
ein Sagenkreis, auch nach dem gleichen Prinzip angeordnet, am Faden
der Geschlechterfolge.

Die Quellen, aus denen der angebliche Apollodor geschöpft hat, lassen
sich zum Teil noch deutlich erkennen, unter anderm Hesiod für die Göt-
termythen, der Epiker Apollonios von Rhodos (um 250 v. Chr.) für die
Argonautensage, auch mit Angaben über abweichende Überlieferun-
gen ist er nicht sparsam, so etwa II 6, wo er vier Versionen über den
Vater des Argos mit den Namen seiner Gewährsmänner anführt, oder
III 45, wo er sich auf Homer, Hesiod und den obenerwähnten Herodoros
bezieht, um die Zahl der Söhne und Töchter der Niobe festzustellen. Es ist
aber kaum anzunehmen, daß Apollodor Quellenstudien in eigentlichem
Sinn des Wortes getrieben, daß er insbesondere die Dichter selbst gelesen
hat, mit der Absicht, den mythologischen Stoff zu bereichern oder nach
wissenschaftlichen Gesichtspunkten neu zu ordnen. Das lag diesen späte-
ren Mythographen fern, sie begnügten sich damit, das von den alexan-
drinischen Gelehrten mit unermüdlichem Fleiß gesammelte Material
immer wieder auszuziehen und zu verdünnen, und sahen damit den
Zweck, den sie verfolgten, als erreicht an, dem gebildeten Publikum den
Sagenstoff, der ihm immer wieder, auch in den Dichtungen der Zeit,
entgegentrat, in einem übersichtlichen Zusammenhang bequem darzu-
bieten. Allem Anschein nach hatte sich im Lauf der Zeit für solche my-
thologischen Handbücher ein festes Schema herausgebildet: im wesentli-
chen kam es den Verfassern nur auf zusammenhängende Erzählung an,
und sie brachten diese dadurch zustande, daß sie die gangbare Darstel-
lung eines der alten Dichter zugrunde legten (so etwa für die Argonau-
tensage das Epos des Apollonios von Rhodos) und Abweichungen davon
an geeigneter Stelle erwähnten. In andern Fällen folgten sie offensichtlich
einem tragischen Dichter, der unabhängig von der epischen Überliefe-
rung mit seiner Auffassung eines bestimmten Stoffes (man denke etwa

an Antigone oder Oidipus auf Kolonos!) einen durchschlagenden Erfolg erzielt hatte. Aber auch hier läßt sich feststellen, daß es dem Verfasser weniger auf eine genaue Inhaltswiedergabe der Tragödie ankommt als auf eine Einfügung dieses Inhalts in den Zusammenhang der erzählten Mythen. Auch den «Sagen» des Hyginus (nicht ganz zutreffend hat der erste Herausgeber, Micyllus, dieser Sammlung von Sagen den Titel «Fabulae» gegeben, ursprünglich hieß sie vielleicht «Genealogiae») lag wahrscheinlich ein ähnliches mythographisches Handbuch zugrunde (wenn nicht gar das gleiche) wie der Apollodorischen Bibliothek, ein «Sagenkreis» (Kyklos), der mit der Theogonie begann und mit dem Tod des Odysseus schloß. Es sprechen auch gewichtige Gründe dafür, daß die Mythen nach genealogischen Gesichtspunkten geordnet waren, doch ist die ursprüngliche Anlage nach dem Zustand, in dem uns das in einer einzigen Handschrift erhaltene Werk vorliegt, weitgehend, zum Teil durch einen rein äußerlichen Eingriff (Blattversetzung) zerstört. So ist die Theogonie zwar am Anfang stehengeblieben, aber in einer Form (bloße Aufzählung von Namen), die mit der ursprünglichen Darstellung sicher nichts zu tun hat und möglicherweise einen ursprünglich selbständigen Auszug aus einem besonderen genealogischen Werk Hygins darstellt. Dasselbe gilt von den 57 indexartigen Zusammenstellungen nur zum Teil mythographischen, daneben naturgeschichtlichen, historischen, geographischen Inhalts («Erfinder», «Städtegründer», «Die größten Inseln» usw.). Besonders diese Teile des Buches scheinen mir darauf hinzudeuten, daß das Ganze von Anfang an auf die Bedürfnisse des Unterrichts zugeschnitten war, also eine Art Schulbuch darstellt, das im Lauf der Zeit mannigfache Veränderungen erfahren hat. In seinem Kern muß es vor 207 n. Chr. entstanden sein. Wir besitzen einen ins Griechische zurückübersetzten Auszug, der nach der Angabe des Verfassers selbst im Konsulatsjahr des Maximus und Aper (207 n. Chr.) zustande gekommen ist. Wenn dieser dabei sagt, er habe «die allen bekannte Genealogie des Hyginus» (so, ohne Vor- und Geschlechtsnamen, nennen ihn auch die Handschriften) übertragen, so muß deren Entstehungszeit doch wohl längere Zeit zurückliegen, mit dem gleich-

namigen C. Iulius Hyginus, der die Bibliothek des Kaisers Augustus
verwaltete und mit dem Dichter Ovid und dem ehemaligen Konsul und
Geschichtsschreiber Clodius Licinius befreundet war (schon aus diesem
Grund müssen wir annehmen, daß er ein literarisch gebildeter Mann
war), hat unser Hygin, wenn der Name nicht überhaupt eine Fiktion ist,
sicher nichts zu tun. Schwerwiegende innere und äußere Gründe sprechen dagegen. Zunächst trägt das Latein, das er schreibt, alle Merkmale einer späteren Zeit (Zeitalter der Antonine, in den Anmerkungen
komme ich gelegentlich darauf zurück). Sodann kennen wir von dem älteren Hygin die Titel von Schriften philologischen, historischen, anti-
quarischen Inhalts, nirgends ist die Rede davon, daß er Mythen zusammengestellt hat. Immerhin konnte das Zufall sein, aber gerade das
Verhältnis unseres Fabelbuches zu Ovid beweist, daß sein Verfasser
nicht identisch sein kann mit dem Verwalter der kaiserlichen Bibliothek, der mit dem Dichter persönlich befreundet war. Ich muß auch
schon deswegen auf dieses Verhältnis kurz eingehen, weil die auch heute noch umstrittene Frage nach den Quellen unseres Hygin hier berührt
wird.

   Zweifellos hat er unter anderm den Ovid selbst benutzt. Die Aufzählung der Hunde zum Beispiel, die den Aktaion zerfleischen (Fabel 181),
kann nur auf der Darstellung in den Metamorphosen (III 206 ff.) beruhen. Zwar konnte die gleiche Reihenfolge, in der die elf ersten aufge-
führt sind, auf eine gemeinsame Quelle zurückweisen, aber wenn es bei
Ovid (209) heißt «inde ruunt alii rapida velocius aura» («darauf stürmen die andern heran schneller als der Wind») und unser Hygin das
«aura» (Wind) als Hundenamen Aura auffaßt, dann ist hier über
Quellen- und Prioritätsfrage kein weiteres Wort zu verlieren, aber auch
darüber nicht, daß ein solches Mißverständnis dem älteren Hygin schlech-
terdings nicht zuzutrauen ist. Immerhin wäre es denkbar, daß hier ein
nachträglicher Zusatz von der Hand eines unwissenden Interpolators in
den echten Hygin-Text vorliegt, wenn nicht auch andre Partien den
Eindruck bestätigten, daß unser Mythograph neben seinen andern Quellen den Ovid benutzt und – verballhornt hat.

Besonders aufschlußreich ist in dieser Hinsicht die Geschichte von Midas, die Ovid in den Metamorphosen (XI 86 ff.), Hygin in seiner Fabel 191 erzählt. Nachdem der König mit dem Gold, in das sich alles verwandelt, was er berührt, seine traurigen Erfahrungen gemacht hat, läßt ihn der Dichter zu dem Gott Bacchus, der ihm seinen törichten Wunsch erfüllt hat, folgendermaßen beten: «Habe Mitleid mit mir und befreie mich von dem glänzenden Elend, in das ich jetzt geraten bin!» («sed miserere, precor, speciosoque eripe damno!») – ein geistsprühendes Oxymoron, das durch Goethes «Werther» zum geflügelten Wort geworden ist; und was macht Hygin daraus? Ob er den Ausdruck nicht verstanden hat oder in schulmeisterlicher Absicht verbessern wollte, auf jeden Fall wirkt das, was bei ihm steht («petit a Libero, ut sibi speciosum donum eriperet»), Ovid gegenüber matt und banal, wie überhaupt das ganze Kapitel, mit der Darstellung Ovids verglichen, einen stümperhaften Eindruck macht. Bei dem Dichter bewußte, glänzende Steigerung: Zuerst, nachdem Midas hocherfreut sich von dem Gott getrennt hat, das Leitmotiv. Er überzeugt sich von der Zuverlässigkeit des Versprechens, indem er einzelne Gegenstände berührt («pollicitique fidem tangendo singula temptat»). Dann die Durchführung im einzelnen: ein von einer Eiche abgebrochener Zweig, ein aufgehobener Stein, eine Erdscholle, die er berührt, reife Ähren, Früchte im Obstgarten, die Türpfosten seines Hauses, das Wasser, mit dem er sich drinnen die Hände wäscht – alles mit äußerster Knappheit nur angedeutet, auf das einzelne entfallen jeweils nur ein bis zwei Verse, und aufgereiht am Leitfaden des Weges, der ihn von der Begegnung mit dem Gott draußen auf dem Land durch Wald, Feld und Obstgarten nach Hause führt. Was er nur anfaßt, wird zu Gold! Und zuletzt als Höhe- und Wendepunkt (rein äußerlich schon als solcher durch breitere Ausführung herausgehoben, im ganzen zwölf Verse, ein kleines Kunstwerk für sich!) die Berührung von Speise und Trank und ihre verhängnisvolle Wirkung, der sich einstellende Hunger. Mit diesem in sich geschlossenen, streng folgerichtig aufgebauten Geschehen vergleiche man den summarischen, nüchternen Bericht des Hygin: «Alles, was er berührte, wurde zu Gold. Als er nun

*vom Hunger gequält wurde ...» Über den vom Dichter so glänzend her-
ausgearbeiteten Umschwung vom Glück ins Elend gleitet er still-
schweigend hinweg, so daß man zunächst gar nicht versteht, warum
Midas hungern muß. Es ist geradezu undenkbar, daß diese Darstellung
der Midasfabel von einem literarisch gebildeten Mann verfaßt ist, der
ein Freund und sicher auch Kenner des Ovid war.*

*Nur gelegentlich hat Hygin unmittelbar auf römische Autoren zu-
rückgegriffen, in der Hauptsache muß seine Quelle, wie schon erwähnt,
ein mythographisches Handbuch gewesen sein. Daß dieses griechisch ge-
schrieben war, läßt sich schlagend nachweisen durch die Versehen, die
dem Verfasser bei der Übertragung unterlaufen sind. So gibt er in der
Fabel 186 den Inhalt der Euripideischen Melanippe wieder, wobei er
diese eine Tochter des «Desmontes» nennt, ein Name, der durchaus un-
griechisch anmutet und auch sonst nirgends in der Literatur begegnet.
Das Rätsel löst sich, wenn man weiß, daß die Tragödie auch unter dem
Namen «Melanippe desmotis» bekannt war, «Die eingekerkerte Melanippe». So stand es sicher auch in dem Handbuch, das Hygin im Auszug
übersetzte. Er hielt das Wort für einen Eigennamen, und so wurde Melanippe die «Tochter des Desmontes». Es ist hier nicht der Ort, weitere
Beispiele zu bringen, ich muß mich begnügen, in den Anmerkungen
noch auf das eine oder andere Versehen dieser Art aufmerksam zu machen.*

*Als Schriftsteller genügt Hygin nur bescheidenen Anforderungen.
Sein Stil ist holperig und trivial und durch schlechtes Latein gekennzeich-
net, wobei allerdings manches auf Kosten späterer Bearbeitung oder In-
terpolation gehen mag, was sich im einzelnen bei dieser Art von Literatur schwer feststellen läßt. Nur durch ihn kennen wir manchen sonst ver-
schollenen Mythos oder sind in die Lage versetzt, uns von verlorenen
Tragödien einigermaßen ein Bild zu machen. «... Vergnügen verschafft mir jetzt die Fabelsammlung des Hyginus, den ich eben durch-
lese. Es ist eine eigene Lust, durch diese Märchengestalten zu wandeln,
welche der poetische Geist belebt hat, man fühlt sich auf dem heimischsten
Boden und von dem größten Gestaltenreichtum bewegt. Ich möchte des-*

wegen auch an der nachlässigen Ordnung nichts geändert haben, man muß es gerade rasch hintereinander durchlesen, wie es kommt, um die ganze Anmut und Fülle der griechischen Phantasie zu empfinden. Für den tragischen Dichter stecken noch die herrlichsten Stoffe darin», so urteilte Schiller (Brief an Goethe vom 28. August 1798), wenn er aber der Meinung Ausdruck gab (Brief vom 15. Dezember 1797), das Fabelbuch sei von Anfang an «für den Gebrauch der Poeten» bestimmt gewesen als Materialsammlung, so ist das eine Vermutung, die in dem Buch selbst keine Stütze findet.

Wohl aber ist uns eine Sammlung von «Liebesleiden» erhalten, deren Redaktor (der im 1. Jahrhundert v. Chr. in Rom lebende griechische Elegiendichter Parthenios) in der Widmung ausdrücklich bezeugt, daß er sie für seinen Freund, den römischen Dichter Cornelius Gallus, zusammengestellt habe, um ihm Stoff für seine eigene Produktion zu liefern und ihm zugleich Anspielungen in fremden Dichtungen verständlich zu machen.

Eine weitere Sondergruppe der mythographischen Literatur vertritt Antoninus Liberalis, der zur Zeit der Antonine lebte, mit seinen Verwandlungssagen, wie sie schon lange vorher von Ovid in Anlehnung an alexandrinische Dichtungen und Ausschöpfung älterer mythographischer Überlieferung in kunstvollen Rahmen gefaßt waren. Es lag nahe, daß solche Mythensammlungen, die einen Sonderzweck verfolgten, über den üblichen Kreis der in Epos und Tragödie behandelten Stoffe hinausgriffen und mit Vorliebe auch das Seltene und rein Örtliche heranzogen, worin ihnen die alexandrinische Dichtung und Gelehrsamkeit, wie früher schon erwähnt, wirksam vorangegangen war.

IV

In seinem Urteil über dramatische Dichtungen pflegt der gebildete Laie gern einen Unterschied zu machen zwischen «dankbaren» und «undankbaren» Stoffen, womit er zum Ausdruck bringen will, dieser oder jener Gegenstand sei von vornherein in besonderem Maß geeignet oder weniger geeignet zu erfolgversprechender dramatischer Gestaltung. Daß etwas Richtiges daran ist, zeigt schon die Tatsache, daß es Stoffe gibt, an denen immer wieder dichterische Gestaltungskraft sich versucht hat. Sophokles war nicht der erste und auch nicht der letzte, den das Ödipusproblem gelockt hat, vor und nach Friedrich Hebbel hat das Lied von Siegfried und Kriemhild «wie Höllenzwang» den einen oder andern festgehalten, bis er es zur Tragödie geformt hatte. Aber eines darf man darüber nicht vergessen: selbst da, wo schon das rein Stoffliche an sich durch seinen Symbolgehalt eine große Dichtung verspricht, ist und bleibt doch immer die schöpferische Tat des Genius das Entscheidende. Nicht der Faust hat Goethe gemacht, sondern Goethe den Faust. Einer der gewaltigsten und hintergründigsten Mythen, die es gibt, voll ursprünglicher tiefer Symbolik und damit an sich schon «Dichtung» im tiefsten Sinne des Wortes, ist sicher der Ödipus, aber gerade auch vom König Ödipus des Sophokles wissen wir heute, welche überlegene Kunst diese erschütterndste Tragödie der Weltliteratur gestaltet hat. Das ist der eine Vorbehalt, unter dem man die Meinung des großen italienischen Tragikers Maffei, das Fabelbuch Hygins sei geradezu eine Fundgrube, ein Schacht (miniera), aus dem man noch ungezählte Tragödienstoffe heraufholen könne, auch heute noch gelten lassen kann. Der zweite, durch die historische Entwicklung bedingt, läuft darauf hinaus, daß mit dem Aufkommen des Realismus um die letzte Jahrhundertwende die Tage der klassizistischen Tragödie mythisch-geschichtlichen Inhalts überhaupt gezählt zu sein scheinen. Mehr und mehr hat sich das Drama den Problemen des modernen Lebens zugekehrt, die es in breiter Darstellung heutiger Zustände und mit psychologischer Vertiefung behandelt. Für die Motive, wie sie Hygin bietet, ist da kein Raum mehr, es ist aber eine geschichtliche Tatsache, daß sein Fabelbuch trotz Trivialität und schlechtem Erhaltungszustand stofflich die neueren Literaturen des Abendlands in ungewöhnlichem Maß befruchtet hat, viel stärker als etwa die Bibliothek des Apollodor. Das im einzelnen hier zu verfolgen, hieße die Grenzen, die dieser Einleitung gesteckt sind, weit überschreiten. Ich muß mich mit einem kurzen Gang durch die deutsche Literatur begnügen.

Hygin wurde 1535 zum erstenmal von Jakob Molsheym (Micyllus) nach einer damals wiederentdeckten Freisinger Handschrift herausgegeben. Hans Sachs, dessen ergiebigste Schaffensperiode in diese Zeit fällt, muß ihn bald kennengelernt haben, und bei seiner Vorliebe für die griechische Mythologie ließ er diese Fundgrube sich nicht entgehen. Wenn er sonst auch vielfach sich an Übersetzungen seiner Zeit oder an bereits vorliegende Bearbeitungen der antiken Stoffe anlehnt – Midas, die Danaiden, Althaea, Hercules, Hecuba, Urteil des Paris, Medusa, Atalanta, Telephus, Medea sind alles Motive, in deren Bearbeitung durch den Nürnberger Poeten der Einfluß Hygins offen zutage liegt. Wir stehen damit schon in der Entwicklung, zu der die Renaissance den Anstoß gegeben hatte und die, bald stärker, bald schwächer hervortretend, in der klassischen deutschen Dichtung um 1800 mit dem Schaffen Goethes den Höhepunkt erreichte. Als unmittelbarer Vorgänger und Wegbereiter Goethes in dieser Richtung wäre wohl Wieland zu nennen, der schon um die Mitte des 18. Jahrhunderts begonnen hatte, für seine Gedanken und Phantasiegebilde griechische Masken zu verwenden, und dabei in seinen «komischen Erzählungen» und Singspielen sich an Hygin gehalten hatte, wie in «Aurora und Cephalus» und «Urteil des Midas». Auch für seine «Pandora», Lustspiel in zwei Akten, benützte er ausgiebig Motive des Hygin, besonders die Fabel 220 (Cura), die auch der schönen Paramythie Herders «Das Kind der Sorge» zugrunde liegt («Einst saß am murmelnden Strome Die Sorge nieder und sann»). Goethe besaß persönlich eine Ausgabe des Hygin, und der alte Mythograph hat ihm, wie er am 29. August 1798 an Schiller schrieb, «so oft er ihn aufgeschlagen, Freude gemacht», wir wissen aber nicht, wann und wie er ihn zuerst kennenlernte. Daß er diese Kenntnis Lessings «Hamburgischer Dramaturgie» verdanke (die Stücke 39 und 40, in denen eingehender von Hygin die Rede ist, erschienen zuerst im Winter 1767 in der Hamburgischen Neuen Zeitung), ist durch nichts zu beweisen. Wohl aber mag er durch die Dramaturgie, die er nachweislich als Student in Leipzig gelesen hat, erneut auf Hygin aufmerksam geworden sein und stärkere Eindrücke von ihm erhalten haben, während die erste Begeg-

*nung mit ihm offensichtlich mehr an der Oberfläche haftengeblieben
war. So ist das Amymone-Motiv (die von einem Faun überfallene Nymphe, die von Poseidon gerettet wird und diesem dafür ihre Liebe schenkt,
Hygin 169), noch ganz im Geist der Anakreontik aufgefaßt, unter
dem Titel «Ziblis» in das Leipziger «Buch Annette» übergegangen, das
1767 entstand (noch bevor der junge Goethe die «Hamburgische Dramaturgie» kennenlernte!) und auch sonstige Anklänge an das Fabelbuch
Hygins aufweist, so in «Triumph der Tugend», zwote Erzählung, 31 ff.
Dianens Jäger (Aktaion, Hygin 181), in der «Ode an Zachariae»
die Stymphaliden (Hygin 20). Aber bald darauf traten in Goethes
Schaffen die noch von der ursprünglichen Symbolik des Volksglaubens erfüllten, von Dämmerung und Geheimnis umwobenen Gestalten der Antike hervor, die nur darauf warteten, von seinem eigenen Blut getränkt
und belebt zu werden, «Gestalten groß, groß die Erinnerung». So ist
der bedeutsame Zug in der dramatischen Skizze «Prometheus», daß
Minerva-Athene die Geschöpfe des Titanen beseelt, Hygin entlehnt, zur
Iphigenie hat er mehr als ein Motiv beigesteuert, unter anderm die
Greuel des Atridenhauses, vielleicht sogar den ersten Anstoß zu dem
ganzen Drama gegeben (Hygin 82–88). Auch bei der «Proserpina»,
diesem herrlichen Klagelied auf die dahingegangene Jugend, hat er nach
dem maßgeblichen Urteil von Erich Schmidt Pate gestanden, bis sein
Einfluß zuletzt im «Faust» (II 7365) mit der Aufzählung und Cha-
rakterisierung der Argonauten verebbt. Eine von Hygin 122 angeregte
«Iphigenie in Delphi» ist im Entwurf steckengeblieben, sie hat aber
nach Goethe sechs Bearbeiter gefunden, darunter wirklich berufene
Dichter wie Friedrich Halm und Josef Viktor Widmann.*

*«Ich habe schon öfters gewünscht, daß unter den vielen schriftstelle-
rischen Speculationen solcher Menschen, die keine andere als compilato-
rische Arbeit treiben können, auch einer darauf verfallen möchte, in alten Büchern nach poetischen Stoffen auszugehen, und dabei einen gewis-
sen Takt hätte, das Punctum saliens an einer an sich unscheinbaren Geschichte zu entdecken. Mir kommen solche Quellen gar nicht vor, und
meine Armuth an solchen Stoffen macht mich wirklich unfruchtbarer im*

*Producieren, als ichs ohne das sein würde. Mir däucht ein gewisser Hygi-
nus, ein Grieche, sammelte einmal eine Anzahl tragischer Fabeln ...
Solch einen Freund könnte ich gut brauchen», schreibt Schiller in dem
Brief vom 15. Dezember 1797 an Goethe, doch hat er offenbar in dem
Exemplar des alten Fabelbuchs, das dieser ihm daraufhin zuschickte,
auf die Dauer nicht das gefunden, was er sich davon versprochen hatte.
Nur den Stoff der « Bürgschaft» hat es ihm nach seiner eigenen Angabe
(im Brief vom 4. September 1798) «zugeführt» und, wenn nicht alles
täuscht, auch wichtige Motive in der «Braut von Messina». Bei andern
Dichtungen wie « Klage der Ceres», « Kraniche des Ibykus», « Eleusi-
sches Fest», « Kassandra» ist es zum mindesten zweifelhaft – wie übrigens auch vielfach bei Goethe –, ob man von einem unmittelbaren Einfluß
Hygins sprechen kann. Durch Goethe war Schiller wahrscheinlich auch
auf das «Gründliche Mythologische Lexicon» von Benjamin Hederich
(in der zweiten von Schwabe bearbeiteten Auflage) aufmerksam geworden und scheint es mit Vorliebe in allen einschlägigen Fragen zu
Rat gezogen zu haben. Im übrigen war das alte Fabelbuch eine der
Hauptquellen Hederichs, so daß immer noch eine mittelbare Einwirkung
Hygins vorliegt. Aber noch in der zweiten Hälfte des 19. Jahrhunderts
fand die von Maffei und Voltaire behandelte und durch Lessings «Hamburgische Dramaturgie» berühmt gewordene Merope-Fabel Hygins
selbst allein in Deutschland vier Bearbeiter. Bedeutende Dichter waren
sie allerdings nicht. Der letzte große Tragiker, der durch Hederich veranlaßt wurde, auf das Fabelbuch selbst zurückzugreifen und sich Auszüge daraus zu machen, war Grillparzer. Deutliche Spuren davon zeigt
das « Goldene Vließ».*

APOLLODOROS · BIBLIOTHEK

ERSTES BUCH

Uranos war der erste Beherrscher des Weltalls. Er vermählte
sich mit Ge und zeugte zuerst die Hunderthänder, wie sie
genannt wurden, Briareos, Gyes, Kottos. Jeder von ihnen hatte
hundert Hände und fünfzig Köpfe, so ungeheuer groß und stark
waren sie. Nach ihnen gebar ihm Ge die Kyklopen, Arges, Ste-
ropes, Brontes, die alle nur ein Auge hatten, mitten auf der
Stirn. Aber Uranos warf sie gefesselt in den Tartaros – das ist
ein finstrer Ort im Reich des Hades, von der Erde ebenso weit
entfernt wie die Erde vom Himmel –, und wieder bekam er von
Ge Söhne, die Titanen, wie sie hießen, Okeanos, Koios, Hyperion, Kreios, Iapetos und als jüngsten von allen Kronos, und
Töchter, die Titaniden, wie sie genannt wurden, Tethys,
Rhea, Themis, Mnemosyne, Phoibe, Dione, Theia.

Ge aber, aufgebracht über den Verlust ihrer in den Tartaros
geworfenen Kinder, überredete die Titanen, sich gegen ihren
Vater zu erheben, und gab dem Kronos eine Sichel aus Stahl.
Da erhoben sie sich, bis auf Okeanos, und Kronos schnitt dem
Vater das Schamglied ab und warf es ins Meer. Aus Tropfen
des fließenden Blutes entstanden die Erinyen: Alekto, Tisiphone, Megaira. Nachdem Uranos so gestürzt war, holten sie
ihre in den Tartaros geworfenen Brüder zurück und übergaben
Kronos die Herrschaft.

Kronos aber band sie aufs neue und schloß sie im Tartaros
ein. Er hatte sich mit seiner Schwester Rhea vermählt. Da aber
Ge und Uranos ihm weissagten, er werde durch einen eigenen
Sohn die Herrschaft verlieren, verschlang er die Kinder, die
ihm geboren wurden. So verschlang er seine erstgeborene
Tochter Hestia, darauf Demeter und Hera, nach ihnen Pluton

und Poseidon. Rhea war darüber empört, und als sie mit Zeus
schwanger ging, begab sie sich nach Kreta und gebar ihn in der
Höhle des Dikte-Gebirges. Es aufzuziehen, übergab sie das Kind
den Kureten und den jugendlichen Töchtern des Melisseus,
Adrasteia und Ide. Diese zogen den Knaben mit der Milch der
Amaltheia auf, die Kureten aber, bewaffnet, bewachten ihn in
der Höhle und schlugen mit den Speeren an die Schilde, damit
Kronos nicht die Stimme des Kindes höre. Rhea aber tat einen
Stein in die Windeln und gab ihn Kronos, daß er ihn als das
neugeborene Kind verschlinge.

Als Zeus erwachsen war, gewann er des Okeanos Tochter
Metis zur Gehilfin. Sie gab Kronos eine Arznei zu trinken, der
er nicht widerstehen konnte: zuerst gab er den Stein von sich,
danach die Kinder, die er verschlungen hatte. Im Bund mit
ihnen begann nun Zeus den Krieg gegen Kronos und die Titanen. Zehn Jahre kämpften sie miteinander, da weissagte Ge
Zeus den Sieg, wenn er die in den Tartaros Geworfenen zu
Bundesgenossen habe. Daraufhin tötete er Kampe, die über
ihre Fesseln wachte, und gab ihnen so die Freiheit zurück. Damals gaben die Kyklopen Zeus Donner, Blitz und Wetterstrahl,
Pluton die Tarnkappe, Poseidon den Dreizack. Damit bewaffnet, bezwangen diese die Titanen, schlossen sie im Tartaros ein
und gaben ihnen die Hunderthänder als Wächter. Sie selbst aber
losten um die Herrschaft: Zeus bekam die Herrschergewalt
im Himmel, Poseidon im Meer und Pluton in der Unterwelt.

Nachkommen der Titanen waren: von Okeanos und Tethys
die Okeaniden Asia, Styx, Elektra, Doris, Eurynome, Metis,
von Koios und Phoibe Asteria und Leto, von Hyperion und
Theia Eos, Helios, Selene, von Kreios und Eurybia, der Pontos-
tochter, Astraios, Pallas, Perses, von Iapetos und Asia Atlas, der
auf seinen Schultern den Himmel trägt, Prometheus, Epimetheus und Menoitios, den Zeus im Titanenkampf durch einen
Blitzstrahl in den Tartaros schleuderte. Ein Sohn des Kronos

und der Philyra war Cheiron, der doppelgestaltige Kentaure, von Eos und Astraios stammten die Winde und die Sterne, von Perses und Asteria Hekate, von Pallas und der Styx Nike, Kratos, Zelos und Bia. Das Wasser der Styx, das von einem Felsen im Hades floß, machte Zeus zum Schwurwort, eine Auszeichnung dafür, daß sie mit ihren Kindern ihm gegen die Titanen geholfen hatte.

Kinder des Pontos und der Ge waren Phorkos, Thaumas, Nereus, Eurybia und Keto, des Thaumas und der Elektra Iris und die Harpyien, Aëllo und Okypete, des Phorkos und der Keto die Phorkiden und Gorgonen – von ihnen wird bei Perseus weiter die Rede sein –, des Nereus und der Doris die Nereiden. Sie heißen: Kymothoë, Speio, Glaukonome, Nausithoë, Halie, Erato, Sao, Amphitrite, Eunike, Thetis, Eulimene, Agaue, Eudore, Doto, Pherusa, Galateia, Aktaie, Pontomedusa, Hippothoë, Lysianassa, Kymo, Eione, Halimede, Plexaure, Eukrante, Proto, Kalypso, Panope, Kranto, Neomeris, Hipponoë, Ianeira, Polynome, Autonoë, Melite, Dione, Nesaie, Dero, Euagore, Psamathe, Eumolpe, Ione, Dynamene, Keto, Limnoreia.

Zeus vermählte sich mit Hera und zeugte Hebe, Eileithyia, Ares, er verband sich aber auch mit vielen sterblichen und unsterblichen Frauen. Mit Themis, der Tochter des Uranos, zeugte er Töchter, die Horen: Eirene, Eunomia, Dike, und die Moiren: Klotho, Lachesis, Atropos. Von Dione bekam er Aphrodite, von Eurynome, der Okeanostochter, die Chariten, Aglaie, Euphrosyne, Thaleia, von der Styx Persephone, von Mnemosyne die Musen, als erste Kalliope, dann Kleio, Melpomene, Euterpe, Erato, Terpsichore, Urania, Thaleia, Polymnia.

Von Kalliope und Oiagros – wie es aber hieß, von Apollon – stammten Linos, den Herakles tötete, und Orpheus, der die Sangeskunst zur Begleitung der Kithara meisterte und mit seinem Gesang Steine und Bäume in Bewegung brachte. Als sein Weib Eurydike an einem Schlangenbiß starb, ging er in die Un-

terwelt, um sie zurückzuholen. Tatsächlich überredete er den
Pluton, sie freizulassen. Er versprach es unter der Bedingung,
daß Orpheus unterwegs sich nicht umdrehe, bevor er sein Haus
erreicht hätte. Der aber, mißtrauisch, wandte sich um und sah
nach seiner Gattin. Da kehrte sie wieder zurück. Orpheus erfand auch die Mysterien des Dionysos. Er wurde zuletzt von
den rasenden Weibern zerrissen und liegt in Pierien begraben.
Zu Pieros, dem Sohne des Magnes, war nach dem Willen der er-
zürnten Aphrodite Kleio – sie hatte ihr nämlich die Liebe zu
Adonis vorgehalten – in Leidenschaft entbrannt. Als Frucht
ihrer Vereinigung mit ihm gebar sie den Hyakinthos, in den
sich später Thamyris, der Sohn des Philammon und der Nymphe Argiope, verliebte; er gab damit das erste Beispiel der Kna-
benliebe. Den Hyakinthos aber tötete später Apollon, dessen
Liebling er war, ohne daß er es wollte, mit einer Wurfscheibe.
Thamyris jedoch, von hervorragender Schönheit und in der
Kunst des Gesanges und der Kithara ausgezeichnet, vereinbarte einen Wettstreit mit den Musen, wobei abgemacht wurde, daß er im Falle des Sieges bei jeder von ihnen der Liebe genießen dürfe, während sie ihm als Unterlegenem alles nehmen
könnten, was sie wünschten. Die Musen gewannen den Wettkampf und nahmen ihm daraufhin das Augenlicht und seine
Kunst des Gesanges und der Kithara. Ein Sohn der Euterpe und
des Flusses Strymon war Rhesos, den Diomedes vor Troia erschlug; wie aber einige berichten, war er der Sohn der Kalliope.
Von Thaleia und Apollon stammten die Korybanten, von Melpomene und Acheloos die Sirenen, auf die wir in der Sage von
Odysseus zurückkommen.

Hera gebar ohne Gatten den Hephaistos; wie jedoch Homer
erzählt, gebar sie auch ihn von Zeus. Dieser stürzte ihn aus dem
Himmel herab, als er der gefesselten Hera zu Hilfe eilen wollte.
Denn Zeus hatte diese am Olymp aufgehängt, weil sie dem Herakles auf der Heimfahrt nach der Eroberung Troias einen

Sturm geschickt hatte. Hephaistos fiel in Lemnos nieder und wurde, an den Füßen gelähmt, von Thetis gerettet.

Zeus wohnte auch der Metis bei, obwohl sie sich in viele Gestalten verwandelte, um ihm nicht das Beilager zu gewähren, und als sie schwanger geworden war, verschlang er sie plötzlich, weil sie gesagt hatte, nach der Tochter, die sie jetzt gebären sollte, würde sie einen Sohn bekommen, der zum Herrscher des Himmels berufen sei. Das fürchtete Zeus und verschlang sie deswegen. Als aber die Zeit der Geburt herankam, schlug ihn Prometheus oder, wie andre berichten, Hephaistos mit einer Axt auf das Haupt, da sprang, am Flusse Triton, Athene gewaffnet daraus hervor.

Von den Töchtern des Koios nahm Asteria die Gestalt einer Wachtel an, um sich dem Beilager mit Zeus zu entziehen, und stürzte sich ins Meer, und es gab eine Stadt, die zuerst nach ihr Asteria genannt war, später Delos. Leto aber hatte sich Zeus hingegeben und wurde deswegen von Hera über die ganze Erde verfolgt, bis sie nach Delos kam und dort zuerst Artemis gebar. Von ihr als Geburtshelferin unterstützt, gebar sie dann noch Apollon.

Artemis oblag eifrig der Jagd und blieb deswegen unvermählt, Apollon wurde von Pan, dem Sohn des Zeus und der Thymbris, in der Seherkunst unterwiesen und kam so nach Delphi, wo damals Themis Orakelsprüche verkündete; als aber die den Orakelsitz bewachende Pythonschlange ihn daran hindern wollte, an den Erdspalt heranzutreten, tötete er sie und nahm die Orakelstätte in Besitz. Kurz darauf tötete er auch den Tityos, den Sohn des Zeus und der Tochter des Orchomenos, Elare. Nachdem Zeus ihr beigewohnt hatte, hatte er sie aus Furcht vor Hera unter der Erde versteckt. Den Sohn aber, mit dem sie schwanger gegangen war, Tityos, hatte er riesengroß ans Tageslicht gebracht. Als dieser Leto auf dem Wege nach Pytho erblickte, wollte er sie in leidenschaftlichem Verlangen

an sich ziehen; da rief sie ihre Kinder herbei, die ihn mit ihren
Pfeilen töteten. Auch nach dem Tode noch dauert seine Bestrafung: Geier verzehren im Hades sein Herz.

Apollon tötete auch den Sohn des Olympos, Marsyas. Dieser
hatte die Doppelflöte gefunden, die Athene weggeworfen
hatte, weil sie ihr Gesicht entstellte, und sich daraufhin mit
Apollon in einen musischen Wettstreit eingelassen. Sie verab-
redeten, daß der Sieger mit dem Besiegten machen könne, was
er wolle, und als der Wettkampf ausgetragen wurde, stritt
Apollon mit umgekehrter Kithara und verlangte von Marsyas,
er solle es ebenso machen. Da dieser das nicht konnte, war Apollon Sieger, worauf er den Marsyas an einer hohen Fichte aufhängte und tötete, indem er ihm die Haut abzog.

Den Orion tötete Artemis auf Delos. Er war, wie die Sage erzählt, ein Erdgeborener von riesigem Wuchs, Pherekydes indes
nennt ihn einen Sohn Poseidons und der Euryale. Jedenfalls
hatte Poseidon ihm die Gabe verliehen, daß er über das Meer
gehen konnte. Er war zuerst mit Side vermählt, die sich aber
mit Hera um ihre Schönheit stritt und deswegen von ihr in die
Unterwelt gestoßen wurde. Da ging er nach Chios und warb
um Merope, die Tochter Oinopions. Oinopion aber machte ihn
betrunken, und nachdem er ihn im Schlaf geblendet hatte,
warf er ihn auf das Gestade. Er ging aber zur Schmiede des Hephaistos und packte darin einen der Knaben, den er auf seine
Schultern nahm und beauftragte, ihn gegen Sonnenaufgang zu
führen. Dort angelangt, wurde er durch den Strahl der Sonne
wieder sehend und machte sich eilends auf den Weg zu Oinopion. Dem aber hatte indes Poseidon das von Hephaistos erbaute Haus unter der Erde eingerichtet, den Orion aber entführte Eos, in Liebe zu ihm entbrannt, und brachte ihn nach
Delos. Daß sie immer Liebschaften hatte, war das Werk der
Aphrodite, weil sie sich Ares hingegeben hatte. Wie einige erzählen, wurde Orion getötet, als er Artemis zum Diskuswerfen

herausforderte, nach andrer Überlieferung tat er Opis, einem der aus dem Land der Hyperboreer erschienenen Mädchen, Gewalt an und wurde deswegen vom Pfeil der Artemis getroffen.

Poseidon verband sich mit Amphitrite. Seine Kinder waren Triton und Rhode, die spätere Gattin des Helios.

Pluton entbrannte in Liebe zu Persephone und raubte sie heimlich mit Hilfe des Zeus. Demeter aber, sie mit Fackeln Nacht und Tag suchend, irrte über die ganze Erde. Als sie von den Hermionen erfuhr, daß Pluton sie geraubt habe, zürnte sie den Göttern und verließ den Himmel. In der Gestalt eines sterblichen Weibes kam sie nach Eleusis. Und zuerst setzte sie sich auf den nach ihr benannten «Traurigen Felsen» neben den sogenannten «Schönreigenbrunnen», dann begab sie sich zu dem damaligen König der Eleusinier, Keleos. Im Palast waren Frauen, die sie aufforderten, sich zu ihnen zu setzen, und eine alte Frau, Iambe, brachte sie mit ihren Scherzen zum Lächeln. Darin – so sagt man – haben die Scherzreden der Frauen am Thesmophorienfest ihren Grund.

Des Keleos Gattin Metaneira hatte einen Knaben, den Demeter zu sich nahm und aufzog. Da sie das Kind unsterblich machen wollte, legte sie es nachts ins Feuer und nahm ihm so das vergängliche Fleisch. Tagsüber aber nahm Demophon – so hieß der Knabe – auffallend zu. Da lauerte Metaneira[1], und als sie das Kind im Feuer versteckt auffand, schrie sie laut. Das war die Ursache, daß der Knabe vom Feuer verzehrt wurde und die Göttin sich zu erkennen gab. Dem ältesten Sohn der Metaneira, Triptolemos, stellte sie einen Wagen mit geflügelten Schlangen bereit und gab ihm den Weizen, mit dem er hoch am Himmel dahinfahrend die ganze Erde einsäte. Panyassis aber nennt den Triptolemos einen Sohn des Eleusis; zu ihm, sagt er, sei Demeter gekommen. Pherekydes bezeichnet ihn als Sohn des Okeanos und der Ge.

Da Zeus Pluton den Rat gab, Kore zurückzuschicken, gab ihr Pluton den Kern einer Granatfrucht zu essen, damit sie nicht lange bei der Mutter bleibe. Ohne vorauszusehen, was für Folgen das habe, verzehrte sie ihn. Als Askalaphos, der Sohn des Acheron und der Gorgyra, das gegen sie aussagte, legte Demeter im Hades einen schweren Felsblock auf ihn. Persephone aber mußte nun Jahr für Jahr den dritten Teil der Zeit bei Pluton weilen, den Rest durfte sie bei den Göttern verbringen.

Dies erzählt die Überlieferung von Demeter. Ge aber, aufgebracht wegen des Schicksals der Titanen, gebar von Uranos die Giganten, von ungeheurer Größe und unwiderstehlicher Stärke. Sie waren furchtbar anzusehen, mit lang herabwallendem Haar Haupt und Kinn bewachsen, als Füße hatten sie schuppenbedeckte Schlangen. In Phlegrai, wie einige sagen, kamen sie zur Welt, nach andern in Pallene. Felsblöcke schleuderten sie gegen den Himmel und brennende Eichen. Vor allen taten sich Porphyrion und Alkyoneus hervor, der denn auch unsterblich war, solange er auf dem Boden kämpfte, auf dem er geboren war. Er hat auch die Rinder des Helios aus Erytheia weggetrieben. Den Göttern aber war eine Weissagung geworden, keiner der Giganten könne von den Göttern getötet werden; nur wenn ein Sterblicher mitkämpfe, seien sie dem Tod verfallen.

Als Ge davon erfuhr, suchte sie ein Heilkraut, damit sie auch vor einem Sterblichen gefeit wären. Zeus aber verbot Eos, Selene und Helios zu leuchten, und kam ihr zuvor, er schnitt selbst das Heilkraut und ließ durch Athene den Herakles als Helfer im Kampf herbeiholen. Zuerst traf er den Alkyoneus, aber fallend erlangte dieser durch die Berührung mit der Erde neue und vermehrte Lebenskraft. Da schleppte ihn Herakles auf den Rat der Athene aus Pallene fort. So mußte er sterben. Nun stürmte Porphyrion im Kampf gegen Herakles und Hera an. Aber Zeus ließ ihn in Liebesverlangen nach Hera entbrennen,

und schon zerriß er ihr Gewand und wollte ihr Gewalt antun,
da rief sie Helfer herbei. Zeus traf ihn mit dem Blitz und Herakles tötete ihn mit seinen Pfeilen. Von den übrigen traf Apollon
den Ephialtes ins linke, Herakles ins rechte Auge, den Eurytos
erschlug Dionysos mit dem Thyrsosstab, den Klytios tötete Hekate mit brennenden Fackeln, oder eher noch Hephaistos mit
glühenden Steinen. Auf den fliehenden Enkelados warf Athene
die Insel Sizilien, dem Pallas zog sie die Haut ab und bedeckte
mit dieser während des Kampfes den eigenen Körper. Polybotes
wurde von Poseidon durch das Meer verfolgt und kam so nach
Kos; der Gott riß ein Stück von der Insel los und warf es auf
ihn, das sogenannte Nisyron. Hermes, der im Kampf den Helm
des Hades[1] trug, tötete den Hippolytos, Artemis den Gration,
die Moiren Agrios und Thoon, die mit ehernen Keulen kämpften. Die andern vernichtete Zeus mit seinen Blitzen[2].

Als die Götter über die Giganten gesiegt hatten, war Ge
noch mehr aufgebracht. Sie gab sich Tartaros hin und gebar in
Sizilien den Typhon, ein Mischwesen von Mensch und Tier.
Er war größer und stärker als alle ihre andern Kinder. Bis zu
den Schenkeln war er von menschlicher Gestalt, aber riesengroß, so daß er alle Berge überragte und sein Haupt öfter sogar
die Sterne berührte. Seine Hände erstreckten sich die eine bis
ins Abendland, die andre bis zum Aufgang der Sonne, hundert
Drachenhäupter waren mit ihnen verwachsen. Von den Schenkeln an wanden sich ungeheure Nattern, die unter starkem Zi-
schen mit ihren Windungen ihm bis ans Haupt selber reichten.
Sein Leib war über und über gefiedert, struppig-wild wallten
die Haare von Haupt und Kinn, die Augen sprühten Feuer.

Das war Typhon, der glühende Felsen gegen den Himmel
schleuderte und pfeifend und brüllend zugleich anstürmte. Ein
feuriger Glutstrom brach aus seinem Maul. Als die Götter ihn
gegen den Himmel stürmen sahen, wandten sie sich zur Flucht
nach Ägypten und nahmen, von ihm verfolgt, Tiergestalten an.

Zeus traf den Typhon von weitem mit seinen Blitzen; als er
näher kam, erschreckte er ihn mit der Sichel aus Stahl und verfolgte den Fliehenden bis zum Kasiongebirge, das in Syrien
liegt. Dort erblickte er ihn von Wunden bedeckt und nahm
den Nahkampf mit ihm auf. Typhon aber packte ihn, indem
er ihn mit seinen Windungen umschlang, und ihm die Sichel
entreißend, durchschnitt er die Sehnen an Händen und Füßen. Dann trug er ihn auf den Schultern durch das Meer
nach Kilikien und setzte ihn in der Korykischen Höhle ab.
Ebenso barg er dort, mit einem Bärenfell umwickelt, die Sehnen, mit Delphyne als Wächterin. Das war ein junges weibli-
ches halb tierisches Wesen. Hermes aber und Aigipan entwen-
deten die Sehnen und paßten sie in aller Heimlichkeit Zeus
wieder an. Nachdem er so die eigene Kraft wiedererlangt hatte,
brach er plötzlich auf einem mit geflügelten Rossen bespannten
Wagen aus dem Himmel hervor, und Blitze schleudernd verfolgte er Typhon bis zum sogenannten Nysagebirge, wo die
Moiren den Verfolgten hintergingen. Von ihnen beredet, daß
er größere Kraft dadurch erlange, aß er von den Früchten, die
sich nur einen Tag halten. Von neuem verfolgt, kam er nach Thrakien, und am Haimos schleuderte er im Kampf ganze Berge. Da
sie durch den Donnerkeil auf ihn zurückgeworfen wurden, ver-
goß er auf dem Gebirge Ströme von Blut. Davon soll der Berg
seinen Namen bekommen haben[1]. Als er sich zur Flucht über
das sizilische Meer wandte, warf Zeus das Ätnagebirge auf ihn.
Es ist von gewaltiger Größe, und bis heute – so sagt man –
bricht von den geschleuderten Blitzen Feuer aus ihm hervor.

Doch nun davon genug. Prometheus bildete die Menschen
aus Wasser und Erde und gab ihnen auch das Feuer, das er unbemerkt von Zeus in einem Narthexstengel geborgen hatte.
Als Zeus es gewahr wurde, trug er dem Hephaistos auf, ihn an
den Kaukasus zu schmieden. Das ist ein Gebirge in Skythien.
Dort angeschmiedet, blieb Prometheus viele Jahre lang in Fes-

seln. Jeden Tag kam ein Adler geflogen und fraß ihm die Lappen der Leber weg, aber nachts wuchs sie wieder nach. Das war die Strafe, die Prometheus für den Raub des Feuers erleiden mußte, bis Herakles ihn später befreite, wie wir in der Sage von Herakles erzählen werden.

Der Sohn des Prometheus war Deukalion. Er beherrschte das Land um Phthia und vermählte sich mit Pyrrha, der Tochter des Epimetheus und der Pandora, des ersten Weibes, das die Götter gebildet hatten. Da aber Zeus das eherne Geschlecht vertilgen wollte, baute Deukalion auf Prometheus' Rat einen Kasten, brachte alles Notwendige darin unter und ging selbst mit Pyrrha hinein. Zeus aber ließ es nun in Strömen regnen und überflutete den größten Teil von Griechenland. Alle Menschen kamen um, bis auf die wenigen, die auf die nächstgelegenen hohen Berge geflohen waren. Damals geschah es auch, daß die Berge Thessaliens auseinandertraten und alles Land außerhalb des Isthmos und Peloponnes überflutet wurde. Neun Tage und ebenso viele Nächte fuhr Deukalion in seinem Kasten über das Meer und landete dann auf dem Parnassos. Da die Regengüsse aufhörten, stieg er dort aus und opferte Zeus, dem Begünstiger des Entrinnens. Da schickte Zeus den Hermes zu ihm und stellte ihm die Wahl frei, was er wünsche. Er wünschte sich Menschen, und nach Zeus' Weisung hob er Steine auf und warf sie über den Kopf hinter sich. Die Steine, die Deukalion warf, wurden Männer, die von Pyrrha geworfenen jedoch Weiber[1].

Die Kinder, die Deukalion von Pyrrha bekam, waren zuerst Hellen, den einige als Sohn des Zeus ausgeben, dann Amphiktyon, der nach Kranaos König von Attika war, und eine Tochter Protogeneia; ein Sohn von ihr und Zeus war Aëthlios. Söhne des Hellen und der Nymphe Orseis waren Doros, Xuthos und Aiolos. Er selbst nannte die so genannten Graiker nach sich Hellenen und teilte das Land unter seine Söhne: Xu-

thos bekam den Peloponnes und zeugte mit Kreusa, der Tochter des Erechtheus, Achaios und Ion, nach denen die Achäer
und Ioner heißen; Doros, der das Land jenseits des Peloponnes
erhielt, nannte nach sich die Bewohner Dorier; Aiolos, der
über die Gebiete in Thessalien herrschte, nannte die darin
Wohnenden Äolier und zeugte aus der Verbindung mit Ena-
rete, der Tochter des Deimachos, sieben Söhne, Kretheus, Sisyphos, Athamas, Salmoneus, Deion, Magnes, Perieres, und
fünf Töchter, Kanake, Alkyone, Peisidike, Kalyke, Perimede.

Von Perimede und Acheloos stammten Hippodamas und
Orestes, von Peisidike und Myrmidon Antiphos und Aktor.
Mit Alkyone verband sich Keyx, der Sohn des Heosphoros.
Die beiden kamen durch ihre Überheblichkeit zu Fall: er nannte
sein Weib Hera, Alkyone ihren Gatten Zeus. Zeus verwandelte
sie in Vögel, das Weib in einen Eisvogel, den Mann in einen
Taucher.

Kanake gebar von Poseidon Hopleus, Nireus, Epopeus,
Aloeus und Triops. Aloeus vermählte sich mit des Triops
Tochter Iphimedeia, die den Poseidon liebte. Immer wieder
ging sie ans Meer und ließ die Wellen, die sie mit den Händen
schöpfte, in ihren Schoß rinnen. So verband sich Poseidon mit
ihr und zeugte zwei Söhne, Otos und Ephialtes, die sogenannten Aloaden. Diese nahmen jedes Jahr in der Breite eine Elle,
in der Länge eine Klafter zu; als sie nun, neun Jahre alt, neun
Ellen breit und neun Klafter lang waren, dachten sie daran,
mit den Göttern zu kämpfen. Sie türmten den Ossa auf den
Olymp und auf den Ossa das Peliongebirg und drohten, über
diese Berge den Himmel zu ersteigen, und das Meer wollten
sie über die Berge ausschütten und zu Festland machen, die
Erde aber zu Meer. Ephialtes warb um Hera, Otos um Artemis.
Den Ares fesselten sie, aber Hermes befreite ihn in aller Heimlichkeit, und die Aloaden brachte Artemis auf Naxos durch
List ums Leben. In Gestalt einer Hindin sprang sie zwischen

die beiden, sie zielten auf das Tier und trafen sich gegenseitig mit den Speeren.

Ein Sohn der Kalyke und des Aëthlios war Endymion, der die Äolier aus Thessalien wegführte und Elis besiedelte. Manche nennen ihn einen Sohn des Zeus. Da er ungewöhnlich schön war, liebte ihn Selene, und Zeus gab ihm einen Wunsch frei. Da wünschte er sich ewig während Schlaf, in Unsterblichkeit und ohne zu altern.

Ein Sohn des Endymion und einer Quellnymphe oder, wie einige annehmen, der Iphianassa war Aitolos, der den Apis, den Sohn des Phoroneus, tötete und ins Land der Kureten floh. Nachdem er auch die Söhne der Phthia und Apollons, die ihn gastfreundlich aufgenommen hatten, Doros, Laodokos und Polypoites, erschlagen hatte, nannte er das Land nach sich selbst Ätolien.

Von Aitolos und Pronoë, der Tochter des Phorbos, stammten Pleuron und Kalydon, nach denen die Städte in Ätolien benannt wurden. Pleuron nahm Xanthippe, Doros' Tochter, und zeugte Agenor, Töchter von ihnen waren Sterope, Stratonike, Laophonte. Kalydon und Aiolia, die Tochter Amythaons, hatten zwei Töchter, Epikaste und Protogeneia. Ein Sohn der letzteren und des Ares war Oxylos. Agenor, Pleurons Sohn, verband sich mit Epikaste, der Tochter Kalydons, und zeugte Porthaon und Demonike, aus deren Verbindung mit Ares Euenos, Molos, Pylos und Thestios hervorgingen.

Euenos' Tochter war Marpessa, um die Apollon freite. Aber Idas, Aphareus' Sohn, entführte sie auf dem geflügelten Wagen, den er von Poseidon erhalten hatte. Euenos verfolgte ihn auf einem Wagen bis zum Fluß Lykormas, und da er ihn nicht einholen konnte, tötete er die Rosse und stürzte sich in den Fluß. Nach ihm bekam dann der Fluß den Namen Euenos. Idas kam nach Messene, wo ihm Apollon begegnete und das Mädchen entriß. Den Streit um die Vermählung schlichtete

Zeus dadurch, daß er der Jungfrau selbst die Entscheidung überließ, welchem von den beiden sie angehören wolle. Aus Angst, Apollon werde sie, wenn sie altere, verlassen, wählte sie Idas zum Gemahl.

Thestios wurden von der Eurythemis, der Tochter Kleoboias, die Töchter Althaia, Leda, Hypermnestra, die Söhne Iphiklos, Euippos, Plexippos, Eurypylos geboren.

Von Porthaon und Euryte, Hippodamas' Tochter, entsprossen Oineus, Agrios, Alkathoos, Melas, Leukopeus als Söhne, und eine Tochter Sterope, aus deren Verbindung mit Acheloos, wie es heißt, die Sirenen hervorgegangen sind. Oineus, der Herrscher von Kalydon, empfing als erster von Dionysos den Schößling eines Weinstocks. Aus der Verbindung mit Althaia, der Tochter des Thestios, zeugte er den Toxeus, den er selbst tötete, als er den Graben übersprang, und außer ihm Thyreus und Klymenos und eine Tochter Gorge, die Andraimon zur Gattin bekam, und Deianeira, die Althaia, wie man sagt, von Dionysos geboren hat. Sie lenkte die Rosse und war auch sonst eine Freundin kriegerischer Übungen. Herakles kämpfte mit Acheloos, um sie zur Gattin zu gewinnen. Althaia gebar von Oineus den Meleagros; man sagt auch, er sei ein Sohn des Ares gewesen. Als dieser sieben Tage alt war, sollen sich die Moiren eingefunden und geweissagt haben, Meleagros werde dann sterben, wenn das auf dem Herd brennende Scheit niedergebrannt sei. Althaia, die das hörte, nahm das Scheit fort und tat es in einen Kasten. Meleagros aber wurde ein unverwundbarer, starker Held. Den Tod fand er auf folgende Weise: Als Oineus von den jährigen Früchten des Landes allen Göttern das Erstopfer darbrachte, hatte er Artemis allein vergessen. Da hatte die Göttin im Zorn einen ungeheuer großen und starken Eber geschickt, so daß es unmöglich war, das Land zu besäen. Tiere und Menschen, die ihm in den Weg kamen, zerfleischte er. Gegen diesen Eber rief Oineus die

stärksten Helden Griechenlands alle zusammen und versprach
dem, der das Tier erlege, die Haut als Preis der Tapferkeit.
Die aber zur Eberjagd zusammengekommen waren, waren
folgende: Meleagros, der Sohn des Oineus, Dryas, des Ares
Sohn, beide aus Kalydon, Idas und Lynkeus, die Söhne des
Aphareus aus Messene, Kastor und Polydeukes, des Zeus und
der Leda Söhne aus Lakedaimon, Theseus, der Sohn des Aigeus aus Athen, Admetos, des Pheres Sohn aus Pherai, Ankaios und Kepheus, die Söhne des Lykurgos aus Arkadien,
Iason, Aisons Sohn aus Iolkos, der Amphitryonsohn Iphikles
aus Theben, Peirithoos, Sohn des Ixion aus Larisa, Peleus, der
Sohn des Aiakos aus Phthia, Telamon, der Aiakide aus Sala-
mis, Eurytion, der Sohn Aktors aus Phthia, Atalante, Schoineus'
Tochter aus Arkadien, Amphiaraos, der Sohn des Oikles aus
Argos, mit ihnen noch die Söhne des Thestios.

Als sie zusammengekommen waren, bewirtete sie Oineus
neun Tage lang, am zehnten lehnten Kepheus, Ankaios und
einige andere es ab, mit einem Weib zusammen auf die Jagd
zu gehen, Meleagros aber, der Kleopatra, die Tochter des Idas
und der Marpessa, zum Weibe hatte und auch von Atalante
Kinder haben wollte, zwang sie, mit ihr zusammen zu jagen.
Als sie den Eber umstellten, wurden Hyleus und Ankaios von
dem Tier zerrissen, den Eurytion traf Peleus ohne Absicht
mit seinem Speer. Atalante schoß als erste dem Eber ihren
Pfeil in den Rücken, dann traf ihn Amphiaraos ins Auge. Zuletzt gab ihm Meleagros mit einem Stoß in die Weichen den
Fang. Er bekam die Haut, reichte sie aber Atalante. Die Thestiossöhne empfanden es als Schande, daß in Gegenwart von
Männern ein Weib den Kampfpreis erhalten sollte, und nahmen ihr das Fell ab mit den Worten, ihnen stehe es als Männern zu, wenn nicht Meleagros es lieber haben wolle. Da erschlug sie Meleagros im Zorn und gab Atalante die Haut zurück. Althaia aber, aufgebracht über das gewaltsame Ende

ihrer Brüder, zündete das Holzscheit wieder an, und gleich
darauf starb Meleagros.

Nach andern fand Meleagros nicht auf diese Weise den Tod,
sondern die Söhne des Thestios erhoben Anspruch auf die
Jagdbeute, weil angeblich Iphiklos zuerst getroffen hatte;
darüber kam es zum Krieg zwischen Kureten und Kalydoniern.
Als Meleagros auszog und einige von den Söhnen des Thestios
tötete, verfluchte ihn Althaia, weshalb er von da an zürnend
zu Hause blieb. Die Feinde näherten sich schon den Mauern,
und die Stadtbewohner baten ihn flehentlich, zu helfen. Da
ließ er sich endlich von seinem Weibe überreden, wieder auszuziehen. Nachdem er auch noch die übrigen Thestiossöhne
erschlagen hatte, fiel er selbst im Kampf. Nach dem Tode des
Meleagros erhängten sich Althaia und Kleopatra, die Frauen
aber, die um ihn die Totenklage erhoben, wurden in Vögel
verwandelt.

Nach dem Tode der Althaia nahm Oineus Periboia, die
Tochter des Hipponoos, zur Gattin. Der Dichter der Thebais
erzählt, Oineus habe sie nach der Eroberung von Olenos zum
Geschenk bekommen, nach Hesiod war sie von Hippostra-
tos, des Amarynkeus Sohn, geschändet worden, und ihr Vater Hipponoos schickte sie von Olenos in Achaia zu Oineus
weit fort in Hellas, mit dem Ersuchen, sie zu töten. Wieder
andre erzählen: Als Hipponoos sah, daß seine Tochter von
Oineus verführt war, habe er sie in schwangerem Zustand zu
ihm zurückgeschickt. Jedenfalls gebar sie Oineus den Tydeus.
Peisandros jedoch nennt Gorge als seine Mutter; denn nach
dem Willen des Zeus habe Oineus seine eigene Tochter geliebt.

Als Tydeus zu einem wackeren Helden herangewachsen
war, mußte er das Land verlassen, weil er, wie einige erzählen,
den Bruder des Oineus, Alkathoos, erschlug, nach der Darstellung des Dichters der Alkmaionis indes waren es die Söhne
des Melas, die sich gegen Oineus empört und die er deswegen

getötet hatte, Pheneus, Euryalos, Hyperlaos, Antiochos, Eumedes, Sternops, Xanthippos, Sthenelaos, nach Pherekydes schließlich war es sein eigener Bruder Olenias gewesen. Als Agrios Klage gegen ihn erhob, floh er und begab sich nach Argos zu Adrastos. Er nahm dessen Tochter Deipyle zum Weib und zeugte mit ihr Diomedes.

Tydeus zog mit Adrastos gegen Theben und starb an der Wunde, die er von Melanippos empfing; Agrios' Söhne Thersites, Onchestos, Prothoos, Keleutor, Lykopeus und Melanippos nahmen Oineus die Herrschaft und gaben sie ihrem Vater. Oineus, der noch lebte, sperrten sie ein und mißhandelten ihn schmachvoll. Später aber kam Diomedes mit Alkmaion in aller Heimlichkeit von Argos zurück und erschlug alle Söhne des Agrios außer Onchestos und Thersites – diese hatten sich noch rechtzeitig in den Peloponnes geflüchtet; da aber Oineus schon hochbetagt war, übergab er die Herrschaft seinem Schwiegersohn Andraimon und ließ ihn selbst nach dem Peloponnes geleiten. Die geflüchteten Söhne des Agrios indes lauerten ihm am Altar des Telephos in Arkadien auf und erschlugen dort den alten Mann. Diomedes brachte den Leichnam nach Argos und bestattete ihn an der Stelle, wo jetzt die Stadt Oinoë nach ihm benannt ist. Er vermählte sich mit Aigialeia, der Tochter des Adrastos, oder, wie andre berichten, des Aigialeus, und zog dann mit gegen Theben und Troia.

Athamas, einer von den Söhnen des Aiolos, der Beherrscher Böotiens, hatte von Nephele einen Sohn, Phrixos, und eine Tochter, Helle. Dann vermählte er sich nochmals, mit Ino, von der ihm Learchos und Melikertes geboren wurden. Ino verfolgte die Kinder der Nephele und überredete die Frauen, den Weizen zu dörren. Sie nahmen ihn und machten es so, ohne Wissen ihrer Männer. Die Erde aber, die auf diese Weise gedörrten Weizen bekam, brachte nicht die gewohnte Frucht;

Athamas schickte deswegen nach Delphi und wollte fragen
lassen, wie man der Unfruchtbarkeit abhelfen könne. Ino aber
brachte die Abgesandten so weit, daß sie sagten: nach dem
Orakel werde der Mißwuchs aufhören, wenn Phrixos dem
Zeus geopfert werde. Als Athamas das vernahm, ließ er – er
wurde auch von den Landesbewohnern dazu gedrängt – Phrixos an den Opferaltar führen. Aber Nephele entführte ihn zusammen mit Helle. Sie gab ihm den mit goldnem Vlies bedeckten Widder, den sie von Hermes erhalten hatte. Von ihm
wurden sie hoch am Himmel über Land und Meer dahingetra-
gen. Doch als sie das Meer zwischen Sigeion und dem Chersones erreichten, glitt Helle in die Tiefe und fand so den Tod.
Nach ihr wurde dann das Meer Hellespontos (Meer der Helle) genannt. Phrixos kam zu den Kolchern, über die Aietes
herrschte, ein Sohn des Helios und der Perseïs, Bruder der Kirke und Pasiphaë, der Gattin des Minos. Der nahm ihn gastlich
auf und gab ihm eine seiner Töchter, Chalkiope. Den Widder
mit dem goldenen Vließ opferte Phrixos dem Förderer der
Flucht, Zeus, das Fell übergab er Aietes. Dieser befestigte es
an einer Eiche im Hain des Ares. Söhne des Phrixos von Chalkiope waren Argos, Melas, Phrontis und Kytisoros.

   Athamas verlor später infolge des Grolles der Hera auch die
Kinder, die er von Ino hatte. Im Wahnsinn tötete er Learchos
mit einem Pfeil, Ino stürzte sich mit Melikertes ins Meer. Aus
Böotien vertrieben, fragte er den Gott, wo er sich niederlassen solle, und als der Spruch des Orakels lautete: da, wo er
von wilden Tieren gastlich aufgenommen werde, durchzog
er weite Strecken Landes, bis er Wölfe traf, die sich gerade
über erbeutete Schafe hermachten. Als sie ihn sahen, ließen
sie die Beutestücke liegen und flohen. Athamas siedelte in dem
Land, das er nach sich selbst Athamantien nannte. Sich mit
Themisto, der Tochter des Hypseus, verbindend, zeugte er
Leukon, Erythrios, Schoineus und Ptoos.

Sisyphos, des Aiolos Sohn, gründete Ephyra, das heutige
Korinth, und vermählte sich dann mit Merope, der Tochter
des Atlas. Sie hatten einen Sohn, Glaukos, der wieder von der
Eurymede einen Sohn, Bellerophontes, der die feuerhauchen-
de Chimaira erschlug. Sisyphos büßt im Hades, wo er mit
Händen und Haupt einen Felsen wälzen will, aber immer, wenn
er ihn nach oben befördert hat, rollt er wieder zurück. Er erleidet diese Strafe um Aigina, des Asopos Tochter. Zeus, der
sie heimlich geraubt hatte, soll er dem suchenden Vater verraten haben.

Deion, der Herrscher von Phokis, vermählte sich mit Dio-
mede, Xuthos' Tochter. Aus der Verbindung gingen eine
Tochter hervor, Asterodia, und die Söhne Ainetos, Aktor,
Phylakos und Kephalos. Dieser letztere nahm Prokris, die
Tochter des Erechtheus, zum Weibe, wurde dann aber von
Eos, die ihn liebte, entführt.

Perieres nahm Messene in Besitz und ehelichte dann des
Perseus Tochter Gorgophone, die ihm Aphareus, Leukippos,
Tyndareos und dazu noch Ikarios gebar. Wie aber viele berichten, war Perieres nicht ein Sohn des Aiolos, sondern hatte
Kynortas, den Sohn des Amyklas, zum Vater. Deswegen werden wir vom Geschlecht des Perieres bei der Nachkommenschaft des Atlas berichten.

Magnes nahm eine Quellnymphe zum Weibe. Seine Söhne
waren Polydektes und Diktys, die Gründer von Seriphos. Salmoneus wohnte zuerst in Thessalien, dann kam er nach Elis
und gründete dort eine Stadt. Er war ein Frevler, der sich
Zeus gleichstellen wollte, und wurde wegen seiner Gottlo-
sigkeit bestraft. Er selbst sei Zeus, sagte er, nahm jenem die
Opfer fort und verlangte, daß man sie ihm darbringe; an einem
Wagen schleifte er trockene Häute und eherne Becken mit
und nannte das Donner; er schleuderte brennende Fackeln
gegen den Himmel und nannte das Blitze. Zeus aber traf ihn

mit dem Wetterstrahl und vernichtete die von ihm gegründete Stadt mit allen Bewohnern.

Tyro, die Tochter des Salmoneus und der Alkidike, die bei Kretheus[1] aufwuchs, liebte den Fluß Enipeus. Immer wieder kam sie zu seinen Fluten und klagte ihr Leid. Da hielt Poseidon in Enipeus' Gestalt mit ihr Beilager. Heimlich gebar sie zwei Knaben, die sie aussetzte. Bei den ausgesetzten Kleinen kamen Pferdehirten vorüber, und eine Stute berührte einen der Zwillinge mit einem Huf, so daß ein Teil des Gesichts blutunterlaufen blieb. Der Hirt nahm die beiden Knaben mit und zog sie auf. Den einen nannte er Pelias, «den mit der blutunterlaufenen Stelle», den andern Neleus. Als sie erwachsen waren, erkannten sie die Mutter und töteten die Stiefmutter Sidero. Sie hatten in Erfahrung gebracht, daß ihre Mutter von dieser schlecht behandelt wurde, und wandten sich deshalb gegen sie; sie suchte rasch Zuflucht im Heiligtum der Hera, aber Pelias erschlug sie auf den Stufen des Altars, wie er überhaupt zeitlebens Hera geringachtete. Später bekamen die Brüder miteinander Streit, Neleus kam landesflüchtig nach Messene und gründete Pylos. Aus seiner Verbindung mit Chloris, der Tochter des Amphion, ging eine Tochter hervor, Pero, und an Söhnen Tauros, Asterios, Pylaon, Deimachos, Eurybios, Epilaos, Phrasios, Eurymenes, Euagoras, Alastor, Nestor und Periklymenos. Dem Letztgenannten verlieh Poseidon die Fähigkeit, in verschiedenen Gestalten zu erscheinen: als Herakles Pylos zerstörte, zeigte er sich bald als Löwe, bald als Schlange und wieder ein andres Mal als Biene, er wurde aber doch zusammen mit Neleus' andern Söhnen von Herakles erschlagen. Nur Nestor blieb am Leben, da er bei den Gereniern aufwuchs. Er ehelichte Anaxibia, Kratieus' Tochter, und zeugte an Töchtern Peisidike und Polykaste, an Söhnen Perseus, Stratichos, Aretos, Echephron, Peisistratos, Antilochos und Thrasymedes.

Pelias, der in Thessalien wohnte und sich mit Bias' Tochter Anaxibia vermählte, nach andern dagegen mit Phylomache, der Tochter des Amphion, zeugte einen Sohn Akastos. Töchter von ihm waren Peisidike, Pelopeia, Hippothoë und Alkestis.

Kretheus, der Gründer von Iolkos, verband sich mit Salmoneus' Tochter Tyro, die ihm an Söhnen Aison, Amythaon und Pheres gebar. Amythaon war in Pylos ansäßig und nahm Eidomene, die Tochter des Pheres, zum Weibe. Von seinen zwei Söhnen, Bias und Melampus, hielt sich der letztere ständig auf dem Felde auf, wo vor seiner Behausung eine Eiche stand mit einem Schlangennest. Seine Knechte wollten alle Schlangen töten, doch verbrannte er nur die Brut, die schon kriechen konnte, auf einem Haufen Holz, die Jungen zog er auf. Als sie aufgewachsen waren, umringten sie ihn im Schlaf und säuberten von beiden Schultern aus seine Ohren mit ihren Zungen. Als er heftig erschrocken aufsprang, verstand er die Stimmen der über ihn hinfliegenden Vögel. Von ihnen unterwiesen, konnte er den Menschen die Zukunft künden. Auch die Gabe der Weissagung aus Opfern wurde ihm zuteil, und nachdem er Apollon am Alpheios begegnet war, war er von da an der zuverlässigste Seher.

Bias freite um Pero, die Tochter des Neleus. Da aber viele Freier da waren, erklärte dieser, er werde seine Tochter nur dem geben, der ihm die Rinder des Iphiklos herbeischaffe. Diese waren in Phylake, von einem Hund bewacht, dem weder Mensch noch Tier nahekommen konnte. So konnte sie Bias nicht stehlen und rief deswegen seinen Bruder herbei, ihm zu helfen. Melampus sagte zu. Dabei kündete er an, er werde bei dem Diebstahl ertappt und ein Jahr lang gefangengehalten werden, auf diese Weise aber die Rinder bekommen. Nach dieser Zusage ging er nach Phylake, wurde, wie er es angekündigt hatte, beim Diebstahl ertappt und als Gefangener

im Hause bewacht. Als nur noch wenig vom vollen Jahr fehlte,
hörte er, wie sich die Holzwürmer in einem versteckten Winkel des Daches unterhielten: einer fragte, wieviel von dem
Balken schon durchnagt sei, die andern gaben zur Antwort, es
fehle nur noch ein ganz kleines Stück. Da verlangte Melampus
schleunigst, daß man ihn anderswo unterbringe; kaum war
das geschehen, da stürzte das Gebäude ein. Phylakos war darüber erstaunt, und als er erkannte, daß er es mit einem hervor-
ragenden Seher zu tun habe, ließ er ihn frei. Er solle ihm nur
sagen, wie sein Sohn Iphiklos Knaben bekommen werde. Melampus versprach es unter der Bedingung, daß er die Rinder
bekomme. Darauf schlachtete und zerlegte er zwei Stiere und
rief dann die zukunftkündenden Vögel herbei. Ein Geier zeigte sich. Von dem erfuhr er, Phylakos habe einmal Widder ver-
schnitten und das noch blutige Messer Iphiklos übergeben.
Da der Knabe aber erschrocken und geflohen sei, habe er es in
die heilige Eiche gestoßen, und die Rinde sei dann um es her-
umgewachsen. Wenn also dieses Messer wieder gefunden
werde – so verkündete der Geier – und er zehn Tage lang
Iphiklos den abgeschabten Rost zu trinken gebe, werde er einen Sohn bekommen. Als dies Melampus von dem Geier erfahren hatte, fand er das Messer, schabte den Rost ab und
gab Iphiklos zehn Tage lang davon zu trinken. Tatsächlich
wurde ihm dann ein Knabe geboren, Podarkes. Melampus
trieb die Rinder nach Pylos und erhielt dafür die Tochter des
Neleus, die er seinem Bruder übergab. Eine Zeitlang blieb er
in Messene wohnen, als aber Dionysos die Frauen in Argos in
Raserei versetzte, heilte er sie gegen einen Teil des Reiches
und ließ sich dann dort mit Bias nieder.

Der Sohn des Bias und der Pero war Talaos, von diesem und
Lysimache, der Tochter des Abas, Enkelin des Melampus, ent-
stammten Adrastos, Parthenopaios, Pronax, Mekisteus, Aristomachos und Eriphyle, die spätere Gattin des Amphiaraos.

Parthenopaios hatte einen Sohn, Promachos, der mit den Epigonen gegen Theben zog. Von Mekisteus stammte Euryalos, der den Zug gegen Troia mitmachte, von Pronax Lykurgos, von Adrastos und Pronax' Tochter Amphithea an Töchtern Argeia, Deipyle, Aigialeia, an Söhnen Aigialeus und Kyanippos.

Pheres, Kretheus' Sohn, gründete Pherai in Thessalien und zeugte Admetos und Lykurgos. Der letztere wohnte in der Gegend von Nemea und hatte aus der Verbindung mit Eurydike – wie andere sagen, mit Amphithea – einen Sohn Opheltes; später nannte man ihn Archemoros. Admetos war der Herrscher von Pherai, und zu der Zeit, als er um Pelias' Tochter Alkestis freite, war Apollon bei ihm in Dienst. Da Pelias seine Tochter dem zugesagt hatte, der einen Wagen mit Löwe und Eber bespanne, brachte Apollon ein solches Gespann zusammen und schenkte es Admetos, der es zu Pelias brachte und dafür Alkestis gewann. Aber bei der Hochzeitsfeier vergaß er Artemis zu opfern; als er daher das Brautgemach öffnete, fand er es voll ineinander verstrickter Drachenbrut. Apollon sagte ihm zu, die Göttin zu versöhnen, und erreichte bei den Moiren, Admetos solle vom Tode befreit werden, wenn seine Stunde gekommen sei, unter der Bedingung, daß jemand freiwillig für ihn den Tod auf sich nehme. Als aber sein Todestag gekommen war, wollte weder Vater noch Mutter für ihn sterben, nur Alkestis war dazu bereit. Und sie wurde von Kore wieder zurückgeschickt, nach andern war es Herakles, der sie nach einem Kampf mit Hades dem Gatten zurückbrachte.

Von Aison, Kretheus' Sohn, und Polymede, Autolykos' Tochter, stammte Iason. Er wohnte in Iolkos, über das nach Kretheus Pelias herrschte, dem auf die Frage nach der Dauer seiner Herrschaft der Gott den Spruch gab, er solle sich vor dem Einschuhigen in acht nehmen. Zuerst verstand er nicht, was das Orakel meinte, später aber wurde es ihm klar. Als er Poseidon am Meer ein Opfer veranstaltete, hatte er unter vie-

len andern auch Iason dazu kommen lassen. Aus Neigung zum
Landbau war dieser bis zuletzt auf dem Feld geblieben und
mußte dann sehr eilen, um noch zu dem Opfer rechtzeitig
zu erscheinen. Da kam er beim Überschreiten des Anauros-
flusses nur mit einem Schuh ans Ufer; den andern hatte er in
der Strömung verloren. So sah ihn Pelias, und da er sogleich
den Orakelspruch damit zusammenbrachte, trat er auf ihn zu
mit der Frage: «Was würdest du, falls es dir freistünde, tun,
wenn du ein Orakel bekämest, einer deiner Mitbürger werde
dich töten?» Da sagte Iason, ob ihm nun sonstwoher der Gedanke kam, oder ob es durch den Groll der Hera so geschah,
damit Medeia Pelias – er machte sich nicht viel aus Hera – auf
den Hals käme: «Ich würde ihn beauftragen, mir das goldne
Vließ zu holen.» Das hatte Pelias kaum gehört, da schickte er
ihn auf den Weg nach dem Vließ. Es hing im Land der Kolcher
im Hain des Ares an einer Eiche und wurde von einem Drachen bewacht, der niemals schlief.

Als Iason diesen Auftrag erhielt, rief er Argos, des Phrixos
Sohn, und dieser baute unter Anleitung der Athene einen
Fünfzigruderer, der nach seinem Erbauer den Namen Argo
bekam. Am Bug fügte Athene redendes Holz ein von der Do-
donischen Eiche. Als das Schiff erbaut war, befragte Iason den
Gott, und dieser gestattete ihm die Fahrt, nachdem er die
stärksten Helden von Hellas um sich versammelt hatte. Es
waren folgende: Tiphys, des Hagnios Sohn, als Steuermann,
Orpheus, der Sohn des Oiagros, Zetes und Kalais, des Boreas,
Kastor und Polydeukes, des Zeus, Telamon und Peleus, des
Aiakos Söhne, Herakles, der Sohn des Zeus, Theseus, Sohn
des Aigeus, Idas und Lynkeus, die Söhne des Aphareus, Amphiaraos, des Oikles, Kaineus, des Koronos Sohn, Palaimon,
der Sohn des Hephaistos oder des Aitolos, Kepheus, des Aleos,
Laërtes, des Arkeisios, Autolykos, des Hermes Sohn, Atalante, die Tochter des Schoineus, Menoitios, des Aktor, Aktor,

des Hippasos, Admetos, des Pheres, Akastos, des Pelias, Eurytos, des Hermes, Meleagros, des Oineus, Ankaios, des Lykurgos, Euphemos, des Poseidon, Poias, des Thaumakos, Butes, des Teleon Sohn. Außer den Genannten beteiligten sich
an der Fahrt Phanos und Staphylos, Söhne des Dionysos, Erginos, des Poseidon, Periklymenos, des Neleus, Augeias, des
Helios, Iphiklos, des Thestios, Argos, des Phrixos, Euryalos,
des Mekisteus, Peneleos, des Hippalmos, Leitos, des Alektor,
Iphitos, des Naubolos Sohn, die Söhne des Ares Askalaphos
und Ialmenos, Asterios, der Sohn des Kometes, und Polyphemos, der Sohn des Elatos.

Diese gingen unter Iasons Führung in See, auf Lemnos zu.
Die Insel war damals ohne Männer und stand unter der Herrschaft
der Thoastochter Hypsipyle. Das war so gekommen: Die Lemnierinnen hatten der Aphrodite die gebührende Ehre vorenthalten, weswegen sie ihnen üblen Geruch verlieh. Da nahmen
sich ihre Männer kriegsgefangene Frauen aus dem benachbar-
ten Thrakien und verkehrten mit ihnen. Die Frauen aus Lemnos fühlten sich dadurch gekränkt und töteten ihre Väter und
Männer. Nur Hypsipyle versteckte ihren eigenen Vater Thoas
und rettete ihm so das Leben. Damals also, als Lemnos von
Frauen regiert wurde, landeten die Argonauten auf der Insel
und schliefen bei den Weibern. Hypsipyle lag bei Iason und gebar dann zwei Söhne, Euneos und Nebrophonos.

Von Lemnos hielten sie auf das Land der Dolionen zu, das
Kyzikos beherrschte. Dieser nahm sie freundlich auf. Als sie
aber nachts zur Weiterfahrt von dort in See stachen, hatten sie
Gegenwind und trieben wieder, ohne es zu wissen, an die Küste
der Dolionen. Diese hielten sie für eine pelasgische Streitmacht –
immer wieder wurden sie von Pelasgern angegriffen – und gerieten so mit ihnen in einen nächtlichen Kampf, ohne daß die
einen die andern erkannten. Die Argonauten erschlugen viele
Gegner, darunter den Kyzikos, und als sie nach Tagesanbruch

die Lage erkannten, klagten sie um die Gefallenen und, als Zeichen der Trauer die Haare abschneidend, bereiteten sie dem Kyzikos eine prunkvolle Bestattung. Darnach gingen sie wieder in See und landeten in Mysien.

Hier ließen sie Herakles und Polyphemos zurück. Hylas nämlich, der Sohn des Theiodamas, Herakles' Liebling, war wegen seiner Schönheit beim Wasserholen von den Nymphen geraubt worden. Polyphemos hatte ihn schreien hören, und im Glauben, er sei von Räubern mitgenommen, hatte er das Schwert gezogen und war nachgestürzt. Dem Herakles, der ihm begegnete, erzählte er den Vorfall, und während nun beide nach Hylas suchten, stach das Schiff in See. Polyphemos gründete in Mysien die Stadt Kios, die er dann beherrschte, Herakles kehrte nach Argos zurück. Nach Herodoros jedoch war er von Anfang an bei dieser Heerfahrt nicht dabei, sondern stand im Dienst der Omphale. Pherekydes berichtet, er sei in Aphetai in Thessalien zurückgelassen worden, da das Schiff Argo erklärt habe[1], es könne eine solche Last nicht tragen.

Demaratos wieder überliefert, er sei auf dieser Fahrt ins Land der Kolcher gekommen. Nach Dionysios wäre er sogar der Führer der Argonauten gewesen.

Von Mysien gelangten sie ins Land der Bebryker, das Amykos, der Sohn Poseidons und der Nymphe Bithynis, beherrschte. Von gewaltiger Stärke, war er gewohnt, die Fremden, die an seiner Küste landeten, zum Faustkampf zu zwingen und sie auf diese Weise zu beseitigen. So kam er auch damals an die Argo heran und forderte den Stärksten zum Faustkampf. Polydeukes erklärte sich bereit und tötete ihn mit einem Schlag ins Genick. Als die Bebryker sich gegen ihn wandten, griffen die stärksten Argonauten zur Waffe und machten viele von ihnen auf der Flucht nieder.

Auf der Weiterfahrt gelangten sie nach Salmydessos in Thrakien, wo der blinde Seher Phineus hauste. Die einen nennen ihn einen Sohn des Agenor, die andern des Poseidon. Nach den einen hatten ihn die Götter geblendet, weil er den Menschen die Zukunft voraussagte, nach den andern nahmen ihm Boreas und die Argonauten das Augenlicht, weil er auf den Rat der Stiefmutter die eigenen Kinder geblendet hatte. Wieder andre sprachen von Poseidon, weil er den Kindern des Phrixos die Fahrt aus dem Kolcherland nach Hellas verraten habe. Die Götter schickten ihm die Harpyien. Das waren Flügelwesen. Wenn Phineus die Mahlzeit vorgesetzt wurde, kamen sie vom Himmel herabgeflogen und raubten das meiste, nur geringe Reste ließen sie liegen, aber mit solchem Gestank, daß er nichts mehr genießen konnte. Da die Argofahrer Näheres über ihre Fahrt wissen wollten, erklärte er sich zur Auskunft bereit, wenn sie ihn von den Harpyien befreiten. Darauf tischten sie ihm Speisen auf, gleich kamen die Harpyien mit Geschrei herangeflogen, um sie zu rauben. Als das die Söhne des Boreas gewahrten, Zetes und Kalais, die ebenfalls beflügelt waren, zogen sie die Schwerter und verfolgten sie durch die Luft. Den Harpyien war der Tod durch die Söhne des Boreas vom Schicksal bestimmt, die Boreassöhne mußten sterben, wenn sie die Verfolgten nicht einholten. Von den verfolgten Harpyien aber stürzte die eine in den Fluß Tigres, der nach ihr den Namen Harpys bekam; sie selbst hieß nach den einen Nikothoë, nach andern Aëllopus. Die andre mit Namen Okypete, nach einigen Okythoë – Hesiod nennt sie Okypode –, kam auf der Flucht durch die Propontis bis zu den Inseln der Echinaden, die nach ihr jetzt Strophaden (Inseln der Umkehr) heißen; denn als sie diese erreicht hatte, kehrte sie um und, über den Strand fliegend, fiel sie vor Ermüdung zugleich mit ihrem Verfolger nieder. Apollonios aber erzählt in den «Argonauten», sie seien bis zu den Strophaden verfolgt worden und es sei ihnen nichts geschehen gegen das eidliche Versprechen, den Phineus nicht mehr zu belästigen.

Befreit von den Harpyien, erklärte Phineus den Argonauten
ihre Fahrt und belehrte sie besonders über die Symplegaden,
die Felsen im Meer. Sie waren gewaltig groß, und wenn sie unter dem Druck der Winde gegeneinanderstießen, versperrten
sie den Weg durch das Meer. Dichter Nebel lag über ihnen und
unaufhörlicher Lärm, sogar Vögeln war es unmöglich, hier
durchzukommen. Er riet ihnen daher, eine Taube zwischen die
Felsen fliegen zu lassen. Käme sie heil hindurch, dann sollten
sie ungeachtet der Gefahr die Durchfahrt wagen; wenn sie aber
gewahrten, daß sie umgekommen sei, sollten sie nicht mit Gewalt durchfahren wollen. Daraufhin gingen sie in See, und als
sie in der Nähe der Felsen waren, ließen sie vom Bug aus eine
Taube fliegen. Sie kam durch, doch rissen ihr die zusammen-
schlagenden Felsen eben noch die hintersten Schwanzfedern
aus. Sie achteten nun darauf, bis die Felsen wieder auseinandertraten, dann legten sie sich mit aller Kraft in die Riemen, und
mit Hilfe der Hera kamen sie durch, nur die Heckzierde wurde
abgerissen. Von da an blieben die Symplegaden stehen. Es war
ihnen so vom Schicksal bestimmt, wenn einmal ein Schiff sie
durchfahren konnte.

Die Argofahrer kamen dann zu den Mariandynern und wurden gastfreundlich von dem König Lykos aufgenommen. Der
Seher Idmon fand dort den Tod, von den Hauern eines wilden
Ebers getroffen. Auch Tiphys kam ums Leben, und Ankaios
übernahm es, das Schiff zu steuern.

Nachdem sie am Thermodon und am Kaukasos vorbeige-
kommen waren, gelangten sie an den Fluß Phasis in Kolchis.
Nach der Landung begab sich Iason zu Aietes, und indem er
ihm den Auftrag des Pelias mitteilte, bat er um die Herausgabe
des Vließes. Aietes war dazu bereit, wenn Iason ihm die erz-
füßigen Stiere allein anspanne. Er besaß nämlich zwei wilde
Stiere von ungeheurer Größe, ein Geschenk des Hephaistos.
Sie hatten eherne Füße, und feuriger Atem kam aus ihrem Maul.

Diese sollte er anspannen und dann die Drachenzähne säen, die er von Athene bekommen hatte, die Hälfte von denen, die Kadmos in Theben gesät hatte. Während Iason nicht wußte, wie er die Stiere anschirren könne, erwachte in Medeia die Liebe zu ihm; sie war die Tochter des Aietes und der Okeanostochter Eidyia und verstand sich auf Zauberkünste. Weil sie in Angst um ihn war, er möchte durch die Stiere den Tod finden, versprach sie, ihm ohne Wissen ihres Vaters beim Anspannen der Stiere zu helfen und ihm das Vließ zu verschaffen, wenn er schwöre, sie zur Gattin zu machen und nach Hellas mitzunehmen. Da Iason dies schwur, gab sie ihm ein Zaubermittel, mit dem er sich bei dem Versuch, die Stiere anzujochen, Schild, Speer und Körper einreiben sollte. Dadurch, sagte sie, sei er für einen Tag gefeit gegen Feuer und Eisen. Sie klärte ihn auch auf, wenn er die Zähne gesät habe, würden aus der Erde bewaffnete Männer sich gegen ihn erheben; wenn er sie versammelt sehe, solle er von weitem Steine mitten unter sie werfen, und wenn sie darüber miteinander in Streit gerieten, solle er sie erschlagen. Nachdem sich Iason daraufhin mit der Zaubersalbe eingerieben hatte, begab er sich in den heiligen Hain. Er suchte dort die Stiere auf, und als sie feuerschnaubend ihn angriffen, spannte er sie ins Joch. Nachdem er dann die Drachenzähne gesät hatte, tauchten bewaffnete Männer aus der Erde hervor. Wo er sie am zahlreichsten erblickte, warf er unbeobachtet Steine unter sie, und als sie darüber miteinander in Streit gerieten, trat er heran und machte sie nieder. Als die Stiere ins Joch gespannt waren, gab Aietes das Vließ nicht heraus, sondern wollte die Argo in Brand stecken und die Schiffsmannschaft töten. Da kam ihm aber Medeia zuvor; sie führte in der Nacht Iason zum Vließ, und nachdem sie mit ihren Zaubermitteln den Drachen, der es bewachte, eingeschläfert hatte, eilte sie, das Vließ in der Hand, mit Iason zur Argo. Auch ihr Bruder Apsyrtos kam mit, und in der Nacht noch fuhren alle ab.

Als Aietes von dem kühnen Wagnis der Medeia Kenntnis erhielt, machte er sich gleich auf die Verfolgung. Schon sah ihn
Medeia näher kommen, da tötete und zerstückelte sie den Bruder und warf die Stücke ins Meer. Aietes sammelte die Glieder
seines Sohnes und kam darüber in der Verfolgung zu spät. Er
kehrte um und bestattete, was er von den Gliedern des Sohnes
hatte bergen können, und nannte den Ort Tomoi(«die Stücke»).
Von den Kolchern sandte er viele aus, um die Argo zu suchen,
mit der Drohung, wenn sie Medeia nicht zurückbrächten, würden sie ihre Strafe teilen. Da trennten sie sich und machten sich,
der eine dahin, der andre dorthin, auf die Suche.

Die Argonauten waren schon über den Fluß Eridanos hinaus, da schickte ihnen Zeus im Groll um die Ermordung des
Apsyrtos ein heftiges Unwetter und verschlug sie auf dem
Meer. Und als sie an den Apsyrtischen Inseln vorbeifuhren, ließ
sich die Stimme des Schiffes vernehmen, der Zorn des Zeus
werde nicht nachlassen, wenn sie nicht nach Ausonien segelten
und von der Ermordung des Apsyrtos durch Kirke entsühnt
würden. Da fuhren sie an den Volksstämmen der Ligyer und
Kelten vorbei, kreuzten das Sardonische Meer, und an Tyrrhenien vorüber kamen sie nach Aiaia, wo sie als Schutzsuchende
vor Kirke entsühnt wurden.

Als sie bei den Sirenen vorüberfuhren, stimmte Orpheus
den Gegengesang an und hielt dadurch die Argonauten in seiner Gewalt. Nur Butes schwamm zu ihnen hinaus, aber Aphrodite ergriff ihn gerade noch und brachte ihn nach Lilybaion.

Nach den Sirenen erwartete die Charybdis das Schiff und
die Skylla und die irrenden Felsen, über denen sie helle Flammen und Rauch aufsteigen sahen. Durch sie geleitete Thetis
mit den Nereiden das Schiff, von Hera herbeigerufen.

Als die Insel Thrinakia mit den Rindern des Helios hinter
ihnen lag, gelangten sie nach der Phäakeninsel Kerkyra, die Alkinoos beherrschte. Von den Kolchern indes, die das Schiff

nicht hatten finden können, blieben die einen in den Keraunischen Bergen wohnen, die andern gingen nach Illyrien und besiedelten die Apsyrtischen Inseln; nur einige kamen zu den Phäaken und fanden dort die Argo. Als sie aber von Alkinoos Medeia zurückforderten, sagte dieser, wenn sie schon mit Iason zusammengekommen sei, werde er sie diesem geben; sei sie aber noch Jungfrau, werde er sie dem Vater zurückschicken. Da kam Alkinoos' Weib Arete dem zuvor und brachte Medeia mit Iason zusammen. So kam es, daß die Kolcher bei den Phäaken wohnen blieben und die Argonauten mit Medeia weiterfuhren.

Auf der Fahrt gerieten sie nachts in einen furchtbaren Sturm. Apollon stand auf dem Melantischen Bergrücken, schoß mit seinen Pfeilen ins Meer und ließ Blitze zucken. Da erblickten sie in nächster Nähe eine Insel, sie landeten und nannten sie, weil sie so unverhofft aufgetaucht war, Anaphe[1]. Nachdem sie dem Lichtspender Apollon einen Altar errichtet und Opfer dargebracht hatte, wandten sie sich dem Schmause zu. Die von Arete der Medeia geschenkten zwölf Dienerinnen verspotteten hierbei die Helden im Scherz. Daher rührt noch die heutige Gepflogenheit der Frauen, beim Opfer Scherze zu treiben.

Auf der weiteren Fahrt wurden sie von Talos daran gehindert, in Kreta zu landen. Nach den einen war dieser ein Abkömmling des ehernen Geschlechts, nach den andern war er von Hephaistos dem Minos geschenkt worden. Er war ein Mann – andre sagen, ein Stier – aus Erz. Eine einzige Ader lief ihm vom Nacken bis zu den Fußknöcheln; da, wo sie aufhörte, war ein eherner Nagel durchgeschlagen. Talos lief dreimal jeden Tag um die ganze Insel und paßte auf; deswegen sah er auch damals die Argo herankommen und warf mit Steinen nach ihr. Er ließ sich aber von Medeia täuschen und kam auf diese Weise ums Leben: einige sagen, sie habe ihn durch ihre Zaubermittel wahnsinnig gemacht, nach andern zog sie ihm gegen das Versprechen, ihn unsterblich zu machen, den Nagel heraus, worauf er alles Blut verlor und sterben mußte. Wieder andere erzählen, er sei von einem Pfeil des Poias am Knöchel getroffen worden und habe so den Tod gefunden.

Sie blieben dort nur eine Nacht und gingen dann in Aigina an Land, wo sie sich mit Wasser versorgen wollten. Über dem Wasserholen gerieten sie in Streit. Von dort fuhren sie zwischen Euboia und Lokris hindurch und kamen wieder nach Iolkos. Die ganze Fahrt hatten sie in vier Monaten zurückgelegt.

Pelias glaubte schon nicht mehr an die Rückkehr der Argonauten und wollte den Aison töten. Der aber erbat sich die Erlaubnis, sich selbst zu töten, und als er ein Opfer darbrachte, trank er furchtlos vom Stierblut und gab sich so den Tod. Die Mutter Iasons verfluchte den Pelias, und mit Hinterlassung eines unmündigen Sohnes, Promachos, erhängte sie sich selbst, Pelias tötete auch den von ihr hinterlassenen Knaben. Als Iason jetzt zurückkam, lieferte er das Vließ ab, die Gelegenheit aber, bei der er Rache nehmen wollte für das ihm zugefügte Unrecht, wartete er ab. Einstweilen fuhr er zusammen mit den Helden nach dem Isthmos und weihte das Schiff dem Poseidon, dann bat er gleich Medeia, ihm bei der Rache an Pelias behilflich zu sein. Diese begab sich in Pelias' Palast und beredete seine Töchter, den Vater zu zerstücken und zu kochen gegen das Versprechen, mit ihren Zaubermitteln ihn wieder jung zu machen, und damit sie es glauben sollten, zerschnitt und kochte sie einen Widder und machte ihn wieder zum Lamm. Da waren sie überzeugt und zerlegten und kochten ihren Vater. Akastos bestattete ihn zusammen mit den Bewohnern von Iolkos, Iason aber und Medeia vertrieb er aus dem Land.

Sie kamen nach Korinth und verlebten zehn glückliche Jahre. Als aber Kreon, der König von Korinth, Iason seine Tochter Glauke versprach, verstieß dieser Medeia und nahm die Königstochter von Korinth zum Weibe. Medeia rief die Götter an, bei denen Iason geschworen hatte, und hielt ihm immer wieder seine Undankbarkeit vor, dann schickte sie der Neuvermählten ein mit ihren Zaubermitteln vergiftetes Gewand. Als diese es umlegte, wurde sie zusammen mit dem ihr zu Hilfe eilenden Vater von rasendem Feuer verzehrt. Auch ihre eigenen Kinder, die sie von Iason hatte, Mermeros und Pheres, tötete Medeia, dann floh sie auf einem von geflügelten Drachen gezogenen Wagen, den sie von Helios empfangen hatte, nach Athen. Man erzählt aber auch, daß sie bei der Flucht ihre noch unmündigen Kinder zurückgelassen und als schutzbedürftig an dem Altar der Hochwohnenden Hera niedergelegt habe. Die Korinther aber vertrieben und mißhandelten sie.

Medeia kam nach Athen und gebar dort, mit Aigeus vermählt, einen Sohn Medos. Da sie aber später Theseus anfeindete, wurde sie mit ihrem Sohne aus Athen verbannt. Dieser unterwarf viele fremde Völker und nannte das ganze unterworfene Land nach sich Medien. Er fand auf einem Zuge gegen die Inder den Tod. Medeia kam unerkannt nach Kolchis zurück, und da sie ihren Vater Aietes von seinem Bruder Perses der Herrschaft beraubt antraf, tötete sie diesen und gab ihrem Vater die Königsmacht zurück.

ZWEITES BUCH

Nachdem wir mit dem Geschlecht Deukalions zu Ende gekommen sind, wollen wir anschließend vom Geschlecht des Inachos berichten.

Der Sohn des Okeanos und der Tethys war Inachos, nach dem der Fluß Inachos in Argos seinen Namen hat. Seine und der Okeanostochter Melia Söhne waren Phoroneus und Aigialeus. Nachdem Aigialeus ohne Kinder gestorben war, wurde das ganze Land Aigialeia genannt, Phoroneus aber wurde der Herrscher des später Peloponnesos benannten Landes und zeugte von der Nymphe Teledike Apis und Niobe. Apis machte aus seiner Herrschaft ein Schreckensregiment und wurde ein gewalttätiger Tyrann, und als er den Peloponnes nach sich Apia nannte, kam er bei einer Verschwörung von Thelxion und Telchin, ohne Kinder zu hinterlassen, ums Leben. Da er für einen Gott gehalten wurde, nannte man ihn von da an Sarapsi. Von Niobe und Zeus – sie war die erste Sterbliche, mit der sich Zeus verband – stammte Argos, nach Akusilaos jedoch auch Pelasgos, nach dem die Bewohner des Peloponnes den Namen Pelasger bekommen hätten. Nach Hesiod indes wäre Pelasgos ein Urbewohner des Landes gewesen. Auf ihn werden wir später noch einmal kommen. Als Argos die Herrschaft bekam, nannte er den Peloponnes nach sich selbst Argos. Er verband sich mit Euadne, der Tochter des Strymon und der Neaira, und zeugte Ekbasos, Peiras, Epidauros und Kriasos, der auch das Reich erhielt.

Von Ekbasos stammte Agenor, von diesem Argos, der sogenannte Allseher. Er hatte Augen am ganzen Körper, und von überragender Stärke, schaffte er den Stier beiseite, der Arkadien verheerte, und umhüllte sich mit seiner Haut; auch einem Satyr, der den Arkadern bös zu schaffen machte und ihnen die Herden wegnahm, trat er in den Weg und tötete ihn. Man sagt auch, daß er die Tochter des Tartaros und der Ge, Echidna, die alle Vorübergehenden packte, getötet hat, indem er abwartete, bis sie schlief. Auch die Ermordung des Apis bestrafte er und ließ die Schuldigen töten.

Von Argos und Ismene, der Tochter des Asopos, stammte Iasos, dessen Tochter nach der Überlieferung Io war. Kastor indes, der Verfasser der «Geschichtsbücher», und viele Tragödiendichter nennen Io eine Tochter des Inachos; nach Hesiod und Akusilaos stammte sie von Peiren. Zeus verführte sie, die Priesterin der Hera. Von Hera ertappt, verwandelte er das Mädchen, indem er es berührte, in eine weiße Kuh und schwor einen Eid darauf, er habe dieser nicht beigewohnt. Daher das Wort Hesiods: Liebeseide ziehen nicht den Zorn der Götter herbei. Hera ließ sich die Kuh von Zeus geben und stellte neben sie als Wächter den Allseher Argos, nach Pherekydes ein Sohn des Arestor, nach Asklepiades des Inachos, nach Kerkops des Argos und der Ismene, der Asopostochter, während Akusilaos ihn «erdgeboren» nennt. Dieser band sie an den Ölbaum im Hain von Mykene. Hermes wurde von Zeus beordert, die Kuh zu stehlen, aber von Hierax verraten, und da er so den Auftrag nicht unbemerkt ausführen konnte, tötete er den Argos durch einen Steinwurf; daher kommt sein Beiname «Argostöter». Hera jedoch versetzte die Kuh durch eine Bremse in Raserei. So kam sie zuerst an das nach ihr genannte Ionische Meer, dann nahm sie den Weg durch Illyrien und über den Haimos und setzte über die damals so genannte Thrakische Enge, den heute nach ihr genannten Bosporos (Kuhfurt). Sie gelangte nach Skythien und Kimmerien, und nachdem sie weite Länder durchstreift und weite Meere in Asien und Europa durchschwommen hatte, erreichte sie zuletzt Ägypten, wo sie ihre

alte Gestalt wiedererlangte und beim Flusse Nil den Epaphos
gebar. Hera aber bat die Kureten, sie sollten ihn unsichtbar
machen; da schafften sie ihn fort. Als Zeus es erfuhr, tötete er
die Kureten, Io aber wandte sich zur Suche nach ihrem Kind.
Sie irrte in ganz Syrien umher – denn dort, wurde ihr verraten,
werde es von der Gemahlin des Königs der Byblier aufgezogen –, und als sie Epaphos gefunden hatte, ging sie nach Ägypten zurück und ward die Gemahlin des Telegonos, des damaligen Königs der Ägypter. Sie stellte ein Standbild der Demeter
auf, die von den Ägyptern Isis genannt wurde; wie sie auch Io
in gleicher Weise den Namen Isis gaben.

   Epaphos vermählte sich als König der Ägypter mit Memphis, der Tochter des Nil, und gründete nach ihr die Stadt
Memphis. Auch eine Tochter bekam er, Libye, nach der das
Land den Namen Libyen bekam. Libye und Poseidon hatten
Zwillinge, Agenor und Belos. Agenor ging dann nach Phönizien, wo er König und Stammvater eines großen Geschlechtes
wurde; daher werden wir später auf ihn zurückkommen. Belos
blieb in Ägypten und wurde Landesherrscher. Aus seiner Verbindung mit Anchinoë, der Tochter des Nil, gingen Zwillinge
hervor, Aigyptos und Danaos, wie aber Euripides erzählt, auch
noch Kepheus und Phineus. Dem Danaos gab Belos Wohnsitz
in Libyen, dem Aigyptos in Arabien. Dieser unterwarf sich
auch noch das Land der «Schwarzfüßigen» und nannte es nach
sich Ägypten. Aigyptos bekam von vielen Weibern fünfzig Söhne, Danaos fünfzig Töchter. Als sie aber später um die Herrschaft
Streit bekamen, hatte Danaos vor den Söhnen des Aigyptos
Angst, weswegen er sich auf Rat der Athene ein Schiff baute – als
erster – und mit seinen Töchtern darin floh. Er landete in Rhodos
und errichtete das Standbild der Athene von Lindos. Von dort
begab er sich nach Argos, und Gelanor, der damals König war,
übergab ihm die Herrschaft.[1] Das Land war an sich wasser-
arm, und nun hatte noch Poseidon die Quellen austrocknen

lassen im Groll auf Inachos, weil er als Zeuge dafür eintrat, das Land gehöre der Hera. Deswegen mußte Danaos seine Töchter ausschicken, um Wasser zu holen. Eine von ihnen, Amymone, warf auf der Suche nach Wasser den Speer nach einem Hirsch, traf aber dafür einen schlafenden Satyr. Der fuhr hoch und empfand Lust, das Mädchen zu umarmen. Er ergriff zwar gleich die Flucht, als Poseidon erschien, dafür mußte Amymone sich diesem gefügig erweisen, und Poseidon zeigte ihr dann die Quellen in Lerna. Auch die Söhne des Aigyptos kamen nach Argos. Sie wünschten ein Ende der Feindschaft und wollten Danaos' Töchter ehelichen. Dieser mißtraute zwar ihren Versprechungen, konnte ihnen auch seine Flucht noch nicht vergessen, doch gab er sein Einverständnis zur Vermählung und war bereit, sie ihnen durch das Los zu überlassen.

Die Älteste freilich, Hypermnestra, wählte man aus für Lynkeus und Gorgophone für Proteus; denn diese zwei Söhne des Aigyptos hatten eine Mutter aus königlichem Blut, Argyphie. Von den übrigen erhielten durch das Los: Busiris, Enkelados, Lykos und Daiphron die von Danaos mit Europe gezeugten Töchter Automate, Amymone, Agaue und Skaie. Das waren die Töchter des Danaos, die von einer königlichen Mutter stammten, Gorgophone und Hypermnestra waren von der Elephantis. Istros und Hippodameia, Chalkodon und Rhodia, Agenor und Kleopatra, Chaitos und Asteria, Diokorystes und Hippodameia[1], Alkes und Glauke, Alkmenor und Hippomedusa, Hippothoos und Gorge, Euchenor und Iphimedusa, Hippolytos und Rhode: die zehn Jünglinge waren von einer arabischen Mutter, die Mädchen stammten von Baumnymphen, die einen von Atlanteie, die andern von Phoibe. Agaptolemos bekam durch das Los Peirene, Kerketes Dorion, Eurydamas Phartis, Aigios Mnestra, Argios Euippe, Archelaos Anaxibia, Menemachos Nelo, die sieben Jünglinge von einer phönizischen, die Mädchen Töchter einer äthiopischen Mutter. Ohne zu losen,

erhielten wegen des gleichen Namens Kleitos Kleite, Sthenelos
Sthenele, Chrysippos Chrysippe, Söhne der Tyria, Töchter der
Memphis. Die zwölf Söhne der Naiade Kaliadne losten um die
Töchter der Naiade Polyxo; die Söhne waren: Eurylochos,
Phantes, Peristhenes, Hermos, Dryas, Potamon, Kisseus, Lixos,
Imbros, Bromios, Polyktor, Chthonios, die Töchter: Autonoë,
Theano, Elektra, Kleopatra, Eurydike, Glaukippe, Antheleia,
Kleodore, Euippe, Erato, Stygne, Bryke. Aigyptos' Söhne von
Gorgo losten um die Töchter der Pieria, und so kam Periphas
zu Aktaie, Oineus zu Podarke, Aigyptos zu Dioxippe, Menal-
kes zu Adite, Lampos zu Okypete, Idmon zu Pylarge. Dann die
jüngsten: Idas und Hippodike, Daiphron und Adiante – zur
Mutter hatten die Mädchen Herse –, Pandion und Kallidike,
Arbelos und Oime, Hyberbios und Kelaino, Hippokorystes
und Hyperippe – die Jünglinge von Hephaistine, die Jungfrauen von Krino.

Als er die ehelichen Verbindungen verlost hatte, richtete
Danaos eine Hochzeitsfeier aus und gab dann seinen Töchtern Dolche in die Hand. Bis auf Hypermnestra töteten sie
ihre Gatten im Schlaf; diese ließ Lynkeus am Leben, weil er
ihre Jungfrauenehre gewahrt hatte. Dafür schloß Danaos sie
ein und hielt sie unter strenger Bewachung. Seine andern
Töchter vergruben die Häupter ihrer jungen Gatten in Lerna,
die Körper bestatteten sie vor der Stadt. Sie selbst wurden von
Athene und Hermes entsühnt, auf Geheiß des Zeus. Hypermnestra gab Danaos später Lynkeus doch zur Gattin, die übrigen Töchter vermählte er mit den Siegern in einem öffentlichen Wettkampf.

Amymone hatte von Poseidon den Nauplios geboren, der
ein hohes Alter erreichte. Er befuhr das Meer und lockte alle,
denen er begegnete, durch Feuerzeichen in den Tod; es geschah nun, daß auch er selbst jenen Tod erlitt[1]. Vor seinem
Tod hatte er, nach den Tragikern, sich mit Klymene, der

Tochter des Katreus, vermählt, wie aber der Dichter der
Epen von der Heimkehr der Helden erzählt, mit Philyra,
nach Kerkops mit Hesione; Palamedes, Oiax, Nausimedon
waren seine Söhne.

Lynkeus herrschte nach Danaos über Argos und bekam
von Hypermnestra einen Sohn Abas. Dieser und die Tochter
des Mantineus, Aglaia, zeugten Zwillinge, Akrisios und Proitos, die schon miteinander verfeindet waren, als sie sich noch
im Mutterleib befanden. Als sie aber aufgewachsen waren,
kam es zwischen ihnen zu offenem Krieg um die Herrschaft,
und in diesem Krieg wurden sie die Erfinder von Schilden.
Akrisios siegte und vertrieb Proitos aus Argos. Dieser begab
sich nach Lykien zu Iobates, nach andern zu Amphianax und
nahm dessen Tochter – Homer nennt sie Anteia, nach den Tragikern hieß sie Stheneboia – zum Weibe. Mit einer Streitmacht
von Lykiern führte ihn sein Schwiegervater zurück, und er
nahm Tiryns, das ihm die Kyklopen mit einer Mauer befestigten. Darauf teilten und bewohnten sie das ganze Land von
Argos, Akrisios beherrschte Argos selbst, Proitos dagegen
Tiryns. Dem Akrisios wurde von Eurydike, der Tochter La-
kedaimons, Danaë geboren, Proitos hatte von Stheneboia drei
Töchter: Lysippe, Iphinoë und Iphianassa. Als diese herangewachsen waren, fielen sie in Wahnsinn, wie Hesiod erzählt, weil sie den Dienst des Dionysos nicht mitmachten,
nach Akusilaos jedoch, weil sie das Bild der Hera gering-
schätzig behandelt hatten. Im Wahn irrten sie im ganzen Lande von Argos umher, dann wieder, ohne jede Haltung, tollten
sie durch Arkadien und menschenleere Gegenden. Melampus,
der Sohn des Amythaon und der Abastochter Eidomene – er
war ein Seher und hatte als erster die Kunst erfunden, mit
Arzneien und reinigenden Mitteln zu heilen –, erbot sich, die
Mädchen wieder gesund zu machen, wenn er dafür den dritten Teil der Herrschaft bekäme. Da aber Proitos von einer

Heilung unter solchen Bedingungen nichts wissen wollte, steigerte sich noch der Wahnsinn der Mädchen und ergriff auch
noch die übrigen Weiber. Auch sie verließen die Häuser, töteten ihre eigenen Kinder und suchten menschenverlassene
Gegenden auf. Jetzt, wo das Unheil den Höhepunkt erreichte,
war Proitos bereit, den geforderten Lohn zu bewilligen, aber
Melampus versprach die Heilung nur, wenn sein Bruder Bias
ein gleich großes Stück des Landes bekäme wie er selbst. Da
fürchtete Proitos, wenn sich die Heilung noch weiter verzögere, werde auch die Forderung noch gesteigert werden, und
war mit den Bedingungen einverstanden. Melampus nahm
darauf die kräftigsten Jünglinge und verjagte unter Jauchzen
und einer Art von begeistertem Tanzen die Weiber von den
Bergen bis nach Sikyon. Die älteste von den Töchtern des
Proitos, Iphinoë, fand während der Verfolgung den Tod, die
beiden andern erfuhren Reinigungen und erlangten dadurch
wieder ihren Verstand. Proitos vermählte sie mit Melampus
und Bias, später zeugte er noch einen Sohn Megapenthes.

Bellerophontes, des Glaukos Sohn, des Sisyphos Enkel,
hatte seinen Bruder Deliades – nach andern hieß er Peiren,
wieder nach andern Alkimenes – unabsichtlich getötet und
war deswegen zu Proitos gegangen, wo er Entsühnung erfuhr.
Stheneboia empfand Liebe zu ihm und ließ die Aufforderung
zu ihm gelangen, sich heimlich mit ihr zu treffen. Als er das
ablehnte, sagte sie zu Proitos, Bellerophontes habe ihr einen
unziemlichen Antrag gemacht. Da Proitos das glaubte, gab
er ihm einen Brief, den er zu Iobates bringen sollte. Darin
stand die Aufforderung, Bellerophontes zu töten. Als Iobates
das gelesen hatte, gab er ihm den Auftrag, die Chimaira aus
dem Wege zu räumen, überzeugt, er selbst werde durch das
Untier den Tod finden; denn nicht nur für einen einzelnen,
selbst für viele war das ein schweres Unternehmen, hatte sie
doch den Vorderkörper eines Löwen, den Schwanz eines Dra-

chen und von drei Köpfen den mittleren, der Feuer ausstieß, von einer Ziege. So verheerte sie das Land und schädigte die Herden; das eine Ungetüm hatte die Kraft dreier Tiere. Sie soll von Amisodaros, wie auch Homer erzählt hat, aufgezogen worden sein, gezeugt von Typhon und der Echidna nach Hesiod. Bellerophon schwang sich auf das geflügelte Pferd, das er besaß, von Medusa und Poseidon gezeugt, den Pegasos, und mit ihm in die Luft sich erhebend, erlegte er die Chimaira mit seinen Pfeilen. Nach diesem Kampf gab Iobates ihm den Auftrag, mit den Solymern zu kämpfen. Als er dies glücklich bestanden hatte, wurde ihm auferlegt, gegen die Amazonen zu streiten. Als er auch diese getötet hatte, musterte Iobates unter den Lykiern die Jugendkräftigsten aus: sie sollten ihm auflauern und ihn erschlagen. Auch sie alle fielen unter seiner Hand. Da bewunderte Iobates seine Stärke, und indem er ihm den Brief zeigte, bat er ihn, bei ihm zu bleiben. Er gab ihm seine Tochter Philonoë und hinterließ ihm bei seinem Tod das Reich.

Als Akrisios sich wegen männlicher Nachkommen an das Orakel wandte, beschied ihn der Gott, seine Tochter werde einen Sohn gebären, der ihn selbst töten werde. Aus Angst davor richtete Akrisios unterirdisch eine eherne Wohnung ein, in der er Danaë gefangenhielt. Und doch wurde sie verführt: nach einigen von Proitos, wodurch es auch zu dem Zwist zwischen beiden gekommen sei; andre sagen, Zeus habe sich in Gold verwandelt und sei durch das Dachgebälk herabgetropft in Danaës Schoß und habe sich so mit ihr vereinigt. Als Akrisios nachher erfuhr, seine Tochter habe den Perseus geboren, wollte er nicht glauben, daß Zeus der Verführer sei, und tat sie mit dem Knaben in einen Kasten, den er im Meer aussetzte. Der Kasten trieb in Seriphos an Land, wo Diktys den Knaben barg und aufzog.

Der Herrscher von Seriphos, Polydektes, des Diktys Bruder, empfand später Liebe zu Danaë. Da er aber – Perseus war

inzwischen herangewachsen – ihr nicht beiwohnen konnte,
rief er seine Freunde zusammen, unter ihnen auch Perseus, und
gab ihnen seine Absicht bekannt, Geschenke für die Hochzeit der Tochter des Oinomaos, Hippodameia, zusammenzu-
bringen. Da Perseus sich gleich bereit erklärte, selbst wenn
es das Haupt der Gorgo gelten sollte, verlangte Polydektes
von allen andern Gespanne, nur von Perseus nahm er kein Gespann, sondern bat ihn, das Haupt der Gorgo zu holen. Da begab er sich, geleitet von Hermes und Athene, zu den Töchtern
des Phorkos, Enyo, Pephredo und Deino. Das waren die
Töchter der Keto und des Phorkos, die Schwestern der Gorgonen, altersgrau von Geburt an. Die drei hatten zusammen
nur ein Auge und einen Zahn, mit denen sie abwechselten.
Perseus nahm sie ihnen fort, und als sie die Rückgabe verlangten, erklärte er sich dazu bereit, wenn sie ihn den Weg zu den
Nymphen führten. Diese hatten Flügelschuhe und eine Art
Tasche, wie man sie Kiepe nennt[1], und dazu noch den Helm
des Hades[2]. Die Phorkostöchter zeigten ihm den Weg, worauf er
ihnen das Auge und den Zahn zurückgab und zu den Nymphen gelangte. Dort bekam er das Gewünschte: die Kiepe
nahm er auf den Rücken, schnallte sich die Schuhe an und
setzte den Helm auf. Mit diesem konnte er sehen, wen er wollte,
während er selbst von keinem andern gesehen wurde. Nachdem er dann noch von Hermes eine stählerne Sichel erhalten
hatte, flog er zum Okeanos und traf dort die Gorgonen schlafend. Es waren Stheno, Euryale und Medusa. Die letztgenannte allein war sterblich; deswegen war es auch ihr Haupt, um
das Perseus ausgeschickt war. Die Gorgonen hatten Häupter,
mit Drachenschuppen überdeckt, Hauer wie von Wildschweinen, eherne Hände und goldene Flügel, mit denen sie
flogen. Wer sie sah, wurde in Stein verwandelt. Perseus trat
an die Schlafenden heran, mit abgewandtem Gesicht in seinen ehernen Schild blickend, der ihm das Bild der Gorgo zeig-

te, und indem ihm Athene die Hand führte, schnitt er ihr das Haupt ab. Als das Haupt abgeschnitten war, sprang aus der Gorgo der Pegasos heraus, das Flügelroß, und Chrysaor, der Erzeuger des Geryones. Poseidon hatte beide gezeugt. Perseus steckte das Haupt der Medusa in seinen Tragsack und ging, wieder mit abgewandtem Gesicht, die Gorgonen aber waren inzwischen von ihrem Lager aufgefahren und verfolgten ihn, doch konnten sie ihn dank dem Helm, der ihn verbarg, nicht sehen. Von da kam er nach Äthiopien, das Kepheus beherrschte, und fand dessen Tochter Andromeda einem Meeresungeheuer zum Fraß vorgeworfen. Kassiepeia, des Kepheus Weib, hatte mit den Nereiden um ihre Schönheit gestritten und sich gerühmt, schöner zu sein als sie alle. Darum zürnten sie und mit ihnen Poseidon, der eine Überschwemmung über das Land schickte und ein Meeresungeheuer. Da Ammon die Befreiung von dem Unheil ansagte, wenn die Tochter der Kassiepeia Andromeda dem Ungeheuer zum Fraß ausgesetzt werde, wurde Kepheus von den Äthiopen dazu gezwungen und band seine Tochter an einen Felsen. Als Perseus sie sah, wurde er von Liebe zu ihr ergriffen und versprach Kepheus, das Ungeheuer zu erlegen, wenn er ihm die gerettete Tochter zum Weibe geben wolle. So wurde es beschworen, und Perseus unternahm das Wagnis, er erschlug das Meeresungeheuer und befreite Andromeda. Phineus aber, der Bruder des Kepheus, der ihr zuerst verlobt gewesen war, trachtete ihm nach dem Leben. Als Perseus von dem Anschlag erfuhr, ließ er ihn und seine Helfer die Gorgo erblicken und verwandelte sie so im selben Augenblick in Stein.

Als er wieder nach Seriphos kam, hatte seine Mutter zusammen mit Diktys wegen Polydektes' Gewalttätigkeit an Altären Zuflucht gesucht. Er ging in den Palast, und als Polydektes seine Freunde zusammenrief, hielt er ihnen mit abgewandtem Gesicht das Haupt der Gorgo entgegen. Jeder, der

es erblickte, wurde in der Haltung, die er gerade einnahm, zu
Stein. Nachdem er Diktys als Herrscher von Seriphos eingesetzt hatte, gab Perseus die Flügelschuhe, den Tragsack und
den Helm Hermes zurück, das Gorgonenhaupt bekam Athene.
Hermes gab die genannten Gegenstände wieder den Nymphen, Athene nahm das Haupt der Gorgo in die Mitte ihres
Schildes. Nach einigen wurde der Medusa von Athene selber
das Haupt abgeschnitten aus dem Grund, wie es heißt, weil sich
die Gorgo mit ihr in der Schönheit hatte vergleichen wollen.

Mit Danaë und Andromeda eilte dann Perseus nach Argos,
um sich nach Akrisios umzusehen. Als dieser von seiner Ankunft hörte, verließ er Argos, aus Angst vor dem Orakelspruch, und begab sich in das Land der Pelasger. Als aber der
König der Larisaier, Teutamides, zur Totenfeier seines Vaters
Kampfspiele veranstaltete, fand sich auch Perseus ein, um daran teilzunehmen. Beim Fünfkampf traf er mit dem Diskus
Akrisios am Fuß und tötete ihn auf der Stelle. Als er sah, daß
der Orakelspruch in Erfüllung gegangen war, bestattete er
den Akrisios außerhalb der Stadt, er scheute sich aber, nach
Argos in das Erbe des durch ihn Umgekommenen zurückzu-
kehren, und begab sich nach Tiryns, um mit dem Sohne des
Proitos, Megapenthes, zu tauschen, dem er Argos überließ.
Megapenthes herrschte also über die Argeier, Perseus über
Tiryns, in das er Mideia und Mykene durch Ummauerung
einbezog. Seine Kinder von Andromeda waren, bevor er nach
Hellas kam, Perses, den er bei Kepheus zurückließ – von ihm,
heißt es, stammen die Perserkönige ab –, dann in Mykene Al-
kaios, Sthenelos, Heleios, Mestor und Elektryon, dazu eine
Tochter Gorgophone, mit der sich Perieres verband.

Der Verbindung des Alkaios mit Astydameia, der Tochter
des Pelops, nach einigen mit Laonome, der Tochter des Guneus, wie wieder andre sagen, mit Hipponome, der Tochter
des Menoikeus, entstammte Amphitryon und eine Tochter

Anaxo, von Mestor und der Pelopstochter Lysidike Hippothoë. Sie wurde von Poseidon geraubt und auf die Echinaden entführt, wo er ihr beiwohnte und den Taphios zeugte, der Taphos gründete und die Bewohner Teleboer (Fernrufer) nannte, weil er weit von seiner Heimat fortgegangen war. Der Sohn des Taphios war Pterelaos. Den machte Poseidon unsterblich, indem er ihm goldene Haupthaare wachsen ließ. Seine Söhne waren Chromios, Tyrannos, Antiochos, Chersidamas, Mestor und Eueres.

Elektryon nahm die Tochter des Alkaios, Anaxo, zum Weibe und zeugte eine Tochter Alkmene, ihre Söhne waren Stratobates, Gorgophonos, Phylonomos, Kelaineus, Amphimachos, Lysinomos, Cheirimachos, Anaktor, Archelaos; nach ihnen hatte Elektryon noch einen unehelichen Sohn Likymnios, von einem phrygischen Weibe, Mideia.

Sthenelos und Nikippe, die Tochter des Pelops, zeugten Alkyone und Medusa, nachher noch Eurystheus, der später Herrscher von Mykene wurde. Denn als die Zeit da war, daß Herakles geboren werden sollte, sagte Zeus vor den Göttern, der Nachkomme, der jetzt dem Perseus geboren werde, werde einmal der König von Mykene sein, da überredete Hera aus Eifersucht die Eileithyien, die Entbindung der Alkmene zu verzögern, und brachte es fertig, daß Eurystheus, des Sthenelos Sohn, geboren wurde, ein Siebenmonatskind.

Als Elektryon König von Mykene war, kamen die Söhne des Pterelaos mit Taphios und forderten das Reich Mestors, ihres Ahnen mütterlicherseits, zurück, und da Elektryon sie nicht beachtete, trieben sie ihm die Rinder fort. Seine Söhne leisteten Widerstand, und so führte die Forderung dazu, daß sie einander erschlugen. Von den Söhnen Elektryons blieb nur Likymnios am Leben, der noch jung war, von denen des Pterelaos einzig und allein Eueres, der die Schiffe bewacht hatte. Taphier, die dem Blutbad entronnen waren, fuhren mit den

weggetriebenen Rindern zurück und stellten sie bei dem König der Eleier, Polyxenos, ein; Amphitryon erwirkte bei diesem
ihre Freigabe und trieb sie nach Mykene zurück. Da Elektryon
Rache nehmen wollte für den Tod seiner Söhne, gab er Amphitryon das Reich zugleich mit seiner Tochter Alkmene, indem er sich einen Eid geben ließ, er müsse sie bis zu seiner
Rückkehr unberührt lassen, und wollte dann gegen die Teleboer ziehen. Aber während er noch die Rinder in Empfang
nahm, riß eines sich los. Amphitryon warf ihm den Knüppel
nach, den er gerade zur Hand hatte. Der prallte aber von den
Hörnern ab und traf Elektryon so unglücklich am Kopf, daß
er tot umfiel. Das nahm Sthenelos zum Vorwand, um Amphitryon aus ganz Argos zu vertreiben und die Herrschaft über
Mykene und Tiryns selbst zu übernehmen. Den Platz Mideia
gab er den Söhnen des Pelops, Atreus und Thyestes, die er zu
sich kommen ließ.

  Amphitryon begab sich mit Alkmene und Likymnios nach
Theben, wo Kreon ihn entsühnte; er gab seine Schwester
Perimede Likymnios zur Ehe. Alkmene aber erklärte, sie würde sich mit ihm nur vermählen, wenn er den Tod ihrer Brüder
räche. Da versprach ihr Amphitryon, gegen die Teleboer zu
ziehen, und forderte Kreon auf, ihm dabei zu helfen. Dieser
war auch dazu bereit, wenn Amphitryon vorher die Kadmeia
von dem Fuchs befreie, dem Untier, das die ganze Gegend
verheerte. Aber wenn er es auch unternahm, Schicksalsbestimmung war es, daß keiner das Untier auch nur einholte. Da
das Land so furchtbar mitgenommen wurde, warfen ihm die
Thebaner jeden Monat einen Knaben aus der Gemeinde zum
Fraß vor; sonst drohte es, viele zu packen. Da ging Amphitryon nach Athen zu Kephalos, dem Sohne des Deioneus, und
überredete ihn, gegen Beteiligung an der Teleboerbeute zur
Jagd den Hund mitzunehmen, den Prokris von Minos aus
Kreta mitgebracht hatte; auch der hatte eine Eigenschaft, die

ihm durch Schicksalsbestimmung zuteil geworden war: alles, was er verfolgte, mußte er einholen. Wie nun so der Fuchs von dem Hund verfolgt wurde, machte Zeus beide zu Stein. Mit diesen Bundesgenossen also, Kephalos aus Thorikos in Attika, Panopeus aus dem Phokerland, Heleios, dem Sohn des Perseus, aus Helos im Land der Argeier, Kreon aus Theben, verheerte Amphitryon die Inseln der Taphier. Solange nun Pterelaos lebte, konnte er Taphos nicht nehmen; als aber Pterelaos' Tochter Komaitho, in Liebe zu Amphitryon entbrannt, ihrem Vater das goldne Haar vom Haupte nahm und Pterelaos infolge davon starb, unterwarf er alle Inseln. Komaitho wurde von Amphitryon getötet, der mit der Beute nach Theben fuhr und die Inseln Heleios und Kephalos übergab. Diese gründeten Städte, die sie dann bewohnten und nach sich benannten.

Bevor aber Amphitryon in Theben ankam, war Zeus in der Nacht gekommen, und indem er die eine Nacht auf das Dreifache ausdehnte, hatte er in Amphitryons Gestalt Beilager mit Alkmene gehalten und ihr vom Zug gegen die Teleboer erzählt. Dann fand sich Amphitryon ein, und als er sich von seiner Gattin nicht besonders freundlich aufgenommen sah, fragte er nach dem Grund; auf ihre Erklärung, er sei ja schon in der Nacht vorher nach seiner Ankunft bei ihr gewesen, erfuhr er von Teiresias, daß Zeus seine Gattin aufgesucht habe. Alkmene gebar zwei Knaben, von Zeus den eine Nacht älteren Herakles, von Amphitryon den Iphikles. Als das Kind acht Monate alt war, sandte Hera zwei gewaltige Schlangen zu seiner Wiege, da sie sein Verderben wünschte. Während aber Alkmene den Amphitryon herbeirief, erhob sich Herakles und erwürgte die beiden Schlangen mit eigner Hand. Nach der Darstellung des Pherekydes wollte Amphitryon sehen, welcher von den beiden Knaben sein Sohn sei, und legte deswegen selbst die zwei Schlangen in die Wiege, und da nun Iphikles die Flucht ergriff, Herakles aber der Gefahr ins Auge sah, wußte er: Iphikles war von ihm gezeugt.

Den Wagen lenken lernte Herakles von Amphitryon, ringen von Autolykos, mit dem Bogen schießen von Eurytos, den Gebrauch der schweren Waffen von Kastor, den Gesang zur Begleitung der Kithara von Linos. Der Letztgenannte war der Bruder des Orpheus; nach Theben gekommen und Thebaner geworden, wurde er von Herakles mit der Kithara erschlagen, den er durch sein ewiges Tadeln erzürnt hatte. Als einige deswegen ein Verfahren wegen Mordes gegen ihn anstrengten, las er ein Gesetz des Rhadamanthys vor folgenden Inhalts: «Wer sich gegen einen zur Wehr setzt, der mit unrechtem Tun beginnt, soll straflos ausgehen!» und erreichte so seine Freisprechung. Amphitryon fürchtete aber, er möchte sich wieder einmal so etwas zuschulden kommen lassen, und schickte ihn deswegen zu den Rinderherden. Dort wuchs er heran und übertraf alle an Größe und Körperstärke. Schon das äußere Ansehen verriet ihn als Sohn des Zeus: vier Ellen war er lang, und Feuerglanz leuchtete aus seinen Augen. Niemals verfehlte sein Pfeil oder sein Speer das Ziel.

Achtzehn Jahre alt war er geworden unter den Rinderherden, da erschlug er den Löwen vom Kithairon, der immer wieder kam und unter den Rindern des Amphitryon und Thespios aufräumte. Das war der König der Thespier, zu dem sich Herakles begab, als er den Löwen erlegen wollte. Fünfzig Tage hatte er ihn zu Gast, und wenn er jagen gegangen war, ließ er jede Nacht eine von seinen Töchtern bei ihm liegen – fünfzig hatte er von Megamede, der Tochter des Arneos –, da er Wert darauf legte, daß alle Kinder von Herakles bekämen. Dieser glaubte, es sei immer dieselbe, die bei ihm liege, während er in Wirklichkeit allen beiwohnte. Als er den Löwen erlegt hatte, warf er das Fell um, und der geöffnete Rachen diente ihm als Helm.

Auf der Heimkehr von der Jagd begegneten ihm Boten, die von Erginos geschickt waren, um von den Thebanern den

Tribut abzuholen. Mit diesem Tribut hatte es folgende Bewandtnis. Der Wagenlenker des Menoikeus mit Namen Perieres hatte in Onchestos im Hain Poseidons den Minyerkönig Klymenos schwer mit einem Steinwurf getroffen; halb tot nach Orchomenos gebracht, legte der sterbende König seinem Sohne nahe, seinen Tod zu rächen. Erginos zog gegen Theben, und nachdem er nicht wenige niedergemacht hatte, schloß er mit den Thebanern einen feierlich beschworenen Vertrag, wonach sie ihm zwanzig Jahre lang jedes Jahr hundert Rinder als Tribut schicken mußten. Dieser Tribut war es, den die Gesandten holen wollten, als Herakles sie traf und übel behandelte. Indem er ihnen Ohren und Nasen abschnitt und mit Stricken die Hände auf dem Nacken festband, erklärte er, diesen Tribut sollten sie Erginos und den Minyern bringen. Darüber empört, zog dieser aufs neue gegen Theben. Aber Herakles bekam Waffen von Athene und übernahm die Führung. Er erschlug den Erginos, trieb die Minyer in die Flucht und zwang sie, den Thebanern den doppelten Tribut abzuliefern. Amphitryon war tapfer kämpfend in dem Treffen gefallen. Als Belohnung für seine Tapferkeit erhielt Herakles von Kreon seine älteste Tochter Megara zum Weibe, von der ihm drei Söhne geboren wurden, Therimachos, Kreontiades und Deikoon. Seine jüngere Tochter gab Kreon dem Iphikles, der schon von der Tochter des Alkathoos, Automedusa, einen Knaben hatte, Iolaos. Mit Alkmene vermählte sich nach Amphitryons Tod der Sohn des Zeus Rhadamanthys, der geflohen war und in Okaleai in Böotien sich niedergelassen hatte.

Nachdem Herakles schon früher von Eurytos das Bogenschießen erlernt hatte, bekam er von Hermes ein Schwert, von Apollon einen Bogen, von Hephaistos einen goldenen Harnisch, von Athene einen Wurfspeer; eine Keule schnitt er selbst in Nemea.

Aber der Haß der Hera war schuld daran, daß Herakles
nach dem Zusammenstoß mit den Minyern vom Wahnsinn
ergriffen wurde und seine eigenen Kinder, die er von Megara
hatte, und zwei von denen des Iphikles ins Feuer warf. Nachdem er sich selbst deswegen zur Verbannung verurteilt hatte,
wurde er von Thespios entsühnt, worauf er nach Delphi ging
und den Gott fragte, wo er sich niederlassen sollte. Die Pythia
war es, die ihn damals zuerst als Herakles anredete, während
er früher Alkeides hieß. Sie sagte ihm, er solle zwölf Jahre im
Dienst des Eurystheus in Tiryns wohnen und die zehn Arbeiten, die ihm auferlegt würden, ausführen. Dann, wenn diese
vollendet wären – bedeutete sie ihm –, werde er unsterblich
sein.

Darauf begab sich Herakles nach Tiryns und führte aus, was
ihm von Eurystheus aufgetragen wurde. Die erste Arbeit bestand darin, daß er das Fell des Nemeischen Löwen herbeischaffen sollte. Das war ein unverwundbares Tier, das Typhon gezeugt hatte. Auf seinem Weg zum Löwen kam er
nach Kleonai, wo er von einem armen Mann mit Namen Molorchos gastlich aufgenommen wurde. Dieser war gerade dabei, ein Opfertier zu schlachten, doch Herakles bat ihn, dreißig
Tage damit zu warten, und wenn er wohlbehalten von der
Jagd zurückkäme, solle er es dem Retter Zeus opfern; wenn
er aber den Tod fände, solle er es ihm selbst als einem der Unsterblichkeit Gewürdigten darbringen. In Nemea angekommen, suchte er gleich den Löwen auf und schoß zuerst mit
Pfeilen nach ihm. Als er aber seine Unverwundbarkeit erkannte, nahm er mit erhobener Keule die Verfolgung auf, wobei
sich der Löwe in eine von zwei Seiten zugängliche Höhle
flüchtete. Nun verbaute er den einen Zugang, durch den andern ging er auf das Tier los, und seinen Hals mit dem Arm umschlingend, hielt er es fest und würgte es so lange, bis es er-
stickt war. Dann nahm er den toten Löwen auf die Schultern

und trug ihn nach Kleonai. Es war der letzte von den dreißig Tagen, und er traf Molorchos dabei an, wie er im Begriff stand,
ihm als einem Toten das Opfer zu bringen. Nun wurde es für
Zeus den Retter bestimmt, und Herakles nahm den Löwen
mit nach Mykene. Auf Eurystheus machte seine Kraft solchen
Eindruck, daß er ihm untersagte, von nun an die Stadt zu betreten: nur draußen vor den Toren sollte er die Ergebnisse
seiner Arbeiten zeigen. Es heißt auch, er habe sich aus Angst
unter der Erde ein ehernes Faß bauen lassen, um sich darin zu
verstecken, und wenn er Herakles die Arbeiten auftrug, habe
er einen Herold geschickt, Kopreus, den Sohn des Eleiers Pelops. Dieser hatte Iphitos erschlagen und war deswegen nach
Mykene geflohen, wo er bei Eurystheus Entsühnung fand und
wohnen blieb.

Als zweite Arbeit bekam Herakles den Auftrag, die Lernäische Hydra zu töten. Im Sumpf von Lerna aufgewachsen,
kam diese immer wieder in die Ebene heraus und suchte die
Herden heim ebenso wie das fruchtbare Land. Sie hatte einen
riesigen Leib mit neun Köpfen, von denen acht sterblich waren, einer in der Mitte unsterblich. Herakles bestieg einen Wagen mit Iolaos als Lenker und begab sich nach Lerna, wo er halten ließ und die Schlange bei einem Hügel an den Quellen der
Amymone entdeckte. Dort war ihr Lager, doch zwang er sie
mit brennenden Pfeilen, die er hineinwarf, herauszukommen.
Dabei packte er sie und hielt sie fest. Sie aber wand sich um
einen seiner Füße und hielt sich daran fest. Er schlug ihr zwar
mit der Keule die Köpfe ab, aber das half nicht; für einen abgeschlagenen wuchsen zwei neue. Dazu kam noch ein riesiger
Krebs der Schlange zu Hilfe und biß ihn in den Fuß. Nachdem
er diesen getötet hatte, rief er seinerseits Iolaos zu Hilfe, der
ein Stück des nahen Waldes ansteckte und mit den brennenden
Holzscheiten die neu wachsenden Köpfe anbrannte, so daß sie
nicht recht herauskamen. Auf diese Weise mit dem Nachwuchs

an Köpfen fertiggeworden, schlug er auch das unsterbliche
Haupt ab, das er vergrub und mit einem schweren Felsblock
zudeckte, am Wege, der durch Lerna nach Elaius führt. Den
Leib der Schlange schlitzte er auf und tauchte seine Pfeile in die
Galle. Eurystheus aber behauptete, er brauche diese Tat nicht
unter die zehn Arbeiten zu rechnen; nicht allein, sondern nur
mit Unterstützung des Iolaos sei er der Schlange Herr geworden.

Als dritte Arbeit bekam er den Auftrag, die Kerynitische
Hindin lebend nach Mykene zu bringen. Diese Hirschkuh
stand in Oinoë, mit goldnem Geweih, und war der Artemis heilig. Da Herakles sie deswegen nicht erlegen oder verwunden
wollte, verfolgte er sie ein ganzes Jahr. Durch die Verfolgung
ermüdet, floh das Tier zuletzt in das sogenannte Artemisge-
birge und von da zum Flusse Ladon. Als es diesen durchqueren
wollte, wurde es vom Pfeil getroffen und fiel in die Hände des
Verfolgers. Mit der Beute auf seinen Schultern eilte er durch
Arkadien, da begegnete ihm Artemis, von Apollon begleitet,
und machte Miene, sie ihm wegzunehmen, mit der Beschuldigung, er wolle das ihr geweihte Tier töten. Dagegen entschul-
digte er sich mit dem Zwang, und indem er Eurystheus als den
Schuldigen bezeichnete, beschwichtigte er den Zorn der Göttin und brachte das Tier lebend nach Mykene.

Als vierte Arbeit trug ihm Eurystheus auf, den Erymanthischen Eber lebend herbeizubringen. Das war das wilde Tier,
das vom Erymanthos aus, wie das Gebirge hieß, schlimm in Psophis hauste. Auf dem Wege durch Pholoë wurde Herakles von
dem Kentauren Pholos, einem Sohne des Seilenos und der Nymphe Melia[1], gastlich aufgenommen. Er setzte Herakles gebrate-
nes Fleisch vor, er selbst aß es roh. Als der Gast aber um Wein
bat, erklärte er, er scheue sich, das gemeinsame Faß der Kentauren zu öffnen. Doch Herakles machte ihm Mut und öffnete
es selbst. Es dauerte nicht lange, da hatten die Kentauren den

Wein gerochen und erschienen, mit Felsblöcken und Fichtenstämmen bewaffnet, vor Pholos' Höhle. Die ersten, die es wagten, einzudringen, Anchios und Agrios, bewarf Herakles mit
brennenden Holzscheiten und vertrieb sie so, die andern verfolgte er mit Pfeilen bis nach Malea. Dort suchten sie bei Cheiron
Zuflucht, der, von den Lapithen vom Berge Pelion vertrieben,
in der Nähe von Malea einen Wohnsitz gefunden hatte. Während die Kentauren sich um ihn drängten, schoß Herakles vom
gespannten Bogen einen Pfeil auf sie; der fuhr Elatos durch den
Arm und blieb in Cheirons Knie stecken. Betrübt lief Herakles
zu ihm hin, und nachdem er das Geschoß herausgezogen hatte,
legte er ein Heilmittel auf, das Cheiron ihm gab. Die Wunde war
aber unheilbar. So wurde er in die Höhle geschafft, in der er
sterben wollte, doch konnte er es nicht – war er doch unsterblich! Erst als Prometheus an seiner Stelle sich Zeus hingab,
um unsterblich zu werden, erst da starb er. Die andern Kentauren aber waren geflohen, der eine hierhin, der andre dorthin.
Einige suchten das Vorgebirg Malea auf, Eurytion begab sich
nach Pholoë, Nessos an den Fluß Euenos. Die übrigen nahm
Poseidon in Eleusis auf und bedeckte sie mit einem Berg. Pholos hatte indessen den Pfeil aus dem Körper eines Toten gezogen und sich darüber gewundert, daß ein so kleines Ding so
starke Männer hinstrecken könne, da war er ihm aus der Hand
geglitten und in den Fuß gedrungen und hatte ihn auf der
Stelle getötet. Als Herakles zurückkam und Pholos tot vor sich
sah, begrub er ihn und machte sich dann auf die Eberjagd. In
einem Wildlager störte er mit lautem Geschrei das Tier auf und
verfolgte es, und als es ganz erschöpft war, drängte er es in tiefen Schnee, warf ihm einen Strick um und trug es so nach Mykene.

Die fünfte Arbeit, die Herakles aufgetragen wurde, bestand
darin, daß er den Mist der Rinder des Augeias an einem Tage
allein aus dem Stalle schaffen sollte. Augeias war König von Elis,

nach einigen ein Sohn des Helios, nach andern des Poseidon –
wieder andere sagten, des Phorbas –, der viele Herden von Rindern hatte. Zu ihm begab sich Herakles und, ohne etwas von
Eurystheus' Auftrag zu sagen, erbot er sich, an einem Tag den
Mist herauszuschaffen, wenn er ihm dafür den zehnten Teil
seiner Herden gäbe. Augeias glaubte zwar nicht recht daran,
trotzdem sagte er zu. Nachdem Herakles sich noch des Sohnes
des Augeias, des Phyleus, als Zeugen versichert hatte, riß er den
Boden des Hofes auf und leitete die nahen Flüsse Alpheios und
Peneios durch einen Seitenkanal hinein, indem er durch einen
andern Ausgang für Abfluß sorgte. Als aber Augeias erfuhr, daß
das Werk in Eurystheus' Auftrag ausgeführt sei, blieb er den
Lohn schuldig, bestritt noch dazu, überhaupt einen Lohn versprochen zu haben, und erklärte sich bereit, die Angelegenheit
durch Richterspruch entscheiden zu lassen. Als die Richter
Platz genommen hatten, wurde Phyleus von Herakles gerufen
und sagte als Zeuge gegen seinen Vater aus, er habe eine Belohnung zugesagt. Da zürnte Augeias, und bevor noch der
Spruch gefällt wurde, forderte er Phyleus und Herakles auf, das
Land zu verlassen. Phyleus ging nach Dulichion und blieb dort
wohnen, Herakles begab sich nach Olenos zu Dexamenos und
traf ihn dabei an, wie er im Begriff stand, sich dem Zwang zu
fügen und seine Tochter Mnesimache mit dem Kentauren Eurytion zu vermählen. Von ihm zu Hilfe gerufen, erschlug er den
Eurytion, als er sich schon an der Jungfrau vergreifen wollte.
Eurystheus aber rechnete auch diese Arbeit nicht unter die
zehn, da sie, wie er erklärte, um Lohn ausgeführt sei.

   Die sechste Arbeit, die Herakles auferlegt war, bestand darin, die Stymphalischen Vögel zu vertreiben. Bei der Stadt
Stymphalos nämlich in Arkadien lag der nach ihr benannte
Stymphalische Sumpf, von dichtem Wald bedeckt, darin hatten unendlich viel Vögel Zuflucht gefunden, die in Angst waren, von Wölfen ergriffen zu werden. Da Herakles nicht wußte,

wie er sie aus dem Wald vertreiben solle, gab ihm Athene Klappern aus Erz, die sie selbst von Hephaistos bekommen hatte. Die schlug er zusammen – er stand dabei auf einer Erhebung nicht weit von dem Sumpf – und schreckte damit die Vögel so sehr, daß sie den Lärm nicht aushielten und voller Angst aufflogen. Auf diese Weise erlegte sie Herakles mit seinen Pfeilen.

Als siebente Arbeit trug ihm Eurystheus auf, den Kretischen Stier herbeizuschaffen. Nach Akusilaos war dies der gleiche, der die Europe für Zeus durch das Meer trug, nach andern der Stier, den Poseidon aus dem Meer auftauchen ließ, als Minos zugesagt hatte, dem Poseidon zu opfern, was aus dem Meere hervorkomme. Und der Anblick des herrlichen Stieres, erzählen sie, habe ihn verführt, ihn zu seinen Herden zu bringen, dem Poseidon aber einen andern zu opfern. Darüber ergrimmt, habe der Gott den Stier wild gemacht. Um den also begab sich Herakles nach Kreta, und als ihm auf seine Bitte, den Stier ergreifen zu dürfen, Minos das freistellte, wenn er ihn bezwinge, packte er ihn und brachte ihn zu Eurystheus, um ihn zu zeigen. Für die Zukunft ließ er ihn darauf frei. Er streifte in Sparta und ganz Arkadien umher, und als er den Isthmos durchquert hatte, kam er zuletzt nach Marathon in Attika, wo er unter den Bewohnern viel Unheil anrichtete.

Die achte Arbeit, die Herakles aufgetragen wurde, bestand darin, die Stuten des Thrakers Diomedes nach Mykene zu bringen; dieser war ein Sohn des Ares und der Kyrene, der König des kriegerischen Thrakerstammes der Bistonen, die Stuten aber, die er besaß, fraßen Menschenfleisch. Herakles kam zu Schiff mit Männern, die ihm freiwillig folgten, und nachdem er die bei den Krippen aufgestellten Wächter überwältigt hatte, führte er die Tiere ans Meer. Als die Bistonen bewaffnet herbeieilten, übergab er die Stuten Abderos zur Bewachung. Er war ein Sohn des Hermes, ein Lokrer aus Opus, ein Liebling des Herakles, die Stuten jedoch packten ihn und fraßen ihn auf. Hera-

kles nahm den Kampf mit den Bistonen auf, und nachdem er
Diomedes erschlagen hatte, zwang er die übrigen zur Flucht.
Am Grab des von den Stuten überwältigten Abderos gründete
er die Stadt Abdera, dann brachte er die Stuten dem Eury-
stheus. Da dieser sie losließ, kamen sie in das so genannte
Olympgebirge und wurden dort von wilden Tieren zerrissen.

Als neunte Arbeit trug er dem Herakles auf, ihm den Gürtel
der Hippolyte zu bringen. Das war die Königin der Amazonen,
die am Thermodonflusse wohnten, ein ungemein kriegstüch-
tiges Geschlecht. Legten sie doch nur Wert auf männliche Art,
und wenn sie einmal einem Manne sich hingaben und gebaren,
zogen sie nur auf, was weiblichen Geschlechts war. Auch drück-
ten sie die rechte Brust aus, um nicht beim Speerwerfen behin-
dert zu sein, die linke ließen sie unangetastet, um nähren zu
können. Hippolyte trug als Zeichen ihres Ranges als Führerin
den Gürtel des Ares. Um diesen Gürtel wurde Herakles ausge-
sandt, da Eurystheus' Tochter Admete ihn zu besitzen wünschte. Mit freiwilligen Kampfgefährten ging er auf einem einzigen
Schiff in See und landete zuerst auf der Insel Paros, die von den
Söhnen des Minos, Eurymedon, Chryses, Nephalion, Philolaos, bewohnt war. Nach der Landung geschah es, daß zwei von
den Fahrtgenossen von den Söhnen des Minos getötet wurden;
darüber aufgebracht, erschlug Herakles die Täter auf der Stelle,
die andern schloß er ein und belagerte sie, bis sie durch Abge-
sandte ihm anboten, er möchte statt der Getöteten zwei von
ihnen ganz nach seinem Wunsch aussuchen. Da gab er die Belagerung auf und ließ sich Alkaios und Sthenelos – sie waren
Söhne des Androgeos, Enkel des Minos – ausliefern, worauf er
nach Mysien weiterfuhr zu Lykos, dem Sohn des Daskylos.
Von diesem wurde er gastlich aufgenommen, und als der König
der Bebryker in das Land einfiel, leistete er Lykos Beistand und
erschlug viele von den Eindringlingen, darunter auch den König Mygdon, den Bruder des Amykos. Auch trennte er vom

Land der Bebryker ein großes Stück ab und gab es Lykos, der dann das Ganze Herakleia nannte.

Herakles nahm jetzt die Fahrt nach dem Hafen von Themiskyra, wo sich auch Hippolyte einfand und ihm, als sie den Zweck seines Kommens erfuhr, ihren Gürtel versprach, aber Hera, in der Gestalt einer der Amazonen, verbreitete im Volk, die angekommenen Fremden wollten die Königin rauben. Da stürmten sie zu Pferd, mit ihren Waffen, zu dem Schiff. Als Herakles sie bewaffnet sah, dachte er an eine verabredete List, weshalb er Hippolyte erschlug und ihr den Gürtel wegnahm. Nachdem er dann noch den Kampf mit den andern bestanden hatte, ging er wieder in See und nahm Richtung auf Troia.

Die Stadt war gerade damals durch den Groll Apollons und Poseidons in großer Not. Apollon und Poseidon hatten nämlich den frevelhaften Laomedon versuchen wollen und in Gestalt von Menschen ihm zugesagt, gegen Lohn Pergamon mit Mauern zu umgeben. Als sie aber die Mauern errichtet hatten, blieb er ihnen den Lohn schuldig. Da schickte Apollon eine Pest, Poseidon aber ein Seeungeheuer, das mit einer Flutwelle kam und die Menschen auf dem Land packte und verschlang. Orakelsprüche verkündeten, Befreiung von dem Unheil werde dann erfolgen, wenn Laomedon seine Tochter Hesione dem Seeungeheuer zum Fraß aussetze; da gab er sie preis und schmiedete sie an die Felsen nahe beim Meer. So sah sie Herakles und erbot sich zu ihrer Rettung, wenn er von Laomedon die Stuten bekäme, die Zeus ihm als Buße für den Raub des Ganymedes gegeben hatte. Da Laomedon damit einverstanden war, erschlug er das Ungeheuer und rettete dadurch Hesione. Die Belohnung aber wurde ihm vorenthalten, weswegen er Troia Krieg androhte und wieder in See ging.

In Ainos, wo er zuerst landete, wurde er von Poltys gastlich aufgenommen. Bei der Abfahrt tötete er am Strand von Ainos den Frevler Sarpedon – er war ein Sohn des Poseidon und ein

Bruder des Poltys – mit seinen Pfeilen. Dann kam er nach Thasos, und nachdem er die thrakischen Bewohner unterworfen
hatte, gab er die Insel den Söhnen des Androgeos zum Bewoh-
nen. Von Thasos aus begab er sich nach Torone, wo er die
Söhne des Proteus und Enkel des Poseidon, Polygonos und Telegonos, die ihn herausforderten, im Ringkampf tötete. Dann
brachte er den Gürtel nach Mykene und übergab ihn Eurystheus.

  Als zehnte Arbeit wurde Herakles aufgetragen, die Rinder
des Geryones von Erytheia herbeizuschaffen. Das war eine Insel,
nicht weit vom Ozean entfernt, das heutige Gadeira. Geryones bewohnte sie, der Sohn des Chrysaor und der Okeanostochter Kallirrhoë. Sein Körper war ein Gebilde von drei Männern,
die in der Gegend des Magens zusammengewachsen waren,
von den Weichen und Schenkeln an aber sich wieder in drei
Körper spalteten. Er hatte rote Rinder, die Eurytion weidete
und Orthos bewachte, der zweiköpfige Hund, der von Echidna
und Typhon gezeugt war. Nachdem Herakles auf dem Wege
zu den Rindern des Geryones durch Europa viele Untiere erlegt hatte, betrat er den Boden Libyens, und im Vorbeikommen
stellte er in Tartessos an den Grenzen von Europa und Libyen
zwei Säulen einander gegenüber, als Denkmäler seiner Fahrt.
Da er unterwegs unter der Hitze des Helios litt, spannte er seinen Bogen gegen den Gott. Da gab ihm dieser voller Bewunderung seiner Kühnheit einen goldenen Becher, in dem er den
Ozean durchfuhr. In Erytheia angelangt, lagerte er auf dem
Abasgebirge. Kaum aber hatte ihn der Hund gewittert, da
griff er ihn an, doch Herakles erschlug ihn mit der Keule, ebenso wie den Hirten Eurytion, der seinem Hunde zu Hilfe kommen wollte. Menoites, der in der gleichen Gegend die Rinder
des Hades weidete, hinterbrachte Geryones den Vorfall. Dieser
traf Herakles am Fluß Anthemus, als er gerade die Rinder fort-
trieb, und fand im Kampf mit ihm, von seinem Pfeil getroffen,

den Tod. Herakles aber trieb die Rinder in den Becher und fuhr nach Tartessos hinüber, wo er Helios den Becher zurückgab. Dann durchzog er Abderia und kam nach Ligystine[1], wo die Söhne des Poseidon, Ialebion und Derkynos, ihm die Rinder wegnehmen wollten. Er erschlug sie und zog weiter durch Tyrrhenien. Bei Rhegion sprang ein Stier, der sich losriß, ins Meer und schwamm nach Sizilien hinüber. Dann durchstreifte er das anliegende Land und gelangte in das Gefilde des Eryx, des Königs der Elymer. Eryx war ein Sohn des Poseidon und nahm den Stier zu seinen eigenen Herden. Herakles brachte inzwischen die Rinder bei Hephaistos unter und machte sich eilends auf, den Ausreißer zu suchen. Er fand ihn auch unter den Herden des Eryx, doch weigerte sich dieser, ihn herauszugeben, wenn Herakles ihn nicht im Ringkampf besiege. Dreimal meisterte er ihn im Ringen und tötete ihn zuletzt, dann zog er mit dem Stier und den Rindern weiter an das Ionische Meer.

Als er aber die Meeresbuchten erreicht hatte, versetzte Hera die Rinder in Wut, so daß sie in den Gebirgstälern Thrakiens auseinanderliefen. Herakles verfolgte sie, und die er einfing, trieb er an den Hellespontos, die zurückbleibenden verwilderten. Als die Rinder mit Mühe und Not zusammengebracht waren, hatte ihm noch der Fluß Strymon Anlaß zu Verwünschungen gegeben, so daß er sein Bett, das von altersher schiffbar gewesen war, mit Felsblöcken ausfüllte und dadurch für Schiffe unbrauchbar machte. So brachte er die Rinder zu Eurystheus und übergab sie ihm. Der aber opferte sie Hera.

Acht Jahre und ein Monat waren vergangen, bis die Arbeiten ausgeführt waren. Da aber Eurystheus zwei von ihnen nicht anerkannte, die Reinigung des Augeiasstalles und die Tötung der Lernäischen Hydra, trug er ihm als elfte Arbeit auf, die goldnen Äpfel von den Hesperiden herbeizuholen. Sie wuchsen nicht, wie einige berichten, in Libyen, sondern auf dem Atlas bei den Hyperboreern. Ge hatte sie Zeus zur Hochzeit mit

Hera geschenkt. Ein unsterblicher Drache mit hundert Köpfen, von Typhon und Echidna gezeugt, wachte über sie, der alle möglichen, ganz verschiedene Stimmen von sich geben konnte. Mit ihm wachten die Hesperiden, Aigle, Erytheia, Hesperia, Arethusa. Auf dem Wege dahin kam Herakles an den Fluß Echedoros. Da forderte ihn Kyknos, des Ares und der Pyrene Sohn, zum Zweikampf[1]. Ares wollte den gefallenen Sohn rächen und begann selbst den Kampf mit ihm, als ein mitten zwischen beiden niederfahrender Blitz dem Beginnen ein Ende machte. Herakles zog nun weiter durch Illyrien und eilte zum Fluß Eridanos, wo er Nymphen des Zeus und der Themis antraf. Diese verrieten ihm Nereus, den er im Schlaf packte und fesselte, obwohl er alle möglichen Gestalten annahm, und gab ihn nicht frei, bis er von ihm erfuhr, wo sich die Äpfel und die Hesperiden befanden. Daraufhin zog er durch Libyen. Dort herrschte der Sohn des Poseidon, Antaios, der die Fremden zwang, mit ihm zu ringen, und sie so tötete. Auch den Herakles zwang er zum Ringkampf, der aber hob ihn in der Umschlingung schwebend in die Luft und drückte ihn so zu Tode. Denn wenn er die Erde berührte, wäre seine Kraft gewachsen, weshalb auch einige in ihm einen Sohn der Ge erblicken wollten.

Nach Libyen durchzog er Ägypten. Das beherrschte Busiris, der Sohn Poseidons und der Epaphostochter Lysianassa. In Befolgung eines Götterspruchs opferte dieser die Fremden auf einem Altar des Zeus. Neun Jahre lang hatten Mißernten das Land heimgesucht, da war Phrasios aus Cypern gekommen, ein Seher seines Zeichens, und hatte verkündet, mit den Mißernten sei es vorbei, wenn sie jedes Jahr einen Fremden dem Zeus schlachteten. Da hatte Busiris den Seher selbst als ersten geopfert und opferte seitdem die Fremden, die in das Land kamen. So wurde auch Herakles gepackt und sollte an den Altar geschleppt werden, er zerriß aber seine Fesseln und erschlug den Busiris und seinen Sohn Amphidamas.

Auf dem Weg durch Asien landete er in Thermydrai, dem Hafen von Lindos. Einem Ochsentreiber spannte er dort einen der beiden Ochsen vom Wagen¹, schlachtete ihn und tat sich gütlich daran. Der Ochsentreiber aber, der sich nicht zu helfen wußte, stellte sich auf eine Höhe und stieß Verwünschungen gegen ihn aus, weswegen man auch jetzt noch, wenn man Herakles opfert, es unter Verwünschungen tut.

Auf dem Weg durch Arabien tötete er den Emathion, den Sohn des Tithonos. Und nachdem er durch Libyen² an das äußere Meer gelangt war, erhielt er von Helios den Becher. Darin setzte er an das gegenüberliegende Festland über und erlegte auf dem Kaukasos mit seinem Pfeil den Adler, der von Echidna und Typhon stammte und an Prometheus' Leber fraß. Diesen selbst befreite er, nahm dafür die «Fessel» vom Ölbaum³ und bot Zeus den Cheiron an, der bereit war, an Prometheus' Stelle zu sterben.

Prometheus hatte Herakles den Rat gegeben, nicht selbst die Äpfel aufzusuchen, sondern Atlas das Himmelsgewölbe abzunehmen und ihn zu schicken, und als er zu Atlas kam bei den Hyperboreern, folgte er dem Rat und löste ihn ab. Atlas pflückte drei Äpfel bei den Hesperiden und kam damit zu Herakles zurück. Da er aber das Himmelsgewölbe nicht wieder tragen wollte, (gab er vor, selber die Äpfel dem Eurystheus bringen zu wollen, solange solle jener noch an seiner Stelle die Last behalten. Herakles erklärte sich einverstanden, nur)⁴ wolle er sich ein Polster machen für seinen Kopf. Daraufhin legte Atlas die Äpfel auf die Erde und übernahm wieder das Himmelsgewölbe, indes Herakles sich mit den Äpfeln entfernte. Einige berichten jedoch, er habe sie nicht von Atlas erhalten, sondern selbst gepflückt, nachdem er den bewachenden Drachen erschlagen hatte. Auf jeden Fall brachte er die Äpfel und gab sie Eurystheus, der sie annahm, dann aber Herakles schenkte. Von ihm bekam sie Athene und brachte sie wieder zurück;

widersprach es doch der göttlichen Ordnung, daß sie irgend-
wohin verbracht wurden.

Als zwölfte Arbeit wurde Herakles auferlegt, den Kerberos
aus der Unterwelt zu holen. Der hatte drei Hundsköpfe, einen
Drachenschwanz und über den Rücken hinunter die Köpfe von
Schlangen aller Art. Bevor er zu ihm hinunterstieg, ging er zuerst zu Eumolpos nach Eleusis und wollte in die Mysterien eingeweiht werden[1]. Er konnte aber die heiligen Geheimnisse nicht
schauen, da er vom Kentaurenmord noch nicht entsühnt war;
erst als Eumolpos ihn entsühnt hatte, wurde er unterwiesen.
Dann begab er sich nach Tainaron in Lakonien, wo sich die
Öffnung zum Abstieg in die Unterwelt befindet, die er durchschritt. Als ihn die Seelen erblickten, ergriffen sie die Flucht,
außer Meleagros und der Gorgone Medusa. Gegen die Gorgone, als lebte sie, zog er das Schwert, bis er von Hermes aufge-
klärt wurde, daß sie ein leeres Schattenbild sei. Nahe bei den
Toren des Hades traf er Theseus und Peirithoos, der um Persephone gefreit hatte und deswegen in Fesseln war. Als sie Herakles erblickten, streckten sie die Hände nach ihm, als könnten
sie dank seiner Kraft sich wieder erheben. Den Theseus richtete er auf, indem er ihn an der Hand faßte; als er aber das gleiche mit Peirithoos tun wollte, bewegte sich die Erde, da ließ er
ihn los. Er wälzte auch den Stein von Askalaphos fort, und in
der Absicht, den Seelen Blut zu trinken zu geben, schlachtete
er eines von den Rindern des Hades. Da forderte ihn Menoites,
des Keuthonymos Sohn, der sie weidete, zum Ringkampf auf,
doch Herakles packte ihn um den Leib und brach ihm die Rip-
pen, bis Persephone ihn losbat. Als er aber Pluton um den Kerberos bat, machte ihm der Gott zur Bedingung, daß er ohne die
gewohnten Waffen sich seiner bemächtige und so ihn mitnehme.
me. Er fand ihn an den Pforten des Acheron, und nur mit dem
Brustpanzer bedeckt und durch die Löwenhaut geschützt, bezwang und würgte er den Hund und ließ nicht los, bis er ihn ge-

fügig gemacht hatte, trotz der um sich beißenden Schlange, die seinen Schwanz bildete. Nachdem er ihn so in seine Gewalt gebracht hatte, kehrte er durch Troizen zur Oberwelt zurück. Den Askalaphos machte Demeter zur Nachteule. Herakles zeigte Eurystheus den Kerberos und brachte ihn dann wieder in die Unterwelt.

Nachdem die Arbeiten ausgeführt waren, begab sich Herakles nach Theben und übergab Megara dem Iolaos. Als er sich selbst wieder verehelichen wollte, erfuhr er, daß Eurytos, der Herrscher von Oichalia, die Verbindung mit seiner Tochter Iole demjenigen in Aussicht gestellt habe, der ihn und seine Söhne im Bogenkampf besiege. Er ging daher nach Oichalia und wurde Sieger im Bogenschießen, aber die Vermählung mit Iole wurde ihm trotzdem verweigert, obwohl Iphitos, der älteste von den Söhnen, dafür eintrat. Eurytos jedoch und die übrigen Söhne lehnten sie ab, aus Furcht, wie sie sagten, er werde die Kinder, die aus der Verbindung hervorgingen, wieder umbringen. Als bald darauf Autolykos Rinder in Euboia stahl, hielt Eurytos Herakles für den Dieb, Iphitos aber, der das nicht glauben konnte, machte sich selbst auf den Weg zu ihm und traf ihn, als er gerade aus Pherai zurückgekommen war, wo er dem Admetos seine verstorbene Gattin Alkestis gerettet hatte. Auf seine Aufforderung, mit ihm die Rinder zu suchen, sagte Herakles zu und nahm ihn gastlich auf, aber in ausbrechendem Wahnsinn stürzte er ihn von den Mauern von Tiryns herunter. Da er den Wunsch hatte, von diesem Mord gereinigt zu werden, suchte er Neleus auf, den Herrscher der Pylier. Da dieser als Freund des Eurytos ihn schroff abwies, begab er sich nach Amyklai, wo Deiphobos, Hippolytos' Sohn, ihn entsühnte. Doch ergriff ihn als Mörder des Iphitos eine schlimme Krankheit, weswegen er Delphi aufsuchte, um dort von dem Gott die Heilung zu erfahren. Da ihm die Pythia keine Antwort gab, war er entschlossen, das Heiligtum zu

plündern und den Dreifuß fortzutragen, um eine eigene Orakelstätte zu errichten. Es kam zum Kampf zwischen ihm und
Apollon, bis Zeus seinen Blitz mitten unter die Kämpfenden
schleuderte und sie so voneinander trennte, und jetzt erhielt
Herakles die Weissagung, er werde von der Krankheit genesen, wenn er, als Knecht verkauft, drei Jahre diene und dem
Eurytos das Wergeld für den Erschlagenen zahle. Auf diesen
Orakelspruch hin verkaufte Hermes den Herakles, und Omphale kaufte ihn, des Iardanos Tochter, die Königin der Lyder, der ihr Gemahl Tmolos sterbend sein Reich hinterlassen
hatte. Das ihm überbrachte Wergeld nahm Eurytos zwar nicht
an, Herakles aber stand nun im Dienst der Omphale. Er ergriff und fesselte die Kerkopen, die in der Gegend von Ephesos hausten, er tötete zugleich mit seiner Tochter Xenodoke
den Syleus, der in Aulis die vorbeigehenden Fremden zu graben nötigte, nachdem er ihm die Weinstöcke samt den Wur-
zeln verbrannt hatte. Er landete auf der Insel Doliche, und als
er dort den Leichnam des Ikaros, am Strand angetrieben, erblickte, bestattete er ihn und gab der Insel statt Doliche den
Namen Ikaria. Dafür schuf ihm Daidalos in Pisa ein Denkmal,
das täuschend ähnlich war. Herakles selbst erkannte es nicht –
es war in einer Nacht –, und in der Meinung, einen Lebenden
vor sich zu haben, zerstörte er es mit einem Steinwurf. Während dieser Zeit, da er bei Omphale Knechtsdienste leistete,
soll die Fahrt nach Kolchis unternommen worden sein und die
Jagd auf den Kalydonischen Eber, auch sei Theseus damals
von Troizen gekommen und habe den Isthmos gesäubert.

Mit dem Ende der Knechtschaft war Herakles von seiner
Krankheit genesen. Darauf sammelte er eine Streitmacht von
Helden, die freiwillig bereit waren, mit ihm zu ziehen, und
fuhr mit achtzehn Fünfzigruderern nach Ilion. Nach der Landung überließ er die Bewachung der Schiffe dem Oikles, während
er selbst mit den andern Helden gegen die Stadt aufbrach. In-

des erschien Laomedon mit einer Übermacht vor den Schiffen und erschlug Oikles im Kampf, wurde dann aber von Herakles und den Seinen verjagt und in der Stadt eingeschlossen. Während der Belagerung durchbrach Telamon die Mauer und drang als erster in die Stadt ein, nach ihm Herakles. Als dieser sah, daß Telamon der erste war, ging er mit gezogenem Schwert auf ihn los, da keiner als ihm überlegen gelten sollte. Da raffte Telamon Steine zusammen, die nahe herumlagen, und auf die Frage, was er da beginne, gab er zur Antwort: «Ich errichte einen Altar für Herakles den Sieger.» Da war dieser zufrieden, und als er die Stadt erobert und Laomedon mit all seinen Söhnen außer Podarkes getötet hatte, gab er Telamon Laomedons Tochter Hesione als Siegespreis, und sie durfte noch von den Gefangenen mitnehmen, den sie wollte. Als sie ihren Bruder Podarkes aussuchte, sagte Herakles, erst müsse er einmal Sklave sein, und was sie dann für ihn gäbe, um ihn zu bekommen? Als er darauf verkauft wurde, nahm sie den Schleier vom Haupt und gab ihn hin. So bekam Podarkes den Namen Priamos («Der Freigekaufte»).

Als Herakles von Troia zurückfuhr, schickte ihm Hera schwere Stürme. Darüber war Zeus so empört, daß er sie am Olymp aufhängte. Herakles aber fuhr auf Kos zu. Die Bewohner der Insel dachten an Seeräuberschiffe und suchten mit Steinwürfen die Landung zu verhindern. Er erzwang sie aber und nahm die Insel in der Nacht, wobei er den König Eurypylos, den Sohn der Astypalaia und des Poseidon, tötete. Doch wurde Herakles im Kampf von Chalkodon verwundet, und nur dadurch, daß Zeus ihn herausriß, geschah ihm nichts weiter. Nach der Zerstörung von Kos gelangte er mit Hilfe der Athene nach Phlegra und stand dort auf Seite der Götter im Kampf gegen die Giganten.

Bald darauf zog er mit einer Streitmacht von Arkadern und Helden aus ganz Hellas, die sich freiwillig zu ihm gesellten,

gegen Augeias. Als dieser von dem Kriegsunternehmen des
Herakles hörte, bestellte er als Führer der Eleier Eurytos und
Kteatos, die zwei Zusammengewachsenen, die an Körperstärke alle damaligen Menschen überragten. Sie waren Söhne der
Molione und des Aktor, wie es aber hieß, des Poseidon. Aktor
aber war ein Bruder des Augeias. Es geschah nun, daß Herakles
während des Feldzuges erkrankte, weswegen er mit den Mo-
lioniden Frieden machte. Als sie jedoch nachher von seiner
Erkrankung erfuhren, griffen sie seine Streitmacht an und
machten viele nieder. Damals zog sich Herakles zurück, dann
aber, als die dritte Isthmiade seit diesen Geschehnissen zu
Ende ging und die Eleier die Söhne der Molione schickten, um
ein gemeinsames Opfer darzubringen, lauerte er ihnen in
Kleonai auf und erschlug sie, worauf er gegen Elis zog und die
Stadt eroberte. Nachdem er den Augeias mit seinen Söhnen getötet hatte, führte er Phyleus zurück und übergab ihm die
Herrschaft. Dann schuf er die Kampfspiele in Olympia und
errichtete einen Altar des Pelops und sechs Altäre für die
zwölf Götter. Nach der Eroberung von Elis zog er gegen Pylos und tötete bei der Einnahme der Stadt Periklymenos, den
tapfersten von Neleus' Söhnen, der im Kampf immer wieder
die Gestalt wechselte. Dann erschlug er Neleus mit seinen
Söhnen außer Nestor, der noch jung war und bei den Gereniern
aufwuchs. In der Schlacht hatte er selbst den Hades verwundet, der den Pyliern zu Hilfe geeilt war.

   Nach der Einnahme von Pylos zog Herakles gegen Lakedaimon, um die Söhne Hippokoons zu belangen. Er zürnte ihnen,
weil sie im Kampf auf Neleus' Seite gestanden, noch mehr
aber, weil sie den Sohn des Likymnios getötet hatten. Als dieser nämlich sich den Palast Hippokoons ansah, war ein Mo-
losserhund hervorgestürzt und hatte ihn angegriffen, er aber
hatte den Hund mit einem Steinwurf getroffen; da kamen die
Hippokoontiden herausgelaufen und hatten ihn mit Knüp-

peln erschlagen. Um seinen Tod zu rächen, sammelte Herakles eine Streitmacht gegen die Lakedaimonier. In Arkadien angelangt, wünschte er, daß Kepheus mit den zwanzig Söhnen, die er hatte, ihm Waffenhilfe leiste. Kepheus aber fürchtete, wenn er Tegea verließe, kämen ihm die Argeier ins Land, und weigerte sich deshalb, an dem Zuge teilzunehmen. Herakles aber hatte von Athene in einer ehernen Urne eine Locke der Gorgo, die gab er Kepheus' Tochter Sterope mit der Weisung, sie beim Herannahen eines Heeres dreimal, mit abgewandtem Blick, über die Mauer emporzuhalten: dann würden sich die Feinde zur Flucht wenden. Daraufhin zog Kepheus mit seinen Söhnen ins Feld. Im Kampfe fanden er und seine Söhne den Tod, und mit ihnen noch Iphikles, Herakles' Bruder. Nachdem aber Herakles den Hippokoon und seine Söhne getötet und die Stadt in seine Gewalt gebracht hatte, führte er Tyndareos zurück und übergab ihm die Herrschaft.

Als Herakles durch Tegea kam, schändete er die Auge, ohne zu wissen, daß sie eine Tochter des Aleos war. Das Kind, das sie heimlich gebar, barg sie im Tempel der Athene. Als darauf das Land von einer Pest heimgesucht wurde, wandte sich Aleos an das Heiligtum und entdeckte bei den Nachforschungen, die er anstellte, das Neugeborene seiner Tochter. Er setzte das Kind auf dem Parthenion[1] aus, und dort wurde es durch die Fürsorge der Götter gerettet. Eine Hindin, die kurz vorher geworfen hatte, reichte ihm ihr Euter, und Hirten nahmen dann das Kind auf und nannten es Telephos. Auge aber wurde von ihrem Vater dem Sohn des Poseidon, Nauplios, übergeben, daß er sie in die Fremde verkaufe. Der aber gab sie Teuthras, dem Herrscher von Teuthranien, der sie zu seiner Gattin machte.

Herakles begab sich dann nach Kalydon und freite um Oineus' Tochter Deianeira. Um diese Verbindung bestand er einen Ringkampf mit Acheloos, der die Gestalt eines Stieres

angenommen hatte, und brach ihm dabei das eine der beiden
Hörner ab. Deianeira bekam er zur Gattin, das Horn erhielt
Acheloos wieder, gab aber dafür das der Amaltheia. Amaltheia
war eine Tochter des Haimonios mit einem Stierhorn, das nach
Pherekydes die Kraft besitzt, alles Eßbare oder Trinkbare,
was einer sich wünschen mag, ihm in Überfluß zu gewähren.

Mit den Kalydoniern zog Herakles dann gegen die Thesproter und nahm die Stadt Ephyra, über die Phylas herrschte. Dessen Tochter Astyoche wohnte er bei und wurde so Vater des
Tlepolemos. Während er sich hier aufhielt, schickte er zu
Thespios und ließ ihm bestellen, sieben Söhne solle er bei sich
behalten, drei nach Theben schicken, die übrigen vierzig nach
der Insel Sardo, um sich dort niederzulassen. Nach diesen Geschehnissen schmauste er bei Oineus. Dabei gab er dem Sohn des
Architeles, Eunomos, der ihm Wasser über die Hände goß, einen derartigen Stoß mit der Faust, daß er daran starb. Er war
mit Oineus verwandt. Da bei dem Vorfall keine Absicht vorgelegen hatte, verzieh der Vater, Herakles aber wollte, wie es dem
Gesetz entsprach, die Verbannung auf sich nehmen und entschloß sich, zu Keyx nach Trachis zu gehen. Dabei kam er mit
Deianeira an den Fluß Euenos, an dessen Ufer der Kentaure
Nessos saß, der gegen eine Belohnung die Vorbeikommenden
übersetzte. Er habe von den Göttern, behauptete er, wegen
seiner rechtlichen Gesinnung diese Gerechtsame des Übersetzens erhalten. Herakles durchwatete den Fluß selbst, Deianeira
jedoch überließ er gegen die geforderte Belohnung dem Nessos, daß er sie hinübertrage. Beim Übersetzen faßte dieser die
Frau an, um ihr Gewalt anzutun. Herakles hörte ihr Schreien,
und als Nessos das Ufer erstieg, traf er ihn mit einem Pfeil ins
Herz. Der Sterbende rief noch einmal Deianeira zu sich und
sagte ihr, wenn sie ein Zaubermittel besitzen wolle, um sich die
Liebe des Herakles zu erhalten, solle sie seinen auf die Erde ergossenen Samen und das aus der Pfeilwunde fließende Blut mi-

schen. Sie folgte dem Rat und nahm das Gemisch in Verwahrung.

Unterwegs, im Land der Dryoper, litt Herakles Mangel an Nahrung. Als ihm Theiodamas mit einem Gespann Ochsen begegnete, spannte er den einen der beiden Ochsen[1] aus und schlachtete ihn, um ihn mit Behagen zu verschmausen. Als er zu Keyx nach Trachis kam, wurde er freundlich aufgenommen und unterwarf die Dryoper.

Nach seinem Aufbruch von hier kämpfte er auf seiten des Dorierkönigs Aigimios. Mit diesem lagen die Lapithen unter Führung des Koronos um die Landesgrenzen im Streit, und von allen Seiten bedrängt, hatte er Herakles zu Hilfe gerufen mit dem Versprechen, ihm einen Teil seines Landes zu überlassen. Herakles kam und tötete mit andern auch Koronos, dann gab er das ganze Land Aigimios frei zurück. Er tötete auch den König der Dryoper, Laogoras, mit seinen Kindern, den Frevler, der im Hain Apollons seine Gelage abhielt und mit den Lapithen verbündet war. Als er durch Itonos kam, forderte ihn Kyknos, der Sohn des Ares und der Pelopia, zum Zweikampf heraus; er stellte sich und erschlug auch diesen. In Ormenion wollte ihn der König Amyntor mit Waffen am Durchgehen hindern. Als Herakles den Weg gesperrt fand, tötete er auch ihn.

Nach Trachis zurückgekehrt, sammelte er eine Streitmacht gegen Oichalia, um an Eurytos Rache zu nehmen. Auf seiner Seite kämpften Arkader, Melier aus Trachis und die Epiknemidischen[2] Lokrer. Er tötete den Eurytos mit seinen Söhnen und eroberte die Stadt. Dann bestattete er die Gefallenen seiner Bundesgenossen, Hippasos, den Sohn des Keyx, die Söhne des Likymnios, Argeios und Melas, und führte nach der Plünderung der Stadt Iole als Kriegsgefangene mit fort. In Kenaion auf Euboia landete er, um dem Kenaiischen Zeus auf dem Vorgebirg einen Altar zu errichten. Bevor er das Opfer darbrachte,

schickte er den Herold Lichas nach Trachis, um ein weißes
Kleid zu holen. Von diesem erfuhr Deianeira, was mit Iole geschehen war, und da sie fürchtete, Herakles möchte für diese
stärkere Liebe empfinden, und im Glauben, das Blut des Nessos
sei wirklich ein Liebeszaubermittel, tränkte sie damit das
Kleid. Herakles zog es an, bevor er opferte. Als es sich erwärmte und das Gift der Hydra[1] die Haut angriff, hob er Lichas an den
Füßen hoch und schleuderte ihn ins Meer[2], dann riß er sich das
Gewand herunter, das am Körper festgewachsen war, wobei
er sich auch Stücke Fleisch mit wegriß. So zugerichtet wurde
Herakles zu Schiff nach Trachis gebracht. Als Deianeira erfuhr,
was geschehen war, erhängte sie sich. Herakles aber gab dem
ältesten Sohn, den er von Deianeira hatte, Hyllos, die Weisung,
wenn er ins Mannesalter komme, Iole zur Gattin zu nehmen,
dann begab er sich ins Oitagebirge, das im Gebiet von Trachis
liegt, schichtete dort einen Scheiterhaufen auf und, indem er
ihn bestieg, befahl er, ihn anzuzünden. Als sich niemand dazu
bereit fand, kam auf der Suche nach Herdetieren Poias vorbei.
Der zündete ihn an, und er war es auch, dem Herakles Bogen
und Pfeile schenkte. Als der Scheiterhaufen brannte, nahm ihn –
so erzählt man – eine Wolke auf und trug ihn unter Donner
zum Himmel empor. Von da wurde ihm die Unsterblichkeit
zuteil und, mit Hera ausgesöhnt, bekam er ihre Tochter Hebe
zur Gattin, die ihm zwei Söhne gebar, Alexiares und Aniketos.

Von den Töchtern des Thespios hatte Herakles folgende
Söhne: von Prokris – die älteste gebar ihm Zwillinge – Antileon
und Hippeus, von Panope Threpsippas, von Lyse Eumedes,
von ...[3] Kreon, von Epilais Astyanax, von Kerthe Iobes, von
Eurybia Polylaos, von Patro Archemachos, von Meline Laomedon, von Klytippe Eurykapys, Eurypylos von Eubote, von
Aglaie Antiades, Onesippos von Chryseis, von Oreie Laome-
nes, Teles von Lysidike, Entelides von Menippis, von Anthippe
Hippodromos, Teleutagoras von Eury..., Kapylos von Hippo,

von Euboia Olympos, von Nike Nikodromos, von Argele Kleolaos, von Exole Erythras, von Xanthis Homolippos, von Stratonike Atromos, Keleustanor von Iphis, von Laothoë Antiphos,
von Antiope Alopios, von Kalametis Astybies, von Phyleis Tigasis, von Aischreis Leukones, von Antheia …, von Eurypyle Ar-
chedikos, Dynastes von Erato, Mentor von Asopis, von Eone
Amestrios, von Tiphyse Lynkaios, Halokrates von Olympusa,
von Helikonis Phalias, von Hesycheie Oistrobles, Terpsikrates
von Euryope, von Elacheia Buleus, Antimachos von Nikippe,
Patroklos von Pyrippe, Nephos von Praxithea, von Lysippe Era-
sippos, Lykurgos von Toxikrate, Bukolos von Marse, Leukippos
von Eurytele, von Hippokrate Hippozygos. Das alles waren Söhne von Töchtern des Thespios, von andern hatte er: von Deianeira, der Tochter des Oineus, Hyllos, Ktesippos, Glenos, Onei-
tes, von Megara, Kreons Tochter, Therimachos, Deikoon,
Kreontiades, von Omphale Agelaos, den Stammvater des Geschlechtes des Kroisos, von Chalkiope, des Eurypylos Tochter,
Thettalos, von Epikaste, der Tochter des Augeias, Thestalos,
von Parthenope, des Stymphalos Tochter, Eueres, von Auge,
der Tochter des Aleos, Telephos, von Astyoche, der Tochter
des Phylas, Tlepolemos, von Astydameia, der Tochter Amyn-
tors, Ktesippos, von Autonoë, des Peireus Tochter, Palaimon.

Als Herakles unter die Götter versetzt war, flohen seine
Söhne vor Eurystheus und gingen zu Keyx. Da aber Eurystheus
ihre Herausgabe forderte und mit Krieg drohte, verließen sie
Trachis aus Furcht und setzten die Flucht durch Hellas fort.
Dabei kamen sie nach Athen, wo sie sich an den Altar des Mit-
leids setzten und Hilfe begehrten. Die Athener lieferten sie
nicht aus, sondern begannen den Krieg gegen Eurystheus und
töteten seine Söhne Alexandros, Iphimedon, Eurybios, Mentor
und Perimedes. Eurystheus selbst war auf einem Wagen geflohen und hatte schon die Skeironischen Felsen erreicht, als Hyllos ihm nachsetzte und ihn erschlug. Seinen abgeschlagenen

Kopf übergab er Alkmene, die mit spitzen Nadeln die Augen
ausstach.

   Nach Eurystheus' Tod kehrten die Herakliden in den Peloponnes zurück und nahmen alle Städte in Besitz. Darüber war
ein Jahr vergangen, als eine verheerende Seuche über das ganze
Land kam, und ein Orakelspruch verkündete, die Herakliden
hätten die Schuld, da sie vor der Zeit zurückgekommen seien.
Daher verließen sie wieder den Peloponnes und zogen nach
Marathon, wo sie sich ansiedelten. Nur Tlepolemos, der vor
dem Auszug aus dem Peloponnes unabsichtlich den Likymnios
getötet hatte – als er einen seiner Sklaven mit dem Stock züch-
tigte, war er ihm in den Schlag gelaufen –, hatte sich auf der
Flucht mit mehreren nach Rhodos begeben und dort niedergelassen. Hyllos aber, der nach der Weisung seines Vaters Iole
zur Gattin genommen hatte, suchte den Herakliden die Rückkehr zu verwirklichen. Er ging daher nach Delphi und fragte,
wie das geschehen könne. Der Gott gab zur Antwort: sie sollten die dritte Frucht abwarten und dann heimkehren. Da Hyllos glaubte, mit der dritten Frucht sei eine Zeit von drei Jahren
gemeint, wartete er solange und unternahm dann den Heereszug[1]. Dann zog Aristomachos, des Herakles Urenkel, gegen
den Peloponnes zu der Zeit, da Tisamenos, der Sohn des Orestes, über die Peloponnesier herrschte. Es kam wieder zu einer
Schlacht, in der die Peloponnesier siegten und Aristomachos
fiel. Als aber die Söhne des Kleodaios[2] erwachsen waren, befragten sie das Orakel über die Rückkehr. Da der Gott die gleiche
Antwort gab wie früher, beklagte sich Temenos und sagte,
diesen Spruch hätten sie befolgt und nichts damit erreicht. Da
verkündete der Gott, an ihrem Mißerfolg seien sie selbst
schuld; sie hätten die Orakelsprüche nicht verstanden. Nicht
die dritte Frucht des Landes hätten sie gemeint, sondern ihres
Geschlechts, und mit dem Engpaß nicht die Landenge selbst,
sondern die Meerenge, die zur Rechten das weitbauchige Meer

habe¹. Temenos rüstete daraufhin eine Streitmacht und baute
Schiffe in Lokris an der Stelle des heutigen Naupaktos. Als sich
das Heer noch dort befand, wurde Aristodemos tödlich vom
Blitz getroffen. Er hinterließ Zwillingssöhne von Argeia, der
Tochter des Autesion, Eurysthenes und Prokles. Auch das
Heer wurde in Naupaktos von Mißgeschick getroffen. Ein Seher erschien bei ihnen, der Göttersprüche verkündete und von
Begeisterung erfüllt war. Sie hielten ihn aber für einen Betrüger, der von den Peloponnesiern zum Verderben des Heeres geschickt sei. Hippotes, der Sohn des Phylas, Enkel des Antiochos und Urenkel des Herakles, warf den Speer nach ihm und
traf ihn tödlich. Nach diesem Vorkommnis gingen die Schiffe
unter und die Seemacht war vernichtet, die Landmacht aber
war durch Hungersnot übel dran, und so lief das Heer auseinander. Als Temenos sich wegen des Unglücks an das Orakel
wandte, antwortete der Gott: wegen des Sehers sei das alles gekommen. Zugleich befahl er, den Mörder auf zehn Jahre zu ver-
bannen und den Dreiäugigen mit der Führung zu beauftragen.
Da verwiesen sie Hippotes des Landes und machten sich auf
die Suche nach dem Dreiäugigen. Sie trafen Oxylos, Andrai-
mons Sohn², der auf einem Pferde saß und einäugig war, das
andre Auge hatte er durch einen Pfeil verloren. Er war wegen
eines Mordes nach Elis geflohen und kehrte jetzt nach Ablauf
eines Jahres nach Ätolien zurück. Sie verstanden nun das Orakel und machten ihn zu ihrem Führer, und als sie auf die Feinde
stießen, siegten sie mit ihrer Land- und Seestreitmacht. Tisamenos, der Sohn des Orestes, fiel im Kampf. Es fielen auch die
Söhne des Aigimios, die auf ihrer Seite kämpften, Pamphylos
und Dymas.

   Als sie den Peloponnes in ihren Besitz gebracht hatten, errichteten sie Zeus, dem Ahnherrn ihres Geschlechts, drei Altäre, um darauf zu opfern, und losten dann um die Städte. Das
erste Los war Argos, das zweite Lakedaimon, das dritte Mes-

sene. Nun wurde eine Urne voll Wasser gebracht und beschlossen, jeder solle ein Los hineinwerfen. Temenos und Aristodemos' Söhne, Prokles und Eurysthenes, warfen Steine hinein, Kresphontes aber, der mit Messene liebäugelte, eine Scholle Erde. Die löste sich auf, und so mußten die zwei andern Lose herauskommen. So wurde als erstes das Los des Temenos gezogen, als zweites das der Söhne des Aristodemos, Kresphontes erhielt Messene. Auf den Altären aber, auf denen sie opferten, fanden sie Zeichen niedergelegt: denen Argos zufiel, eine Kröte, die Lakedaimon bekamen, einen Drachen, für Messene einen Fuchs. Über diese Zeichen äußerten sich die Seher: wer die Kröte angetroffen habe, bleibe am besten in seiner Stadt – denn wenn das Tier unterwegs sei, habe es keine Kraft, sich zu verteidigen –, die den Drachen vorgefunden hätten, seien furchtbar im Angriff, die mit dem Fuchs voller Heimtücke.

Temenos vernachlässigte seine Söhne, Agelaos, Eurypylos und Kallias, und tat alles für seine Tochter Hyrnetho und deren Gatten Deiphontes. Das veranlaßte die Söhne, Meuchelmörder zu dingen, die den Vater umbrachten. Nachdem aber der Mord geschehen war, hielt das Heer es für recht und billig, daß Hyrnetho und Deiphontes die Herrschaft übernahmen. Kresphontes fand nach einer kurzen Zeit der Herrschaft über Messene mit zwei Söhnen den Tod durch Mörderhand. Die Herrschaft übernahm Polyphontes – er gehörte selbst zu den Herakliden –, der auch die Gattin des Ermordeten, Merope, zum Weibe nahm, gegen ihren Willen. Auch er wurde umgebracht. Denn Merope hatte noch einen dritten Sohn mit Namen Aipytos, den sie ihrem Vater gab zur Erziehung. Als dieser zum Mann herangewachsen war, kehrte er heimlich zurück, tötete Polyphontes und übernahm die angestammte Herrschaft.

DRITTES BUCH

Nachdem wir jetzt in unsrer Erzählung vom Geschlecht des Inachos die Nachkommen des Belos bis zu den Herakliden zur Darstellung gebracht haben, wollen wir anschließend die Nachkommenschaft Agenors behandeln. Wie oben dargelegt, hatte Libye zwei Söhne von Poseidon, Belos und Agenor. Belos, der König der Ägypter, war der Stammvater der bis jetzt Aufgeführten, Agenor, der nach Phönizien gegangen war, nahm dort Telephassa zum Weibe und zeugte mit ihr eine Tochter, Europe, und drei Söhne, Kadmos, Phoinix und Kilix. Nach einigen ist Europe nicht eine Tochter Agenors, sondern des Phoinix. Zeus, in Liebe zu ihr entbrannt[1], verwandelte sich in einen zahmen Stier, nahm sie auf den Rücken und trug sie durch das Meer nach Kreta. Nachdem er ihr dort beigewohnt hatte, gebar sie Minos, Sarpedon, Rhadamanthys. Doch war nach Homer Sarpedon ein Sohn des Zeus von Laodameia, der Tochter des Bellerophontes. Als Europe fort war, schickte ihr Vater Agenor seine Söhne auf die Suche und sagte ihnen, sie sollten nicht wiederkommen, bis sie Europe gefunden hätten. Auch ihre Mutter Telephassa ging mit, sie zu suchen, ebenso Thasos, der Sohn des Poseidon oder, wie Pherekydes will, des Kilix. Als sie aber trotz alles Suchens Europe nicht finden konnten, gaben sie den Gedanken an die Rückkehr auf und wurden der eine hier, der andre dort ansässig, Phoinix in Phönizien, Kilix in der Nähe von Phönizien – das ganze unweit des Flusses Pyramos sich erstreckende Land nannte er nach sich selbst Kilikien –, Kadmos und Telephassa ließen sich in Thrakien nieder, ebenso Thasos, der auf einer Insel in der Nachbarschaft von Thrakien die Stadt Thasos gründete.

  Europe nahm Asterios, der Herrscher der Kreter, zur Gattin
und erzog ihre Söhne. Als diese erwachsen waren, gerieten sie
miteinander in Streit; sie liebten nämlich alle einen Knaben
mit Namen Miletos, einen Sohn Apollons und der Tochter des
Kleochos, Areia. Da der Knabe mehr zu Sarpedon neigte, begann Minos den Krieg gegen seinen Bruder und siegte. Sarpedon und Miletos flohen. Dieser landete in Karien und gründete
dort die Stadt, der er seinen Namen gab, Milet, jener kämpfte
auf seiten des Kilix, der mit den Lykiern Krieg führte, unter
der Bedingung, daß ihm ein Teil des Landes zufiel, und wurde
dadurch König von Lykien. Ihm gönnte Zeus, drei Menschenalter zu leben. Nach andern jedoch liebten sie Atymnios, den
Sohn des Zeus und der Kassiepeia, und gerieten seinetwegen in
Streit. Rhadamanthys gab den Bewohnern der Insel Kreta Gesetze, dann floh er nach Böotien und nahm Alkmene zur Gattin.
Seit dem Tode versieht er zusammen mit Minos das Richteramt
im Hades. Minos war in Kreta wohnen geblieben und hatte die
Gesetze aufgeschrieben. Er ehelichte Pasiphaë, die Tochter des
Helios und der Perseis, nach Asklepiades jedoch Krete, Aste-
rios' Tochter, und zeugte an männlicher Nachkommenschaft
Katreus, Deukalion, Glaukos, Androgeos, an Töchtern Akalle,
Xenodike, Ariadne, Phaidra, mit der Nymphe Pareia Eurymedon,
Nephalion, Chryses, Philolaos, mit Dexithea den Euxanthios.
  Als Asterios kinderlos starb, wollte Minos Herrscher von
Kreta werden, doch wurde es ihm verwehrt. Da erklärte
er, er habe von den Göttern die Herrschaft bekommen, und damit man ihm glaube, fügte er hinzu: alles, worum er bete,
gehe in Erfüllung. Darauf opferte er dem Poseidon und flehte ihn an, es möchte ein Stier aus der Tiefe heraufkommen,
den er dann dem Gott zu opfern versprach. Da nun tatsächlich
Poseidon einen prachtvollen Stier erscheinen ließ, erhielt Minos auf diese Weise das Königtum. Den Stier jedoch nahm er in
seine Herde und opferte einen andern. Er war der erste, der eine

Seeherrschaft gründete und fast alle Inseln in seine Gewalt brachte. Poseidon aber zürnte ihm, daß er den Stier nicht geopfert hatte, machte diesen wild und brachte es dahin, daß Pasiphaë in Begierde zu ihm entbrannte. In ihrem Liebesverlangen nach dem Stier gewann sie einen Helfer an Daidalos, der sich auf Bildarbeit verstand und wegen eines Totschlags aus Athen hatte fliehen müssen. Dieser schuf eine Kuh aus Holz, die sich auf Rädern bewegte, innen hohl, und bekleidete sie mit der Haut, die er einer Kuh abzog, dann brachte er sie auf den Anger, auf dem der Stier gewöhnlich weidete, und versteckte darin Pasiphaë. Der Stier kam und besprang sie wie eine wirkliche Kuh. Sie gebar den Asterios oder Minotauros, wie er genannt wurde, der das Gesicht eines Stieres hatte, sonst aber ganz wie ein Mensch gebildet war. Gewisse Orakelsprüche veranlaßten Minos, ihn im Labyrinth einzuschließen und zu bewachen. Das Labyrinth, das Daidalos geschaffen hatte, war ein Bau, der mit seinen vielfach gewundenen Gängen im Ausgang irremachte.

Was nun vom Minotauros, von Androgeos, Phaidra und Ariadne noch zu erzählen ist, darauf werden wir bei Theseus später zurückkommen. Von Katreus, dem Sohne des Minos, stammten Aërope, Klymene, Apemosyne und ein Sohn Althaimenes. Als er das Orakel über den Ausgang seines Lebens befragte, gab ihm der Gott zur Antwort, er werde durch eines seiner Kinder den Tod finden. Katreus verheimlichte den Spruch, aber Althaimenes hörte doch davon, und aus Furcht, er möchte selbst der Mörder seines Vaters werden, verließ er Kreta mit seiner Schwester Apemosyne, hielt auf Rhodos zu und nannte den Platz, wo er landete, Kretinia. Als er dann den Berg bestieg, der den Namen Atabyrion trug, und die Inseln ringsum übersah, erblickte er auch Kreta, und der heimischen Götter gedenkend, errichtete er einen Altar des Atabyrischen Zeus. Bald darauf jedoch wurde er der Mörder seiner Schwe-

ster. Hermes nämlich wurde von Liebe zu ihr ergriffen, und da
er die Fliehende nicht einholen konnte – sie war schneller als
er –, breitete er frisch abgezogene Häute über den Weg, auf
denen sie bei der Rückkehr von der Quelle ausglitt und darauf
von ihm geschändet wurde. Als sie ihrem Bruder Mitteilung
machte von dem Vorgefallenen, hielt dieser den Gott für vor-
geschützt und tötete sie mit einem Fußtritt. Aërope und Klymene gab Katreus dem Nauplios, der sie im Ausland verkaufen
sollte. Mit jener vermählte sich Pleisthenes und zeugte die
Söhne Agamemnon und Menelaos, mit dieser Nauplios und
wurde Vater des Oiax und Palamedes. Später, als ihn das Alter
überkam, hegte Katreus den Wunsch, die Herrschaft seinem
Sohn Althaimenes zu übergeben, und begab sich deswegen
nach Rhodos. Nach der Landung an einer unwirtlichen Stelle der
Insel wurde er von Hirten verfolgt, die der Meinung waren, es
mit einem Überfall von Räubern zu tun zu haben, und wegen des
Hundegebells nicht hören konnten, als er ihnen den Sachverhalt erklären wollte, sondern weiter mit Steinen warfen, bis dann
Althaimenes hinzukam und Katreus, ohne ihn zu erkennen,
durch Speerwurf tötete. Als er dann sah, was er angerichtet hatte, wurde er auf sein Gebet hin von einem Erdspalt verschlungen.

Von Deukalion stammten Idomeneus und Krete und ein un-
ehelicher Sohn Molos. Glaukos lief noch als kleines Kind hinter einer Maus her. Dabei fiel er in ein Faß voll Honig und erstickte. Als er verschwunden blieb, stellte sein Vater Minos
eine eingehende Suche an und wandte sich wegen der Auffin-
dung des Knaben an das Orakel. Da bedeuteten ihm die Kureten, er habe eine dreifarbige Kuh in seinen Herden; wer für deren Farbe den treffendsten Vergleich fände, werde ihm den
Knaben lebend wiedergeben. Die Seher wurden zusammengerufen, und Polyidos, des Koiranos Sohn, verglich die Farbe der
Kuh mit der Brombeere[1], worauf er gezwungen wurde, nach dem
Knaben zu suchen, und ihn dank einer Weissagung auch fand.

Minos aber erklärte, er müsse ihn auch noch lebend wiederbe-
kommen, weswegen der Seher mit dem Toten zusammen eingeschlossen wurde. Ratlos wie er war, sah er, wie sich eine
Schlange dem toten Knaben näherte. Da er fürchtete, selbst
sein Leben lassen zu müssen, wenn er sie bemitleide, tötete er
sie mit einem Steinwurf. Da zeigte sich eine zweite Schlange,
verschwand aber wieder, als sie die erste tot sah, um gleich
darauf mit einem Gras zurückzukehren, das sie auf den ganzen
Körper der toten legte. Kaum war das geschehen, da erhob
sich die tote Schlange. Polyidos hatte den Vorgang voller Staunen verfolgt, jetzt legte er das gleiche Gras auf die Leiche des
Glaukos und siehe da! er erhob sich. Minos erhielt den Knaben
wieder, aber trotzdem ließ er den Polyidos nicht nach Argos
zurückkehren, er sollte vorher den Glaukos in der Seherkunst
unterweisen. Dazu gezwungen, unterwies er ihn. Als er aber
dann die Heimfahrt antrat, forderte er Glaukos auf, ihm auf den
Mund zu spucken. Das tat dieser und hatte im gleichen Augenblick die Seherkunst wieder vergessen.

Von der Nachkommenschaft der Europe mag dies genügen.
Kadmos hatte seine Mutter Telephassa, nachdem sie gestorben war, bestattet und war dann, von den Thrakern mit Gast-
geschenken bedacht, nach Delphi gegangen, um nach seiner
Schwester Europe zu fragen. Der Gott gab ihm zur Antwort,
er solle sich um Europe nicht so viel zu schaffen machen, sondern sich der Führung einer Kuh überlassen und dort eine
Stadt gründen, wo sie sich ermüdet hinlege. Nachdem er diesen Spruch erhalten hatte, nahm er den Weg durch das Land
der Phoker und traf dort auf den Weiden des Pelagon eine Kuh,
der er nachging. Sie durchstreifte Böotien und ließ sich da nieder, wo jetzt die Stadt Theben steht. Kadmos hatte die Absicht, die Kuh der Athene zu opfern, und schickte daher einige
seiner Begleiter, aus der Quelle des Ares Wasser zu holen; ein
Drache aber, der die Quelle bewachte – nach einigen stammte

8

er von Ares –, brachte die meisten der Abgesandten ums Leben.
Darüber aufgebracht, erschlug Kadmos den Drachen und säte
auf den Rat der Athene dessen Zähne aus. Von dieser Saat wuchsen bewaffnete Männer aus der Erde, die sie die Sparten nannten (die «gesäten Männer»). Die brachten einander ums Leben, die einen in unbeabsichtigtem Streit, die andern, da sie
sich nicht kannten. Nach Pherekydes indes hätte Kadmos, als
er Bewaffnete aus der Erde wachsen sah, sie mit Steinen beworfen, sie aber, im Glauben, voneinander beworfen zu werden,
wären in Streit miteinander geraten. Nur fünf von ihnen blieben am Leben: Echion, Udaios, Chthonios, Hyperenor, Peloros. Kadmos mußte für die Erschlagenen ein ewiges Jahr dem
Ares dienen. Dieses Jahr aber war damals acht Jahre lang.

Nach dem Dienstjahr verschaffte ihm Athene die Herrschaft, Zeus gab ihm Harmonia, die Tochter der Aphrodite
und des Ares, zur Gattin, und alle Götter verließen den Himmel und feierten in der Kadmosburg die Hochzeit mit einem
Schmaus. Kadmos schenkte als Brautgabe ein Gewand[1] und
ein von Hephaistos geschmiedetes Halsband, nach einigen ein
Geschenk des Gottes selbst an Kadmos, nach Pherekydes jedoch der Europe, das sie selber von Zeus erhalten habe. Töchter
des Kadmos waren Autonoë, Ino, Semele, Agaue, ein Sohn war
Polydoros. Ino ehelichte Athamas, Autonoë Aristaios, Agaue
Echion. Für Semele entbrannte Zeus und kam ohne Wissen der
Hera zu ihr, doch wurde sie von dieser überlistet[2]. Als Zeus ihr
jeden Wunsch zu erfüllen versprach, bat sie ihn, er möchte einmal so zu ihr kommen, wie er als Werber zu Hera gekommen
sei. Zeus konnte sein Wort nicht zurücknehmen, und auf einem
Wagen, unter Wetterleuchten und Donnerschlägen, kam er in
ihr Gemach und schleuderte den Blitz. Vor Schreck schwanden
Semele die Sinne, sie brachte ein Sechsmonatskind zur Welt,
das Zeus aus dem Feuer riß und in seinen Schenkel einnähte.
Nach dem Tod der Semele streuten die übrigen Kadmostöch-

ter das Gerücht aus, sie habe mit einem Sterblichen Beilager gehalten und die Vereinigung mit Zeus erlogen, und deswegen
sei sie vom Blitz erschlagen worden. Als die Zeit fällig war,
trennte Zeus die Naht auf, brachte Dionysos zur Welt und
übergab ihn dem Hermes. Der trug ihn zu Ino und Athamas
und überredete sie, ihn als Mädchen zu erziehen. Darüber aufgebracht, versetzte Hera sie in Raserei: Athamas jagte und tötete seinen ältesten Sohn Learchos wie einen Hirsch, Ino warf
den Melikertes in einen erhitzten Kessel, riß ihn dann heraus
und sprang mit dem toten Knaben in das tiefe Meer. Leukothea
heißt sie jetzt selbst, Palaimon der Knabe; so wurden sie von
den Schiffern benannt, denen sie in Seenot zu Hilfe kommen.
Zu Ehren des Melikertes wurden die Isthmischen Spiele eingerichtet, eine Stiftung des Sisyphos. Den Dionysos aber verwandelte Zeus in einen jungen Bock und entrückte ihn so dem Zorn
der Hera. Hermes nahm ihn und brachte ihn zu den Nymphen,
die in Nysa in Asien hausten; Zeus versetzte sie später unter
die Sterne und nannte sie Hyaden.

Ein Sohn der Autonoë und des Aristaios war Aktaion, der, bei
Cheiron erzogen und in der Jagd unterwiesen, später auf dem
Kithairon von den eigenen Hunden aufgefressen wurde. Er
fand auf diese Weise den Tod, nach Akusilaos, weil Zeus ihm
wegen seiner Werbung um Semele zürnte, wie jedoch die meisten berichten, weil er Artemis beim Baden erblickt hatte. Sie
erzählen auch, die Göttin habe ihn sogleich in einen Hirsch
verwandelt und die fünfzig Hunde, die ihm folgten, zur Wut aufgestachelt, so daß sie ihren Herrn zerfleischten, ohne ihn zu erkennen. Als Aktaion tot war, vermißten die Hunde ihren
Herrn und erhoben ein Geheul. Auf der Suche nach ihm kamen
sie in die Höhle Cheirons, der ihnen ein Bildnis des Aktaion an-
fertigte, das sie ihren Schmerz vergessen ließ.

Die Namen der Hunde des Aktaion aus den ...[1] So also umringten die starken Hunde seinen schönen Leib, und als sei er ein

Tier, zerrissen sie ihn. Nahe war als erste die Hündin Arkena.
Nach ihr die kühnen Jungen, Lynkeus und der schnellfüßige
Balios und Amarynthos. Und diese zählte er der Reihe nach mit
ihren Namen auf. Damals starb Aktaion auf Geheiß des Zeus.
Als erste tranken das schwarze Blut ihres Herrn Spartos, Omar-
gos und der dahinstürmende Bores. Diese nun fraßen zuerst an
Aktaion und leckten sein Blut. Nach ihnen aber stürzten voll
Gier alle andern herbei ... heftigen Qualen Linderung zu sein
für die Menschen.

Dionysos wurde der Entdecker des Weinstocks. Darauf
schlug ihn Hera mit Wahnsinn, und so irrte er durch Ägypten
und Syrien. Zuerst nahm ihn Proteus, der König der Ägypter,
gastlich auf, dann kam er nach Kybela in Phrygien, um dort von
der Rhea gereinigt und in ihren Geheimdienst eingeweiht zu
werden. In der Gewandung, die er von ihr erhielt, eilte er dann
durch Thrakien[1]. Lykurgos aber, der Sohn des Dryas, der Herrscher der Edoner, die am Strymon wohnen, verjagte ihn in fre-
velhaftem Übermut. Dionysos floh ins Meer zu Thetis, der Tochter des Nereus, die Bakchen aber und die ganze Schar der Satyrn,
die ihm folgten, wurden gefangen. Die Bakchen zwar wurden
gleich wieder freigelassen, doch schlug Dionysos den Lykurgos
mit Wahnsinn. Im Wahn tötete er – er glaubte, den Schoß eines
Weinstocks abzuhauen – seinen Sohn Dryas mit einem Beilhieb
und kam erst, nachdem er ihn verstümmelt hatte, wieder zur
Besinnung. Die Erde blieb ohne Früchte, da verkündete der
Gott, sie werde erst dann wieder Frucht tragen, wenn Lykurgos den Tod gefunden habe. Darauf führten ihn die Edoner in
das Gebirge Pangaion, um ihn zu binden. Dort kam er, wie
Dionysos es wollte, zu Tode, indem er von Pferden zerrissen
wurde.

Nach seinem Zuge durch Thrakien[2] kam Dionysos nach Theben und zwang dort die Weiber, ihre Häuser zu verlassen und
im Kithairon das Bakchosfest zu begehen. Pentheus, der von

Kadmos die Herrschaft übernommen hatte, der Sohn der Agaue von Echion, wollte das verhindern und begab sich, um die Bakchen auszuspähen, in den Kithairon. Da wurde er von seiner eigenen Mutter Agaue im Wahnsinn – sie hielt ihn für ein wildes Tier – in Stücke gerissen. Nachdem so Dionysos den Thebanern seine Gottheit gezeigt hatte, ging er nach Argos, und da sie auch dort wieder ihm die gebührende Ehre versagten, schlug er die Weiber mit Wahnsinn. Sie verzehrten in den Bergen das Fleisch der eigenen Kinder, die sie noch an der Brust hatten. Um von Ikarien nach Naxos zu gelangen, mietete er von Tyrrhenern ein Räuberschiff, einen Dreiruderer. Sie nahmen ihn an Bord, fuhren aber an Naxos vorbei und steuerten auf Asien zu, um ihn dort als Sklaven zu verkaufen. Da machte er den Mast und die Ruder zu Schlangen und erfüllte den Schiffsbauch mit Efeu und Flötenschall. Die Schiffer, vom Wahnsinn gepackt, suchten Zuflucht im Meer und wurden in Delphine verwandelt. Als ihn die Menschen so als Gott erkannt hatten, zollten sie ihm Verehrung. Er holte nun seine Mutter aus dem Hades herauf, hieß sie Thyone und hob sich mit ihr zum Himmel empor.

Kadmos verließ mit Harmonia Theben und begab sich zu den Encheleern. Diese hatten Krieg mit den Illyriern, und der Gott gab ihnen das Orakel, sie würden siegen, wenn sie Kadmos und Harmonia bei sich hätten. Sie taten, wie geheißen, und machten die beiden zu Führern gegen die Illyrier, was ihnen denn auch den Sieg eintrug. Kadmos herrschte dann über die Illyrier, und ein Sohn wurde ihm geboren, mit Namen Illyrios. Später nahm er Schlangengestalt an und wurde mit Harmonia von Zeus in das Elysische Gefilde entrückt.

Polydoros wurde König von Theben und ehelichte Nykteis, die Tochter des Nykteus, Enkelin des Chthonios, und zeugte mit ihr den Labdakos. Der war ähnlich gesinnt wie Pentheus und folgte ihm im Untergang. Da er einen erst ein Jahr alten

Knaben hinterließ, Laios, entriß diesem, während er noch ein
Kind war, Lykos, des Nykteus Bruder, die Herrschaft. Diese
beiden hatten, nachdem sie Phlegyas, des Ares und der Dotis
Sohn, getötet hatten, Euboia in Böotien verlassen müssen und
dann in Hyria¹ gewohnt, von da waren sie nach Theben gekommen und wegen ihrer Verwandtschaft mit Pentheus Bürger geworden. Lykos war dann von den Thebanern zum Feld-
obersten gewählt worden und dadurch in den Besitz der Herrschaft gekommen, die er zwanzig Jahre innehatte, bis er durch
Zethos und Amphion einen gewaltsamen Tod fand, und zwar aus
folgendem Anlaß. Mit Antiope, Nykteus' Tochter, kam Zeus
zusammen. Als sie davon schwanger wurde, flüchtete sie vor
den Drohungen ihres Vaters nach Sikyon zu Epopeus und wurde
dessen Gattin. Aus Verzweiflung tötete Nykteus sich selbst,
nachdem er Lykos den Auftrag gegeben hatte, an Epopeus und
Antiope Vergeltung zu üben. Dieser zog gegen Sikyon und
brachte die Stadt in seine Gewalt. Epopeus fand dabei den Tod,
Antiope wurde als Gefangene mitgenommen. Unterwegs gebar sie in Eleutherai in Böotien zwei Knaben, die sie aussetzte.
Ein Hirte, der sie fand und aufzog, nannte den einen Zethos,
den andern Amphion. Zethos weidete die Rinderherden, Amphion bildete sich in Gesang und Saitenspiel aus, da ihm Hermes eine Lyra geschenkt hatte. Antiope war von Lykos einge-
sperrt worden und wurde von ihm und seinem Weibe Dirke
übel behandelt. Eines Tages aber lösten sich ihre Fesseln von
selbst, und unbemerkt entkam sie auf das Gehöft ihrer Söhne
und wünschte von ihnen aufgenommen zu werden. Da diese
ihre Mutter wiedererkannten, erschlugen sie Lykos, Dirke jedoch banden sie an einen Stier, um sie dann, zu Tode geschleift, in eine Quelle zu werfen, die nach ihr den Namen Dirke
bekam. Darauf übernahmen sie die Herrschaft und befestigten
die Stadt mit einer Mauer, zu der sich die Steine von selbst unter dem Klang der Lyra Amphions zusammenfanden. Laios,

den sie vertrieben, weilte dann im Peloponnes bei Pelops als Gast. Dessen Sohn Chrysippos unterwies er im Wagenrennen, dabei gewann er den Knaben lieb und entführte ihn.

Zethos vermählte sich mit Thebe, nach der die Stadt Theben benannt ist, Amphion mit Niobe, Tantalos' Tochter, die ihm sieben Söhne gebar: Sipylos, Eupinytos, Ismenos, Damasichthon, Agenor, Phaidimos, Tantalos, und ebenso viele Töchter: Ethodaia – oder wie sie nach andern hieß, Neaira –, Kleodoxa, Astyoche, Phthia, Pelopia, Astykrateia, Ogygia. Hesiod nennt zehn Söhne und zehn Töchter, Herodoros zwei und drei, Homer sechs männliche und sechs weibliche Nachkömmlinge. Als Mutter so vieler Kinder rühmte sich Niobe ihres Mutterglücks gegenüber Leto, darüber empört, hetzte diese Artemis und Apollon gegen die Kinder der Niobe auf. Artemis traf mit ihren Pfeilen die Töchter im Hause, Apollon tötete die Söhne alle zusammen, als sie im Kithairon jagten. Am Leben blieb vom männlichen Teil nur Amphion, von jenen die älteste, Chloris, mit der sich dann Neleus vermählte. Nach der Darstellung der Telesilla wurden Amyklas und Meliboia gerettet, dagegen auch Amphion von Pfeilen getroffen. Niobe selber verließ Theben und begab sich zu ihrem Vater Tantalos nach Sipylos. Dort verwandelte Zeus sie auf ihre Bitten in einen Stein, von dem Tag und Nacht Tränen herabströmen.

Nach dem Tode Amphions übernahm Laios die Herrschaft. Er vermählte sich mit der Tochter des Menoikeus, die nach einigen Iokaste, nach andern dagegen Epikaste hieß, und obwohl ihm der Gott geweissagt hatte, er solle kein Kind zeugen, denn der Sohn, den er zeuge, werde seinen eigenen Vater töten, so legte er sich doch, vom Wein erregt, zu seinem Weibe. Dem Neugeborenen durchbohrte er dann die Fersen mit einem spitzen Eisen und gab ihn einem Hirten, der ihn aussetzen sollte. Dieser setzte ihn auch im Kithairon aus, aber Hirten des Königs der Korinther Polybos fanden das Kind und

brachten es seiner Gemahlin Periboia. Diese nahm es als eigenes Kind an, und nachdem die Fersen verheilt waren,
nannte sie den Knaben Oidipus, nach seinen geschwollenen
Füßen. Herangewachsen, war er der Stärkste von seinen Altersgenossen und wurde von ihnen aus Neid Bastard geschol-
ten. Er fragte Periboia, konnte aber nichts in Erfahrung bringen; da begab er sich nach Delphi und wollte wissen, wer
seine leiblichen Eltern wären. Die Antwort des Gottes lautete:
er solle nicht in seine Vaterstadt gehen, denn er werde dort
seinen Vater töten und seine Mutter heiraten. Als er dies hörte, gab er Korinth auf im Glauben, das seien seine wirklichen
Eltern, die dafür galten, und zog auf dem Wagen weiter durch
Phokis. In einem Hohlweg begegnete er dem Laios, der ebenfalls auf einem Wagen fuhr. Als Polyphontes – das war der
Herold des Laios – ihn aufforderte, Platz zu machen, und ihm,
da er nicht darauf hörte und dadurch einen Aufenthalt verur-
sachte, eines der beiden Rosse erschlug, ergrimmte Oidipus
und tötete die beiden, Polyphontes und Laios, worauf er sich
nach Theben begab. Laios wurde vom König der Plataier,
Damasistratos, begraben, die Herrschaft übernahm Kreon, der
Sohn des Menoikeus. Während seiner Regierung kam ein großes Unglück über Theben. Hera schickte ihnen die Sphinx,
die Tochter der Echidna und des Typhon, mit dem Antlitz
eines Weibes, Brust, Füßen und Schweif eines Löwen und Flü-
geln eines Vogels. Sie hatte von den Musen ein Rätsel gelernt,
das sie, auf dem Phikischen Berge sitzend, den Thebanern auf-
gab. Es lautete: «Was ist das? Es hat eine einzige Stimme und
ist bald vierfüßig, bald zweifüßig, bald dreifüßig.» Da die Thebaner einen Orakelspruch erhalten hatten, sie würden von der
Sphinx befreit werden, wenn sie das Rätsel lösten, kamen sie
oft zusammen und suchten zu ermitteln, was wohl gemeint
wäre. Da sie es nicht fanden, packte die Sphinx jedesmal einen
von ihnen und verschlang ihn. So hatten schon viele ihr Leben

verloren, zuletzt Haimon, der Sohn Kreons, da erließ Kreon eine Bekanntmachung, er werde dem, der das Rätsel löse, die Herrschaft übergeben und zugleich die Witwe des Laios. Daraufhin gab Oidipus die Lösung des Rätsels: das von der Sphinx gemeinte Wesen sei der Mensch. Vierfüßig werde er geboren, da er sich als kleines Kind auf allen vieren fortbewege, der erwachsene Mensch sei zweifüßig, im Alter nehme er noch als dritten Fuß einen Stock. Da stürzte sich die Sphinx von ihrem Hochsitz herunter, Oidipus wurde König und heiratete, ohne es zu wissen, seine Mutter und zeugte Kinder mit ihr, zwei Knaben, Polyneikes und Eteokles, und zwei Töchter, Ismene und Antigone. Nach andern jedoch waren die Kinder von Euryganeia, des Hyperphas Tochter. Als dann alles ans Licht kam, erhängte sich Iokaste an einem Strick, Oidipus aber blendete sich und mußte die Stadt verlassen, nachdem er noch einen Fluch über seine Söhne ausgesprochen hatte, weil sie mitansahen, wie er aus der Stadt vertrieben wurde, ohne ihm zu helfen. Er begab sich mit Antigone nach Kolonos in Attika, wo sich der heilige Hain der Eumeniden befindet. Dort setzte er sich als Schutzflehender nieder und wurde von Theseus aufgenommen. Bald darauf starb er.

Eteokles und Polyneikes kamen hinsichtlich der Herrschaft in Verhandlungen miteinander überein, einer von ihnen sollte immer ein Jahr die Macht innehaben. Einige berichten nun, zuerst habe Polyneikes regiert und nach einem Jahr die Herrschaft Eteokles übergeben, nach andern hingegen war es Eteokles, der zuerst herrschte und dann die Herrschaft nicht übergeben wollte. Jedenfalls wurde Polyneikes aus Theben vertrieben und begab sich mit dem Halsband und dem Peplos[1] nach Argos. Über Argos herrschte Talaos' Sohn, Adrastos. Er näherte sich dessen Königsburg zur Nachtzeit und stieß mit Tydeus, dem Sohn des Oineus, zusammen, der aus Kalydon hatte fliehen müssen. Auf das plötzliche Geschrei hin kam

Adrastos heraus und brachte sie auseinander, und da er sich
eines Seherspruchs erinnerte, er solle seine Töchter mit einem
Eber und einem Löwen zusammengeben, so nahm er die beiden zu Schwiegersöhnen. Hatten sie doch auf ihren Schilden
der eine den Kopf eines Ebers, der andre das Bild eines Löwen.
Tydeus vermählte sich mit Deipyle, Polyneikes mit Argeie,
und Adrastos versprach ihnen, sie in ihre Reiche zurückzufüh-
ren. Zuerst dachte er an den Feldzug gegen Theben und sammelte dafür die Tapfersten.

Aber Amphiaraos, der Sohn des Oikles, der Seher, der es
vorauswußte, daß alle, die zu Felde zogen, mit Ausnahme des
Adrastos ihr Leben verlieren mußten, zögerte selbst, den Zug
mitzumachen, und suchte auch die andern davon abzubringen.
Polyneikes aber ging zu Iphis, Alektors Sohn, und wollte wissen, wie man wohl Amphiaraos zwingen könne, mit zu Felde
zu ziehen. «Wenn Eriphyle das Halsband bekäme», war die
Antwort. Amphiaraos hatte nun zwar Eriphyle untersagt, von
Polyneikes Geschenke anzunehmen, dieser gab ihr aber doch das
Halsband und verlangte dafür, sie solle Amphiaraos zur Teilnahme am Feldzug überreden. Das lag nämlich in ihrer Macht.
Amphiaraos hatte einmal einen Zwist gehabt mit Adrastos[1]
und, als er sich wieder mit ihm aussöhnte, den Schwur getan,
er wolle in jedem künftigen Streit mit Adrastos Eriphyle die
Entscheidung überlassen. Als nun der Zug gegen Theben
notwendig wurde, wobei Adrastos antrieb, Amphiaraos aber
zurückhielt, überredete sie, als Gegenleistung für das empfangene Halsband, ihren Gatten, sich Adrastos anzuschließen. Auf
diese Weise gezwungen, sich an dem Feldzug zu beteiligen,
gab Amphiaraos seinen Söhnen die Weisung, wenn sie erwachsen wären, die Mutter zu töten und gegen Theben zu ziehen.

Nachdem Adrastos das Heer versammelt hatte, überzog er
in aller Eile — es waren sieben Führer — Theben mit Krieg.
Die Führer waren: Adrastos, Talaos' Sohn, Amphiaraos, des

Oikles, Kapaneus, des Hipponoos, Hippomedon, des Aristomachos, andere sagen, des Talaos Sohn. Die Genannten alle
aus Argos, Polyneikes, der Sohn des Oidipus aus Theben, Tydeus, der Sohn des Oineus aus Ätolien, Parthenopaios, Mela-
nions Sohn aus Arkadien. Einige führen Tydeus und Polyneikes nicht mit auf, dafür nennen sie unter den Sieben Eteoklos,
den Sohn des Iphis, und Mekisteus.

In Nemea angekommen, wo Lykurgos herrschte, suchten
sie Wasser, und Hypsipyle zeigte ihnen den Weg zur Quelle,
wobei sie den kleinen Opheltes, dessen Wärterin sie war, im
Stich ließ, den Sohn der Eurydike und des Lykurgos. Die
Weiber von Lemnos[1] nämlich hatten später, als sie erfuhren,
daß Thoas von ihr gerettet worden war, diesen getötet und
Hypsipyle verkauft. So verrichtete sie Sklavenarbeit im Hause
des Lykurgos. Während sie nun den Weg zur Quelle wies, fiel
das zurückgelassene Kind einem Drachen zum Opfer. Adrastos und seine Gefährten überfielen darauf zwar den Drachen
und machten ihm den Garaus, den Knaben aber mußten sie
begraben. Amphiaraos deutete ihnen das Geschehen als ein
Vorzeichen der Zukunft, da hießen sie den Knaben Archemoros (Führer zum Tod). Ihm zu Ehren setzten sie die Nemeischen Spiele ein. Im Wagenkampf siegte Adrastos, im Lauf
Eteoklos, als Faustkämpfer Tydeus, im Sprung und Diskuswerfen Amphiaraos, im Speerwurf Laodokos, im Ringkampf
Polyneikes, mit dem Bogen Parthenopaios.

Als sie zum Kithairon kamen, schickten sie Tydeus und ließen Eteokles auffordern, Polyneikes der Abmachung entsprechend die Herrschaft abzutreten. Da dieser die Aufforderung
unbeachtet ließ, wollte Tydeus die Thebaner kennenlernen
und forderte sie einzeln zum Kampfe heraus, wobei er sich allen
überlegen zeigte. Da bewaffneten sie fünfzig Mann, die ihm auf
der Rückkehr auflauerten; er erschlug sie aber alle bis auf
Maion und kam so zum Heere zurück.

Nun griffen die Argeier in voller Rüstung die Mauern mit
den sieben Toren an: Adrastos stand am Homoloischen Tor,
Kapaneus am Ogygischen, Amphiaraos am Proitischen, Hippomedon am Onkaischen, Polyneikes am Hohen Tor, Parthenopaios am Elektra-, Tydeus am Brunnen-Tor. Auch Eteokles
hatte die Thebaner bewaffnet und stellte den Sieben die gleiche
Zahl von Führern gegenüber, wobei er sich weissagen ließ, wie
man die Feinde wohl besiegen könne. Bei den Thebanern war
ein Seher, Teiresias, der Sohn des Eueres und der Nymphe Chariklo, aus dem Geschlecht des Udaios, des Sparten[1]. Er hatte das
Augenlicht verloren. Über seine Blindheit und Seherkunst gibt
es verschiedene Sagen. Die einen berichten, er sei von den Göttern geblendet worden, weil er den Menschen Dinge verriet,
von denen sie nach dem Willen der Götter nichts wissen sollten. Nach Pherekydes hätte ihn Athene des Augenlichtes beraubt; er hätte nämlich die Göttin, die mit seiner Mutter Chariklo[2] eng befreundet war, überrascht und unbekleidet gesehen,
da wäre sie mit den Händen über seine Augen gefahren und
hätte ihn blind gemacht. Den Bitten der Chariklo, ihm das
Augenlicht wiederherzustellen, hätte Athene nicht willfahren
können, dafür hätte sie sein Gehör gereinigt und dadurch be-
wirkt, daß er alle Vogelstimmen verstand. Auch hätte sie ihm
einen Stab aus Kirschbaumholz geschenkt, mit dem er ebenso
gut gehen konnte wie ein Sehender. Hesiod aber erzählt: Als er
bei Kyllene Schlangen sich paaren sah und sie durch einen
Schlag verletzte, wurde er aus einem Mann zum Weibe. Als er
die gleichen Schlangen wieder beobachtete, wie sie sich paar-
ten, und dazwischenschlug, wurde er wieder zum Manne. Als
daher Hera und Zeus darum stritten, ob die Weiber oder die
Männer bei der Umarmung den größeren Genuß hätten, war
es Teiresias, den sie befragten. Er erklärte, wenn man den Genuß bei der Umarmung mit zehn teile, entfalle ein Teil auf den
Mann, neun dagegen auf das Weib. Darauf blendete ihn Hera,

Zeus aber verlieh ihm die Kunst des Weissagens¹. Auch höchstes Alter wurde ihm gewährt.

Als ihn nun die Thebaner um die Zukunft befragten, weissagte er ihnen den Sieg, wenn Menoikeus, Kreons Sohn, sich dem Ares opferte. Als Menoikeus dies hörte, tötete er sich selbst vor den Toren. In der darauf entbrennenden Schlacht wurden die Kadmeier zuerst bis zu den Mauern gedrängt, und Kapaneus hatte eine Leiter gepackt und war schon im Begriff, mit ihr die Mauer zu ersteigen, da traf ihn Zeus mit dem Wetterstrahl, und die Argeier ergriffen die Flucht. Viele fanden den Tod. Darauf stellten sich, gemäß einem Beschluß der beiden Heere, Eteokles und Polyneikes zum Zweikampf um die Herrschaft und erschlugen sich gegenseitig. Aufs neue kam es zu einer heftigen Schlacht, in der sich die Söhne des Astakos besonders hervortaten: Ismaros tötete den Hippomedon, Leades den Eteoklos, Amphidikos den Parthenopaios. Nach Euripides indes war es Periklymenos, der Sohn Poseidons, der den Parthenopaios erschlug. Melanippos, der letzte von Astakos' Söhnen, traf Tydeus in den Leib. Als er halb tot dalag, kam Athene mit einem Heilmittel, das sie von Zeus erbeten hatte, und wollte ihn damit unsterblich machen. Amphiaraos sah dies, und da er Tydeus haßte, weil er, seiner Absicht entgegen, die Argeier für den Zug gegen Theben gewonnen hatte, schnitt er Melanippos das Haupt ab – obwohl selbst verwundet, hatte Tydeus diesen noch getötet – und gab es ihm. Tydeus spaltete es und trank das Gehirn aus. Als Athene das sah, hielt sie schaudernd mit ihrer guten Absicht zurück und dachte nicht mehr dran, das Heilmittel anzuwenden. Amphiaraos floh zum Flusse Ismenos, aber bevor ihn Periklymenos mit seinem Speer im Rücke traf, öffnete ihm Zeus mit einem Blitzschlag die Erde. Mitsamt dem Wagen und dem Wagenlenker Baton – nach einigen hieß er Elaton – wurde er auf diese Weise entrückt, und Zeus verlieh ihm die Unsterblichkeit. Den Adrastos als einzi-

gen rettete sein Roß Areion, das Demeter mit Poseidon er-
zeugt hatte, indem sie während der Umarmung sich in eine
Erinye verwandelte.

Nachdem Kreon die Herrschaft über die Thebaner gewonnen hatte, ließ er die Leichen der Argeier unbestattet vor die
Mauern werfen, indem er gleichzeitig bekanntgab, keiner dürfe
sie bestatten, und Wächter aufstellte. Antigone aber, eine der
Töchter des Oidipus, entwendete ungesehen Polyneikes'
Leichnam und begrub ihn; dabei wurde sie von Kreon ertappt
und bei lebendigem Leibe in eine Gruft eingemauert. Adrastos
wandte sich nach Athen und suchte Zuflucht am Altar des Mit-
leids. Er legte einen Ölzweig darauf nieder und bat um Bestattung der Toten. Da zogen die Athener mit Theseus zu Felde,
nahmen Theben und übergaben die Leichen den Angehörigen
zur Bestattung. Als der Scheiterhaufen des Kapaneus brannte,
stürzte sich seine Gattin Euadne, die Tochter des Iphis, in die
Flammen und wurde mit verbrannt.

Zehn Jahre später beschlossen die Söhne der Gefallenen, die
sogenannten «Nachfahren», gegen Theben zu ziehen, um den
Tod der Väter zu rächen. Als sie sich an das Orakel wandten,
weissagte ihnen der Gott den Sieg unter Führung des Alkmaion. Alkmaion wollte zwar nicht die Führung übernehmen,
bevor er die Rache an seiner Mutter ausgeführt habe, trotzdem
machte er mit. Hatte doch Eriphyle von Thersandros, Polyneikes' Sohn, das Kleid[1] angenommen und überredete nun auch
die Söhne, den Feldzug zu unternehmen. So nahmen sie Alkmaion zum Führer und begannen den Krieg gegen Theben. Die
ins Feld Ziehenden waren: Alkmaion und Amphilochos, die
Söhne des Amphiaraos, Aigialeus des Adrastos, Diomedes des
Tydeus, Promachos des Parthenopaios, Sthenelos des Kapaneus, Thersandros des Polyneikes, Euryalos des Mekisteus
Sohn. Sie verwüsteten zunächst die ringsum liegenden Dörfer,
dann, als ihnen die Thebaner unter Führung des Laodamas,

Eteokles' Sohn, entgegenzogen, kämpften sie mit höchster Tapferkeit. Laodamas erschlug den Aigialeus, erlag aber dann selber Alkmaion. Nach seinem Tod flohen die Thebaner hinter ihre Mauern. Da nun Teiresias ihnen riet, sie sollten zur Beilegung der Feindseligkeiten einen Herold zu den Argeiern entsenden, selbst aber die Flucht ergreifen, schickten sie einen Unterhändler zu den Feinden, ließen inzwischen Kinder und Weiber die Wagen besteigen und flohen aus der Stadt. In der Nacht gelangten sie zu der Quelle, die den Namen Tilphussa hatte. Teiresias trank daraus und erlitt an Ort und Stelle den Tod. Die Thebaner aber legten einen weiten Weg zurück, bis sie die Stadt Hestiaia gründeten und dort sich ansiedelten. Als die Argeier nachher von dem Abzug der Thebaner erfahren hatten, waren sie in die Stadt eingedrungen, hatten Beute aufgebracht und die Mauern niedergerissen. Einen Teil der Beute, darunter auch des Teiresias Tochter Manto, schickten sie Apollon nach Delphi; hatten sie doch gelobt, nach der Einnahme von Theben das Beste von allem Erbeutetem ihm darzubringen.

Als Alkmaion nach der Einnahme von Theben hörte, daß seine Mutter Eriphyle auch für seine Teilnahme an dem Feldzug Geschenke angenommen habe, wuchs noch seine Entrüstung, und er tötete sie, wie es ihm ein Orakelspruch Apollons gebot. Einige berichten, er habe Eriphyle zusammen mit seinem Bruder Amphilochos ermordet, andre dagegen, er habe die Tat allein ausgeführt. Eine Erinye war wegen des Muttermords hinter ihm her, so daß er in Wahnsinn fiel. Zuerst suchte er Oikles in Arkadien auf, von dort begab er sich zu Phegeus nach Psophis. Von diesem wurde er entsühnt und bekam seine Tochter Arsinoë, der er Halsband und Peplos schenkte, zum Weibe. Als aber nachher das Land durch ihn unfruchtbar wurde, verkündete ihm der Gott durch einen Orakelspruch, er solle den Acheloos aufsuchen, um durch ihn Sühne zu erlangen[1].

Zuerst nun kam er zu Oineus nach Kalydon und wurde gastlich
von ihm bewirtet, dann begab er sich zu den Thesprotern, die
ihn aber aus ihrem Land auswiesen. Zuletzt erreichte er die
Quellen des Acheloos, wurde von ihm entsühnt und bekam
seine Tochter Kallirrhoë. Boden, den Acheloos angeschwemmt
hatte, baute er an und blieb dort wohnen. Als später Kallirrhoë
das Armband und das Kleid zu besitzen wünschte und das ehe-
liche Zusammenleben mit ihm verweigerte, wenn sie beides
nicht bekäme, begab sich Alkmaion deswegen nach Psophis
zu Phegeus und erzählte, es sei ihm Heilung vom Wahnsinn
durch einen Götterspruch zugesagt, wenn er Halsband und
Peplos nach Delphi bringe und als Weihgeschenk niederlege.
Phegeus glaubte ihm und gab den Schmuck heraus. Als aber
ein Diener anzeigte, daß Alkmaion diesen der Kallirrhoë bringe,
lauerten ihm auf Phegeus' Geheiß dessen Söhne auf und erschlugen ihn. Arsinoë, die sie deswegen zur Rede stellte, steck-
ten sie in eine Kiste und brachten sie nach Tegea, um sie dort
als Sklavin dem Agapenor zu übergeben mit der lügenhaften
Beschuldigung, sie habe Alkmaion umgebracht. Als Kallirrhoë
von dem gewaltsamen Tod Alkmaions hörte, wandte sie sich
an Zeus – er hielt gerade Beilager mit ihr – und bat ihn, ihre mit
Alkmaion gezeugten Söhne möchten doch heranwachsen, um
den Tod ihres Vaters zu rächen. Da wurden sie plötzlich groß
und zogen aus, um sich Genugtuung zu verschaffen für den
Vater. Zur gleichen Zeit nun wie die Söhne des Phegeus, Pronoos und Agenor, die das Halsband und den Peplos als Weihgeschenk nach Delphi brachten und bei Agapenor einkehrten,
kamen auch die Söhne Alkmaions, Amphoteros und Akarnan,
daselbst an. Sie erschlugen die Mörder ihres Vaters, worauf sie
sich nach Psophis begaben, dort in die Königsburg eindrangen
und Phegeus mit seinem Weibe töteten. Man verfolgte sie bis
nach Tegea, doch wurden sie durch die ihnen zu Hilfe eilenden
Tegeaten und einige Argeier gerettet, da sich die Männer aus

Psophis zur Flucht wandten. Nachdem sie ihrer Mutter das Vorgefallene berichtet hatten, kehrten sie auf Weisung des Acheloos nach Delphi zurück und legten Halsband und Peplos als Weihgeschenk im Heiligtum des Apollon nieder. Darauf wandten sie sich nach Epirus und gründeten mit den Ansiedlern, die sie um sich sammelten, Akarnanien.

Euripides aber weiß zu berichten, Alkmaion habe während der Zeit seines Wahnsinns mit der Tochter des Teiresias Manto zwei Kinder gezeugt, Amphilochos und eine Tochter Tisiphone; diese habe er nach Korinth gebracht und dem König der Korinther, Kreon, zur Erziehung übergeben. Tisiphone, die zu einem ungewöhnlich schönen Mädchen heranwuchs, sei dann von Kreons Gemahlin verkauft worden, da sie fürchtete, Kreon möchte sie zu seiner ehelichen Gattin machen. Alkmaion aber habe sie, ohne zu wissen, daß es seine Tochter sei, gekauft und als Sklavin behalten. Als er aber dann nach Korinth gekommen sei, um seine Kinder zurückzufordern, habe er auch den Sohn wiedererhalten. Amphilochos gründete, in Übereinstimmung mit den Orakelsprüchen Apollons, das Amphilochische Argos.

Kehren wir aber jetzt zu Pelasgos zurück, der nach Akusilaos, wie oben schon erwähnt, ein Sohn des Zeus und der Niobe, nach Hesiod jedoch ein Ureingeborener war. Von ihm und der Okeanostochter Meliboia, oder nach andern der Nymphe Kyllene stammte Lykaon, der über die Arkader herrschte und mit vielen Weibern fünfzig Söhne zeugte: Melaineus, Thesprotos, Helix, Nyktimos, Peuketios, Kaukon, Mekisteus, Hopleus, Makareus, Makednos, Horos, Polichos, Akontes, Euaimon, Ankyor, Archebates, Karteron, Aigaion, Pallas, Eumon, Kanethos, Prothoos, Linos, Korethon, Mainalos, Teleboas, Physios, Phassos, Phthios, Lykios, Halipheros, Genetor, Bukolion, Sokles, Phineus, Eumetes, Harpaleus, Portheus, Platon, Haimon, Kynaithos, Leon, Harpalykos, Heraieus, Titanas, Mantineus,

Kleitor, Stymphalos, Orchomenos[1]. Sie überboten alle Menschen an Hoffart und Ruchlosigkeit. Um ihre ruchlose Gesinnung zu erproben, gesellte sich Zeus in Gestalt eines armen Tagelöhners zu ihnen. Sie luden ihn zu Gast, schlachteten einen Knaben, der in der Gegend zu Hause war, und setzten ihm auf den Rat des ältesten der Brüder, Mainalos, dessen Eingeweide, vermischt mit dem heiligen Opfer, als Speise vor. Voller Abscheu stieß Zeus den Tisch um – wonach der Ort heute noch Trapezus heißt[2] –, den Lykaon aber und seine Söhne erschlug er mit dem Blitz, bis auf den jüngsten, Nyktimos; die Ge warf sich dazwischen und Zeus' Rechte berührend, beruhigte sie seinen Zorn. Nachdem Nyktimos die Herrschaft übernommen hatte, kam die Deukalionische Flut. Einige sagen, sie sei wegen der Verruchtheit der Söhne Lykaons hereingebrochen.

Wie Eumelos und einige andere überliefern, hatte Lykaon auch eine Tochter, Kallisto. Nach Hesiod war sie indes eine der Nymphen, nach Asios eine Tochter des Nykteus, nach Pherekydes des Keteus. Eine Jagdgefährtin der Artemis, trug sie das gleiche Gewand wie diese und schwur ihr, Jungfrau zu bleiben. Zeus aber liebte sie und tat ihr Gewalt an, nach einigen in der Gestalt der Artemis, nach andern in der des Apollon. Da Hera nichts davon erfahren sollte, verwandelte er sie in eine Bärin. Hera aber beredete Artemis, sie als Wild mit Pfeilen zu erlegen. Eine andere Überlieferung sagt, Artemis habe sie getötet, weil sie ihre Reinheit nicht bewahrt habe. Der sterbenden Kallisto nahm Zeus das Kind fort, gab es der Maia in Arkadien zur Erziehung und gab ihm den Namen Arkas. Kallisto versetzte er unter die Sterne und nannte sie «Bärin».

Arkas hatte von Leaneira, der Tochter des Amyklas, oder Meganeira, des Krokon Tochter, nach Eumelos jedoch von der Nymphe Chrysopeleia zwei Söhne, Elatos und Apheidas. Diese teilten unter sich das Land, doch behielt Elatos die ganze Herrschermacht. Er zeugte mit Kinyras' Tochter Laodike Stymphalos und Pereus, Apheidas war der Vater von Aleos und Stheneboia, die dann Proitos zum Weibe nahm. Von Aleos und Pereus' Tochter Neaira stammten eine Tochter Auge und zwei Söhne, Kepheus und Lykurgos. Auge wurde von Herakles geschändet und verbarg das Kind, das sie gebar, im Tempel der Athene, deren Priesterin sie war. Als aber die Erde keine Früchte brachte und Orakelsprüche anzeigten, im Tempel der Athene sei ein Frevel begangen, wurde sie von ihrem Vater überführt und dem Nauplios übergeben, daß er sie töte. Von diesem erhielt sie Teuthras, der Herrscher der Myser, und nahm sie zum Weibe. Das Kind wurde auf dem Partheniongebirge ausgesetzt, wo es von einer Hindin genährt und von Hirten des Korythos erzogen wurde und den Namen Telephos erhielt. Auf der Suche nach seinen Eltern kam er später nach Delphi, und nachdem ihn der Gott belehrt hatte, begab er sich nach Mysien. Von Teuthras als Kind angenommen, wurde er nach dessen Tod sein Nachfolger.

Von Lykurgos und Kleophyle oder Eurynome stammten Ankaios, Epochos, Amphidamas und Iasos, von Amphidamas ein Sohn Melanion und eine Tochter Antimache, mit der sich Eurystheus vermählte. Iasos und Minyas' Tochter Klymene zeugten Atalante. Da der Vater männliche Nachkommen gewünscht hatte, setzte er das Kind aus, eine Bärin aber kam mehrmals und säugte es, bis Jäger das Kind entdeckten und bei sich aufzogen. Als Atalante aber herangewachsen war, bewahrte sie ihre Jungfräulichkeit und lebte als Jägerin bewaffnet in der Wildnis. Die Kentauren Rhoikos und Hylaios versuchten einmal, ihr Gewalt anzutun, fanden aber durch ihre Pfeile den Tod. Auch zur Jagd auf den Kalydonischen Eber stellte sie sich mit den Helden ein, und in dem Kampfspiel zu Ehren des Pelias besiegte sie Peleus im Ringkampf. Später fand sie ihre Eltern wieder, und als der Vater ihr zuredete, sich zu vermählen, ging sie zum Kampffeld und steckte mitten darauf einen drei Ellen langen Pfahl in den Boden, von dem die Freier zum Wettlauf starten sollten. Sie selbst wollte bewaffnet laufen. Wen sie einholte, der mußte sogleich sterben; wen sie nicht einholte, der war ihr zum Gatten bestimmt. Als schon viele den Tod gefunden hatten, betrat Melanion, der sie liebte, die Bahn, mit goldnen Äpfeln, die er von Aphrodite bekommen hatte und die er, als ihm Atalante im Lauf hart zusetzte, wegwarf. Sie hob die hingeworfenen auf und verlor darüber den Wettlauf. So erhielt Melanion sie zur Gattin. Von ihnen erzählt man auch, sie hätten einst während der Jagd den heiligen Hain des Zeus betreten und dort Beilager gehalten. Deswegen seien sie in ein Löwenpaar verwandelt worden. Nach Hesiod und einigen andern wäre übrigens Atalante nicht des Iasos, sondern des Schoineus Tochter gewesen, nach Euripides die des Mainalos, und nicht Melanion hätte sie geehelicht, sondern Hippomenes. Jedenfalls gebar sie von Melanion oder Ares den Parthenopaios, der gege Theben zog.

Atlas und die Tochter des Okeanos, Pleione, zeugten auf Kyllene in Arkadien sieben Töchter, die man die Pleiaden nannte: Alkyone, Merope, Kelaino, Elektra, Sterope, Taygete, Maia. Von ihnen wurde Sterope die Gattin des Oinomaos, Merope die des Sisyphos. Mit zweien verband sich Poseidon, zuerst mit Kelaino, die ihm Lykos gebar, den er auf den Inseln der Seligen wohnen ließ, dann mit Alkyone, die ihm eine Tochter schenkte, Aithusa – von Apollon wurde sie später Mutter des Eleuther –, und zwei Söhne, Hyrieus und Hyperenor. Hyrieus und die Nymphe Klonie zeugten Nykteus und Lykos, Nykteus und Polyxo Antiope, Antiope und Zeus Zethos und Amphion. Mit den übrigen Atlastöchtern hatte Zeus Umgang.

Maia, die Älteste, die sich mit Zeus einließ, gebar in einer Höhle von Kyllene den Hermes. Als dieser noch in den ersten Windeln in der Wiege lag, kroch er schon heraus und machte sich auf nach Pierien, wo er Rinder stahl, die Apollon weidete.

Um nicht durch ihre Fußspuren entdeckt zu werden, wickelte er ihnen Lappen um die Füße und trieb sie nach Pylos. Die andern versteckte er in einer Höhle, nur zwei schlachtete er und hängte die Häute an Felsen auf. Das Fleisch kochte er zum Teil und verzehrte es, das andre verbrannte er. Dann kehrte er rasch nach Kyllene zurück. Vor der Höhle fand er eine Schildkröte auf Nahrungsuche. Er nahm sie aus, und indem er Därme von den geschlachteten Rindern über den Hohlraum spannte, stellte er eine Leier her und erfand dazu auch gleich das Schlagholz. Auf der Suche nach den Rindern kam Apollon nach Pylos und erkundigte sich bei den Einwohnern. Sie hätten wohl einen Knaben mit Rindern gesehen, sagte sie, wüßten aber nicht anzugeben, wohin er sie getrieben habe; denn sie könnten keine Fußspuren mehr finden. Doch ermittelte Apollon den Dieb dank der Seherkunst, worauf er sich nach Kyllene zu Maia begab und Hermes beschuldigte. Da zeigte sie ihn noch in Windeln. Doch nahm ihn Apollon mit zu Zeus und verlangte die Rinder zurück. Obwohl auch Zeus ihn zur Herausgabe aufforderte, stellte er den Diebstahl glatt in Abrede. Doch fand er damit keinen Glauben, und so führte er schließlich Apollon nach Pylos und gab die Rinder zurück. Als aber Apollon die Leier hörte, gab er dafür die Rinder. Beim Weiden der Rinder wiederum verfertigte sich Hermes eine Hirtenflöte und blies darauf. Apollon wollte auch diese haben und dafür den goldenen Stab geben, den er für das Rinderhüten bekommen hatte. Damit war Hermes wohl zufrieden, nur wollte er für die Hirtenflöte noch die Seherkunst dazu haben. So gab ihm jener den Stab und unterwies ihn außerdem im Weissagen mit Steinchen, und Zeus bestellte ihn als seinen und der unterirdischen Götter Boten.

Taygete gebar von Zeus einen Sohn Lakedaimon, nach dem auch das Land seinen Namen hat. Von Lakedaimon und Sparte, der Tochter des Eurotas – dieser war ein Sohn des ureingeborenen Lelex und der Wassernymphe Kleochareia – stammten

Amyklas und Eurydike, die nachher Akrisios zur Gattin bekam. Söhne des Amyklas und der Diomede, der Tochter des
Lapithes, waren Kynortes und Hyakinthos. Von dem letzteren
erzählt man, er sei der Liebling Apollons gewesen, den dieser
unabsichtlich mit einer Wurfscheibe traf und tötete. Der Sohn
des Kynortes war Perieres, der nach Stesichoros Gorgophone,
Perseus' Tochter, ehelichte und mit ihr Tyndareos, Ikarios,
Aphareus und Leukippos zeugte. Von Aphareus und Arene,
Oibalos' Tochter, stammten Lynkeus, Idas und Peisos; vielfach indes gilt Idas als ein Sohn Poseidons. Lynkeus hatte so
scharfe Augen, daß er auch die Dinge unter der Erde wahrneh-
men konnte. Leukippos hatte zwei Töchter, Hilaeira und Phoibe, welche die Dioskuren raubten und zu ihren Frauen machten. Außer ihnen zeugte er noch Arsinoë; mit ihr verband sich
Apollon, und sie gebar Asklepios. Nach manchen jedoch ist
Asklepios nicht der Sohn der Arsinoë, der Leukippostochter,
sondern der Tochter des Phlegyas in Thessalien, Koronis.
Apollon habe sie geliebt und sich gleich mit ihr vereinigt, sie
aber habe es gegen den Willen ihres Vaters erreicht, mit Ischys,
Kaineus' Bruder, zusammenzuleben. Den Raben, der ihm diese
Kunde brachte, verfluchte Apollon und machte ihn, der bis da-
hin weiß war, schwarz.

Koronis selbst brachte er um. Als sie verbrannt wurde, riß er
das Kind vom Scheiterhaufen und trug es zu dem Kentauren
Cheiron, von dem der Knabe erzogen und in Heilkunde und
Jagd unterwiesen wurde. Er wurde ein tüchtiger Wundarzt,
der seine Kunst lange Zeit ausübte und nicht nur manchen vor
dem Tode bewahrte, sondern auch Tote wieder aufweckte.
Hatte er doch von Athene das aus den Adern der Gorgo geflossene Blut erhalten, von dem er das aus den Adern links stammende zum Verderben der Menschen, das aus den Adern rechts
geflossene dagegen zu ihrer Rettung anwandte. Damit weckte er auch die Toten auf[1].

Zeus fürchtete, die Menschen möchten dieses Heilmittel von ihm erhalten und gegenseitig einander helfen, und tötete ihn deswegen mit dem Blitz. Darüber erzürnt, vernichtete Apollon die Kyklopen, die Zeus den Blitzstrahl hergerichtet hatten. Zeus wollte ihn dafür in den Tartaros stoßen, aber auf Bitte der Leto trug er ihm auf, ein Jahr lang bei einem Menschen Knechtesarbeit zu verrichten. Er ging deswegen zu Admetos, des Pheres Sohn, nach Pherai, in dessen Dienst er die Herden weidete; dabei erreichte er, daß alle Kühe Zwillingskälber zur Welt brachten.

Einige berichten, Aphareus und Leukippos stammten von Aiolos' Sohn Perieres, Perieres[1], des Kynortes Sohn, sei der Vater des Oibalos, und des Oibalos und der Quellnymphe Bateia Söhne seien Tyndareos, Hippokoon und Ikarios.

Söhne Hippokoons waren Dorykleus, Skaios, Enarophoros, Euteiches, Bukolos, Lykaithos, Tebros, Hippothoos, Eurytos, Hippokorystes, Alkinoos, Alkon. Mit so vielen Söhnen vertrieb Hippokoon Ikarios und Tyndareos aus Lakedaimon. Sie flohen zu Thestios und wurden seine Bundesgenossen im Krieg mit den Nachbarn. Tyndareos vermählte sich mit Thestios' Tochter Leda. Als aber Herakles Hippokoon und seine Söhne getötet hatte, kehrten sie zurück, und Tyndareos übernahm die Herrschaft.

Ikarios und die Quellnymphe Periboia zeugten Thoas, Damasippos, Imeusimos, Aletes, Perileos und eine Tochter Penelope, die spätere Gattin des Odysseus; des Tyndareos und der Leda Töchter waren Timandra, mit der sich Echemos, und Klytaimnestra, mit der sich Agamemnon vermählte, außerdem noch Phylonoë, der Artemis die Unsterblichkeit verlieh. Zeus vereinigte sich mit Leda in der Gestalt eines Schwanes, und in der gleichen Nacht kam auch Tyndareos zu ihr; von Zeus gebar sie Polydeukes und Helena, von Tyndareos Kastor und Klytaimnestra. Einige berichten jedoch, Helena sei die Tochter

des Zeus und der Nemesis. Diese habe sich, um der Umarmung
des Gottes zu entgehen, in eine Gans verwandelt, da sei Zeus
in Gestalt eines Schwanes zu ihr gekommen. Infolge dieser Umarmung habe sie ein Ei gelegt, das ein Hirt in dem Hain gefunden und Leda überbracht habe. Diese habe es in einem Kasten
sorgsam aufbewahrt, und als nach der bestimmten Zeit Helena
dem Ei entschlüpfte, habe sie das Kind als eigene Tochter aufgezogen. Als diese zu hervorragender Schönheit aufgeblüht war,
wurde sie von Theseus entführt und nach Aphidnai gebracht.
Polydeukes aber und Kastor zogen gegen diese Stadt – es war
die Zeit, als Theseus in der Unterwelt weilte –, nahmen sie
ein und gewannen Helena zurück. Theseus' Mutter Aithra
führten sie als Gefangene mit fort. Zur Vermählung der Helena
fanden sich in Sparta alle ein, die in Hellas herrschten. Die
Freier waren: Odysseus des Laërtes, Diomedes des Tydeus,
Antilochos des Nestor, Agapenor des Ankaios, Sthenelos des
Kapaneus, Amphimachos des Kteatos, Thalpios des Eurytos,
Meges des Phyleus, Amphilochos des Amphiaraos, Menestheus
des Peteos Sohn, Schedios und Epistrophos, die Söhne des Iphitos, Polyxenos, der Sohn des Agasthenes, Peneleos des Hippal-
kimos, Leitos des Alektor, Aias des Oileus Sohn, Askalaphos
und Ialmenos, die Söhne des Ares, Elephenor des Chalkodon,
Eumelos des Admetos, Polypoites des Peirithoos, Leonteus des
Koronos Sohn, Podaleirios und Machaon, die Söhne des Asklepios, Philoktetes des Poias, Eurypylos des Euaimon, Protesilaos
des Iphiklos, Menelaos des Atreus Sohn, die Söhne des Telamon,
Aias und Teukros, Patroklos, der Sohn des Menoitios. Als Tyndareos diese Menge sah, fürchtete er, wenn die Entscheidung
für einen gefallen sei, möchten sich die andern dagegen wenden.
Odysseus aber versprach ihm, wenn er ihm zur Verehelichung
mit Penelope helfe, wolle er ihm ein Verfahren angeben, das
jeden nachträglichen Zwist ausschließe, und da Tyndareos
darauf einging, schlug er ihm vor, alle Freier schwören zu las-

sen, ihn zu unterstützen, wenn der auserwählte Bräutigam von einem andern wegen dieser Verbindung angefeindet werden sollte. Als Tyndareos das hörte, ließ er gleich alle Freier diesen Eid abgeben und wählte selbst Menelaos als Bräutigam, während er für Odysseus bei Ikarios um Penelope warb.

Menelaos zeugte mit Helena Hermione und, nach einigen, Nikostratos, mit seiner Sklavin Pieris, einer Ätolierin von Geburt – oder, wie Akusilaos angibt, mit Tereis –, den Megapenthes, mit der Nymphe Knossia – nach Eumelos – den Xenodamos.

Von den Söhnen der Leda liebte der eine, Kastor, vor allem die kriegerischen Übungen, der andere, Polydeukes, besonders den Faustkampf, und wegen ihrer Mannhaftigkeit wurden beide die Dioskuren genannt. Als sie sich mit den Töchtern des Leukippos verbinden wollten, raubten sie diese aus Messene und machten sie zu ihren Frauen. Polydeukes und Phoibe zeugten den Mnesileos, Kastor und Hilaeira den Anogon. Mit den Söhnen des Aphareus, Idas und Lynkeus, erbeuteten sie einst Rinder in Arkadien und beauftragten Idas, die Beute zu teilen; dieser zerlegte einen Stier in vier Teile und ordnete an: wer als erster seinen Teil verzehrt habe, dem solle die Hälfte der Beute gehören, dem zweiten der Rest. Gleich hatte Idas, sich überstürzend, als erster seinen eigenen Anteil hinuntergeschlungen, sodann den seines Bruders, worauf er mit diesem die ganze Beute nach Messene trieb. Die Dioskuren aber zogen gegen Messene und brachten die frühere und dazu reiche neue Beute zusammen. Darauf lauerten sie Idas und Lynkeus auf. Dieser erspähte Kastor und wies Idas auf ihn hin, der ihn erschlug. Darauf verfolgte sie Polydeukes und tötete Lynkeus mit einem Speerwurf, doch wurde er bei der Verfolgung des Idas von diesem mit einem Stein am Kopf getroffen, so daß es ihm dunkel wurde vor den Augen und er niederstürzte. Da erschlug Zeus den Idas mit einem Blitz, den Polydeukes hob er zum Himmel empor. Da dieser aber die Unsterblichkeit nicht annahm, weil Kastor tot war, gestattete Zeus den beiden, abwechselnd immer einen Tag bei den Göttern zu weilen und einen Tag bei den Sterblichen. Nachdem die Dioskuren unter die Götter versetzt waren, ließ Tyndareos den Menelaos nach Sparta kommen und übergab ihm die Herrschaft.

Von Elektra, der Tochter des Atlas, und Zeus stammten zwei Söhne, Iasion und Dardanos. Iasion entbrannte in Liebe zu Demeter und wurde, als er der Göttin Gewalt antun wollte, vom Blitz erschlagen. Dardanos, in Trauer um den Tod seines Bruders, verließ Samothrake und suchte das gegenüberliegende Festland auf. Dort herrschte Teukros, der Sohn des Flußgottes Skamandros und der Nymphe Idaia; nach ihm hießen auch die Bewohner des Landes Teukrer. Er wurde von dem König gastlich aufgenommen, und nachdem er mit einem Teil des Landes auch seine Tochter Bateia zur Gemahlin bekommen hatte, gründete er die Stadt Dardanos und nannte nach Teukros' Tod das ganze Land Dardanien. Er hatte zwei Söhne, Ilos und Erichthonios. Ilos starb kinderlos, Erichthonios folgte in der Herrschaft; er ehelichte Astyoche, des Simoeis Tochter, und zeugte mit ihr Tros. Als dieser die Herrschaft überkam, nannte er das Land nach sich selbst Troia. Aus der Verbindung mit Kallirrhoë, der Tochter des Skamandros, zeugte er eine Tochter, Kleopatra, und drei Söhne, Ilos, Assarakos und Ganymedes. Den letzteren ließ Zeus wegen seiner Schönheit durch einen Adler entführen und machte ihn zum Mundschenk der Götter im Himmel. Assarakos und Hieromneme, des Simoeis Tochter, zeugten Kapys, dieser und des Ilos Tochter Themiste Anchises, mit dem sich in Liebesverlangen Aphrodite vereinigte und Aineias gebar, dazu noch Lyros, der kinderlos starb. Ilos kam nach Phrygien, gerade als der König des Landes Kampfspiele festgesetzt hatte, und siegte im Ringen. Als Preis erhielt er fünfzig Jünglinge und ebensoviele Jungfrauen, dazu gab ihm der König, in Befolgung eines Orakelspruchs, noch eine gefleckte Kuh mit der Weisung, wo diese sich niederlege, eine Stadt zu gründen. Ilos folgte der Kuh, und als diese den sogenannten Hügel der Phrygischen Ate erreichte und sich hier niederlegte, gründete er dort eine Stadt und nannte sie Ilion, wobei er zu Zeus betete, es möchte ihm irgendein Zeichen erscheinen. Da sah er am folgenden Morgen das vom Himmel gefallene Palladion vor seinem Zelte liegen. Das Bild der Göttin war drei Ellen hoch, mit geschlossenen Füßen, den erhobenen Speer in der Rechten, in der Linken Rocken und Spindel.

Die Geschichte vom Palladion wird folgendermaßen überliefert: man erzählt, daß Athene nach ihrer Geburt von Triton, der eine Tochter, Pallas, hatte, aufgezogen wurde. Beide Mädchen aber hätten sich in der Kriegskunst geübt, und einmal sei es zum Streit gekommen. Als Pallas eben daran war, zuzuschlagen, habe Zeus voll Angst die Aigis vorgehalten, sie aber habe erschreckt aufgeschaut und sei so von Athene verwundet worden und gefallen. Athene aber, die ihretwegen tieftraurig war, habe ein Bild geschnitzt, das ihr gleichsah, habe ihm die Aigis, vor der sie erschrocken war, umgelegt und sie geehrt, indem sie es neben Zeus aufstellte. Später aber, als die vergewaltigte Elektra zu diesem Palladion floh, habe Zeus mit ihr auch das Bild ins ilische Land geworfen, Ilos aber habe für dieses einen Tempel gebaut und es geehrt. Dies also ist die Geschichte des Palladion[1].

Ilos vermählte sich mit Eurydike, der Tochter des Adrastos, und zeugte Laomedon, den späteren Gemahl der Skamandrostochter Strymo, nach andern der Tochter des Otreus, Plakia, wieder andre sagen: der Leukippe. Söhne Laomedons waren Tithonos, Lampos, Klytios, Hiketaon, Podarkes, seine Töchter Hesione, Killa, Astyoche, mit der Nymphe Kalybe zeugte er Bukolion. Den Tithonos raubte Eos aus Liebe und entführte ihn nach Äthiopien, wo sie sich mit ihm vereinigte und zwei

Söhne gebar, Emathion und Memnon. Als Ilion von Herakles erobert wurde, wie etwas weiter zurück erzählt ist[1], herrschte Podarkes daselbst, der den Zunamen Priamos hatte. Seine erste Gemahlin war Arisbe, die Tochter des Merops, mit der er einen Sohn zeugte, Aisakos. Dieser vermählte sich dann mit Asterope, der Tochter des Kebren, und wurde in einen Vogel verwandelt, als er später ihren Tod betrauerte. Priamos gab Arisbe an Hyrtakos und verband sich in zweiter Ehe mit Hekabe, der Tochter des Dymas oder, nach andern, des Kisseus oder, wie es bei noch andern heißt, des Flußgottes Sangarios und der Metope. Ihr erster Sohn war Hektor. Als das zweite Kind geboren werden sollte, schien es Hekabe im Traum, als gebäre sie eine lodernde Fackel, die sich über die ganze Stadt verbreite und sie niederbrenne. Als Priamos von Hekabe den Traum erfuhr, schickte er nach seinem Sohn Aisakos; der war nämlich ein Traumdeuter, von seinem Großvater mütterlicherseits, Merops, in diesem Wissen unterwiesen. Er sagte, dieser Sohn bedeute den Untergang des Vaterlandes, und verlangte seine Aussetzung. Da gab Priamos den Neugeborenen einem Sklaven, der ihn ins Gebirge Ida bringen und dort aussetzen sollte; der Sklave hieß Agelaos. Das von ihm ausgesetzte Kind wurde fünf Tage lang von einer Bärin genährt; als er es wohlbehalten wiederfand, hob er es auf und nahm es mit auf seinen Hof, wo er es wie ein eigenes Kind aufzog und ihm den Namen Paris gab. Zum Jüngling herangereift und vor vielen durch Schönheit und Stärke ausgezeichnet, wurde er dann Alexandros genannt, weil er Räuber abwehrte und die Herden schützte. Nicht viel später fand er seine Eltern wieder.

Nach ihm gebar Hekabe vier Töchter: Kreusa, Laodike, Polyxene und Kassandra. Letztere wollte Apollon umarmen, indem er versprach, sie in der Seherkunst zu unterweisen. Nachdem sie aber unterwiesen war, entzog sie sich der Umarmung des Gottes; deshalb nahm Apollon ihrem Weissagen die

Kraft, Glauben zu erwecken. An Söhnen hinwiederum gebar Hekabe Deiphobos, Helenos, Pammon, Polites, Antiphos, Hipponoos, Polydoros und Troilos; den letzteren soll sie von Apollon empfangen haben.

Von andern Frauen hatte Priamos folgende Kinder: die Söhne Melanippos, Gorgythion, Philaimon, Hippothoos, Glaukos, Agathon, Chersidamas, Euagoras, Hippodamas, Mestor, Atas, Doryklos, Lykaon, Dryops, Bias, Chromios, Astygonos, Telestas, Euandros, Kebriones, Mylios, Archemachos, Laodokos, Echephron, Idomeneus, Hyperion, Askanios, Demokoon, Aretos, Deiopites, Klonios, Echemmon, Hypeirochos, Aigeoneus, Lysithoos, Polymedon, die Töchter Medusa, Medesikaste, Lysimache, Aristodeme.

Hektor vermählte sich mit Andromache, der Tochter des Eëtion, Alexandros mit Oinone, der Tochter des Flusses Kebren. Diese hatte von Rhea die Kunst des Weissagens erlernt und Alexandros davon abgeraten, die Fahrt um Helena zu unternehmen. Da sie ihn nicht überreden konnte, sagte sie ihm noch, wenn er verwundet werde, solle er zu ihr zurückkehren; sie allein sei imstande, ihn zu heilen. Er raubte Helena aus Sparta, und als er während des Krieges um Troia von Philoktetes mit den Pfeilen des Herakles verwundet wurde, kehrte er zu Oinone auf den Ida zurück. Sie trug ihm aber seine Untreue noch nach und weigerte sich, ihn zu pflegen, da ließ er sich nach Troia tragen, um dort zu sterben. Oinone aber bereute und brachte noch die Mittel zu seiner Heilung. Als sie ihn tot fand, erhängte sie sich selbst.

Der Fluß Asopos war ein Sohn des Okeanos und der Tethys, nach Akusilaos jedoch der Pero und des Poseidon, wie wieder andre angeben, des Zeus und der Eurynome. Mit ihm vereinigte sich Metope – sie war eine Tochter des Flusses Ladon – und gebar zwei Söhne, Ismenos und Pelagon, und zwanzig Töchter, von denen eine, Aigina, Zeus entführte. Auf der Su-

che nach ihr kam Asopos nach Korinth und erfuhr dort von
Sisyphos, daß Zeus der Entführer sei. Zeus traf den ihn Verfolgenden mit dem Blitz und wandte ihn so zu seinem alten Lauf
zurück – so kommt es, daß noch heute aus seinem Bett Kohlen
gewonnen werden –, Aigina aber brachte er auf die Insel, die
damals Oinone hieß, jetzt aber nach ihr Aigina benannt ist,
wo er sie umarmte und einen Sohn mit ihr zeugte, Aiakos. Da
dieser auf der Insel ganz allein war, machte er für ihn die Ameisen zu Menschen. Aiakos ehelichte Endeis, Skeirons Tochter,
die ihm zwei Söhne gebar, Peleus und Telamon. Nach Pherekydes indes war Telamon der Freund, nicht der Bruder des
Peleus, ein Sohn des Aktaios und der Tochter des Kychreus,
Glauke. Dann wieder umarmte Aiakos des Nereus Tochter
Psamathe, die sich in eine Robbe verwandelt hatte, um sich
der Umarmung zu entziehen, und zeugte einen Sohn Phokos.

Aiakos war der gottesfürchtigste von allen seinen Zeitgenossen. Als daher eine Mißernte Hellas heimsuchte des Pelops
wegen – er hatte mit dem König der Arkader Stymphalos im
Krieg gelegen, und ihn, da er Arkadien nicht erobern konnte,
in erheuchelter Freundschaft getötet und die zerstückelten
Glieder in alle Winde gestreut –, verkündeten die Orakel der
Götter, Hellas werde von dem auf ihm lastenden Unheil befreit
werden, wenn Aiakos Gebete für das Land verrichte. Das geschah, und der Mißwuchs in Hellas hörte auf. Aiakos wird auch
von Pluton nach seinem Tode geehrt und verwahrt die Schlüs-
sel der Unterwelt.

Phokos zeichnete sich in aller Art von Kämpfen aus, weswegen es, wie es heißt, seine Brüder Peleus und Telamon auf sein
Leben abgesehen hatten. Der letztere wurde durch das Los
dazu bestimmt, ein Kampfspiel mit ihm durchzuführen. Dabei
traf er ihn mit der Wurfscheibe am Kopf und tötete ihn. Mit
Hilfe des Peleus schaffte er ihn gleich fort und versteckte ihn in
einem Gebüsch. Als aber der Mord herauskam, wurden beide

von Aiakos verbannt und mußten Aigina verlassen. Telamon begab sich nach Salamis zu Kychreus, dem Sohne Poseidons und der Asopostochter Salamis. Dieser hatte einen Drachen erschlagen, der die Insel heimsuchte, und herrschte seitdem. Als er kinderlos starb, übergab er Telamon die Herrschaft. Dieser ehelichte Periboia, die Tochter des Alkathoos und Enkelin des Pelops. Herakles verrichtete Gebete für ihn, daß ihm ein männlicher Nachkomme geboren werde, und da sich auf dessen Gebet hin ein Adler gezeigt hatte, nannte er den Neugeborenen Aias[1]. Telamon zog auch mit Herakles gegen Troia und gewann Hesione, Laomedons Tochter, als Ehrengeschenk. Sie gebar ihm den Teukros.

Peleus floh nach Phthia zu Eurytion, Aktors Sohn, wurde von diesem entsühnt und bekam, mit einem Drittel des Landes, seine Tochter Antigone. Von ihr wurde ihm eine Tochter Polydora geboren, mit der sich später Boros, der Sohn des Perieres, vermählte. Von hier zog er zur Jagd auf den Kalydonischen Eber mit Eurytion, dabei warf er seinen Speer nach dem Untier und traf, ohne jede Absicht, Eurytion tödlich. Wieder mußte er fliehen und begab sich von Phthia nach Iolkos zu Akastos, von dem er ebenfalls entsühnt wurde. Dann beteiligte er sich an den Kampfspielen für Pelias, wobei er mit Atalante rang. Akastos' Gattin Astydameia verliebte sich in Peleus und ließ ihn auffordern, sich mit ihr zu treffen. Da sie ihn aber nicht dazu überreden konnte, schickte sie zu seiner Gattin und ließ ihr sagen, Peleus wolle sich mit Akastos' Tochter Sterope verbinden, worauf jene sich erhängte. Den Peleus aber verleumdete sie bei Akastos, er habe sie zu verbotenem Umgang verleiten wollen. Akastos jedoch wollte den nicht umbringen, den er selbst entsühnt hatte, und nahm ihn mit auf die Jagd ins Peliongebirge. Bei dem Wettjagen, zu dem es hier kam, schnitt Peleus den Tieren, deren er habhaft wurde, die Zungen aus und tat sie in seinen Brotsack, worauf die Begleiter des Akastos diese Tiere erbeuteten und ihn verlachten, daß er gar nichts bekommen habe. Da zeigte er die Zungen vor, die er hatte: so groß sei seine Jagdbeute. Als sich Peleus auf dem Pelion zum Schlafen hinlegte, ließ ihn Akastos im Stich und machte sich auf den Heimweg, nachdem er noch sein Schwert im Rindermist versteckt hatte. Als er wieder aufstand und es suchte, wurde er von den Kentauren überrascht, und es fehlte nicht viel, so hätten sie ihn erledigt, doch wurde er von Cheiron gerettet. Dieser suchte ihm auch das Schwert und gab es ihm zurück.

Dann vermählte sich Peleus mit des Perieres Tochter Polydora[1], die ihm Menesthios gebar; es hieß aber auch, der Fluß Spercheios sei der Vater. Dann wiederum war er der Gatte der Nereustochter Thetis, um die sich Zeus und Poseidon gestritten hatten; als aber Themis weissagte, der Sohn, den sie gebäre, werde stärker sein als sein Vater, hatten sie verzichtet. Nach andern hätte Zeus sich bereits angeschickt, sie zu umarmen, da habe ihm Prometheus eröffnet, der Sohn, den er mit ihr zeuge, werde der Herr des Himmels sein. Wieder andere berichten, Thetis habe sich geweigert, Zeus zu Willen zu sein, mit dem Hinweis, sie sei von Hera aufgezogen, worauf Zeus voller Zorn seinen Willen erklärt habe, sie mit einem Sterblichen zu vermählen. Auf den Rat Cheirons, sie zu packen und festzuhalten, während sie eine andre Gestalt annehme, wartete nun Peleus den rechten Augenblick ab, um sie zu ergreifen, die sich bald in Feuer, bald in Wasser, bald in ein wildes Tier verwandelte, und ließ nicht los, bis er sie wieder in ihrer ursprünglichen Gestalt erblickte. Er vermählte sich mit ihr auf dem Pelion, und die Götter feierten daselbst die Hochzeit mit Schmaus und Gesang. Cheiron schenkte Peleus einen Speer aus Eschenholz, Poseidon zwei Rosse, Balios und Xanthos, die beide unsterblich waren.

Als Thetis von Peleus ein Kind gebar, wollte sie es unsterblich machen. Sie versteckte es heimlich vor Peleus nachts im

Feuer und tilgte auf diese Weise, was als väterliches Erbe an ihm sterblich war. Bei Tage salbte sie es dann mit Ambrosia. Peleus belauerte sie einmal, und als er seinen Sohn im Feuer sich hin und her werfen sah, schrie er laut. Da Thetis so verhindert wurde, ihre Absicht auszuführen, verließ sie den Knaben, noch im zartesten Alter, und kehrte zu den Nereiden zurück. Peleus brachte ihn zu Cheiron, der ihn aufnahm und mit den Eingeweiden von Löwen und Wildschweinen und dem Mark von Bären aufzog und ihm den Namen Achilleus gab – vorher hieß er Ligyron –, weil er seine Lippen nie an Weibesbrust gelegt hatte[1].

Darauf zerstörte Peleus zusammen mit Iason und den Dioskuren Iolkos, wobei er Astydameia, die Gattin des Akastos, tötete und über ihre zerstückelten Glieder hinweg das Heer in die Stadt führte.

Als Achilleus neun Jahre alt war, verkündete Kalchas, ohne ihn könne Troia nicht erobert werden. Thetis wußte aber, daß es ihm bestimmt war, auf diesem Feldzug den Tod zu finden, deswegen steckte sie ihn wie ein Mädchen in Weiberkleider und vertraute ihn Lykomedes an. Während er dort aufwuchs, umarmte er Lykomedes' Tochter Deidameia. Sie gebar ihm einen Sohn Pyrrhos, der später den Namen Neoptolemos erhielt. Als sein Versteck bei Lykomedes angezeigt wurde, suchte ihn Odysseus und fand ihn dadurch, daß er Trompeten blasen ließ. Auf diese Weise kam Achilleus nach Troia.

Mit ihm kam Phoinix, der Sohn des Amyntor. Er war von seinem Vater geblendet worden, da ihn dessen Buhlerin Phthia lügnerischerweise beschuldigte, sie verführt zu haben. Peleus brachte ihn zu Cheiron, der seine Augen wieder heil machte, und bestellte ihn dann als König der Doloper.

In seiner Begleitung war auch Patroklos, der Sohn des Menoitios und der Sthenele, der Tochter des Akastos, oder der Periopis, der Tochter des Pheres, oder nach Philokrates der

Polymele, der Tochter des Peleus. Er hatte in Opus beim Wür-
felspiel Streit bekommen und dabei einen Knaben Kleitony-
mos, den Sohn des Amphidamas, getötet. Zusammen mit seinem Vater war er damals geflohen und weilte seitdem im Hause des Peleus, wo er der Liebling des Achilleus wurde[1].

Kekrops, der Ureingeborene, mit dem Körper halb eines
Menschen, halb eines Drachen, war der erste König von Attika und nannte das Land, das früher Akte hieß, nach sich selbst
Kekropia. Während seiner Herrschaft, so heißt es, beschlossen
die Götter, Städte in Besitz zu nehmen, in denen sie jeder für
sich seiner eigenen Ehre teilhaft sein wollten. So kam also zuerst Poseidon nach Attika, und mit dem Dreizack aufschla-
gend, ließ er mitten in der Burg Meerwasser hervorsprudeln,
das sie heute Meer des Erechtheus nennen. Nach ihm kam
Athene, und indem sie Kekrops zum Zeugen der Besitznahme
machte, pflanzte sie einen Ölbaum, der heute im Pandroseion
gezeigt wird. Als es nun um den Besitz des Landes zwischen
Athene und Poseidon zum Streit kam, schlichtete Zeus, indem
er ihnen Richter gab, nicht Kekrops und Kranaos, wie einige
wollen, auch nicht Erysichthon, sondern die zwölf Götter.
Durch ihren Spruch wurde das Land Athene zugesprochen,
da Kekrops bezeugte, daß sie zuerst den Ölbaum gepflanzt
habe. Athene nannte die Stadt nach sich selbst Athen, Poseidon aber, voller Grimm, überflutete die Thriasische Ebene und
setzte Attika unter Wasser.

Kekrops vermählte sich mit Aktaios' Tochter Agraulos und
zeugte mit ihr einen Sohn Erysichthon, der kinderlos starb,
und drei Töchter: Agraulos, Herse und Pandrosos. Der Agraulos und des Ares Tochter war Alkippe. Ihr versuchte Halirrho-
thios, der Sohn des Poseidon und der Nymphe Euryte, Gewalt
anzutun, doch wurde er von Ares dabei ertappt und erschlagen. Poseidon klagte vor dem Areiopag, wo die zwölf Götter
über Ares zu Gericht saßen, doch wurde dieser freigesprochen.

Von Herse und Hermes stammte Kephalos, den Eos liebte. Sie raubte ihn und ließ sich in Syrien von ihm umarmen, wovon sie Tithonos gebar. Dessen Sohn war Phaëthon, von diesem wieder stammte Astynoos, von dem letzteren Sandokos, der aus Syrien nach Kilikien kam und die Stadt Kelenderis gründete. Er vermählte sich mit Pharnake, der Tochter des Königs der Hyrieer Megassares, und zeugte Kinyras. Dieser kam mit zahlreichem Volk nach Cypern und gründete Paphos. Er ehelichte daselbst Metharme, die Tochter Pygmalios, des Königs der Cyprier, und zeugte Oxyporos und Adonis, dazu noch drei Töchter, Orsedike, Laogore und Braisia. Diese gaben sich – so wollte es die zürnende Aphrodite – fremden Männern hin und starben in Ägypten. Adonis fand, noch ein Knabe, durch den Groll der Artemis den Tod, indem er auf der Jagd von einem Wildschwein verletzt wurde. Hesiod jedoch nennt ihn einen Sohn des Phoinix und der Alphesiboia, nach Panyassis hatte er den König der Assyrier Theias zum Vater, der eine Tochter Smyrna hatte. Diese war infolge Zürnens der Aphrodite, von der sie nichts wissen wollte, in Liebe zum eigenen Vater entbrannt, und mit Hilfe ihrer Amme lag sie zwölf Nächte bei ihm, ohne daß er sie erkannte. Als ihm aber die Augen aufgingen, stürzte er ihr mit gezogenem Schwert nach. In die Enge getrieben, betete sie zu den Göttern, sie möchten sie unsichtbar machen. Da hatten die Götter Mitleid und verwandelten sie in den Baum, den man heute Myrrhe nennt. Zehn Monate später – so heißt es – klaffte der Baum auseinander, und Adonis wurde geboren. Er war noch ein zartes Kind, da versteckte ihn Aphrodite heimlich vor den Göttern wegen seiner Schönheit in einer Kiste und ließ ihn zu Persephone bringen. Als diese ihn gesehen hatte, wollte sie ihn nicht mehr zurückgeben. Zeus mußte als Richter entscheiden. Durch seinen Spruch wurde das Jahr in drei Teile geteilt: einen Teil durfte Adonis für sich bleiben, den andern mußte er bei Persephone verbringen, den dritten bei Aphrodite. Er gab aber der Aphrodite auch noch den Teil, der ihm selbst als sein eigener gehörte. Später wurde er auf der Jagd von einem Wildschwein verletzt und fand so den Tod.

Nach Kekrops' Tode wurde Kranaos, ebenfalls ein Ureingeborener, Herrscher. Während seiner Zeit soll die Deukalionische Flut hereingebrochen sein. Er ehelichte Pedias, des Mynes Tochter aus Lakedaimon, und zeugte Kranaë, Kranaichme und Atthis. Als letztere noch unvermählt starb, nannte Kranaos das Land Atthis.

Den Kranaos vertrieb Amphiktyon und übernahm die Herrschaft. Nach einigen war er der Sohn Deukalions, nach andern ein Ureingeborener. Nachdem er zwölf Jahre regiert hatte, verjagte ihn Erichthonios. Dieser soll ein Sohn des Hephaistos und der Tochter des Kranaos, Atthis, gewesen sein, nach andern jedoch des Hephaistos und der Athene, und zwar hatte es damit folgende Bewandtnis: Athene kam zu Hephaistos, um Waffen von ihm zu bekommen. Da er von Aphrodite verlassen war, empfand er Gelüsten nach Athene und wurde zudringlich, worauf sie die Flucht ergriff. Als er sie mit vieler Not – er war ja lahm – einholte, versuchte er sie zu umarmen. Als keusche und sittsame Jungfrau aber duldete sie es nicht, da ergoß er den Samen auf der Göttin Schenkel. Voller Ekel wischte sie es mit Wolle ab und warf es auf die Erde. Aber trotzdem sie sich ihm entzog und der Same auf den Boden fiel, entstand daraus Erichthonios. Athene zog ihn heimlich vor den andern Göttern auf und wollte ihn unsterblich machen. Sie barg ihn in einer Kiste, die sie der Tochter des Kekrops, Pandrosos, anvertraute, mit dem strengen Verbot, sie zu öffnen; aber die Schwestern der Pandrosos öffneten sie aus Neugier und erblickten, um das Kind geringelt, eine Schlange. Wie einige erzählen, wurden sie gleich von dieser getötet, nach andern jedoch trieb sie der Zorn der Athene in Wahnsinn, so daß sie sich von der Burg herabstürzten. Erichthonios wurde von der Göttin selbst in ihrem Heiligtum aufgezogen, und nachdem er Amphiktyon vertrieben hatte, übernahm er die Herrschaft über Athen. Er stellte das Bild der Athene in der Akropolis auf und ordnete das Fest den Panathenaien an. Vermählt war er mit der Quellnymphe Praxithea, die ihm einen Knaben gebar, Pandion.

Nachdem Erichthonios gestorben und im gleichen Heiligtum der Athene bestattet war, übernahm Pandion die Regierung; damals kamen Demeter und Dionysos nach Attika. Doch nahm Keleos die Göttin Demeter in Eleusis auf, den Dionysos aber Ikarios, der von dem Gott eine Weinrebe zum Geschenk bekam und die Weinbereitung erlernte. Um das Geschenk des Gottes auch den Menschen zukommen zu lassen, suchte er Hirten auf, die das Getränk kosteten. Da sie aber ungemischt und, weil es so trefflich schmeckte, mit vollen Zügen tranken, glaubten sie nachher, vergiftet zu sein, und brachten ihn um. Am andern Tage, als sie wieder zu Verstand kamen, begruben sie ihn. Als seine Tochter Erigone den Vater suchte, verriet ihr ein treuer Hund namens Maira, der Ikarios gefolgt war, den Leichnam. Im Jammer um ihren Vater erhängte sie sich.

Pandion vermählte sich mit der Schwester seiner Mutter, Zeuxippe, und bekam zwei Töchter, Prokne und Philomela, und Zwillingssöhne, Erechtheus und Butes. Als es um die Landesgrenzen zum Kriege mit Labdakos kam, holte er Tereus, des Ares Sohn, aus Thrakien als Beistand, und nachdem er den Krieg mit seiner Hilfe glücklich beendet hatte, gab er ihm seine Tochter Prokne zur Gattin. Mit ihr zeugte Tereus einen Sohn Itys, dann verliebte er sich in Philomela und verführte sie – er hielt sie auf einem Landgut versteckt –, worauf er ihr die Zunge herausschnitt[1]. Sie wob aber Buchstaben in ein Gewand und verriet dadurch Prokne, was ihr selbst geschehen war. Nachdem diese ihre Schwester aufgesucht hatte, tötete und kochte sie ihren Sohn Itys, um ihn dem ahnungslosen

Tereus als Mahl vorzusetzen. Dann ergriff sie zusammen mit der Schwester in höchster Eile die Flucht. Als Tereus begriff, packte er ein Beil und stürmte ihnen nach. In Daulia in Phokis holte er sie ein, da flehten sie zu den Göttern, sie in Vögel zu verwandeln. Prokne wurde eine Nachtigall, Philomela eine Schwalbe. Auch Tereus wurde zu einem Vogel umgestaltet, und zwar in einen Wiedehopf.

Als Pandion starb, teilten seine Söhne den väterlichen Besitz, und zwar erhielt Erechtheus die Herrschaft, Butes das Priestertum der Athene und des Poseidon Erechtheus. Erechtheus ehelichte Praxithea, die Tochter des Phrasimos und der Kephisostochter Diogeneia, die ihm drei Söhne gebar, Kekrops, Pandoros und Metion, und vier Töchter, Prokris, Kreusa, Chthonia und Oreithyia, die später Boreas raubte.

Mit Chthonia vermählte sich Butes, mit Kreusa Xuthos und mit Prokris Kephalos, des Deion Sohn. Die letztere gab sich für einen goldenen Kranz, den er ihr schenkte, dem Pteleon hin. Von Kephalos dabei überrascht, flüchtete sie zu Minos. Dieser fühlte sich zu ihr hingezogen und überredete sie, ihm zu Willen zu sein. Wenn sich aber ein Weib Minos hingab, war es verloren. Denn, da er so viele Frauen zu umarmen pflegte, hatte ihn Pasiphaë vergiftet, und wenn er einer andern beiwohnte, verseuchte er sie mit Lebewesen, die den Tod verursachten. Er besaß jedoch einen schnellen Hund und einen treffsichern Spieß, und dafür überließ sich Prokris seiner Umarmung, wobei sie ihm allerdings von der Kirkeischen Wurzel zu trinken gab, um keinen Schaden zu erleiden. Dann wieder, aus Furcht vor Minos' Weib, kam sie nach Athen zurück, wo sie sich mit Kephalos versöhnte und mit ihm jagte, war sie doch eine gewandte Jägerin. Einst aber erkannte Kephalos sie bei der Verfolgung eines Wildes im Dickicht nicht, warf den Speer und traf sie tödlich. Auf dem Areshügel wurde er gerichtet, und der Spruch lautete auf dauernde Verbannung.

Oreithyia spielte am Fluß Ilissos, als Boreas sie entführte und umarmte. Sie gebar zwei Töchter, Kleopatra und Chione, und zwei geflügelte Söhne, Zetes und Kalais; die beiden machten die Fahrt des Iason mit und fanden bei der Verfolgung der Harpyien den Tod. Wie indes Akusilaos angibt, kamen sie in der Umgegend von Tenos durch Herakles ums Leben. Kleopatra wurde die Gattin des Phineus und gebar ihm zwei Söhne, Plexippos und Pandion. Nachdem er von Kleopatra schon diese beiden Söhne hatte, vermählte er sich noch mit Idaia, der Tochter des Dardanos. Diese erhob gegen ihre Stiefsöhne bei Phineus die falsche Anschuldigung, sie seien ihr gegenüber zudringlich geworden. Phineus glaubte ihr und blendete die beiden Söhne. Als nachher die Argonauten mit Boreas bei ihm vorüberfuhren, übten sie Vergeltung.

Chione gab sich dem Poseidon hin und gebar ohne Wissen ihres Vaters den Eumolpos. Damit das nicht an den Tag käme, warf sie das Kind ins Meer. Poseidon nahm es auf, um es nach Äthiopien zu bringen und dort der Benthesikyme, seiner eigenen Tochter von der Amphitrite, zur Erziehung zu überlassen. Als der Knabe herangewachsen war, gab ihm Benthesikymes Gatte die eine seiner beiden Töchter zur Ehe, er versuchte aber auch, der Schwester seiner Ehegattin Gewalt anzutun. Deswegen verbannt, begab er sich mit seinem Knaben Ismaros zu dem König der Thraker, Tegyrios, der mit dem Sohn seine Tochter vermählte. Später stellte sich heraus, daß er gegen Tegyrios böse Absichten hatte; er mußte daher zu den Eleusiniern flüchten, mit denen er Freundschaft schloß. Dann wieder, nach Ismaros' Tod, wurde er von Tegyrios zurückgeholt, machte dem alten Zwist ein Ende und übernahm die Herrschaft. Als es zwischen Eleusis und Athen zu einem Kriege kam, wurde er von den Eleusiniern herbeigerufen und leistete mit einer starken Streitmacht von Thrakern Beistand. Als Erechtheus wegen der Siegesaussichten der Athener das

Orakel befragte, gab der Gott die Antwort, er werde den Krieg gewinnen, wenn er eine seiner Töchter opfere. Als er darauf die jüngste opferte, nahmen sich die andern selbst das Leben. Denn sie hatten, wie einige berichten, einander geschworen, gemeinsam miteinander den Tod zu erleiden. In der Schlacht, zu der es nach diesem Opfertod kam, erschlug Erechtheus den Eumolpos, nachdem aber Poseidon auch den Erechtheus und sein Haus gestürzt hatte, übernahm sein ältester Sohn Kekrops die Herrschaft. Er vermählte sich mit Metiadusa, Eupalamos' Tochter, und zeugte einen Sohn Pandion. Dieser übernahm die Regierung nach Kekrops, wurde jedoch von Metions Söhnen durch einen Aufstand vertrieben und ging nach Megara zu Pylas, dessen Tochter Pylia er ehelichte. Durch sie wiederum wurde er dann auch Herrscher über die Stadt. Pylas nämlich ermordete den Bruder seines Vaters, Bias, und übertrug die Regierung dem Pandion, während er selbst mit zahlreichem Volk den Peloponnes aufsuchte und dort die Stadt Pylos gründete.

Pandion wurden, während er in Megara weilte, vier Söhne geboren: Aigeus, Pallas, Nisos und Lykos. Einige jedoch führen Aigeus als Sohn des Skyrios auf, Pandion habe ihn nur für seinen eigenen ausgegeben. Nach Pandions Tod zogen seine Söhne nach Athen, verjagten die Söhne Metions und teilten das Reich in vier Teile. Aigeus jedoch behielt die ganze Herrschermacht. In erster Ehe verband er sich mit des Hoples Tochter Meta, in zweiter mit Chalkiope, der Tochter Rhexenors. Da er aber ohne Kinder blieb, fürchtete er seine Brüder und suchte die Pythia auf, um sie wegen seiner Nachkommenschaft zu befragen. Der Gott gab ihm das Orakel:

> Eher mache nicht los des Schlauches kräftiges Ende,
> Trefflicher, eh du erreicht die hohe Burg der Athener.

Aigeus wußte diesen Spruch nicht zu deuten und machte sich wieder auf den Weg nach Athen. In Troizen war er auf der Durchreise bei Pittheus, Pelops Sohn, zu Gast. Dieser verstand das Orakel, und nachdem er ihn betrunken gemacht hatte, legte er ihn zu seiner Tochter Aithra. In der gleichen Nacht aber umarmte sie auch Poseidon. Aigeus gab Aithra den Auftrag, falls sie einen Sohn gebäre, ihn zu erziehen, ohne ihm zu sagen, wer sein Vater sei, worauf er Schwert und Sandalen unter einem Felsen liegen ließ und sie noch anwies, wenn der Knabe den Felsen auf die Seite wälzen und so die Gegenstände an sich nehmen könne, dann solle sie ihn damit schicken.

Er selbst begab sich darauf nach Athen und führte die Kampfspiele der Panathenaien durch, in denen Minos' Sohn Androgeos alle besiegte. Aigeus schickte ihn darauf gegen den Marathonischen Stier, durch den er umkam. Einige berichten indes, auf dem Weg nach Theben zum Kampfspiel des Laios hätten die von ihm geschlagenen Kämpfer auf ihn gelauert und ihn aus Neid umgebracht. Als er den Tod seines Sohnes erfuhr, opferte Minos gerade den Chariten in Paros, da warf er den Kranz fort von seinem Haupte und brachte die Flöten zum Schweigen, führte aber nichtsdestoweniger das Opfer zu Ende. So kommt es, daß bis auf den heutigen Tag in Paros den Chariten ohne Flötenspiel und Kränze geopfert wird. Nicht viel später bekriegte er als seegewaltiger Herrscher mit einer Flotte Athen, nahm Megara zu der Zeit, da Nisos, Pandions Sohn, daselbst regierte, und tötete den Sohn des Hippomenes, Megareus, der von Onchestos her Nisos zu Hilfe geeilt war. Auch dieser selbst fand durch Verrat seiner Tochter den Tod. Er hatte nämlich mitten auf dem Kopf ein rotes Haar. Wenn ihm das ausgerissen wurde – so sagte ein Orakelspruch –, mußte er sterben. Seine eigene Tochter aber, Skylla, in Liebe zu Minos entbrannt, riß ihm das Haar aus. Als Minos Megara erobert hatte, ließ er das junge Weib mit den Füßen am Heck eines Schiffes anbinden und ertränken.

Da der Krieg lange anhielt und er Athen nicht erobern konnte, flehte er zu Zeus, um Genugtuung von den Athenern zu erhalten. Darauf kam Hungersnot und Pest über die Stadt. Zuerst nun, im Hinblick auf einen alten Orakelspruch, opferten die Athener am Grab des Kyklopen Geraistos die Töchter des Hyakinthos, Antheis, Aigleis, Lytaia, Orthaia; Hyakinthos war aus Lakedaimon gekommen und hatte sich in Athen niedergelassen. Als es nicht half, wandten sie sich an das Orakel, wie ihnen geholfen werden könne. Da antwortete der Gott, sie sollten dem Minos die Genugtuung geben, die er selbst wähle. Sie schickten daher zu ihm und überließen es ihm, die Sühne zu fordern. Minos legte ihnen auf, sieben Jünglinge und ebensoviele Jungfrauen ohne Waffen dem Minotauros zum Fraß zu schicken. Dieser war im Labyrinth eingeschlossen, aus dem keiner, der es betrat, wieder herauskommen konnte, da durch vielfach verschlungene Windungen der unbekannte Ausgang versperrt war. Daidalos hatte es errichtet, der Sohn des Eupalamos und Enkel des Metion und der Alkippe, ein hervorragender Baumeister, der erste Erfinder von Bildwerken. Er war aus Athen geflohen, nachdem er den Sohn seiner Schwester Perdix, seinen Schüler Talos, von der Burg herabgestürzt hatte aus Angst, er möchte ihn bei seiner glänzenden Veranlagung überflügeln. Hatte er doch mit dem Kinnbacken einer Schlange, den er gefunden hatte, Holz fein gesägt. Als der Leichnam entdeckt wurde, wurde Daidalos vor die Richter auf dem Areshügel gestellt und verurteilt, worauf er zu Minos floh[1].

Theseus war der Sohn des Aigeus von Aithra. Als er erwachsen war, wälzte er den Felsen zur Seite und nahm Sandalen und Schwert an sich, worauf er sich zu Fuß auf den Weg machte nach Athen. Dabei befriedete er die Straße von den gewalttätigen Männern, die auf ihr lauerten. Der erste, den er erschlug, in Epidauros, war Periphetes, der Sohn des Hephaistos und der Antikleia, der nach der Keule, die er trug, der «Keulenträger» hieß. Er war nämlich schwach auf den Füßen und hatte deswegen eine eiserne Keule, mit der er die Vorübergehenden totschlug. Theseus nahm sie ihm ab und trug sie dann selber. Als zweiten tötete er Sinis, den Sohn des Polypemon und der Korinthostochter Sylea. Dieser hatte den Beinamen «Fichtenbeuger». Er wohnte nämlich auf der Landenge der Korinther und zwang die Vorübergehenden, Fichten, die er herabbeugte, gebeugt zu halten. Das konnten sie nicht, da sie zu schwach dafür waren, und so wurden sie von den Bäumen hochgeschleudert und fanden einen jämmerlichen Tod. So verfuhr nun auch Theseus mit Sinis selbst[1].

EPITOME [AUSZUG]
AUS DEM JETZT VERLORENEN TEIL
VON APOLLODOROS' BIBLIOTHEK

An dritter Stelle tötete Theseus die Sau in Krommyon, die nach der alten Frau, die sie großgezogen hatte, die Phaia genannt wurde; nach einigen stammte sie von Echidna und Typhon. An vierter Stelle brachte er den Korinther Skeiron um, einen Sohn des Pelops oder, nach andern, des Poseidon. Dieser hauste im Gebiet von Megara in den Felsen, die nach ihm die Skcironischen hießen, und zwang die Vorübergehenden, ihm die Füße zu waschen, wobei er sie in die Tiefe stürzte, einer riesigen Schildkröte zum Fraß. Theseus packte ihn an den Füßen und schleuderte ihn ins Meer. An fünfter Stelle machte er dem Kerkyon in Eleusis, dem Sohn des Branchos und der Nymphe Argiope, den Garaus. Dieser zwang die Vorübergehenden zu einem Ringkampf, wobei er sie umbrachte. Theseus hob ihn schwebend in die Höhe und schmetterte ihn dann auf die Erde. An sechster Stelle tötete er den Damastes, den einige Polypemon nennen. Dieser hatte ein Haus an der Straße, in dem er zwei Ruhebetten aufgeschlagen hatte, ein kurzes und ein langes. Indem er nun die Vorübergehenden zu Gast lud, legte er die Kurzgewachsenen auf das lange Bett und schlug solange mit dem Hammer auf sie ein, bis sie die Größe des Bettes hatten. Die Großen dagegen legte er auf das kurze; was von den Körpern darüber hinausragte, sägte er ab.

Nachdem Theseus die Straße gesäubert hatte, begab er sich nach Athen. Medeia aber, die damals im Hause des Aigeus weilte, suchte ihm zu schaden und überredete Aigeus, vor ihm als einem Ränkeschmied auf der Hut zu sein. Aigeus, der den eigenen Sohn nicht erkannte, schickte ihn deswegen aus Furcht gegen den Marathonischen Stier. Als Theseus diesen aus dem Wege geräumt hatte, wollte ihn der Vater mit einem Mittel, das er noch am gleichen Tage von Medeia erhalten hatte, vergiften. Schon sollte ihm der Trunk beigebracht werden, da schenkte er dem Vater sein Schwert, Aigeus erkannte es und stieß ihm gleich den Becher aus der Hand. Nachdem Theseus so von seinem Vater erkannt war und den Anschlag gegen sein Leben erfuhr, vertrieb er Medeia aus Athen.

Dann wurde er für die dritte Tributentrichtung an den Minotauros mit ausgewählt. Wie indes manche berichten, bot er sich freiwillig dafür an. Das Schiff hatte ein schwarzes Segel, und Aigeus trug seinem Sohn auf, wenn er lebend zurückkehre, solle er weiße Segel aufziehen. Als er nach Kreta kam, wurde Ariadne, Minos' Tochter, von Liebe zu ihm ergriffen und erbot sich, ihm zu helfen, gegen das Versprechen, sie mit nach Athen zu nehmen und zu seiner Gattin zu machen. Theseus sagte das eidlich zu, worauf sie Daidalos bat, ihr den Ausgang des Labyrinths zu verraten. Auf dessen Rat gab sie Theseus beim Betreten des Gebäudes einen Leinenfaden, den er an der Tür festband und mit dem weiteren Eindringen hinter sich herzog. Im entlegensten Teil des Labyrinths traf er den Minotauros und erledigte ihn mit Faustschlägen, dann machte er sich auf den Rückweg, indem er den Faden wieder aufwickelte. Nachts kam er mit Ariadne und den Kindern[1] auf Naxos an. Von dort entführte sie Dionysos, der in Liebe zu ihr entbrannte, und brachte sie nach Lemnos, wo er ihr beiwohnte. Und er zeugte Thoas, Staphylos, Oinopion und Peparethos.

Über der Trauer um Ariadne vergaß Theseus, auf der Heimfahrt weiße Segel auf dem Schiff zu hissen. Aigeus sah von der Burg aus das Schiff mit dem schwarzen Segel, und da er glaubte, daß Theseus tot sei, stürzte er sich herab und fand so den

Tod. Theseus übernahm die Herrschaft über Athen. Er tötete die Söhne des Pallas, fünfzig an der Zahl, und ebenso alle andern, die sich gegen ihn erhoben. Dadurch bekam er das ganze Reich allein in die Hand.

Als Minos die Flucht des Theseus und seiner Gefährten erfuhr, schloß er Daidalos als den Schuldigen im Labyrinth ein, zusammen mit seinem Sohn Ikaros, den ihm eine Sklavin des Minos, Naukrate, geboren hatte. Daidalos aber verfertigte für sich und seinen Sohn Flügel und gab diesem beim Aufstieg den Rat, den Flug nicht zu hoch zu nehmen, damit nicht der Leim durch die Sonne weich werde und die Flügel sich lösten, aber auch nicht zu nahe über dem Meer, damit nicht die Feuchtigkeit sie unbrauchbar mache. Ikaros achtete nicht auf den väterlichen Rat und ließ sich verleiten, hoch und immer höher zu steigen. Da löste sich der Leim, er stürzte ins Ikarische Meer – das nach ihm den Namen erhielt – und fand so den Tod. Daidalos dagegen landete wohlbehalten in Kamikos auf Sizilien. Minos verfolgte ihn und suchte ihn landauf, landab mit einem Schneckenhaus, indem er demjenigen eine reiche Belohnung zusicherte, der einen Leinenfaden durch das Schneckenhaus durchführte. Dadurch hoffte er Daidalos zu finden. So kam er denn auch zu Kokalos nach Kamikos in Sizilien, bei dem sich Daidalos versteckt hielt, und zeigte ihm das Schneckenhaus. Der nahm es und machte sich anheischig, den Faden durchzuführen, worauf er es Daidalos gab. Dieser band den Faden an eine Ameise und ließ sie durchkriechen, nachdem er das Gehäuse durchlöchert hatte. Als Minos den Faden durchgeführt zurückbekam, wußte er, daß Daidalos im Hause weilte, und forderte gleich seine Auslieferung. Unter der Zusage, dieser Forderung nachzukommen, nahm Kokalos zunächst den Minos gastlich auf. Beim Baden wurde er dann aber von den Töchtern des Gastgebers umgebracht, indem sie ihn mit siedendem Pech übergossen[1]. Nach andern fand er den Tod durch kochendes Wasser.

Mit Herakles zog Theseus gegen die Amazonen und raubte Antiope, nach andern Melanippe, nach Simonides Hippolyte. Deswegen zogen die Amazonen wieder gegen Athen zu Feld. Dabei besiegte sie Theseus mit den Athenern in der Gegend des Areshügels. Von der Amazone hatte er einen Sohn Hippolytos, nachher bekam er, mit Beendigung der früheren Feindschaft, von Deukalion Minos' Tochter Phaidra. Bei der Hochzeit erschien seine erste Gattin, die Amazone, bewaffnet mit ihren Stammesgenossinnen und wollte Theseus mit seinen Hochzeitsgästen erschlagen. Die aber verschlossen eiligst die Türen und brachten sie um. Andre berichten, sie sei im Kampf von Theseus selbst erschlagen worden.

Nachdem Phaidra dem Theseus zwei Kinder geboren hatte, Akamas und Demophon, fühlte sie Liebe zu dem Sohn der Amazone, Hippolytos, und bat ihn, sie zu umarmen. Er war aber ein Weiberhasser und wollte von der Umarmung nichts wissen. Da fürchtete Phaidra, er möchte sie bei seinem Vater verklagen, und nachdem sie die Türen zu ihrem Schlafgemach aufgebrochen und ihre Gewänder zerrissen hatte, beschuldigte sie Hippolytos, er habe ihr Gewalt angetan. Theseus glaubte es und betete zu Poseidon um Hippolytos' Verderben. Als dieser auf seinem Wagen am Meere entlangfuhr, ließ der Gott einen Stier aus der Flut emportauchen. Die Rosse scheuten und warfen den Wagen um. Hippolytos verwickelte sich in den Zügeln und wurde zu Tode geschleift. Als ihre Liebe an den Tag kam, erhängte sich Phaidra.

Ixion liebte Hera und wollte ihr Gewalt antun. Als sie es Zeus sagte, wollte dieser sehen, ob es sich so verhielt, gab einer Wolke die Gestalt der Hera und ließ sie sich neben ihn legen. Er prahlte dann auch, er habe Hera umarmt, weswegen ihn Zeus auf ein Rad band, auf dem er, durch Winde in der Luft herumgewirbelt, diese Strafe erleidet. Die Wolke aber gebar von Ixion den Kentauros.

Zusammen mit Peirithoos aber kämpfte Theseus, als er in
einen Krieg gegen die Kentauren verwickelt wurde. Denn als
Peirithoos mit Hippodameia Hochzeit hielt, bewirtete er die
Kentauren, da sie ihre Verwandten waren. An Wein aber nicht
gewöhnt, gossen sie unmäßige Mengen in sich hinein, wurden
betrunken, und als man die Braut hereinführte, da versuchten
sie, ihr Gewalt anzutun. Peirithoos und Theseus bewaffneten
sich, eröffneten den Kampf, und Theseus tötete viele von
ihnen[1].

Kaineus war früher eine Frau; nachdem Poseidon sie umarmt hatte, bat sie sich aus, ein unverwundbarer Mann zu werden; so trotzte er auch im Kentaurenkampf den Wunden und
tötete viele Kentauren. Die übrigen aber umzingelten ihn,
schlugen ihn mit Tannen nieder und vergruben ihn in die Erde.

Als Theseus mit Peirithoos verabredet hatte, sie wollten
Töchter des Zeus zu Frauen gewinnen, raubte er mit ihm für
sich selbst Helena aus Sparta – sie war zwölfjährig –, für Peirithoos aber ging er, um Persephone zu gewinnen, hinunter in den
Hades. Die Dioskuren freilich nahmen mit Lakedaimoniern
und Arkadern Athen und führten Helena und mit ihr Aithra,
Pittheus' Tochter, als Gefangene mit fort; Demophon und
Akamas waren geflohen. Menestheus brachten sie zurück und
übergaben ihm das Reich der Athener. Als Theseus, von Peirithoos begleitet, in den Hades kam, wurde er überlistet
mit dem Vorschlag, sie sollten, um Gastgeschenke zu empfangen, auf dem Thron der Lethe Platz nehmen, auf dem sie dann
anwuchsen und von Schlangen, die sie umwanden, festgehalten wurden. Peirithoos blieb ewig[2] gefesselt, den Theseus führte
Herakles wieder hinauf und geleitete ihn nach Athen zurück.
Von dort wurde er durch Menestheus vertrieben und begab
sich zu Lykomedes, der ihn in einen Abgrund zu Tode stürzte.

Tantalos wird in der Unterwelt bestraft, wo ein Fels über
seinem Haupte schwebt, während er selbst dauernd in einem

Teich steht und beiderseits in Schulterhöhe Bäume mit Früchten vor Augen hat, die an dem Teich wachsen. Das Wasser reicht ihm bis zum Kinn, und wenn er davon in vollen Zügen trinken will, versiegt es, wenn er aber nach den Früchten greifen will, dann werden die Bäume mit ihren Früchten vom Wind hoch in die Wolken gehoben. Er wird aber so bestraft, wie einige berichten, weil er die Geheimnisse der Götter den Menschen ausplauderte und weil er seinen Altersgenossen von der Götterspeise gab.

Broteas, der Jäger, wollte von Artemis nichts wissen; auch Feuer, sagte er, könne ihm nichts anhaben. Da wurde er wahnsinnig und stürzte sich selbst ins Feuer.

Pelops, der für den Festschmaus der Götter geschlachtet und gekocht worden war, wurde durch die Wiederbelebung jugendlich schöner und reifer, und da er durch seine Wohlgestalt alle andern ausstach, wurde er der Liebling Poseidons, der ihm einen geflügelten Wagen schenkte. Der lief sogar über das Meer, ohne daß die Achsen naß wurden. Nun hatte der Herrscher von Pisa, Oinomaos, eine Tochter Hippodameia, aber ob er nun selbst sie liebte, wie einige berichten, oder ob ein Orakelspruch vorlag, nach dem er von ihrem künftigen Gatten einen gewaltsamen Tod erwarten mußte: keiner bekam sie zur Gemahlin. Der Vater konnte sie nicht überreden, sich mit ihm zu vereinigen[1], die Freier aber brachte er um. Er besaß nämlich Waffen und Rosse von Ares und setzte den Freiern die Hand seiner Tochter als Kampfpreis: der Freier mußte mit Hippodameia auf dem eigenen Wagen bis zur Landenge der Korinther vor ihm fliehen, während er selbst bewaffnet sofort die Verfolgung aufnahm und ihn, wenn er ihn einholte, erschlagen durfte; wen er nicht einholte, dem sollte Hippodameia als Gattin gehören. Auf diese Weise hatte er schon viele Freier getötet, wie einige wissen wollen, zwölf im ganzen. Ihre Köpfe schnitt er ab und nagelte sie an seinem Hause fest.

Da stellte sich nun auch Pelops als Freier ein. Als Hippodameia seine Schönheit gewahrte, empfand sie sofort Liebe für
ihn und beredete Myrtilos, den Sohn des Hermes, ihm zu helfen; er war der Wagenlenker des Oinomaos. Myrtilos liebte sie,
und da er ihr einen Gefallen erweisen wollte, steckte er die Vor-
stecknägel nicht in die Radbüchsen und erreichte dadurch,
daß Oinomaos während der Fahrt stürzte und das Rennen verlor. Er verwickelte sich auch noch in die Zügel und wurde zu
Tode geschleift. Nach einigen indes wurde er von Pelops umgebracht. Im Sterben wünschte er Myrtilos, dessen Verrat er
durchschaute, er möchte durch Pelops den Tod finden.

So gewann Pelops Hippodameia. Als er nachher mit Myrtilos als Begleiter durch einen Engpaß mußte, ging er etwas zurück, um seiner Gattin, die Durst hatte, Wasser zu holen;
währenddessen versuchte Myrtilos, ihr Gewalt anzutun. Als
Pelops das von ihr erfuhr, warf er ihn am Vorgebirge Geraistos
in das nach ihm benannte Myrtoische Meer. Noch im Sturz
sprach Myrtilos Flüche aus über Pelops' Geschlecht. Nachdem
Pelops an das offene Meer gelangt und von Hephaistos entsühnt war, kehrte er nach Pisa in Elis zurück und übernahm
die Herrschaft des Oinomaos, wobei er auch das vorher Apia
und Pelasgiotis genannte Gebiet in seine Gewalt brachte, dem
er nach sich den Namen Peloponnes gab.

Pelops' Söhne waren Pittheus, Atreus, Thyestes und andre;
Atreus' Gemahlin war Aërope, des Katreus Tochter, die den
Thyestes liebte. Atreus gelobte einst, das schönste Stück, das
ihm in seinen Herden geboren würde, der Artemis zu opfern;
als aber ein goldnes Lamm erschien, erzählt man, bereute er
sein Gelübde; er erdrosselte es und barg es in einem Kasten,
in dem er es aufbewahrte. Aërope indes gab es Thyestes,
der sie zum Ehebruch verleitet hatte. Die Bewohner von Mykene nämlich hatten durch einen Orakelspruch die Weisung erhalten, einen Pelopiden zum König zu wählen, und daraufhin

Atreus und Thyestes geholt. Als aber die Rede darauf kam, wer denn nun von beiden König sein solle, erklärte Thyestes dem Volk, der müsse König werden, der das goldene Lamm besitze. Da Atreus ihm beipflichtete, brachte er das Lamm zum Vorschein und wurde so König. Zeus aber sandte Hermes zu Atreus und ließ ihm sagen, er solle mit Thyestes folgende Abmachung treffen: die Königsherrschaft geht an Atreus über, wenn Helios den entgegengesetzten Weg wandeln wird. Als Thyestes zustimmte, vollzog Helios seinen Untergang im Osten und bezeugte damit den Betrug, den Thyestes begangen hatte; Atreus vertrieb ihn und übernahm die Herrschaft. Als er nachher den Ehebruch erfuhr, schickte er einen Herold und rief ihn zur Aussöhnung mit der Lüge, er hege freundschaftliche Gefühle für ihn. Thyestes stellte sich auch ein mit den Söhnen, die er von einer Quellnymphe hatte, Aglaos, Kallileon und Orchomenos, und obwohl diese sich als Schutzflehende an den Altar des Zeus setzten, wurden sie von Atreus geschlachtet und zerstückelt und als Speise gekocht ihrem Vater Thyestes bis auf die Glieder vorgesetzt. Als dieser sich den Bauch damit gefüllt hatte, zeigte er ihm die Glieder und vertrieb ihn aus dem Land. Thyestes suchte ihn auf jede Weise dafür zu belangen, und als er sich an das Orakel wandte, wurde ihm die Antwort: wenn er seine Tochter umarme und einen Sohn mit ihr zeuge, werde ihm das gelingen. So tat er und zeugte mit seiner Tochter den Aigisthos. Als dieser herangewachsen war und erfuhr, daß er der Sohn des Thyestes sei, erschlug er den Atreus und gab Thyestes die Herrschaft zurück.

Die Amme aber brachte Agamemnon und Menelaos zu Polypheides, dem Herrscher von Sikyon; der hinwieder sandte sie zu Oineus dem Ätolier. Bald darauf führte sie Tyndareos wieder zurück, und sie verbannten den Thyestes nach Kythera, nachdem sie ihm am Altar der Hera, wohin er geflohen war, einen Eid abgenommen hatten[1].

Agamemnon herrschte über die Bewohner von Mykene und
heiratete die Tochter des Tyndareos, Klytaimnestra, nachdem
er ihren früheren Gatten Tantalos, den Sohn des Thyestes, und
dessen Sohn getötet hatte; ihm wurde ein Sohn, Orestes, geboren und die Töchter Chrysothemis, Elektra, Iphigeneia. Menelaos aber heiratete Helena und herrschte über Sparta, da Tyndareos ihm die Herrschaft überließ.

Alexandros raubte Helena, wie einige berichten, weil Zeus
es so wollte, damit in einem Krieg zwischen Europa und Asien
seine Tochter berühmt würde, oder, nach andern, damit das
Geschlecht der Halbgötter gehoben würde. Aus einem dieser
beiden Gründe warf Eris den Apfel als Schönheitspreis zwischen Hera, Athene und Aphrodite und gab Zeus dem Hermes
den Auftrag, sie zu Alexandros auf den Ida zu führen, damit er
über ihre Schönheit richte. Dafür versprachen sie ihm Geschenke, Hera für den Fall, daß sie als die Allerschönste erklärt
werde, die Herrschaft über alle, Athene den Sieg im Feld,
Aphrodite Vermählung mit Helena. Er sprach Aphrodite den
Preis zu und fuhr darauf mit den Schiffen, die Phereklos gebaut
hatte, nach Sparta. Neun Tage war er bei Menelaos zu Gast,
am zehnten, als jener nach Kreta gegangen war, um seinen
Großvater mütterlicher Seite, Katreus, zu bestatten, überredete
er Helena, mit ihm zu gehen. Unter Zurücklassung der neun-
jährigen Hermione brachte sie das meiste ihrer Habe an Bord
und ging nachts mit Alexandros unter Segel. Hera schickte
ihnen langanhaltendes Unwetter, das sie zwang, in Sidon an
Land zu gehen. Da Alexandros vor Verfolgern auf der Hut sein
mußte, hielt er sich lange in Phönizien und Cypern auf, als er
aber keine Verfolgung mehr zu fürchten brauchte, begab er sich
mit Helena nach Troia. Doch berichten einige, Helena sei nach
dem Willen des Zeus heimlich von Hermes entführt und nach
Ägypten gebracht worden, wo sie dem Ägypterkönig Proteus
zur Bewachung übergeben wurde, Alexandros aber sei nach

Troia gegangen mit einem aus Wolken angefertigten Bild der Helena.

Als Menelaos von der Entführung hörte, begab er sich zu Agamemnon nach Mykene und bat ihn, zu einem Zug gegen Troia aufzubieten und eine Streitmacht in Hellas zu sammeln. Dieser schickte zu jedem König einen Herold und erinnerte an die geschworenen Eide, wobei er jeden einzeln beschwor, an die Sicherung der eigenen Gattin zu denken, und erklärte, es sei eine Mißachtung von Hellas geschehen, die sie alle gemeinsam in gleicher Weise berühre. Viele waren bereit, den Feldzug mitzumachen, und so kamen sie auch zu Odysseus nach Ithaka.

Da Odysseus nicht ins Feld ziehen wollte, stellte er sich wahnsinnig. Palamedes indes, des Nauplios Sohn, zeigte, daß der Wahnsinn nicht echt sei. Als Odysseus einen Wahnsinnsanfall vortäuschte, ging er ihm nach und riß Telemachos der Penelope aus den Armen, indem er das Schwert zog, wie um ihn zu töten. Da schützte Odysseus das Kind so bedächtig und umsichtig, daß er damit den Wahnsinn als bloße Verstellung zugab und sich an dem Feldzug beteiligte.

Als Odysseus einen Phryger gefangennahm, zwang er ihn, in einem Brief, angeblich von Priamos an Palamedes, von Verrat zu schreiben, und nachdem er in dessen Zelt Gold vergraben hatte, ließ er das Schreiben im Lager fallen. Agamemnon bekam es zu lesen, und als er das Gold fand, übergab er Palamedes als einen Verräter den Kampfgefährten zur Steinigung.

Menelaos, Odysseus und Talthybios kamen zu Kinyras nach Cypern und versuchten ihn zur Teilnahme am Krieg zu überreden; dieser schenkte dem Agamemnon, der nicht mit dabei war, einen Panzer und schwor, fünfzig Schiffe zu schicken; eines schickte er, das der Sohn des Mygdalion befehligte, die übrigen formte er aus Erde und ließ sie ins Meer bringen.

Die Töchter des Anios, des Sohnes Apollons, Elais, Spermo, Oino, die sogenannten Weinbringerinnen; Dionysos verlieh ihnen die Gabe, aus Erde Öl, Getreide, Wein zu machen[1].

Das Heer versammelte sich in Aulis. Die Teilnehmer am Zug gegen Troia waren folgende: Aus Böotien zehn Führer; sie befehligten vierzig Schiffe. Aus Orchomenos vier, sie befehligten dreißig Schiffe. Aus Phokis vier Führer, sie befehligten vierzig Schiffe. Aus Lokris Aias, Oileus' Sohn, er befehligte vierzig Schiffe. Aus Euboia Elephenor, der Sohn des Chalkodon und der Alkyone, er befehligte vierzig Schiffe. Aus Athen Menestheus, er befehligte fünfzig Schiffe. Aus Salamis Aias der Telamonier, er befehligte zwölf Schiffe. Aus Argos Diomedes, Sohn des Tydeus, und seine Gefährten, sie befehligten achtzig Schiffe. Aus Mykene Agamemnon, der Sohn des Atreus und der Aërope: hundert Schiffe. Aus Sparta Menelaos, Sohn des Atreus und der Aërope: sechzig. Aus Pylos Nestor, der Sohn des Neleus und der Chloris: vierzig Schiffe. Aus Arkadien Agapenor: sieben Schiffe. Aus Elis Amphimachos und seine Gefährten: vierzig Schiffe. Aus Dulichion Meges, der Sohn des Phyleus: vierzig Schiffe. Aus dem Gebiet der Kephallenen Odysseus, der Sohn des Laërtes und der Antikleia: zwölf Schiffe. Aus Ätolien Thoas, der Sohn des Andraimon und der Gorge, er befehligte vierzig Schiffe. Aus Kreta Idomeneus, der Sohn des Deukalion: vierzig Schiffe. Aus Rhodos Tlepolemos, der Sohn des Herakles und der Astyoche: neun Schiffe. Aus Syme Nireus, der Sohn des Charopos: drei Schiffe. Aus Kos Pheidippos und Antiphos, die Söhne des Thessalos: dreißig. Von den Myrmidonen Achilleus, der Sohn des Peleus und der Thetis: fünfzig. Aus Phylake Protesilaos, der Sohn des Iphiklos: vierzig. Aus Pherai Eumelos, der Sohn des Admetos: elf. Aus Olizon Philoktetes, der Sohn des Poias: sieben. Aus Ainia Guneus, der Sohn des Okytos: zweiundzwanzig. Aus Trikke Podaleirios: dreißig. Aus Ormenion Eurypylos: vierzig Schiffe. Aus Gyrton Polypoites, der Sohn des Peirithoos: dreißig. Aus Magnesia Prothoos, der Sohn des Tenthredon: vierzig. Schiffe waren es also insgesamt tausendunddreizehn, Führer dreiundvierzig, Kommandoschiffe dreißig[1].

Während das Heer noch in Aulis verweilte, sprang bei einem Opfer zu Ehren Apollons eine Schlange vom Altar auf die nahestehende Platane, auf der sich ein Nest mit Jungen befand. Sie fraß die acht Sperlinge darin – mit der Mutter waren es neun – und wurde darauf zu Stein. Kalchas sagte, das sei ein Zeichen, das den Willen des Zeus verkünde, und zog aus dem Vorgang den Schluß, nach einem Zeitraum von zehn Jahren müsse Troia fallen. Und sie rüsteten sich, nach Troia zu fahren.

Agamemnon war der Führer des gesamten Heeres, Achilleus – damals fünfzehnjährig – befehligte die Flotte.

Da sie den Weg nach Troia nicht kannten, landeten sie in Mysien und verheerten das Gebiet in der Meinung, es sei Troia. Als der König der Myser, Telephos, ein Sohn des Herakles, sein Land verwüstet sah, bewaffnete er seine Leute und verfolgte die Hellenen zu den Schiffen, wobei er viele erschlug, unter ihnen Thersandros, Polyneikes' Sohn, der sich in einen Hinterhalt gelegt hatte. Als ihn aber Achilleus angriff, hielt er nicht stand, sondern ergriff die Flucht; dabei verwickelte er sich in das Gerank einer Weinrebe und wurde vom Speer des Gegners in den Schenkel getroffen. Nach der Räumung Mysiens gingen die Hellenen wieder in See, und als schweres Unwetter aufkam, wurden sie voneinander getrennt und kamen jeder wieder in seine Heimat. Infolge ihrer damaligen Umkehr, heißt es, habe der Krieg im ganzen zwanzig Jahre gedauert; denn im zweiten Jahre nach der Entführung der Helena hätten die Hellenen sich gerüstet und den Feldzug begonnen, nach der Umkehr in Mysien aber seien sie nach weiteren acht Jahren nach Argos zurückgekommen und hätten sich wieder in Aulis versammelt.

Als sie nach dem ebengenannten Zeitraum von acht Jahren wieder in Argos zusammenkamen, waren sie in großer Verlegenheit wegen der Ausfahrt, da sie keinen Lotsen hatten, der ihnen den Weg nach Troia hätte zeigen können. Da erschien plötzlich Telephos aus Mysien, mit seiner unheilbaren Wunde. Da ihm Apollon verkündet hatte, er werde dann Heilung finden, wenn ihn der heile, der ihm die Wunde beigebracht, hatte er sich, in Lumpen gehüllt[1], auf den Weg nach Argos gemacht und bat Achilleus und versprach, den Weg nach Troia zu zeigen, wofür dieser ihn mit dem Rost, den er von seiner auf dem Pelion geschnittenen Lanze abrieb[2], heilte. Nach seiner Heilung zeigte er den Weg, wobei Kalchas vermöge seiner Seherkunst die Zuverlässigkeit seines Lotsendienstes verbürgte.

Als sie von Argos in See gegangen und zum zweiten Mal in Aulis angelangt waren, hielten widrige Winde die Flotte zurück. Kalchas erklärte, man könne die Fahrt nur antreten, wenn die schönste von Agamemnons Töchtern sich als Opfer für Artemis darbiete. Die Göttin zürne ihm, weil er beim Erlegen eines Hirsches gesagt hatte: «Nicht einmal Artemis hätte besser getroffen», und weil Atreus ihr das goldene Lamm nicht geopfert hatte[3]. Auf diesen Seherspruch hin schickte Agamemnon Odysseus und Talthybios zu Klytaimnestra und forderte Iphigeneia, weil er sie, wie er sagen ließ, Achilleus zur Gattin versprochen habe als Lohn für die Teilnahme am Heereszug. Klytaimnestra gab sie den Abgesandten mit, und Agamemnon wollte sie schon auf dem Altar opfern, als Artemis sie entführte und im Land der Taurer als ihre Priesterin einsetzte, während sie an ihrer Stelle eine Hindin auf den Altar legte. Nach andern verlieh sie ihr Unsterblichkeit.

Nachdem sie von Aulis in See gegangen waren, landeten sie in Tenedos. Dort herrschte Tenes, der Sohn des Kyknos und der Prokleia, nach andern indes des Apollon. Er wohnte dort, nachdem er von seinem Vater vertrieben worden war.

Kyknos besaß nämlich von Prokleia, der Tochter Laomedons, einen Sohn Tenes und eine Tochter Hemithea, danach ehelichte er noch die Tochter des Tragasos, Philonome. Die entbrannte in Liebe zu Tenes, und da sie ihn nicht überreden konnte, verleumdete sie ihn bei Kyknos, er habe sie verführen wollen, wofür sie als Zeugen einen Flötenspieler mit Namen Eumolpos beibrachte. Kyknos glaubte ihr und steckte Tenes mit seiner Schwester in einen Kasten, den er ins Meer stieß. Auf der Insel Leukophrys trieb er an, wo Tenes ausstieg und sich niederließ, indem er die Insel nach sich selbst Tenedos nannte. Als Kyknos später die Wahrheit erfuhr, ließ er den Flötenspieler steinigen, das Weib aber lebendig begraben.

Als Tenes die Hellenen der Insel näher kommen sah, suchte er sie durch Steinwürfe abzuwehren, dabei wurde er von Achilleus mit dem Schwert tödlich in die Brust getroffen, obwohl diesen Thetis gewarnt hatte, Tenes zu töten; werde er doch selbst durch Apollon den Tod finden, wenn er Tenes ein Leid antue. Als sie dann Apollon ein Opfer darbrachten, kroch aus dem Altar eine Schlange auf Philoktetes zu und biß ihn. Da die Wunde nicht heilte und einen üblen Geruch verbreitete, den das Heer nicht ertrug, setzte ihn Odysseus auf Weisung Agamemnons auf Lemnos aus mit den Waffen des Herakles, die er besaß. Er schoß dort in der Einöde die Vögel und lebte davon. Von Tenedos aus näherten sie sich Troia und schickten Odysseus und Menelaos, um Helena und die Schätze zurückzufordern. Bei den Troern wurde eine Versammlung einberufen, in der sie nicht nur die Auslieferung der Helena verweigerten, sondern sogar die Gesandten töten wollten. Diese zwar rettete Antenor, die Hellenen indes, erbittert über den offenen Hohn der Barbaren, griffen zu den Waffen und fuhren gegen sie. Dem Achilleus legte Thetis noch ans Herz, nicht als erster an Land zu gehen; wer als erster die Schiffe verlasse, dem sei bestimmt, als erster zu sterben. Als die Barbaren vom Herankommen der Flotte hörten, eilten sie bewaffnet ans Meer und suchten mit Steinwürfen die Landung zu verhindern. Als erster ging Protesilaos ans Land, und nachdem er eine große Zahl von Barbaren erschlagen hatte, fand er selber durch Hektor den Tod.

Seine Gattin Laodameia liebte ihn auch nach dem Tode und machte sich ein Bild von Protesilaos, das ihm täuschend ähnlich war, mit dem sie sich unterhielt. Da hatten die Götter Mitleid mit ihr, und Hermes holte Protesilaos aus der Unterwelt herauf. Als Laodameia ihn erblickte, dachte sie, er käme aus Troia zurück, und freute sich im Augenblick, als er dann aber wieder in die Unterwelt zurückkehrte, tötete sie sich selbst.

Nach Protesilaos' Tode ging Achilleus mit den Myrmidonen an Land und traf Kyknos mit einem Steinwurf tödlich am Kopf. Als die Barbaren ihn tot erblickten, flohen sie zur Stadt, die Hellenen aber sprangen aus den Schiffen und erfüllten die Ebene mit Leichen. Darauf belagerten sie die eingeschlossenen Troer und zogen ihre Schiffe auf den Strand. Mutlosigkeit befiel die Barbaren, während Achilleus Troilos auflauerte und beim Heiligtum des Thymbräischen Apollon erschlug und nachts bis zur Stadt streifte, wobei er Lykaon gefangennahm. Er verheerte auch mit einigen der Tapfersten das Land und gelangte bis zu den Rindern des Aineias[1] auf dem Idagebirge. Dieser ergriff die Flucht, und nachdem Achilleus die Hirten und Mestor, Priamos' Sohn, erschlagen, trieb er die Herde mit fort. Er eroberte auch Lesbos und Phokaia, darauf Kolophon, Smyrna, Klazomenai, Kyme, nach diesen Aigialos und Tenos, dann nacheinander Adramytion und Side, Endion, Linaion und Kolone. Auch das Hypoplakische Theben nahm er und Lyrnessos, überdies noch Antandros und viele andere.

Als eine Zeit von neun Jahren verstrichen war, stießen Bundesgenossen zu den Troern: aus den umliegenden Städten Aineias, Sohn des Anchises, und mit ihm Archelochos und Akamas, Söhne Antenors und der Theano, Anführer der Dardaner; als Führer der Thraker Akamas, Sohn des Eusoros, der

Kikonen Euphemos, Sohn des Troizenos, der Paionen Pyraichmes, der Paphlagonen Pylaimenes, Sohn des Bilsates, aus Zelia Pandaros, Sohn des Lykaon, aus Adrasteia Adrastos und Amphios, Söhne des Merops, aus Arisbe aber Asios, Sohn des Hyrtakos, aus Larisa Hippothoos, Sohn des Pelasgos[1], aus Mysien Chromios und Ennomos, Söhne des Arsinoos, von den Alizonen Odios und Epistrophos, Söhne des Mekisteus, von den Phrygern Phorkys und Askanios, Söhne des Aretaon, von den Maionen Mesthles und Antiphos, Söhne des Talaimenes, von den Karern Nastes und Amphimachos, Söhne des Nomion, von den Lykiern Sarpedon, Sohn des Zeus, und Glaukos, Sohn des Hippolochos.

Achilleus aber zog nicht in den Kampf, da er wegen Briseis zürnte[2] … der Tochter des Priesters Chryses. Deshalb faßten die Barbaren Mut und kamen aus der Stadt hervor. Alexandros stellte sich dem Menelaos zum Zweikampf; den unterliegenden Alexandros entführte Aphrodite. Pandaros aber, der einen Pfeil auf Menelaos abschoß, brach die Eide.

Diomedes, der sich im Kampf hervortat, verwundete Aphrodite, als sie dem Aineias half; dann traf er mit Glaukos zusammen, doch eingedenk der Freundschaft ihrer Väter, tauschte er die Waffen mit ihm. Als Hektor den Besten zum Zweikampf forderte, kamen viele Helden, doch das Los traf Aias, und er tat sich im Kampf hervor. Bei Einbruch der Nacht aber trennten sie die Herolde.

Die Griechen aber zogen zum Schutze des Schiffslagers Mauer und Graben, und als es zur Schlacht in der Ebene kam, verfolgten die Troer die Griechen bis zur Mauer. Diese aber schickten zu Achilleus als Gesandte Odysseus, Phoinix und Aias, um ihn zum Mitkämpfen aufzufordern, und sie versprachen ihm Briseis und andere Geschenke. In der Nacht schickten sie Odysseus und Diomedes auf Kundschaft aus; diese erschlugen Dolon, den Sohn des Eumelos[3], und den Thraker Rhe-

sos, der tags zuvor als Bundesgenosse zu den Troern gestoßen
war, noch nicht am Kampfe teilgenommen hatte und, etwas
von der troischen Streitmacht entfernt, getrennt von Hektor,
das Lager bezogen hatte; auch töteten sie die zwölf Thraker,
die um ihn herum schliefen, und führten die Rosse zu den
Schiffen. Nach Tagesanbruch entstand eine heftige Schlacht,
wobei Agamemnon sowie Diomedes, Odysseus, Eurypylos,
Machaon verwundet und die Griechen in die Flucht geschlagen wurden; Hektor durchbrach die Mauer und drang ins Lager ein, und als auch Aias zurückwich, warf er Feuer in die
Schiffe.

Wie aber Achilleus das Schiff des Protesilaos brennen sah,
schickte er Patroklos, den er mit den eigenen Waffen bewaffnet hatte, samt den Myrmidonen aus und gab ihm seine Rosse.
Als die Troer ihn sahen, glaubten sie, es sei Achilleus, und
wandten sich zur Flucht. Er aber verfolgte sie bis zur Mauer,
tötete viele, unter andern auch Sarpedon, den Sohn des Zeus,
und wurde von Hektor erschlagen, nachdem er von Euphorbos verwundet worden war. Es entstand aber ein heftiger
Kampf um seine Leiche; Aiax, der sich dabei auszeichnete, rettete mit Mühe den Toten; Achilleus aber, der seinem Zorn
entsagte, erhielt auch die Briseis. Nachdem ihm von Hephaistos eine volle Rüstung verschafft worden war und er sich bewaffnet hatte, zog er in den Kampf und verfolgte die Troer
bis zum Skamandros; dort erschlug er unter vielen andern auch
Asteropaios, den Sohn des Pelegon, der ein Sohn des Flusses
Axios war. Und der Strom stürzte sich mit Macht auf ihn.

Diesen verfolgte Hephaistos mit gewaltiger Flamme und
trocknete seine Gewässer aus. Achilleus aber erschlug Hektor im Zweikampf, und nachdem er ihn mit den Knöcheln an
seinen Wagen gebunden hatte, schleifte er ihn und gelangte
so zu den Schiffen. Als er den Patroklos bestattet hatte, veranstaltete er zu seinen Ehren ein Wettspiel, in welchem Diome-

des im Wagenrennen, Epeios im Faustkampf, Aias und Odysseus im Ringen siegten. Nach diesen Spielen kam Priamos zu Achilleus, löste den Leichnam Hektors aus und begrub ihn.

Penthesileia, die Tochter der Otrere und des Ares, hatte gegen ihre Absicht Hippolyte getötet. Von Priamos entsühnt, nahm sie, als es zur Schlacht kam, vielen das Leben, darunter auch Machaon, um nachher selbst unter Achilleus' Händen zu fallen, der nach ihrem Tode in Liebe zu der Amazone entbrannte und Thersites, der ihn darob schmähte, erschlug. Hippolyte war die Mutter des Hippolytos, sie heißt auch Glauke und Melanippe. Als die Hochzeit der Phaidra[1] gefeiert wurde, war sie mit ihren Amazonen bewaffnet erschienen und hatte sie aufgefordert, die Hochzeitsgäste des Theseus zu erschlagen. In dem daraufentbrennenden Kampf kam sie ums Leben, sei es unabsichtlich durch ihre eigene Kampfgefährtin Penthesileia, oder durch Theseus; oder dessen Gefährten schlossen beim Erscheinen der Amazonen schnellstens die Türen und schnitten Hippolyte ab, worauf sie im Hause den Tod fand.

Memnon, der Sohn des Tithonos und der Eos, kam mit einer starken Streitmacht der Äthiopen und tötete viele Hellenen, darunter auch Antilochos, dann fiel er selbst durch Achilleus. Dieser wurde bei der Verfolgung der Troer am Skaiischen Tor von Alexandros und Apollon durch Pfeilschuß in die Ferse tödlich getroffen. In dem um den Leichnam entstehenden Kampf erschlug Aias den Glaukos und übergab die Waffen des Achilleus, um sie zu den Schiffen zu bringen, den Toten selbst lud er sich auf, und von Pfeilen überschüttet, trug er ihn mitten durch die Feinde, während Odysseus gegen die Andrängenden kämpfte. Nach Achilleus' Tod wurde das Heer vom Unglück überhäuft. Bestattet wurde er auf der Weißen Insel[2] zusammen mit Patroklos, ihre Gebeine wurden vereinigt. Es heißt, daß nach seinem Tode auf den Inseln der Seligen Medeia mit ihm zusammen hause.

Dem Toten zu Ehren veranstalteten sie ein Kampfspiel, in dem Eumelos im Wagenrennen, Aias mit der Wurfscheibe, Diomedes im Lauf, Teukros mit dem Bogen den Sieg gewann. Die Waffen des Achilleus setzten sie als Preis für den Besten, wobei Aias und Odysseus als Bewerber auftraten und nach dem Urteil der Troer oder, wie andre wollen, der Bundesgenossen Odysseus als Sieger hervorging. Aias war dadurch so gekränkt, daß er nachts einen Anschlag gegen das Heer plante. Athene aber schlug ihn mit Wahnsinn und lenkte ihn, mit dem Schwert in der Hand, auf die Herden, die er im Wahn, es seien Achäer, zusammen mit den Hirten niedermetzelte. Als er nachher wieder zur Besinnung kam, gab er sich selbst den Tod. Agamemnon verhinderte, daß die Leiche verbrannt wurde; so ist er der einzige von allen vor Ilion Gebliebenen, der in einem Sarg beigesetzt ist. Das Grab befindet sich in Rhoiteion.

Der Krieg ging nun schon ins zehnte Jahr, und die Hellenen verloren den Mut, da weissagte ihnen Kalchas, Troia könne nicht erobert werden, wenn sie nicht die Waffen des Herakles auf ihrer Seite hätten. Daraufhin begab sich Odysseus zusammen mit Diomedes zu Philoktetes nach Lemnos, und nachdem er sich durch eine List seiner Waffen bemächtigt hatte, beredete er ihn, auch selbst nach Troia mitzufahren. Dort angelangt und von Podaleirios geheilt, traf er Alexandros tödlich mit seinem Pfeil. Nach dessen Tod kam es zwischen Helenos und Deiphobos zum Streit um die Hand der Helena. Da Deiphobos der Bevorzugte war, verließ Helenos Troia und hielt sich auf dem Ida auf. Als aber Kalchas verkündete, Helenos kenne alle die Stadt sichernden Orakelsprüche, lauerte ihm Odysseus auf und brachte ihn dann mit Gewalt ins Lager, wo er gezwungen wurde mitzuteilen, auf welche Weise Troia erobert werden könne: einmal, wenn die Gebeine des Pelops zu ihnen zurückkämen, ferner, wenn Neoptolemos mitkämpfe, und drittens, wenn das vom Himmel gefallene Palladion entwendet würde; denn solange dieses innerhalb der Mauern weile, sei an eine Einnahme der Stadt nicht zu denken. Daraufhin ließen die Griechen die Gebeine des Pelops holen und schickten Odysseus und Phoinix nach Skyros zu Lykomedes, die diesen überredeten, Neoptolemos freizugeben. So kam er ins Lager, und Odysseus gab ihm aus freien Stücken die Waffen des Vaters, worauf er viele Troer erschlug. Später fand sich noch Eurypylos, des Telephos Sohn, ein, um den Troern mit einer starken Streitmacht von Mysern Beistand zu leisten. Auch ihn tötete Neoptolemos nach tapferem Kampf. Odysseus aber schlich sich mit Diomedes nachts an die Stadt heran, wo er Diomedes warten hieß; er selber aber, entstellt und in Lumpen gekleidet, betrat unerkannt unter dem Anschein eines Bettlers die Stadt. Nur Helena erkannte ihn und mit ihrer Hilfe entwendete er das Palladion, wobei er viele der Wächter niedermachte. Zusammen mit Diomedes trug er es dann zu den Schiffen.

Nachher ersann er den Bau eines hölzernen Pferdes und übertrug die Ausführung Epeios, der Baumeister war. Dieser erbaute das Pferd mit Holz vom Idagebirge, innen hohl, an den Seiten offen. Fünfzig Helden, und zwar die Tapfersten, gewann Odysseus, sich darin zu verstecken – nach dem Dichter der Kleinen Ilias waren es dreitausend –, die andern sollten mit Einbruch der Nacht nach Verbrennung ihrer Zelte in See stechen und bei Tenedos vor Anker gehen, um in der darauffolgenden Nacht zurückzufahren. Von Odysseus überredet, brachten sie also die Tapfersten in dem Pferd unter, nachdem sie ihn selbst als Führer bestimmt und Buchstaben eingekratzt hatten, die besagten: «Als Dank für die Heimkehr die Hellenen der Athene.» Dann zündeten sie die Zelte an und gingen unter Zurücklassung des Sinon, der ihnen in der Nacht ein Feuersignal geben sollte, in See und legten sich bei Tenedos vor Anker.

 Bei Tagesanbruch sahen die Troer das Lager der Hellenen
verlassen, und in der Meinung, sie seien geflohen, zogen sie
voller Freude das Pferd in die Stadt, um es dort vor Priamos'
Palast aufzustellen und zu beraten, was geschehen solle. Da
Kassandra und außerdem noch der Seher Laokoon erklärten,
im Innern befänden sich Bewaffnete, wollten die einen es verbrennen, die andern in den Abgrund stürzen; da aber die
Mehrheit sich dafür entschied, es als Weihgabe für die Göttin
stehen zu lassen, wandten sie sich zu Opfer und Schmaus. Da
sandte ihnen Apollon ein Zeichen: zwei Schlangen kamen von
den nahen Inseln durch das Meer geschwommen und ver-
schlangen Laokoons Söhne. Als es Nacht wurde und alle der
Schlaf überkam, fuhren die Griechen von Tenedos heran, und Sinon zündete ihnen vom Grab des Achilleus her ein Feuersignal
an. Helena kam[1] und rief die Helden, indem sie in der Nähe des
Pferdes die Stimme der Gattin eines jeden nachahmte; Anti-
klos wollte schon antworten, da hielt ihm Odysseus den Mund
zu. Als sie die Feinde schlafend vermuteten, öffneten sie und
stiegen bewaffnet aus; als erster sprang Echion, Portheus'
Sohn, herunter und stürzte tödlich, die andern ließen sich an
einem Seil herab und eilten zu den Mauern, wo sie die Tore
öffneten und die von Tenedos Kommenden einließen. Darauf
stürmten sie bewaffnet durch die Stadt, und in die Häuser ein-
dringend, töteten sie die Troer im Schlaf. Neoptolemos erschlug Priamos auf dem Altar des Zeus Herkeios, bei dem er
Zuflucht gesucht hatte. Odysseus und Menelaos erkannten
Antenors Sohn Glaukos, als er in sein Haus floh, und ließen ihn
mit Willen bewaffnet am Leben[2]. Aineias floh mit seinem Vater
Anchises auf dem Rücken, die Hellenen ließen ihn, voller Bewunderung einer solchen Kindesliebe. Menelaos tötete Deiphobos und führte Helena mit fort zu den Schiffen. Auch Theseus'
Mutter Aithra führten seine Söhne Demophon und Akamas
mit fort; auch sie sollen nämlich später nach Troia gekommen

sein. Der Lokrer Aias aber, als er Kassandra erblickte, die das Holzbild der Athene umklammert hielt, tat ihr Gewalt an. Deswegen, heißt es, blicke das Bild der Göttin zum Himmel.

Nachdem sie die Troer erschlagen hatten, verbrannten sie die Stadt und teilten die Beute. Und indem sie allen Göttern ein Opfer darbrachten, stürzten sie Astyanax von der Mauer und schlachteten Polyxene am Grab des Achilleus. Als Ehrengabe erhielt Agamemnon Kassandra, Neoptolemos Andromache, Odysseus Hekabe; nach andern indes bekam diese Helenos. Er setzte mit ihr nach dem Chersones über und begrub sie dort, die in eine Hündin verwandelt war; die Stelle heißt heute noch Kynossema, «der Hündin Grab». Laodike, von allen Töchtern des Priamos die schönste, wurde vor aller Augen von einem Erdspalt verschlungen. Als sie nach der Zerstörung Troias abfahren wollten, wurden sie von Kalchas zurückgehalten, der ihnen verkündete, Athene zürne ihnen wegen Aias' ruchloser Tat. Da wollten sie Aias töten, unterließen es aber, als er an einen Altar flüchtete.

In der Versammlung, zu der sie sich darauf einfanden, stritten Agamemnon und Menelaos: der letztere verlangte, man solle die Heimfahrt antreten, der erstere riet, noch zu warten und der Athene zu opfern. Diomedes und Nestor hatten dann gute Fahrt, Menelaos aber, der mit ihnen zusammen in See stach, geriet in einen Sturm, und nachdem er die übrigen verloren hatte, erreichte er mit fünf Schiffen Ägypten.

Amphilochos, Kalchas, Leonteus, Podaleirios und Polypoites ließen ihre Schiffe in Ilion zurück und begaben sich auf dem Landweg nach Kolophon, wo sie Kalchas, den Seher, bestatteten. Er sollte nämlich nach einem Orakelspruch sterben, wenn er einem Seher begegnete, der ihn selbst an Weisheit übertraf. Als sie nun von dem Seher Mopsos aufgenommen wurden, einem Sohn Apollons und der Manto, begann dieser mit Kalchas einen Wettstreit in der Seherkunst. Ein Feigenbaum stand da, und als Kalchas fragte: «Wieviel Feigen trägt er?», lautete die Antwort: «Zehntausend, und zwar gemessen ein Scheffel und eine darüber.» Worauf Kalchas den Baum schüttelte: er fand zehntausend, ebenfalls einen Scheffel und eine darüber, genau soviel, wie Mopsos angegeben hatte.

Vor einem hochträchtigen Mutterschwein fragte Mopsos den Kalchas, wieviel Ferkel es im Leib habe und wann es werfen werde. Kalchas wußte keine Antwort. Da sagte er selbst, es trage zehn Ferkel, und zwar sei eines davon männlich, und werfen werde es morgen. Genau so kam es, worauf Kalchas den Mut verlor und starb. In Notion wurde er bestattet.

Nachdem Agamemnon geopfert hatte, ging er in See und hielt auf Tenedos zu. Da kam Thetis und überredete den Neoptolemos, zwei Tage zu bleiben und Opfer darzubringen, und so unterbrach er solange die Fahrt. Die andern aber lichteten alsbald wieder die Anker und kamen bei Tenos in schweres Wetter. Athene hatte nämlich Zeus gebeten, den Hellenen Sturm zu schicken, und viele Schiffe gingen unter.

Gegen das Schiff des Aias schleuderte Athene einen Blitz, der es in Stücke zerbrach. Er selbst rettete sich auf einen Felsen und meinte, auch gegen den Willen der Göttin noch einmal mit dem Leben davongekommen zu sein, aber Poseidon zerschlug mit dem Dreizack den Felsen. Aias stürzte ins Meer und ertrank. Den angespülten Leichnam bestattete Thetis in Mykonos.

Die andern trieben nachts gegen Euboia heran, und da ihnen Nauplios vom Kaphereus, dem Vorgebirg auf Euboia, ein Feuerzeichen gab, glaubten sie, dort seien einige von den Geretteten, und fuhren drauf zu. Da scheiterten die Schiffe an den Felsen des Kaphereus, und viele fanden den Tod.

Der Sohn des Nauplios nämlich und der Klymene, der Tochter des Katreus, Palamedes[1] hatte infolge der Heimtücke des Odysseus den Tod durch Steinigung erlitten. Als Nauplios es hörte, fuhr er zu den Griechen und forderte Genugtuung für seinen Sohn. Er mußte unverrichteter Dinge umkehren, und da alle – wie er meinte – Agamemnon zu Gefallen waren, mit dem zusammen Odysseus den Palamedes ums Leben gebracht hatte, suchte er alle Plätze Griechenlands auf und brachte es fertig, daß die Gattinnen der Hellenen verführt wurden, Klytaimnestra von Aigisthos, Aigialeia von des Sthenelos Sohn Kometes, die Gattin des Idomeneus, Meda, von Leukos, der sie noch dazu mitsamt ihrer Tochter Kleisithyra, die in dem Tempel[1] Zuflucht suchte, ermordete und dadurch, daß er zehn Städte von Kreta losriß, sich zum Herrscher über die Insel emporschwang; nach dem Troischen Krieg vertrieb er auch noch Idomeneus, als er wieder in Kreta landete. All dies war vorher schon das Werk des Nauplios, und als er dann nachher von der Rückkehr der Griechen in die Heimat erfuhr, zündete er das Feuerzeichen auf dem Kaphereus an, dem heutigen Xylophagos. In der Meinung, einen Hafen vor sich zu haben, näherten sich die Griechen und fanden den Untergang.

Nachdem sich Neoptolemos zwei Tage in Tenedos aufgehalten hatte, begab er sich auf den Rat der Thetis auf dem Landweg zusammen mit Helenos ins Molosserland. Unterwegs starb Phoinix, den er bestattete, und nachdem er die Molosser in einer Schlacht besiegt hatte, übernahm er die Herrschaft und zeugte mit Andromache den Molossos. Helenos gründete im Molosserland eine Stadt, in der er sich niederließ, und Neoptolemos gab ihm seine Mutter Deidameia zur Gattin. Peleus war von den Söhnen des Akastos aus Phthia vertrieben worden und gestorben, wodurch Neoptolemos das Reich seines Vaters erbte. Als Orestes in Wahnsinn fiel, entführte er dessen Gattin Hermione, die ihm früher vor Troia versprochen worden war, und wurde deswegen von Orestes in Delphi erschlagen. Einige jedoch berichten, er sei nach Delphi gegangen und habe von Apollon Genugtuung gefordert für seinen Vater; dabei habe er sich an den Weihgeschenken vergriffen und den Tempel in Brand gesteckt, und deswegen sei er von dem Phoker Machaireus getötet worden.

Auf ihrer Irrfahrt landeten von den Griechen die einen hier, die andern dort und siedelten sich an, die einen in Libyen, die andern in Italien, andere in Sizilien, einige auf den Iberien nahegelegenen Inseln, einige am Fluß Sangarios[1]; es gibt aber auch welche, die Cypern besiedelten. Von denen, die am Kaphereus Schiffbruch erlitten, wurden noch einige, der eine hierhin, der andre dorthin, verschlagen: Guneus nach Libyen, Antiphos, der Sohn des Thessalos, zu den Pelasgern – das Land, das er in Besitz nahm, nannte er Thessalien –, Philoktetes nach Kampanien in Italien, Pheidippos siedelte mit den Koern in Andros, Agapenor in Cypern und so der eine hier, der andre dort[2].

Apollodor und die übrigen berichten folgendes: Guneus siedelte sich in Libyen an, nachdem er seine Schiffe zurückgelassen und zum Flusse Kinyps gekommen war. Meges aber und Prothoos kamen mit vielen andern in Euboia am Kaphereus ums Leben. Nachdem nun Prothoos am Kaphereus Schiffbruch erlitten hatte, wurden seine Gefährten, die Magneten, nach Kreta getrieben und siedelten sich dort an.

Nach der Zerstörung Ilions fuhren Menestheus, Pheidippos, Antiphos, die Gefährten Elephenors und Philoktetes gemeinsam bis nach Mimas. Dann kam Menestheus nach Melos und herrschte dort, da der dortige König Polyanax gestorben war. Antiphos aber, der Sohn des Thessalos, kam zu den Pelasgern, nahm das Land in Besitz und nannte es Thessalien. Pheidippos wurde mit den Koern nach Andros verschlagen, dann nach Cypern, und dort siedelte er sich an. Elephenor war in Troia gestorben; seine Gefährten wurden im Ionischen Golf abgetrieben und besiedelten Apollonia in Epirus. Und die Leute des Tlepolemos steuerten auf Kreta zu, wurden dann von den

Winden verschlagen und siedelten sich auf den Iberischen Inseln an. Die Leute des Protesilaos wurden nach Pellene in die
Nähe der Ebene von Kanastron abgetrieben. Philoktetes aber
wurde nach Italien zu den Kampanern verschlagen; nach einem Krieg mit den Lukanern siedelte er sich in Krimissa nahe
bei Kroton und Thurion an. Und da nun die Irrfahrt zu Ende
war, gründete er einen Tempel für Apollon, Schützer der Irrfah-
rer, dem er auch seinen Bogen weihte, wie Euphorion berichtet.

Nauaithos ist ein Fluß in Italien. Nach Apollodor und den
übrigen wurde er so benannt, da nach der Eroberung von
Ilion die Töchter des Laomedon, die Schwestern des Priamos,
Aithylla, Astyoche und Medesikaste, die mit den übrigen
kriegsgefangenen Frauen an diesen Ort Italiens gelangt waren,
aus Furcht vor der Sklaverei in Griechenland die Schiffe verbrannten; daher wurde der Fluß Nauaithos (Schiffsbrand) genannt, die Frauen Nauprestides (Schiffeanzünderinnen); die
Griechen aber, die mit ihnen waren, siedelten sich, da sie die
Schiffe verloren hatten, dort an.

Demophon landete mit wenig Schiffen bei den thrakischen
Bisalten, und als die Tochter des Königs, Phyllis, sich in ihn
verliebte, wurde sie ihm vom Vater, mit dem Reich als Mit-
gift, zur Gattin gegeben. Er aber wollte in sein Vaterland zurückkehren. Er bat sie flehentlich darum, und mit dem
Schwur, wiederzukommen, ging er zuletzt fort. Phyllis geleitete ihn bis zum «Neunweg» und gab ihm dort ein Kästchen mit den Worten, ein Heiligtum der Mutter Rhea befinde
sich darin und er solle es erst öffnen, wenn er den Gedanken
an die Rückkehr zu ihr aufgegeben habe. Demophon ging nach
Cypern und blieb dort wohnen. Als die verabredete Zeit verstrichen war, verfluchte ihn Phyllis und gab sich darauf den
Tod. Demophon öffnete das Kästchen. Von der Erscheinung,
die er erblickte[1], erschüttert, bestieg er sein Pferd und fand bei
dem wilden Ritt den Tod. Denn das Pferd kam zu Fall und

warf ihn ab, wobei er in das eigene Schwert stürzte. Seine Gefährten blieben in Cypern wohnen.

Podaleirios ging nach Delphi und fragte das Orakel, wo er sich niederlassen solle. Als ihm der Spruch gegeben wurde: in der Stadt, in der ihm auch nach dem Einsturz des sie umschließenden Himmels nichts geschehen werde, ließ er sich auf dem karischen Chersones an einem Ort nieder, der rundum am Himmel von Bergen eingeschlossen war. Amphilochos, der Sohn Alkmaions, der nach einigen später nach Troia gekommen war, wurde im Verlauf des Unwetters zu Mopsos abgetrieben, und wie einige berichten, töteten sie einander im Zweikampf um das Reich.

Die Lokrer erreichten mit Mühe und Not ihr Land, und als nach drei Jahren ein großes Sterben über Lokris kam, forderte sie ein Orakelspruch auf, die Athene in Ilion zu versöhnen und für tausend Jahre zwei Jungfrauen als Bittflehende zu ihr zu entsenden. Die ersten, die das Los bestimmte, waren Periboia und Kleopatra. Als diese in Troia eintrafen, wurden sie von den Einheimischen verfolgt, bevor sie das Heiligtum betraten. Der Göttin durften sie sich nicht nähern, ihre Verrichtung bestand im Ausfegen und Besprengen des Tempelraumes. Nie kamen sie aus dem Tempel heraus, kurzgeschoren, mit bloßem Unterkleid, barfuß. Als die ersten gestorben waren, schickten sie andre. Auch diese durften nur nachts die Stadt betreten, um nicht getötet zu werden, wenn sie außerhalb des Tempels sich zeigten. Später schickten sie kleine Kinder mit ihren Ammen. Nach dem Phokischen Krieg, als die tausend Jahre um waren, hörte die Entsendung von Bittflehenden auf.

Als Agamemnon nach Mykene kam, wurde er mit Kassandra von Aigisthos und Klytaimnestra ermordet. Sie reichte ihm einen Chiton ohne Öffnung für Arme und Hals, und während er diesen anziehen wollte, erschlugen sie ihn, und Aigisthos herrschte nun über Mykene. Auch Kassandra töteten sie.

Elektra aber, eine von Agamemnons Töchtern, brachte ihren Bruder Orestes in Sicherheit und gab ihn dem Phoker Strophios zur Erziehung, der ihn gemeinsam mit seinem eigenen Sohn Pylades aufzog. Als er erwachsen war, begab sich Orestes nach Delphi und fragte den Gott, ob er die Mörder seines Vaters zur Rechenschaft ziehen solle. Da der Gott es ihm anbefahl, ging er mit Pylades unbemerkt nach Mykene und erschlug Aigisthos und die eigene Mutter. Gleich darauf wurde er vom Wahnsinn gepackt und flüchtete, von den Erinyen verfolgt, nach Athen. Auf dem Areshügel wurde er gerichtet, wie einige es darstellen, von den Erinyen, nach andern von Tyndareos, wieder andre sagen: von Erigone, der Tochter des Aigisthos und der Klytaimnestra, und da sich bei dem Urteil die gleiche Stimmenzahl für und gegen ihn ergab, wurde er freigesprochen.

Als er dann fragte, wie er wohl von seiner Krankheit genesen könnte, antwortete der Gott, wenn er das Götterbild bei den Taurern herbeischaffte. Die Taurer sind ein Teil der Skythen, die die Fremden töteten und ihre Leichen in das heilige Feuer warfen[1], das im Tempel brannte und durch eine Felsenkluft aus dem Hades heraufschlug. So wurde denn nun Orestes nach seiner Ankunft im Taurerland mit Pylades ertappt und gefangengenommen, um gefesselt vor den König Thoas geführt zu werden, der beide der Priesterin zuschickte. Von der Schwester wiedererkannt, die bei den Taurern die Opfer vollzog, floh er mit ihr unter Mitnahme des Götterbildes. Sie brachten es nach Athen, wo es heute Bildnis der Tauropolos heißt. Einige indes berichten, er sei im Sturm nach der Insel Rhodos getrieben und gemäß einem Orakelspruch innerhalb der Stadtmauer entsühnt worden. Nach Mykene zurückgekehrt, vermählte er seine Schwester Elektra mit Pylades, er selbst heiratete Hermione – oder nach andern Erigone – und zeugte Tisamenos. Er starb an einem Schlangenbiß in Oresteion in Arkadien.

Mit fünf Schiffen im ganzen trieb Menelaos an das Vorgebirg Sunion in Attika. Von da nach Kreta abgetrieben, wurde
er wieder von Stürmen weit entführt, und an den Küsten von
Libyen, Phönizien, Cypern und Ägypten streifend, sammelte
er viele Schätze. Nach einigen wurde bei Proteus, dem König
der Ägypter, Helena aufgefunden, nachdem Menelaos bis dahin nur ein Bild aus Wolken von ihr besessen hatte. Nach
einer Irrfahrt von acht Jahren landete er in Mykene und traf
dort Orestes, der den Mord an seinem Vater gerächt hatte.
Dann begab er sich nach Sparta und gewann sein eigenes
Reich zurück. Hera gab ihm die Unsterblichkeit, und so kam
er mit Helena in die elysischen Gefilde.

Odysseus aber irrte, wie einige sagen, in der Nähe von Libyen umher, nach andern in der Nähe von Sizilien, nach andern aber im Ozean oder im Tyrrhenischen Meer.

Nachdem er von Ilion abgefahren war[1], landete er bei Ismaros,
einer Stadt der Kikonen, nahm sie im Kampf und plünderte sie;
nur Maron, der Priester des Apollon war, verschonte er. Wie
aber die das Binnenland bewohnenden Kikonen es erfuhren,
rückten sie mit Waffen gegen ihn an. Er verlor von jedem Schiff
sechs Männer, stach dann in See und entfloh. Er gelangte ins
Land der Lotophagen und schickte einige aus, um zu erfahren,
wer hier wohne; diese kosteten vom Lotos und blieben. Es
wuchs nämlich in diesem Land eine süße Frucht mit Namen
Lotos, die denjenigen, der davon kostete, alles vergessen
ließ. Als Odysseus dies hörte, hielt er die übrigen zurück,
jene aber, die gegessen hatten, führte er mit Gewalt zu den
Schiffen; und indem er weiterfuhr, näherte er sich dem Land
der Kyklopen.

Während er die übrigen Schiffe bei der nahegelegenen Insel
zurückließ, näherte er sich mit einem dem Land der Kyklopen,
und mit zwölf Gefährten ging er an Land. Es gab aber nahe dem
Meer eine Höhle; in diese ging er hinein, den Schlauch voll

Wein, der ihm von Maron gegeben worden war, hatte er mitgenommen. Die Höhle gehörte Polyphem, der ein Sohn des Poseidon und der Nymphe Thoosa war, ein riesiger, wilder Mann
und Menschenfresser, mit einem einzigen Auge auf der Stirne.
Nachdem sie ein Feuer angezündet und einige von den Zicklein
als Opfer geschlachtet hatten, begannen sie zu schmausen. Da
kam aber der Kyklope, trieb die Herde hinein, wälzte dann einen
riesigen Stein vor die Öffnung, und wie er sie erblickt hatte,
fraß er einige auf. Odysseus aber gab ihm von Marons Wein zu
trinken; er aber trank, verlangte nochmals davon, und als er
das zweite Mal getrunken hatte, fragte er nach dem Namen.
Als jener sagte, er heiße Niemand, drohte er, den Niemand später zu vertilgen, die andern aber vorher, und dies versprach er
ihm als Gastgeschenk zu geben. Vom Rausch überwältigt,
schlief er ein. Odysseus aber fand einen dort liegenden Knüttel,
spitzte diesen mit Hilfe von vier Gefährten zu, und nachdem er
ihn glühend gemacht hatte, blendete er den Kyklopen. Polyphem rief die ringsum wohnenden Kyklopen zu Hilfe, und als
sie kamen, fragten sie, wer ihm Unrecht tue. Auf die Antwort
«Niemand» glaubten sie, er sage, niemand tue ihm Unrecht,
und gingen wieder weg. Als aber die Herde die gewohnte Weide suchte, öffnete er, und am Eingang stehend, streckte er die
Hände aus und betastete die Herde. Odysseus band drei Widder zusammen, und er selbst kroch unter den größern; so versteckt unter dem Bauch, gelangte er mit der Herde ins Freie.
Nachdem er die Gefährten von den Tieren gelöst hatte, trieb er
die Herde zu den Schiffen; beim Abfahren rief er dem Kyklopen
zu, er sei Odysseus und sei seinen Händen entwischt. Es war aber
dem Kyklopen von einem Seher geweissagt worden, er werde
von Odysseus geblendet werden. Als er den Namen hörte,
riß er Felsen los und schleuderte sie ins Meer. Mit knapper Not
entkam das Schiff den Felsen. Seither aber zürnt Poseidon dem
Odysseus.

Mit allen Schiffen stach er in See und gelangte zur Insel Aiolia, deren König Aiolos war. Dieser war von Zeus zum Aufseher
über die Winde bestellt, um sie zu bändigen und loszulassen.

Er bewirtete Odysseus, gab ihm dann einen Schlauch aus
Rindsleder, in den er die Winde eingeschlossen hatte, zeigte
ihm, welche er beim Fahren brauchen müsse, und band den
Schlauch im Schiff fest.

Indem nun Odysseus günstige Winde brauchte, hatte er
gute Fahrt; als er schon nahe bei Ithaka war und bereits den
aus der Stadt aufsteigenden Rauch sah, schlief er ein. Die Gefährten aber, in der Meinung, der Schlauch enthalte Gold, öffneten ihn und ließen so die Winde los. Und von den Stürmen
fortgerissen, wurden sie wieder zurückgetrieben. Odysseus kam
zu Aiolos und bat ihn um sicheres Geleit; er aber vertrieb ihn
von der Insel, mit den Worten, er könne ihm nicht beistehen,
wenn die Götter entgegenwirkten. Nun landete er auf seiner
Fahrt bei den Laistrygonen, und sein eigenes Schiff legte er zu-
äußerst vor Anker. Die Laistrygonen waren Menschenfresser,
und ihr König war Antiphates. Da Odysseus erfahren wollte,
wer hier wohne, schickte er einige Leute auf Kundschaft aus.
Diesen begegnete des Königs Tochter und führte sie zum Vater. Er aber packte einen von ihnen und vertilgte ihn, die übrigen, die entflohen, verfolgte er mit Gebrüll, und er rief die andern Laistrygonen herbei. Sie kamen zum Meer, und indem sie
mit Felsen warfen, zerschmetterten sie die Schiffe, die Männer
aber fraßen sie auf. Odysseus zerschnitt das Tau seines Schiffs
und fuhr ab, die übrigen Schiffe samt Mannschaft gingen zugrunde.

Mit einem einzigen Schiff landete er an der Insel Aiaia. Hier
wohnte Kirke, die Tochter des Helios und der Perse, Schwester
des Aietes, welche in allen Zaubermitteln bewandert war.
Nachdem er die Gefährten in zwei Gruppen geteilt hatte, blieb
er selbst, da es so durchs Los bestimmt worden war, beim

Schiff, Eurylochos aber ging mit zweiundzwanzig Gefährten zu Kirke. Als diese sie rief, gingen alle hinein außer Eurylochos. Sie aber gab jedem ein Getränk aus Käse, Honig, Gerste und Wein und mischte ein Zaubermittel dazu. Nachdem sie aber getrunken hatten, berührte sie sie mit einem Stab und verwandelte so ihre Gestalt: die einen machte sie zu Wölfen, die andern zu Schweinen, wieder andere zu Eseln, andere zu Löwen. Eurylochos sah das und meldete es Odysseus. Dieser aber erhielt von Hermes die Wunderpflanze Moly, ging dann zu Kirke, und da er in das Zaubergetränk dieses Moly geworfen hatte, wurde er als einziger durch den Trunk nicht verzaubert. Er zog sein Schwert und wollte Kirke töten; sie aber besänftigte seinen Zorn und verwandelte seine Gefährten wieder zurück. Und nachdem sie geschworen hatte, ihm kein Leid zu tun, lag Odysseus bei ihr, und es wurde ihm der Sohn Telegonos geboren. Ein Jahr blieb er dort, dann durchsegelte er den Ozean, und nachdem er den Seelen der Toten Opfer dargebracht hatte, erforschte er von Teiresias die Zukunft, wie es ihm Kirke geraten hatte, und er erblickte die Seelen der Heroen und Heroinnen. Er sah auch seine Mutter Antikleia und Elpenor, der in Kirkes Haus durch einen Sturz ums Leben gekommen war.

Bei Kirke wieder eingetroffen, wurde er von ihr entlassen und stach in See, und er fuhr an der Insel der Sirenen vorbei. Die Sirenen, Peisinoë, Aglaope und Thelxiepeia, waren Töchter des Acheloos und der Melpomene, einer der Musen. Die eine von ihnen schlug die Leier, die andere sang, die dritte spielte Flöte, und so verlockten sie die Vorbeifahrenden zum Bleiben. Sie hatten von den Hüften an abwärts Vogelgestalt. Als Odysseus an diesen vorbeifuhr, wollte er ihren Gesang hören; wie Kirke es geraten hatte, verstopfte er den Gefährten die Ohren mit Wachs, sich selbst aber ließ er an den Mast fesseln. Von den Sirenen zum Bleiben bewegt, verlangte er losgebunden zu werden, seine Gefährten aber fesselten ihn nur noch fe-

ster, und so fuhr er vorbei. Es war aber den Sirenen geweissagt worden, sie würden sterben, wenn ein Schiff an ihnen vor-
beikomme. So starben sie nun.

Darauf aber kam er zu zwei Wegen: hier befanden sich die
Prallfelsen, dort zwei überaus hohe Riffe. Auf dem einen wohnte Skylla, die Tochter der Krataiis und des Trienos[1] oder Phorkos, die Antlitz und Brust einer Frau besaß, am Leib aber
sechs Hundeköpfe und zwölf Hundefüße. Beim andern Riff
befand sich Charybdis, die dreimal im Tag das Wasser ein-
schlürft und wieder ausspeit. Auf den Rat der Kirke vermied er
die Fahrt an den Prallfelsen vorbei; als er aber am Riff der Skylla
vorbeifuhr, stellte er sich bewaffnet aufs Hinterdeck. Skylla erschien, packte sechs Gefährten und verschlang sie. Von dort
gelangte er zur Insel Thrinakia, die Helios gehörte. Hier weideten Rinder. Durch widrige Winde festgehalten, blieb er daselbst. Die Gefährten aber schlachteten einige Rinder und
schmausten davon, da ihnen die Nahrung ausgegangen war;
Helios meldete es dem Zeus. Und dieser schleuderte den Blitz
nach dem Absegelnden. Das Schiff barst, Odysseus, der den
Mastbaum hatte ergreifen können, gelangte wieder zur Charybdis. Als Charybdis den Mastbaum einschlürfte, hielt er sich
am darüberwachsenden Feigenbaum fest und wartete. Sowie
er den wieder ausgespienen Mast sah, warf er sich darauf und
wurde zur Insel Ogygia getragen.

Dort nahm ihn Kalypso, die Tochter des Atlas, auf, und mit
ihm vermählt, gebar sie einen Sohn, Latinos. Er blieb bei ihr
fünf Jahre lang, und nachdem er sich ein Floß gebaut hatte,
fuhr er ab. Dieses wurde auf dem Meer durch den Zorn des Poseidon zerschmettert, nackt wurde er bei den Phäaken an den
Strand geworfen. Nausikaa aber, des Königs Alkinoos Tochter,
welche Kleider wusch, führte den Bittflehenden zu Alkinoos;
dieser nahm ihn gastlich auf, gab ihm Geschenke und schickte
ihn mit einem Geleit ins Vaterland. Poseidon aber, erzürnt

über die Phäaken, versteinerte das Schiff, ihre Stadt umgab er
mit einem Gebirge. Odysseus aber fand bei der Rückkehr ins
Vaterland sein Haus zerrüttet. Denn im Glauben, er sei tot,
warben um Penelope aus Dulichion siebenundfünfzig Freier[1]:
Amphinomos, Thoas, Demoptolemos, Amphimachos, Euryalos, Paralos, Euenorides, Klytios, Agenor, Eurypylos, Pylaimenes, Akamas, Thersilochos, Hagios, Klymenos, Philodemos,
Meneptolemos, Damastor, Bias, Telmios, Polyidos, Astylochos,
Schedios, Antigonos, Marpsios, Iphidamas, Argeios, Glaukos,
Kalydoneus, Echion, Lamas, Andraimon, Agerochos, Medon,
Agrios, Promos, Ktesios, Akarnan, Kyknos, Pseras, Hellanikos,
Periphron, Megasthenes, Thrasymedes, Ormenios, Diopithes,
Mekisteus, Antimachos, Ptolemaios, Lestorides, Nikomachos,
Polypoites, Keraos. Aus Same waren es dreiundzwanzig: Agelaos, Peisandros, Elatos, Ktesippos, Hippodochos, Eurystratos,
Archemolos, Ithakos, Peisenor, Hyperenor, Pheroites, Antisthenes, Kerberos, Perimedes, Kynnos, Thriasos, Eteoneus, Klytios,
Prothoos, Lykaithos, Eumelos, Itanos, Lyammos. Aus Zakynthos vierundvierzig: Eurylochos, Laomedes, Molebos, Phrenios,
Indios, Minis, Leiokritos, Pronomos, Nisas, Daëmon, Archestratos, Hippomachos, Euryalos, Periallos, Euenorides, Klytios, Agenor, Polybos, Polydoros, Thadytios, Stratios, Phrenios, Indios,
Daisenor, Laomedon, Laodikos, Halios, Magnes, Oloitrochos,
Barthas, Theophron, Nissaios, Alkarops, Periklymenos, Antenor,
Pellas, Keltos, Periphas, Ormenos, Polybos, Andromedes. Aus
Ithaka selbst waren Freier die zwölf Folgenden: Antinoos, Pronoos, Leiodes, Eurynomos, Amphimachos, Amphialos, Promachos, Amphimedon, Aristratos, Helenos, Dulichieus, Ktesippos.

Diese kamen in den Palast, und indem sie des Odysseus Herden verzehrten, lebten sie herrlich und in Freuden. Penelope
aber, in die Enge getrieben, versprach die Hochzeit, sobald das
Grabtuch für Laërtes vollendet sei, und an diesem webte sie
drei Jahre lang, indem sie am Tage webte, des Nachts aber es

wieder auflöste. In dieser Weise täuschte Penelope die Freier, bis sie ertappt wurde. Nachdem Odysseus erfahren hatte, was in seinem Hause geschah, kam er als Bettler zu seinem Knecht Eumaios, gab sich dem Telemachos zu erkennen und gelangte in die Stadt. Der Ziegenhirt Melanthios, der sein Knecht war, traf mit ihnen zusammen und schmähte sie. Nachdem Odysseus in den Palast gelangt war, bat er die Freier um Speise, und als er auf einen andern Bettler traf, den man Iros nannte, rang er mit diesem. Dem Eumaios aber entdeckte er sich und dem Philoitios, und mit ihnen sowie mit Telemachos sann er den Freiern Verderben. Penelope aber händigte den Freiern des Odysseus Bogen aus, den er einst von Iphitos erhalten hatte, und sagte, wer diesen spannen könne, dem werde sie sich vermählen. Nachdem aber keiner ihn zu spannen vermocht hatte, nahm ihn Odysseus und schoß die Freier nieder mit Hilfe von Eumaios, Philoitios und Telemachos. Er tötete auch Melanthios und jene Dienerinnen, welche mit den Freiern geschlafen hatten, und gab sich seiner Frau und seinem Vater zu erkennen.

Nachdem er aber Hades, Persephone und Teiresias geopfert hatte, ging er zu Fuß durch Epirus und gelangte zu den Thesprotern; er opferte gemäß den Weissagungen des Teiresias und versöhnte Poseidon. Kallidike aber, die damals Königin der Thesproter war, bat ihn zu bleiben und gab ihm die Herrschaft. Sie wohnte ihm bei und gebar Polypoites. Er vermählte sich aber mit Kallidike und herrschte über die Thesproter; in einer Schlacht mit den Nachbarvölkern besiegte er die Angreifer. Nach Kallidikes Tod übergab er die Königsherrschaft dem Sohn, kam nach Ithaka und fand den ihm von Penelope geborenen Poliporthes. Telegonos aber, der von Kirke erfahren hatte, daß er ein Sohn des Odysseus sei, fuhr aus, ihn zu suchen. Zur Insel Ithaka gelangt, trieb er einige Herden weg, und als Odysseus zur Verteidigung herbeieilte, verwundete ihn Telegonos mit dem Speer, den er in Händen hielt und der einen Rochenstachel als Spitze hatte, und Odysseus starb.

Als er ihn aber erkannt und heftig beweint hatte, führte er den Toten und Penelope zu Kirke und heiratete dort Penelope. Kirke aber sandte sie beide zu den Inseln der Seligen.

Einige aber sagen, Penelope sei, da Antinoos sie verführt habe, von Odysseus zu ihrem Vater Ikarios geschickt worden, und als sie nach Mantineia in Arkadien kam, habe sie von Hermes den Pan geboren. Andere aber behaupten, sie sei von Odysseus auf der Stelle wegen Amphinomos getötet worden; denn dieser habe sie verführt. Es gibt auch solche, die sagen, Odysseus habe, von den Einheimischen wegen des Freiermordes angeklagt, Neoptolemos, den König über die Inseln bei Epirus, zum Schiedsrichter genommen, und dieser, in der Meinung, er werde, wenn Odysseus fort sei, Kephallenia in Besitz nehmen können, habe auf Verbannung erkannt; Odysseus aber sei nach Ätolien zu Thoas, dem Sohn des Andraimon, gekommen und habe dessen Tochter geheiratet; in hohem Alter sei er gestorben und habe einen Sohn, Leontophonos, den sie ihm geboren, hinterlassen.

PARTHENIOS · LIEBESLEIDEN

Parthenios grüßt Cornelius Gallus

In der Meinung, deine ganze Zustimmung zu finden, habe ich die Sammlung der Liebesleiden, die ich in allergrößter Kürze zusammenstellte, an dich gesandt. Zur Hauptsache nämlich wirst du hier Stoffe kennenlernen, die bei Dichtern zu finden, von ihnen jedoch nicht ausgestaltet worden sind, und dir wird es möglich sein, in epische und elegische Dichtung überzuführen, was sich davon am besten eignet. Daß diesen Erzählungen das Kunstvolle fehlt, was du ja suchst, möge dich von ihnen nicht geringer denken lassen; denn in der Art von Notizen haben wir sie zusammengetragen, und sie werden dir nun, wie ich glaube, einen ähnlichen Nutzen gewähren.

I. LYRKOS

Nach Nikainetos im «Lyrkos» und Apollonios von Rhodos im «Kaunos»

Als Io aus Argos von Räubern entführt worden war, schickte ihr Vater Inachos Späher und andere Kundschafter aus, unter ihnen auch Lyrkos, den Sohn des Phoroneus; dieser durchwanderte sehr viele Länder und durchfuhr viele Meere, schließlich, wie er sie nicht finden konnte, hatte er es satt, sich noch weiter abzumühen. Da er sich vor Inachos fürchtete, wollte er gar nicht nach Argos zurückgehen, sondern nach Kaunos zu Aibialos gelangt, heiratete er dessen Tochter Heilebie. Man erzählte nämlich, das Mädchen habe, wie sie Lyrkos erblickte, Liebe empfunden und den Vater angefleht, ihn zurückzuhalten. So übergab er ihm einen ansehnlichen Teil seiner Herrschaft und seines sonstigen Besitzes und nahm ihn zum Schwiegersohn. Viel Zeit verstrich, und da dem Lyrkos keine Kinder ge-

boren wurden, brach er auf, um das Orakel des Apollon von
Didyma über die Geburt von Kindern zu befragen, und der
Gott weissagte ihm, er werde mit der Frau Kinder zeugen, der
er nach Verlassen des Tempels zuerst beiwohne. Er aber machte sich voll Freude auf den Weg zu seiner Gattin, überzeugt,
der Orakelspruch werde ihm nach Wunsch in Erfüllung gehen.
Auf seiner Fahrt kam er nach Bybastos zu Staphylos, dem Sohn
des Dionysos; dieser nahm ihn äußerst freundlich auf, gab ihm
viel Wein zu trinken, und als er ihn sehr betrunken gemacht
hatte, ließ er seine Tochter Hemithea bei ihm liegen. Dies aber
tat er, da er bereits von der Weissagung gehört und den
Wunsch hatte, daß Lyrkos von seiner Tochter Kinder bekomme. Es gab allerdings noch Streit zwischen den beiden Töchtern des Staphylos, Rhoio und Hemithea, wer von ihnen sich
dem Fremden vermählen dürfe; so großes Verlangen hatte beide erfaßt. Als aber Lyrkos anderntags erkannte, was er getan,
und Hemithea bei sich liegen sah, war er empört und machte
dem Staphylos heftige Vorwürfe, daß er an ihm zum Betrüger
geworden sei. Da er aber nichts ändern konnte, nahm er dann
seinen Gürtel ab und gab ihn dem Mädchen mit der Weisung,
ihn aufzubewahren, bis sein Sohn groß geworden sei, damit er
ein Erkennungszeichen hätte, wenn er zu seinem Vater nach
Kaunos käme, und fuhr ab. Wie aber Aigialos die Sache mit dem
Orakelspruch und der Hemithea erfuhr, trieb er ihn aus dem
Land. Da entstand nun ein ununterbrochener Kampf zwischen
denen, die zu Lyrkos hielten, und den Anhängern des Aigialos.
Vor allem aber erwies sich Heilebie hilfreich; denn sie gab Lyrkos nicht auf. Später, als der Sohn der Hemithea und des Lyrkos zum Manne geworden war – er hieß Basilos –, kam er nach
Kaunia; Lyrkos erkannte ihn, und da er selbst schon alt war,
setzte er ihn zum Führer seiner Völker ein.

2. POLYMELE

Nach Philetas im «Hermes»

Odysseus gelangte auf seiner Irrfahrt um Sizilien durch das Tyrrhenische und Sizilische Meer zu Aiolos und der Insel Meligunis. Aiolos bewies ihm voll Bewunderung für den Ruhm seiner Weisheit große Achtung; er erkundigte sich nach den Ereignissen bei der Einnahme von Troia und in welcher Weise ihre Schiffe auf der Heimfahrt von Ilion verschlagen wurden. Und lange Zeit hatte er ihn als Gast bei sich. Aber auch dem Odysseus war das Bleiben erfreulich. Denn Polymele, eine der Töchter des Aiolos, hatte sich in ihn verliebt und schlief heimlich mit ihm. Nachdem er die eingeschlossenen Winde erhalten hatte und abgefahren war, entdeckte man, daß das Mädchen troianische Beutestücke besaß und unter vielen Tränen sich darauf wälzte. Da verwünschte nun Aiolos den abwesenden Odysseus, Polymele aber wollte er bestrafen. Es traf sich aber, daß ihr Bruder Diores in sie verliebt war; der bat für sie und veranlaßte den Vater, sie ihm zu vermählen.

3. EUIPPE

Nach Sophokles im «Euryalos»

Nicht nur gegenüber Aiolos verfehlte sich Odysseus: Nach seiner Irrfahrt, als er die Freier getötet hatte und bestimmter Orakelsprüche wegen nach Epirus gekommen war, verführte er Euippe, die Tochter des Tyrimmas, der ihn freundschaftlich aufgenommen und mit aller Bereitwilligkeit bewirtet hatte. Sie gebar ihm einen Sohn, Euryalos. Ihn schickte die Mutter, als er herangewachsen war, nach Ithaka und gab ihm, in einem Brief versiegelt, Erkennungszeichen mit. Da Odysseus damals gerade nicht zugegen war, Penelope diese Zeichen erkannt und auch sonst schon Kunde von der Liebe zu Euippe erhalten hat-

te, überredete sie den Odysseus bei seiner Rückkehr, bevor er
erfahren konnte, wie die Sache sich verhielt, den Euryalos zu
töten, als ob er ihm nach dem Leben trachte. So wurde Odysseus, da er von Natur nicht enthaltsam war und überhaupt
nicht maßvoll, zum Mörder seines Sohnes. Nicht lange, nachdem er dies getan, starb er an der Wunde, die ihm sein eigener
Sproß[1] mit dem Stachel eines Meerrochen beigebracht hatte.

4. OINONE

Nach Nikandros in seinem Werk «Über die Dichter»
und Kephalon von Gergithos in den «Troischen Geschichten»

Alexandros, des Priamos Sohn, der auf dem Idagebirge Rinder
weidete, verliebte sich in Kebrens Tochter Oinone; sie war von
einem der Götter besessen, wie man erzählt, und konnte die
Zukunft vorhersagen; auch sonst war sie wegen ihres scharfen
Verstandes weit und breit berühmt. Alexandros holte sie von
ihrem Vater als seine Gattin auf den Ida, wo sein Gehöft war,
und frohgesinnt versprach er ihr, sie niemals zu verlassen,
sondern hoch in Ehren zu halten; sie verstünde wohl, sagte sie,
daß er sie im Augenblick sehr liebe, es werde indes eine Zeit
kommen, da er sie verlasse und nach Europa hinübergehe;
dort werde ein fremdes Weib tiefen Eindruck auf ihn machen,
und um sie werde er Krieg über die Seinen bringen. Es sei ihm
bestimmt – führte sie weiter aus –, in diesem Krieg verwundet
zu werden, und keiner werde ihn gesund machen können als
sie. Jedesmal, wenn sie ihren Befürchtungen Ausdruck gab,
wollte er nicht erinnert sein[2]. Die Zeit verging indes, und als
Alexandros Helena zum Weibe nahm, machte ihm Oinone Vorwürfe wegen des Geschehenen und ging zurück, woher sie
stammte, zu ihrem Vater Kebren. Alexandros aber wurde im
Verlauf des Krieges durch einen Pfeil vom Bogen des Philoktetes verwundet. Da kam ihm Oinones Wort in den Sinn,

nur sie sei imstande, ihn zu heilen; er schickte einen Boten mit
der Bitte, sie möchte doch so rasch wie möglich kommen und
ihn heilen und das Vergangene vergessen, da die Götter es nur
einmal so gewollt hätten[1]. Sie ließ ihm schroff antworten, er
müsse zu Helena gehen und sie bitten, doch hatte sie selbst
die größte Eile, dahin zu kommen, wo sie ihn nunmehr wußte.
Der Bote war aber rascher, und als er Oinones Antwort aus-
richtete, verzweifelte Alexandros und hauchte das Leben aus.
Als Oinone kam und ihn tot auf der Erde liegen sah, schrie sie
auf und jammerte verzweifelt, dann gab sie sich selbst den Tod.

5. LEUKIPPOS

Nach Hermesianax in der «Leontion»

Leukippos, Sohn des Xanthios, aus dem Geschlecht des Bellerophontes, der seine Altersgenossen an Kraft weit übertraf, übte
das Kriegshandwerk. Deshalb war bei den Lykiern und ihren
Grenznachbarn viel von ihm die Rede, da sie von Raubzügen
heimgesucht und auf alle Arten geplagt wurden. Er war
durch den Zorn der Aphrodite in Liebe zur Schwester entbrannt; zuerst beherrschte er sich, im Glauben, er könne
leicht von dieser Krankheit loskommen, doch als die Zeit
verging und das Leiden überhaupt nicht nachließ, eröffnete er sich seiner Mutter und flehte sie an, nicht ruhig mit anzusehen, wie er zugrunde gehe; denn wenn sie ihm nicht helfe, drohte er, sich zu töten. Da sie gleich erklärte, sie werde seine Begierde stillen, war ihm schon leichter zumute. Sie aber
rief das Mädchen herbei und ließ es sich zum Bruder legen;
seither schliefen sie miteinander ganz ohne Scheu, bis einer
dies dem Verlobten des Mädchens hinterbrachte. Der ging zusammen mit seinem Vater und einigen Verwandten zu Xanthios und zeigte ihm die Sache an, ohne den Namen des Leukippos zu entdecken. Xanthios, empört über diese Nachricht,

war eifrig darauf bedacht, den Verführer zu ertappen, und forderte den Ankläger auf, es ihm zu sagen, wenn er sie beieinander sehe. Der gehorchte gern und führte den Alten sogleich zum Schlafgemach; bei dem unerwarteten Geräusch stürzte das Mädchen aus der Tür, weil sie so dem Eindringling zu entkommen meinte; der Vater, in der Annahme, es sei der Verführer, stach mit dem Dolch zu und warf sie nieder. Als sie vor Schmerz aufschrie, eilte ihr Leukippos zu Hilfe, und da er in seinem Schrecken den Angreifer nicht erkannte, tötete er den Vater. Aus diesem Grund verließ er die Heimat und wurde in der Folge Führer eines Kriegszuges der Thessalier nach Kreta. Von dort durch die Nachbarn vertrieben, gelangte er ins Gebiet von Ephesos und bewohnte hier einen Ort, welcher Kretinaion genannt wurde. Aus Liebe zu diesem Leukippos soll die Tochter des Mandrolytos, Leukophrye, ihre Vaterstadt den Feinden, deren Anführer er war, verraten haben. Von Admetos war aus Pherai jeder zehnte Mann ausgehoben worden[1], und diese hatten auf einen Orakelspruch hin Leukippos zum Führer gewählt.

6. PALLENE

Nach Theagenes und Hegesippos in den
«Pallenischen Geschichten»

Es wird aber auch erzählt, Sithon, der König der Odomanter, habe eine Tochter gehabt, Pallene, die schön und anmutig war. Deshalb sei ihr Ruhm fernhin gedrungen, und Freier kamen nicht nur aus Thrakien selbst, sondern auch noch von weiter her, aus Illyrien und den Ländern am Tanais. Wenn nun Freier eintrafen, mußten sie auf Sithons Geheiß anfänglich mit ihm kämpfen, und zwar unter der Bedingung, daß der Sieger mit dem Mädchen fortziehen dürfe, der Unterliegende aber des Todes sei. So hatte er schon viele erschlagen. Später aber, als seine Kraft mehr und mehr versagte und er entschlossen war, das

Mädchen zu verheiraten, befahl er zwei Freiern, die eingetroffen waren, Dryas und Kleitos, miteinander um das Mädchen als Preis zu kämpfen: der eine sei des Todes, der Sieger aber erhalte Herrschaft und Tochter. Als der anberaumte Tag gekommen war, bangte Pallene – sie liebte nämlich den Kleitos – sehr um ihn; sie wagte zwar nicht, dies einem ihrer Leute[1] kundzutun, doch viele Tränen strömten über ihre Wangen, bis dann ihr alter Erzieher sie befragte und, als er den Grund ihres Leids erfahren hatte, ihr Mut zusprach: Wie sie es wünsche, so werde die Sache ausgehen. Er machte sich dann heimlich an den Wagenlenker des Dryas heran, und indem er ihm viel Gold versprach, brachte er ihn dazu, durch die Radbüchsen keine Bolzen zu stecken. Wie sie dann zum Kampf antraten und Dryas auf Kleitos losfuhr, lösten sich ihm die Räder vom Wagen; und so kam er zu Fall, Kleitos stürmte heran und tötete ihn. Sithon aber, der Liebe und Verrat seiner Tochter durchschaute, gedachte, nachdem er einen sehr großen Scheiterhaufen hatte errichten und Dryas darauflegen lassen, auch Pallene dabei als Opfer hinzuschlachten. Doch als ein göttliches Zeichen geschah und heftiger Regen vom Himmel stürzte, wurde er andern Sinnes: Mit einem Hochzeitsschmaus erfreute er die anwesende Thrakerschar und erlaubte dem Kleitos, das Mädchen zu heiraten.

7. HIPPARINOS

Nach Phainias aus Eresos

Im italischen Herakleia verliebte sich in einen ausnehmend schönen Knaben aus sehr angesehener Familie – Hipparinos war sein Name – Antileon; er vermochte trotz aller Bemühungen auf keine Weise ihn zu erobern; wenn der Knabe sich auf dem Sportplatz aufhielt, dann stürzte er immer wieder auf ihn zu und sagte, er empfinde solche Sehnsucht nach ihm, daß er jede Mühe auf sich nehme und jeden Befehl ausführen werde. Er aber wollte seinen Spott mit ihm treiben und trug ihm auf, von einem befestigten Ort, der vom Tyrann der Herakleoten scharf bewacht wurde, die Glocke herunterzuholen, überzeugt, er werde diese Aufgabe niemals ausführen. Doch Antileon schlich heimlich in die Festung und tötete aus dem Hinterhalt den Wächter der Glocke; alsdann kehrte er zu dem Bürschlein zurück, und da er sein Versprechen gehalten hatte, erweckte er in hohem Maß sein Wohlwollen; seither liebten sie einander sehr. Als aber der Tyrann nach dem Liebreiz des Knaben verlangte und drauf und dran war, ihn mit Gewalt zu entführen, geriet Antileon außer sich, doch befahl er dem Knaben, keinen Widerspruch zu wagen; er selbst aber überfiel den Tyrannen, wie er das Haus verließ, und brachte ihn um. Nach dieser Tat stürzte er im Laufschritt davon und wäre entkommen, wenn er nicht über zusammengebundene Schafe gefallen und überwältigt worden wäre. Da die Stadt ihre ursprüngliche Freiheit wiedererlangt hatte, stellten die Herakleoten beiden eherne Statuen auf, und es wurde ein Gesetz erlassen, niemand dürfe in Zukunft zusammengebundene Schafe treiben.

8. HERIPPE

Nach Aristodemos von Nysa im ersten Buch seiner «Geschichten», abgesehen davon, daß die Namen geändert sind, statt Herippe Gythymia steht und der Barbar Kauaras heißt

Als die Gallier[1] Ionien durchzogen und die Städte zerstörten, drang in die Gegend von Milet, wo die Thesmophorien gefeiert wurden und die Frauen deshalb in einem Tempel, der von der Stadt etwas entfernt lag, versammelt waren, ein Teil des barbarischen Heeres, der sich selbständig gemacht hatte, vor, überfiel plötzlich diese Frauen und nahm sie gefangen. Da nun wurden die einen durch ihre Angehörigen mit viel Silber und Gold losgekauft, einige aber ließen sich, da die Barbaren ihnen

lieb geworden waren, fortführen, unter ihnen auch Herippe, die
Gattin des Xanthos, eines in Milet sehr angesehenen Mannes
aus bester Familie; sie ließ ein zweijähriges Knäblein zurück.
Da Xanthos große Sehnsucht nach ihr empfand, machte er einen Teil seiner Habe zu Geld, und indem er sich so zweitau-
send Goldstücke verschafft hatte, setzte er zuerst nach Italien
über, gelangte hierauf, von privaten Freunden geleitet, nach
Massalia (Marseille) und von dort ins Keltenland. Und als er zu
dem Hause kam, wo seine Frau mit einem Mann lebte, der zu
den angesehensten Leuten bei den Kelten zählte, bat er um Aufnahme. Aus Gastfreundschaft nahm man ihn bereitwillig auf;
wie er eingetreten war, erblickte er seine Frau, und sie schlang
beide Arme um ihn und zog ihn sehr liebevoll an sich. Bald darauf erschien der Kelte, Herippe erzählte ihm von der weiten Rei-
se des Mannes und daß er ihretwegen gekommen sei und Lösegeld zahlen werde. Jener nun bewunderte Xanthos für seine
Treue, versammelte sogleich seine nächsten Verwandten und
bewirtete ihn. Im Verlauf des Gelages ließ er die Frau neben
ihm Platz nehmen und erkundigte sich durch einen Dolmetscher, wie groß sein ganzes Vermögen sei. Auf die Antwort, es
belaufe sich auf tausend Goldstücke, hieß ihn der Barbar, diese
Summe in vier Teile zu teilen und drei für sich, Frau und Kind
zu behalten, den vierten aber als Lösegeld für seine Frau zu-
rückzulassen. Wie er dann schlafen gegangen war, tadelte die
Frau Xanthos sehr, weil er dem Barbaren so viel Gold, ohne es
zu besitzen, versprochen habe; er werde sein Leben aufs Spiel
setzen, wenn er seine Zusage nicht halte. Worauf er ihr sagte,
in den Schuhen seiner Sklaven seien noch andere tausend Goldstücke versteckt; denn er habe nicht erwartet, einen so rechtlichen Barbaren zu treffen, sondern gedacht, es brauche viel Lösegeld. Die Frau nun verriet anderntags dem Kelten die Summe
des Goldes und forderte ihn auf, Xanthos zu töten, sagte auch,
sie ziehe ihn dem Vaterland und ihrem Kind bei weitem vor,

den Xanthos verabscheue sie ja ganz und gar. Er aber hatte gar
keine Freude an diesen Worten und beschloß, sie zu strafen. Als
Xanthos darauf drängte abzureisen, geleitete ihn der Kelte mit
großer Freundlichkeit, führte auch Herippe mit; an den Grenzen
des Keltenlandes angelangt, sagte der Barbar, er wolle ein Opfer bringen, bevor sie sich voneinander trennten, und nachdem
man das Opfertier herbeigeführt hatte, befahl er Herippe, mit
Hand anzulegen. Als sie es hielt, wie sie es auch sonst gewohnt
war, zückte er das Schwert, hieb zu und schlug ihr den Kopf ab.
Dem Xanthos sprach er gut zu, nicht allzusehr zu trauern, erzählte von ihrer Hinterlist und erlaubte ihm, das ganze Geld
mit sich zu nehmen.

9. POLYKRITE

*Nach Andriskos im ersten Buch der «Naxischen Geschichten» und
Theophrast im vierten Buch der «Politischen Geschichte»*

Es war zu der Zeit, als die Milesier mit ihren Bundesgenossen
gegen Naxos zogen und nach dem Bau eines Bollwerks vor der
Stadt das Land verwüsteten und die Naxier einschlossen und
beobachteten. Damals war eine Jungfrau – sie hieß Polykrite –
nach dem Willen irgendeines Gottes in dem Delion, einem Heiligtum nahe bei der Stadt, zurückgeblieben, die auf den Führer
der Erythräer, Diognetos, der mit einer eigenen Streitmacht
auf seiten der Milesier kämpfte, tiefen Eindruck machte. Er
hatte solche Sehnsucht nach ihr, daß er öfter Boten zu ihr
schickte; denn mit Gewalt durfte er sie, die als Schutzflehende
in dem Heiligtum weilte, nicht entführen. Eine Zeitlang ließ
sie die Beauftragten nicht ein, als er jedoch immer mehr drängte, gab sie ihm zu verstehen, sie würde nur auf ihn hören, wenn
er schwöre, ihr jeden Wunsch zu erfüllen. Diognetos, der nichts
Arges dabei dachte, schwur bereitwillig bei Artemis, er werde
ihr jeden Gefallen tun, den sie begehre. Darauf ergriff Polykrite

seine Hand und sprach vom Verrat des Bollwerks, indem sie ihn flehentlich bat, mit ihr selbst Mitleid zu haben und mit dem Unglück der Stadt. Als Diognetos diesen Vorschlag hörte, war er außer sich; er zückte den Dolch und machte Miene, das Mädchen umzubringen. Doch besann er sich auf ihre edle Absicht, zugleich war auch die Liebe stärker in ihm – allem Anschein nach mußte in der dringenden Not der Naxier eine Wendung eintreten –: für den Augenblick gab er keine Antwort, indem er überlegte, was zu tun wäre, am folgenden Tage aber erklärte er sich bereit, den Verrat auszuführen. Drei Tage waren damals noch bis zu den Thargelien, dem Fest, an dem die Milesier ungemischten Wein in Mengen trinken und im Essen den gößten Aufwand treiben; zu diesem Zeitpunkt bereitete er den Verrat des Bollwerks vor. Er steckte einen auf Blei geschriebenen Brief in Brot und schickte ihn durch Vermittlung der Polykrite ihren Brüdern – sie waren Führer in der Stadt –, sie sollten sich für diese Nacht bereitmachen und zu ihm stoßen; als Zeichen werde er einen Leuchter emporhalten. Und Polykrite trug dem Überbringer des Brotes auf, ihren Brüdern noch zu sagen, ja nicht zu zögern; das Unternehmen werde zu glücklichem Ende geführt werden, wenn sie nicht zögerten. Der Bote gelangte rasch in die Stadt, aber Polykles, der Bruder der Polykrite, machte sich viele Gedanken, ob er auf den Antrag eingehen solle oder nicht. Schließlich waren alle dafür, und als die Nacht kam, in der sich alle einfinden sollten, beteten sie zuerst eindringlich zu den Göttern und, von den Leuten des Diognetos empfangen, drangen sie in das Bollwerk der Milesier ein, die einen durch das offenstehende Pförtchen, die anderen, indem sie die Mauer überstiegen, und als alle drinnen waren, machten sie die Milesier nieder; dabei fand auch Diognetos unerkannt den Tod. Am anderen Tage empfanden alle Naxier heftiges Verlangen, dem Mädchen zu huldigen[1]. Die einen wollten sie mit Kopfbinden schmücken, die andern mit

Gürteln, bis das Mädchen unter der Last der vielen Dinge, die sich über ihr häuften, erstickte. Sie bereiteten ihr ein Staatsbegräbnis in der Ebene und brachten ihr jedes Jahr Opfer[1]; einige berichten, Diognetos sei auf dem gleichen Scheiterhaufen wie das Mädchen verbrannt worden, und zwar auf Betreiben der Naxier.

10. LEUKONE

In Thessalien war es, wo sich Kyanippos, Pharax' Sohn, in ein sehr schönes Mädchen, Leukone, verliebte. Er bat um sie bei ihren Eltern und führte sie nach Hause als seine Gattin. Er war aber ein leidenschaftlicher Jäger. Schon mit Tagesanbruch war er hinter Löwen und Keilern her, erst in der Nacht kam er totmüde zu seiner jungen Frau zurück, und ohne auch nur ein Wort mit ihr gesprochen zu haben, sank er gleich in tiefen Schlaf. Da quälte sich Leukone und wußte in ihrem Kummer keinen Rat; mit eigenen Augen wollte sie sehen, was Kyanippos im Gebirge eigentlich trieb, daß er sich so gern darin aufhielt. Hochgegürtet, ohne daß ihre Dienerinnen etwas davon wußten, schlich sie in den Wald. Die Hunde des Kyanippos verfolgten gerade die Spur eines Hirsches – seit langem verwildert, waren sie sehr scharf –, und als sie die junge Frau witterten, fielen sie über sie her und – es war keiner da, der sie schützte – zerrissen sie. So fand Leukone den Tod, nur aus Liebe zu ihrem Gatten; als dieser aber dazukam und sie so schmählich zerfleischt sah, kannte sein Schmerz keine Grenzen. Mit Hilfe der herbeigerufenen Gefährten schichtete er einen Scheiterhaufen auf und legte die Tote darauf. Zuerst schlachtete er die Hunde auf dem Holzstoß und dann, nachdem er sich in erschütternden Klagen um seine Frau ergangen hatte, gab er sich selbst den Tod.

II. BYBLIS

Nach Aristokritos' «Über Milet» und
Apollonios von Rhodos in der «Gründung von Kaunos»

Über Kaunos und Byblis, die Kinder des Miletos, lautet die Überlieferung nicht einheitlich. Nikainetos nämlich berichtet, Kaunos, von Liebe zur Schwester ergriffen, habe, wie die Leidenschaft nicht aufhörte, das Haus verlassen; er sei weit von seiner Heimat fortgezogen, habe eine Stadt gegründet und die damals zerstreuten Ionier darin angesiedelt. Er sagt dies folgendermaßen:

Aber er[1] zog weiter, gründete die Stadt Oikusion und verband sich mit Kelainos Tochter Tragasie; sie gebar ihm Kaunos, der stets ein Freund von Recht und Ordnung war; brachte auch die schwankem Wacholder gleiche Byblis zur Welt; in sie verliebte sich, wahrlich wider Willen, Kaunos[2]. Auf seiner Flucht gelangte er zum schlangenreichen Cypern, zum waldigen Kapros und zu Kariens heiligen Bädern. Hier nun baute er als Erster der Ionier eine Stadt. Sie aber, die Schwester, das Geschick des Käuzchens teilend, Byblis wehklagte fernab von den Toren um des Kaunos Heimkehr.

Die meisten aber berichten, Byblis habe, von Liebe zu Kaunos ergriffen, ihn dies wissen lassen und gefleht, er möge nicht dulden, daß sie ganz unglücklich werde. Da aber Kaunos so sehr Abscheu empfand, sei er in das damals von den Lelegern bewohnte Land hinübergefahren, dahin, wo die Quelle Echeneis fließt, und habe die nach ihm benannte Stadt Kaunos gegründet. Byblis nun, die von ihrer Leidenschaft nicht erlöst wurde, zudem auch glaubte, sie sei an des Kaunos Flucht schuld, habe ihr Haarband an eine Eiche geknüpft und sich erhängt.

Es heißt auch bei uns so:

Als sie nun aber den Sinn des unheilvollen Bruders erkannte, wehklagte sie häufiger noch als die Nachtigallen, welche in den Waldtälern um den sithonischen Knaben[3] unaufhörlich schluchzen. An die knorrige Eiche dann knüpfte sie alsobald ihr Haarband und legte den Hals in die Schlinge; ihretwegen aber zerrissen die milesischen Mädchen die Gewänder.

Einige berichten auch, aus den Tränen habe von selbst eine Quelle zu fließen begonnen, die Byblis genannt wird.

12. KALCHOS

Es wird aber auch erzählt, daß sich in Kirke, zu welcher Odysseus kam, ein gewisser Kalchos aus Apulien verliebte, ihr die Herrschaft über Apulien übergeben und viel anderes zu Gefallen tun wollte; sie aber, für Odysseus, der damals gerade bei ihr war, entflammt, habe ihn verschmäht und am Betreten der Insel gehindert. Doch da er immer wieder kam und immer Kirke im Munde führte, wurde sie sehr zornig und lockte ihn in eine Falle, rief ihn zu sich und stellte ihm einen Tisch hin, den sie mit vielerlei Speise besetzt hatte. Es waren nun aber diese Gerichte von Zaubermitteln durchtränkt; kaum hatte Kalchos gegessen, verfiel er schon in Wahnsinn, und sie trieb ihn zu den Schweineställen. Da nun aber nach einiger Zeit ein Heer aus Apulien auf der Suche nach Kalchos die Insel anfuhr, entließ sie ihn, nachdem sie ihn erst durch Schwüre gebunden hatte, niemals mehr, weder als Freier noch in einer andern Sache, zur Insel zu kommen.

13. HARPALYKE

Nach Euphorion im «Thraker»[1]

Klymenos, der Sohn des Teleus, heiratete in Argos Epikaste und zeugte Kinder, die Söhne Idas und Theragros und eine Tochter Harpalyke, die ihre Gespielinnen an Schönheit weit übertraf. In sie verliebte er sich, blieb allerdings eine Zeitlang standhaft und war seiner Leidenschaft Meister; wie aber die Krankheit

ihn immer stärker überkam, da gewann er sich das Mädchen
mit Hilfe der Amme und wohnte ihr heimlich bei. Als jedoch
der Zeitpunkt für ihre Hochzeit gekommen war und Alastor,
einer der Neliden, dem sie versprochen war, sich eingefunden
hatte, um sie heimzuführen, übergab er, nachdem er ein ganz
herrliches Hochzeitsmahl veranstaltet hatte, sie ihm ohne weiteres; kurz darauf aber reute es ihn; von Sinnen, wie er war,
stürmte er dem Alastor nach, raubte, als die beiden bereits etwa
die Hälfte des Weges zurückgelegt hatten, das Mädchen, führte es nach Argos und lebte offen mit ihr zusammen. Sie aber
fand, sie habe vom Vater Schreckliches und Ruchloses erlitten,
schlachtete den jüngeren Bruder, und da bei den Argeiern gerade ein Opferfest gefeiert wurde, an welchem alle öffentlich
schmausen, bereitete sie das Fleisch des Knaben zu und setzte
es dem Vater vor. Nach dieser Tat flehte sie die Götter an, sie
aus dem Bereich der Menschen fortzunehmen, worauf sie sich
in einen Habicht verwandelte. Wie aber Klymenos von den Geschehnissen Kenntnis erhielt, brachte er sich um.

14. ANTHEUS

Nach Aristoteles und den Verfassern der
«Milesischen Geschichten»

Ein Knabe aus Halikarnass, Antheus, aus königlichem Geblüt,
lebte als Geisel bei Phobios, einem der Neliden, welcher damals über Milet herrschte. In ihn verliebte sich Kleoboia – manche nannten sie Philaichme –, des Phobios Gattin; vieles ersann
sie, um den Knaben für sich zu gewinnen. Da er sie aber abwies, indem er bald sagte, er fürchte entdeckt zu werden, bald
sich auf Zeus, den Schützer des Gastrechts, und den gemeinsa-
men Tisch berief, schalt Kleoboia ihn erbarmungslos und hoch-
mütig und beschloß, in ihren Hoffnungen betrogen, sich an ihm
zu rächen. Sie tat also von nun an so, als ob sie von ihrer Liebe be-

freit wäre, aber als sie ein zahmes Rebhuhn in einen tiefen Brunnen gejagt hatte, bat sie Antheus, hinunterzusteigen und es
heraufzuholen; bereitwillig gehorchte er, da er keinen Arg-
wohn hegte, und Kleoboia wälzte einen mächtigen Stein auf
ihn; so war er augenblicklich tot, sie aber, da sie einsah, welch
schreckliche Tat sie getan, überdies aber in heftiger Liebe zu
dem Knaben glühte, tötete sich selbst. Phobios jedoch überließ
aus diesem Grunde als Fluchbeladener dem Phrygios die Herrschaft. Einige aber berichten, nicht ein Rebhuhn, sondern ein
goldenes Gefäß sei in den Brunnen geworfen worden, wie es
auch Alexandros aus Ätolien folgendermaßen in seinem «Apollon» erwähnt:

  Des Neiliden Hippokles Kind, Phobios, folgt, rechtmäßiger
Sohn vollbürtiger Eltern. Ihm wird die erwählte Gattin ins
Haus einziehen; und wenn sie als noch junge Frau in den Ge-
mächern schön die Wolle dreht, wird kommen des Königs Assesos Sproß, Antheus, als Geisel Treuschwüre heischend, blut-
jung, blühender als der Frühling – auch dem Melissos nicht
wird das rindernährende Wasser Peirenes solch großen Sohn
erblühen lassen, von dem große Freude für Korinth ausgehen
wird und Schmerz den starken Bakchiaden[1] – Antheus, dem
schnellen Hermes lieb: Zu ihm wird die rasende Frau sogleich verbrecherische Liebe empfinden; und ihn, seine Knie
umschlingend, bereden, Unerfüllbares zu tun. Er aber, in Ehr-
furcht vor Zeus, dem Schützer des Gastrechts, vor den Verträ-
gen mit Phobios zudem und dem Salz, dem Gefährten des Meeres[2], wird mit Quellen und Flüssen sich abwaschen das schänd-
liche Wort. Wenn nun der strahlendschöne Antheus die unselige Hochzeit versagt, wird sie ihm alsdann arglistigen Trug
ersinnen, ihn täuschend mit Worten. Dies wird ihre Rede
sein: Ein goldnes Gefäß riß mir, eben als es aus der Tiefe des
Brunnens heraufgezogen wurde, das schöne Seil entzwei; selbst
aber verschwand es zu den Wassernymphen. Bei den Göttern

fleh' ich dich an: Wenn nun – denn ich höre, allen sei leicht der Weg in diese Öffnung – du hurtig heraus es mir holtest, dann wärest du weitaus der Liebste. So wird des Neliden Phobios Gattin sprechen; er aber wird, ohne sich zu bedenken, ablegen das lelegeische Kleid[1], ein Werk seiner Mutter Hellamene, wird eilig hinabsteigen in den tiefen Schacht des Brunnens, und auf ihn wird das Weib in seinem bösen Sinn mit beiden Händen einen Mühlstein stürzen, und so wird der Unglückseligste aller Gastfreunde errichten[2] das vom Schicksal bestimmte Grab, sie aber wird sich erhängen und mit jenem gehen zum Hades.

15. DAPHNE

Nach Diodoros von Elaia in den «Elegien»
und Phylarchos im fünfzehnten Buch

Von Amyklas' Tochter Daphne erzählt man folgende Sage: Sie kam überhaupt nicht zur Stadt herunter und verkehrte nicht mit andern Jungfrauen; sie hatte immer nur Hunde um sich und jagte, manchmal in Lakonien, und dann wieder streifte sie durch die andern Berge des Peloponnes. Aus diesem Grund war sie bei Artemis wohlgelitten, der sie es verdankte, daß jeder Wurf von ihr traf. Als sie das Gebiet von Elis durchstreifte, fühlte sich der Sohn des Oinomaos, Leukippos, zu ihr hingezogen. Den Gedanken zwar, sie auf andere Weise zu erobern, gab er gleich auf, er legte nur weibliche Kleider an und jagte mit ihr in der Aufmachung einer Jungfrau. So kam es, daß sie irgendwie Gefallen an ihm fand: sie war dauernd um ihn bemüht und schloß sich den ganzen Tag an ihn an. Aber auch Apollon selbst verzehrte sich in Sehnsucht nach dem Mädchen und war voll Zorn und Neid, daß Leukippos mit ihr zusammen war. So brachte er sie auf den Gedanken, mit den anderen Mädchen eine Quelle aufzusuchen und darin zu baden. Gleich nach ihrer Ankunft entkleideten sie sich, und als sie sahen, daß Leukippos

keine Anstalten dazu machen wollte, rissen sie ihm das Kleid
vom Leibe; so entdeckten sie seinen Betrug und daß er schlechte
Absichten hatte, und warfen die Lanzen gegen ihn. So wurde
Leukippos nach dem Willen der Götter aus dem Wege geräumt;
als jedoch Daphne Apollon auf sich zukommen sah, wandte sie
sich entschlossen zur Flucht. Von dem Gott verfolgt, bat sie
Zeus, er möge sie fortnehmen aus dem Bereich der Menschen.
Da wurde sie – so erzählt man – zu dem Baum, der nach ihr benannt ist (gr. daphne: Lorbeer).

16. LAODIKE

Nach Hegesippos im ersten Buch der « Pallenischen Geschichten»

Auch von Laodike erzählte man folgende Sage: Als Diomedes
und Akamas kamen, um die Auslieferung der Helena zu fordern, ergriff sie das Verlangen, sich mit dem noch ganz jungen
Akamas zu verbinden. Eine Zeitlang war die Scham stärker,
dann aber unterlag sie der Leidenschaft und vertraute sich der
Gattin des Perseus an – sie hieß Philobie – mit der Bitte, ihr, die
schon beinahe nicht mehr unter den Lebenden weile, zu helfen.
Diese hatte Mitleid mit der Unglücklichen und bat den Perseus, ihr seine Hilfe zu gewähren, indem er Gastlichkeit und
Freundschaft gegenüber Akamas übe. Perseus wollte seiner
Gattin einen Gefallen tun, und da er zugleich Mitleid mit Laodike hatte, brachte er mit allen Mitteln Akamas dazu, nach
Dardanos zu kommen. War er doch selbst Statthalter des Or-
tes. Auch Laodike kam mit anderen Troerinnen wie zu einem
Fest; sie war noch unvermählt. Er gab ein üppiges Gastmahl, zu
dem er auch Laodike zuzog, indem er Akamas erklärte, sie sei
eine der Nebenfrauen des Königs. Diese befriedigte so ihre
Lust, dem Akamas aber wurde, als die Zeit kam, ein Sohn geboren, Munitos, der unter der Obhut der Aithra aufwuchs und
den er nach der Einnahme Troias nach Hause mitnahm. In der

Gegend von Olynthos in Thrakien tötete ihn später beim Jagen eine Schlange.

17. DES PERIANDROS MUTTER

Es wird aber auch erzählt, Periandros aus Korinth sei anfänglich maßvoll und mild gewesen, später aber mordgierig geworden aus folgendem Grund: Seine Mutter empfand, als er noch ganz jung war, große Sehnsucht nach ihm, und eine Zeitlang stillte sie ihr Verlangen, indem sie den Knaben umarmte. Mit der Zeit aber steigerte sich ihre Leidenschaft immer mehr, und sie war nicht mehr imstande, ihre Krankheit zu verbergen, bis daß sie sich erkühnte und ihrem Sohn eröffnete, eine gar schöne Frau liebe ihn; sie mahnte ihn, nicht zu dulden, daß jene sich noch länger verzehre. Er nun sagte zuerst, er werde nicht eine verheiratete Frau gegen Gesetz und Sitte verführen, doch da die Mutter unablässig mit Bitten ihn bestürmte, ließ er sich umstimmen. Als die Nacht herbeikam, für welche sie sich mit dem Sohn verabredet, erklärte sie ihm zuvor, er dürfe weder ein Licht im Gemach scheinen lassen noch die Frau zwingen, mit ihm zu reden; denn auch das erbitte sie sich aus Scham. Auf des Periandros Versprechen, alles nach Weisung der Mutter zu tun, kam sie aufs schönste geschmückt zu ihrem Sohn, und bevor der Morgen erschien, ging sie heimlich wieder fort. Tags darauf erkundigte sie sich, ob es ihm nach Wunsch ergangen sei und ob er wolle, daß sie wieder zu ihm komme; worauf Periander antwortete, er wünsche es und habe sich nicht wenig ergötzt. Da sie von dieser Zeit an nicht aufhörte, ihren Sohn zu besuchen und etwas Liebe auch den Periandros ergriff, wünschte er zu erfahren, wer diese Person sei. Eine Zeitlang bat er seine Mutter immer wieder, jene anzuflehen, mit ihm zu reden und, da sie großes Verlangen in ihm entfacht habe, endlich sich zu entdecken; jetzt leide er ganz und gar Unbilliges, da ihm nicht erlaubt werde, diejenige zu sehen, die seit langer

Zeit ihm beiwohne. Weil die Mutter die Bitte abwies und das Schamgefühl der Frau vorschützte, befahl er einem seiner Diener, eine Lampe zu verbergen; und als sie wie gewohnt kam und sich hinlegen wollte, sprang Periandros auf, hob das Licht empor, und wie er seine Mutter erblickte, stürzte er sich auf sie, um sie umzubringen. Von einer göttlichen Erscheinung zurückgehalten, hielt er inne. Seit dieser Zeit war er an Verstand und Gefühl verstört, brach in Grausamkeit aus und mordete viele Bürger. Die Mutter aber tötete unter heftigen Klagen über ihr Geschick sich selbst.

18. NEAIRA

Nach Theophrast im ersten Buch der «Politischen Geschichte»

Hypsikreon aus Milet und Promedon aus Naxos waren eng miteinander befreundet. Als einst Promedon nach Milet kam, verliebte sich in ihn – so erzählt man – die Gattin des andern, Neaira. Solange allerdings Hypsikreon zugegen war, wagte sie nicht, mit dem Gast zu sprechen, nach einiger Zeit indes, als Hypsikreon verreist war und jener wiederkam, schlich sie nachts zu ihm, während er schlief, und vergaß sich so weit, daß sie sich ihm anbot. Da aber Promedon nichts davon wissen wollte, aus Scheu vor Zeus, dem Schützer der Freundschaft und des Gastrechts, trug Neaira ihren Dienerinnen auf, das Schlafgemach abzuschließen, und als sie in dieser Weise ihre vielen Verführungskünste spielen ließ, konnte er zuletzt nicht umhin, ihr den Willen zu tun. Am folgenden Tag kam ihm die Furchtbarkeit dessen, was er getan, zum Bewußtsein, und er fuhr gleich nach Naxos zurück. Da fuhr auch Neaira aus Angst vor Hypsikreon nach Naxos hinüber, und als Hypsikreon ihre Auslieferung verlangte, setzte sie sich als Schutzflehende an den Herd im Prytaneion. Dem Drängen Hypsikreons gegenüber verweigerten die Naxier ihre Auslieferung und legten ihm nahe, sie durch gütliche Überredung heimzuholen. Da er aber glaubte, es geschehe ihm Unrecht, brachte er die Milesier dazu, den Naxiern den Krieg zu erklären.

19. PANKRATO

Nach Andriskos im zweiten Buch der «Naxischen Geschichten»

Skellis und Agassamenos, Söhne des Thrakers Heketor, brachen von der Insel, die früher Strongyle, später Naxos hieß, auf und unternahmen Raubzüge im Peloponnes und den umliegenden Inseln. Als sie einmal in Thessalien gelandet waren, schleppten sie unter vielen andern Frauen auch des Aloeus Gattin Iphimede und deren Tochter Pankrato fort; da sich beide in diese verliebten, töteten sie einander.

20. HAIRO

Oinopion und die Nymphe Helike hatten, wie die Sage erzählt, eine Tochter, Hairo[1]. Orion, der Sohn des Hyrieus, verliebte sich in sie und bewarb sich um sie bei dem Vater. Ihretwegen befreite er die Insel von den vielen Ungeheuern, von denen sie damals erfüllt war, und trieb bei den Nachbarn die viele Beute ein, die er als Hochzeitsgeschenk bringen wollte. Da jedoch Oinopion immer wieder die Hochzeit hinausschob, weil er von einem solchen Schwiegersohn nichts wissen wollte, geriet dieser im Rausch außer sich und schlug das Gebäude zusammen, in dem das Mädchen schlief, wurde indes von Oinopion überwältigt und geblendet.

21. PEISIDIKE

Es wird aber auch erzählt, Achilleus sei, als er auf seiner Fahrt die dem Festland vorgelagerten Inseln verwüstete, in Lesbos gelandet; hier nun habe er Stadt für Stadt angegriffen und zerstört. Als aber die Bewohner von Methymna sehr heftig Wider-

stand leisteten und er in großer Ratlosigkeit war, da er die
Stadt nicht einnehmen konnte, habe Peisidike, eine aus Methymna, des Königs Tochter, von der Mauer aus Achilleus erblickt, sich in ihn verliebt, habe deshalb die Amme hinge-
schickt und versprochen, ihm die Stadt in die Hand zu spielen,
wenn er sie zur Frau nehmen werde. Er nun gab vorerst seine
Zustimmung; doch als er sich der Stadt bemächtigt hatte, veranlaßte er, empört über Peisidikes Tat, seine Soldaten, das
Mädchen zu steinigen. Es erwähnt diese Begebenheit auch der
Dichter der «Besiedlung von Lesbos» wie folgt:

Da nun tötete der Pelide[1] den Helden Lampetos, Hiketaon
erschlug er, des altadligen Lepetymnos und der Methymna
Sohn, und in der Stadt den Allermutigsten, Helikaons Bruder,
den gewaltigen Hypsipylos. Die blühende Kypris aber ver-
blendete Peisidike: Denn sie wandte zum Aiakiden des Mädchens Sinn, als es unter den Vordersten der Achaier den in
Kampfesmut Frohlockenden erblickte; oft nun erhob in die
flüssige Luft es die Hände, sich sehnend nach Liebe.

Dann etwas weiter unten:

Die Jungfrau empfing das achaische Heer in der Vaterstadt,
sobald sie entfernt die Riegel der Tore, sie wagte mit eigenen
Augen die vom Erz getroffenen Eltern zu sehen und in Fesseln
der Knechtschaft die Frauen, die zu den Schiffen man schleppte
des Achilleus Versprechungen wegen, auf daß sie Schwieger-
tochter der blauen Thetis[2] werde, auf daß ihr die Aiakiden
Schwäger seien, sie in Phthia Häuser bewohne als des edelsten
Mannes verständige Gattin. Er aber gedachte nicht, dies zu
tun, er hohnlachte über ihres Vaterlandes leidvolles Schicksal.
Da erfuhr sie, die Unselige, des Peliden furchtbare Hochzeit,
unter den Händen der Argeier, die sie töteten, schleudernd mit
Macht Steine in Menge.

22. NANIS

Nach dem Lyriker Likymnios von Chios und Hermesianax

Einige erzählten, auch die Burg von Sardes sei von Kyros, dem Perserkönig, erobert worden infolge des Verrates der Kroisostochter Nanis. Denn als Kyros Sardes belagerte und das Unternehmen, die Stadt zu erobern, nicht vorangehen wollte und er sehr besorgt war, die Bundesgenossen des Kroisos möchten sein Heer vernichten, da verabredete dieses Mädchen – so erzählte man – mit Kyros den Verrat: wenn er sie nämlich nach den Gesetzen der Perser zu seiner Gattin mache, werde sie auf der Burg da, wo sie wegen ihrer Festigkeit unbewacht sei, die Feinde einlassen, wobei noch andre Helfer ihr zur Seite stünden. Kyros indes soll ihr sein Versprechen nicht gehalten haben.

23. CHEILONIS

Der Spartaner Kleonymos, der aus königlichem Geschlecht stammte und viel für die Spartaner getan hatte, heiratete die ihm blutsverwandte Cheilonis. Während Kleonymos ihr leidenschaftlich zugetan war und ihm die Liebe keine Ruhe ließ, kümmerte sie sich wenig um ihn und war ganz Akrotatos, dem Sohn des Königs, ergeben. Auch der Jüngling glühte offensichtlich in Liebe zu ihr, so daß ihr Einvernehmen in aller Mund war. Da Kleonymos deshalb sich empörte und er außerdem die spartanischen Sitten nicht billigte, ging er zu Pyrrhos nach Epirus hinüber und überredete ihn, einen Angriff auf den Peloponnes zu wagen: wenn sie sich ernstlich mit dem Krieg befaßten, würden sie die dortigen Städte leicht erobern. Er sagte auch, es sei ihm dafür bereits etwas vorgearbeitet, so daß schon einige unter den Feinden sich erhoben hätten[1].

24. HIPPARINOS

Hipparinos, der Tyrann von Syrakus, entbrannte in Begierde nach einem sehr schönen Knaben; Achaios war sein Name. Er gewann ihn mit vielen Gefälligkeiten für sich und überredete ihn, sein Haus zu verlassen und bei ihm zu bleiben. Als einige Zeit später ein feindlicher Angriff auf einen der vom Tyrannen besetzten Plätze gemeldet wurde und schleunig Hilfe nötig war, befahl Hipparinos bei seinem Aufbruch dem Knaben, falls jemand sich den Zugang zum Hof erzwingen wolle, den Eindringling mit dem Schwert, das er ihm eben geschenkt hatte, zu töten. Nachdem er auf die Feinde gestoßen war und sie im Sturm besiegt hatte, hielt er ein großes Gelage ab. Vom übermäßigen Weingenuß und vom Verlangen nach dem Knaben entflammt, ritt er nach Syrakus, und zum Hause gelangt, wo er dem Knaben befohlen hatte zu bleiben, gab er sich nicht zu erkennen, sondern sagte mit thessalischer Aussprache, er habe den Hipparinos getötet. Voll Empörung schlug der Knabe in der Dunkelheit zu und verletzte den Hipparinos auf den Tod; dieser lebte noch drei Tage und starb, nachdem er den Achaios vom Mord freigesprochen hatte.

25. PHAYLLOS

Nach Phylarchos

Der Tyrann Phayllos liebte die Gattin des Ariston, des Führers der Oitaier. Er schickte zu ihr, versprach viel Gold und Silber, und wenn sie sonst etwas nötig hätte – ließ er ihr sagen –, würde es ihr nicht daran fehlen. Sie hatte großes Verlangen nach dem Halsband, das damals im Heiligtum der Pronoia Athene[1] lag und ehemals, wie die Sage erzählte, Eriphyle gehört hatte, und wünschte es sich zum Geschenk. Phayllos aber nahm mit den übrigen Weihgeschenken, die er aus Delphi fortschleppte, auch das Halsband mit. Es wurde in das Haus Aristons gebracht, und seine Gattin trug es eine Zeitlang und war dadurch weit berühmt; später indes erlebte sie ein ähnliches Schicksal, wie es Eriphyle erfahren hatte. Der jüngste von ihren Söhnen zündete im Wahnsinn das Haus an und verbrannte die eigene Mutter zusammen mit dem größten Teil der Habe.

26. APRIATE

Nach Euphorion im «Thraker»

In Lesbos verliebte sich Trambelos, der Sohn Telamons, in die jugendliche Apriate und tat alles mögliche, um das Mädchen zu gewinnen. Da sie ihm in keiner Weise zu Willen war, dachte er mit List und Trug sie zu bezwingen. Als sie einst mit ihren Dienerinnen sich auf eines der väterlichen Güter begab – es lag in der Nähe des Meeres –, legte er sich auf die Lauer und packte sie. Da sie indes noch viel entschlossener ihr Mädchentum verteidigte, warf sie Trambelos voller Zorn ins Meer, das dort sehr tief war. So fand also Apriate den Tod; einige indes erzählten, sie habe sich auf der Verfolgung hinabgestürzt. Den Trambelos aber ergriff bald darauf die Rache der Götter; denn als Achilleus in Lesbos reiche Beute sich aneignete und mitnehmen wollte, trat ihm, von den Einheimischen zur Hilfe gerufen, Trambelos entgegen. Dabei wurde er in die Brust getroffen und fiel auf der Stelle. Seine Kraft bewundernd, fragte ihn Achilleus – er war noch bei Bewußtsein –, wer und woher er sei. Als er Telamons Sohn in ihm erkannte, klagte er laut um ihn und schüttete ihm einen hohen Grabhügel auf am Strand; bis heute heißt er «Grab des Trambelos».

27. ALKINOË

Nach Moiro in den « Verwünschungen »

Es geht die Sage, auch Alkinoë, die Tochter des Polybos aus
Korinth und Gattin des Amphilochos, des Dryas Sohn, habe
sich, da Athene ihr zürnte, rasend in einen samischen Fremden
verliebt; Xanthos war sein Name. Sie habe nämlich eine Arbei-
terin, Nikandre, für Lohn zu sich genommen und diese dann,
nachdem sie ein Jahr gearbeitet hatte, aus dem Hause gejagt,
ohne den vollen Lohn zu zahlen; diese nun habe inständig zu
Athene gebetet, sie für den ungerechten Verlust zu rächen.
Deshalb sei es denn so weit mit Alkinoë gekommen, daß sie ihr
Haus und die schon geborenen Kinder verließ und mit Xanthos
davonfuhr. Mitten auf der Fahrt sei ihr bewußt geworden, was
sie getan; da habe sie viele Tränen vergossen und bald nach ihrem rechtmäßigen Mann, bald nach den Kindern gerufen. Endlich aber sei sie, obwohl Xanthos ihr sehr zuredete und sagte, er
werde sie heiraten, ohne auf ihn zu hören, ins Meer gesprungen.

28. KLEITE

*Nach Euphorion im « Apollodoros » sowie nach Apollonios
im ersten Buch der « Argonauten »*

Verschieden lautet, was man von Kyzikos, dem Sohne des Aineus,
erzählt. Die einen nämlich sagten, er habe sich mit Larisa vermählt, Piasos' Tochter, welcher vor der Hochzeit der Vater beigewohnt hatte, und sei im Kampf getötet worden; andere aber: er
sei, kurz nachdem er Kleite geheiratet, ohne es zu wissen, mit Iasons Gefährten, den Argonauten, in Kampf geraten, gefallen und
habe bei allen eine gar schmerzliche Sehnsucht zurückgelassen, besonders aber bei Kleite; denn als sie ihn niedergestreckt sah, klam-
merte sie sich an ihn und wehklagte heftig, des Nachts aber erhängte sie sich, von den Dienerinnen unbemerkt, an einem Baum[1].

29. DAPHNIS

Nach Timaios in den «Sizilischen Geschichten»

In Sizilien lebte der Sohn des Hermes, Daphnis; er verstand trefflich, die Flöte zu spielen, und war von schöner Gestalt. Er mied die Gesellschaft der Männer, weidete am Ätna die Rinder und lebte im Winter wie im Sommer im Freien. Die Nymphe Echenais – so geht die Sage – liebte ihn und warnte ihn, mit einem Weibe zu verkehren; wenn er nicht gehorchte, würde er die Augen verlieren. Eine Zeitlang leistete er entschlossenen Widerstand, obwohl nicht wenige ihn rasend liebten, dann betörte ihn eine der Königstöchter in Sizilien im Weinrausch und erregte die Begierde in ihm, sie zu umarmen. Darauf ging es ihm ähnlich wie dem Thraker Thamyras: wegen seiner Torheit wurde er geblendet.

30. KELTINE

Es wird aber auch erzählt, daß Herakles, als er des Geryones Rinder von Erytheia wegführte, durch das Keltenland streifte und zu Bretannos gelangt sei; der habe eine Tochter gehabt mit Namen Keltine. Da sich diese in Herakles verliebte, habe sie die Rinder versteckt und sie nur unter der Bedingung herausgeben wollen, daß er ihr vorher beiwohne. Herakles, der zwar auch die Rinder zurückzuerhalten wünschte, viel mehr jedoch von der Schönheit des Mädchens hingerissen war, habe mit ihr geschlafen; und als der Zeitpunkt gekommen war, sei ihnen ein Sohn, Keltos, geboren worden, nach dem eben die Kelten ihren Namen erhielten.

31. DIMOITES

Nach Phylarchos

Es wird aber auch erzählt, Dimoites habe sich mit Euopis, der Tochter seines Bruders Troizen, vermählt. Als er bemerkte, daß sie aus heftiger Liebe mit ihrem Bruder schlief, habe er dies dem Troizen kundgetan. Sie aber habe sich aus Furcht und Scham erhängt, nicht ohne vorher viel Leid auf den an ihrem Unglück Schuldigen herabzuwünschen. Da sei denn also Dimoites nach kurzer Zeit auf eine sehr schöne Frau gestoßen, welche die Wellen an Land geworfen hatten, und in Begierde zu ihr entbrannt, habe er ihr beigewohnt. Da aber ihr Körper bereits zerfiel, habe er ihr ein großes Grab aufgeschüttet und dann, weil die Leidenschaft nicht aufhörte, hier sich umgebracht.

32. ANTHIPPE

Bei den Chaonen verliebte sich ein Jüngling aus sehr angesehenem Hause in Anthippe. Er machte ihr den Hof und versuchte auf jede Weise sie zu überreden, ihm beizuwohnen. Auch sie war offenbar dem Knaben nicht abgeneigt, und so befriedigten sie, ohne daß ihre Eltern davon wußten, ihre Begierde. Als einst bei den Chaonen ein öffentliches Fest gefeiert wurde und alle sich gütlich taten, entfernten sie sich und drängten sich in ein Gehölz. Es traf sich nun aber, daß des Königs Sohn Kichyros einen Panther verfolgte; nachdem er ihn in jenes Gehölz getrieben, warf er den Speer nach ihm, verfehlte ihn, traf aber das Mädchen; in der Annahme, das Tier sei erlegt, trieb er sein Pferd näher; und wie er den Jüngling gewahrte, der beide Hände auf des Mädchens Wunde hielt, wurde er bewußtlos, verlor das Gleichgewicht und stürzte vom Pferd an einer steilen und felsigen Stelle. Hier nun blieb er tot liegen; die Chaonen aber umzogen, ihrem König zu Ehren, ebendiesen Ort mit einer Mauer und nannten die Stadt Kichyros. Es berichten aber einige, jenes

Gehölz sei Echions Tochter Epeiros heilig, die aus Böotien sich aufmachte und mit Harmonia und Kadmos[1] fortzog, wobei sie die Überreste des Pentheus mit sich trug; nach ihrem Tode aber sei sie in diesem Gehölz begraben worden. Deshalb habe das Land nach ihr den Namen Epeiros (Epirus) erhalten.

33. ASSAON

Nach Xanthos in den «Lydischen Geschichten», Neanthes im zweiten Buch und Simias von Rhodos

Man erzählt aber auch Niobes Geschichte noch anders, als die meisten Schriftsteller es tun. Denn nicht des Tantalos, sondern Assaons Tochter und Gattin des Philottos soll sie gewesen sein. Als sie wegen des Kindersegens mit Leto in Streit geriet, habe sie folgende Strafe erlitten: Philottos sei auf der Jagd umgekommen; Assaon aber, von Verlangen nach der Tochter ergriffen, habe sie sich selbst zur Frau bestimmt; da sich aber Niobe nicht fügte, habe er ihre Kinder zu einem Mahl geladen und verbrannt. Und sie habe sich wegen dieses Unglücks von einem sehr hohen Fels gestürzt, Assaon aber, als ihm seine Vergehen bewußt geworden, sich selbst ums Leben gebracht.

34. KORYTHOS

Nach Hellanikos in den «Troischen Geschichten» und Kephalon von Gergithos

Oinone und Alexandros hatten einen Sohn, Korythos. Dieser kam als Bundesgenosse nach Ilion und verliebte sich in Helena. Auch sie nahm ihn sehr wohlwollend auf; war er doch von stattlichstem Aussehen. Sein Vater aber ertappte und tötete ihn. Nikandros jedoch sagt, Korythos sei nicht Oinones, sondern Helenas und des Alexandros Sohn gewesen, nämlich im Folgenden:

Und das Grab des in den Hades hinuntergestiegenen Korythos, welchen des Tyndareos Tochter, bezwungen in wider-
rechtlicher Hochzeit, sie, die schrecklich trauerte, empfing, den
schlimmen Sproß eines Hirten.

35. EULIMENE

In Kreta verliebte sich Lykastos in Kydons Tochter Eulimene,
welche der Vater dem Apteros, dem damals Ersten der Kreter,
verlobt hatte; ihr wohnte er heimlich bei und blieb unentdeckt.
Als aber einige der kretischen Städte sich gegen Kydon erhoben und ihm weit überlegen waren, schickte er Leute zum Orakel des Gottes, die fragen sollten, was er tun müsse, um die
Feinde zu besiegen. Und es wurde ihm verkündet, den einheimischen Heroen sei eine Jungfrau zu schlachten. Als Kydon den
Orakelspruch gehört hatte, ließ er alle Jungfrauen das Los ziehen, und nach göttlicher Fügung traf es seine Tochter. In der
Angst um sie verriet nun Lykastos, daß er sie verführt habe
und seit langem mit ihr verkehre; aber der große Haufe verlangte erst recht, daß sie des Todes sei. Als sie geschlachtet
war, befahl Kydon dem Priester, ihr den Leib aufzuschneiden,
und so fand man, daß sie schwanger war. Apteros aber, der sich
von Lykastos beleidigt fühlte, brachte ihn meuchlings um und
floh aus diesem Grunde zu Xanthos nach Termera.

36. ARGANTHONE

Nach Asklepiades von Myrlea im ersten Buch
der « Bithynischen Geschichten»

Man erzählt auch von Rhesos, bevor er als Bundesgenosse nach
Troia gekommen sei, habe er viel Land durchzogen, es sich unterworfen und Tributzahlungen auferlegt. Dabei kam er auch,
angelockt vom Ruhm einer schönen Frau, nach Kios. Sie hieß
Arganthone. Das häusliche Leben und Herumsitzen daheim

war ihr verhaßt, sie hatte viele Hunde um sich, mit denen sie jagte, aber kein Mann durfte dabei sein. Als Rhesos in die Gegend kam, entführte er sie nicht durch einen Gewaltstreich, sondern sagte nur, er hätte wohl Lust, mit ihr zu jagen, hasse er doch gleich wie sie die Gesellschaft der Menschen. Überzeugt, daß er die Wahrheit sage, nahm sie das beifällig auf. Mit der Zeit empfand sie große Neigung zu Rhesos. Zuerst hielt sie sich aus Scham zurück. Als aber die Leidenschaft stärker wurde, brachte sie es über sich, mit ihm zu sprechen, und so nahm er sie mit ihrem Einverständnis als seine Gattin mit in die Heimat. Als später der Krieg über die Troer kam, schickten die Könige um seinen Beistand; Arganthone indes, ob nun aus Liebe – die sehr stark in ihr war – oder ob sie sonst irgendwie das Kommende voraussah, wollte den Gatten nicht ziehen lassen. Doch Rhesos war es unerträglich, durch Untätigkeit verweichlicht zu werden[1], er zog nach Troia und fiel im Kampf an dem Fluß, der noch heute seinen Namen trägt, von Diomedes tödlich getroffen. Darauf kehrte sie an den Ort zurück, wo sie sich ihm zuerst hingegeben hatte, und dort umherirrend, rief sie immer wieder den Namen Rhesos. Zuletzt eilte sie zum Fluß und ging mit ihrem Leid aus der Welt.

ANTONINUS LIBERALIS
SAMMLUNG VON VERWANDLUNGSSAGEN

I. KTESYLLA

Nach Nikandros im dritten Buch der «Verwandlungen»

Ktesylla stammte aus Julis auf Keos und war die Tochter des Alkidamas. Als Hermochares aus Athen sie an den Pythischen Spielen um den Altar des Apollon in Karthaia tanzen sah, ergriff ihn Verlangen nach ihr; er beschriftete einen Apfel und warf ihn im Heiligtum der Artemis hin, sie aber hob ihn auf und las. Es stand darauf ein Schwur bei Artemis, sie werde ganz gewiß den Hermochares aus Athen heiraten. Ktesylla nun warf den Apfel voll Scham weg und war empört, wie es geschah, als Akontios Kydippe täuschte[1]. Als Hermochares um Ktesylla warb, versprach ihr Vater die Hochzeit und schwor bei Apollon, indem er den Lorbeer berührte. Als aber die Zeit der Pythien vergangen war, vergaß Alkidamas den Eid, den er geschworen hatte, und wollte die Tochter mit einem andern verheiraten. Und das Mädchen opferte im Tempel der Artemis; Hermochares, empört, daß die Hochzeit gescheitert war, eilte ins Artemis-Heiligtum, und wie Ktesylla ihn sah, verliebte sie sich nach dem Willen der Göttin; nachdem sie mit Hilfe der Amme sich verabredet, fuhr sie des Nachts, ohne daß der Vater es merkte, nach Athen, und die Hochzeit mit Hermochares fand statt. Als aber Ktesylla geboren hatte und ihr Zustand infolge der Geburt schlimm war, starb sie nach göttlicher Fügung, weil ihr Vater seinen Schwur gebrochen hatte. Und nachdem man ihren Leichnam gepflegt, wollte man ihn zur Bestattung tragen, doch vom Totenbett flog eine Taube auf, und der Leib Ktesyllas war verschwunden. Dem Hermochares aber verkündete der Gott auf seine Frage, er solle einen Tempel mit dem Beinamen Aphrodite Ktesylla in Julis bauen; er gab aber

auch den Keern ein Orakel. Sie nun opfern ihr bis heute, und die
Bewohner von Julis nennen sie Aphrodite Ktesylla, die andern
aber Ktesylla, die Fernwirkende.

2. DIE MELEAGRIDEN

Nach Nikandros im dritten Buch der «Verwandlungen»

Oineus, Sohn des Aressohnes Portheus, herrschte in Kalydon.
Er erhielt von des Thestios Tochter Althaia die Söhne Meleagros, Phereus, Ageleos, Toxeus, Klymenos und Periphas, die
Töchter Gorge, Eurymede, Deianeira und Melanippe. Als er
die Erstlingsopfer für das Land darbrachte, vergaß er Artemis
ganz und gar. In ihrem Zorn ließ sie einen wilden Eber los, der
das Land verwüstete und viele tötete. Darauf sammelten Meleagros und die Söhne des Thestios die Helden aus Hellas gegen
den Eber, diese aber kamen und töteten ihn. Nun verteilte Meleagros das Fleisch unter die Helden, Kopf und Fell jedoch
nahm er als Ehrengabe für sich heraus. Artemis aber zürnte, da
sie den heiligen Eber getötet hatten, nur um so mehr und entfachte Streit unter ihnen. Die Söhne des Thestios nämlich und
die übrigen Kureten griffen nach dem Fell und sagten, die Hälfte der Ehrengaben gehöre ihnen. Meleagros entriß es mit Gewalt und tötete die Thestiossöhne. Aus diesem Anlaß entstand Krieg zwischen Kureten und Kalydoniern. Und Meleagros zog nicht in den Krieg, erzürnt, daß ihm seine Mutter wegen des Todes ihrer Brüder geflucht hatte. Als nun die Kureten
bereits im Begriff waren, die Stadt zu nehmen, überredete den
Meleagros seine Gattin Kleopatra, den Kalydoniern zu Hilfe zu
eilen; er aber machte sich auf gegen das Heer der Kureten und
starb, da seine Mutter das ihr von den Moiren gegebene Scheit
in Brand steckte; sie hatten ihm nämlich soviel Lebenszeit zu-
gesponnen, als das Scheit daure. Es starben aber auch die übrigen Söhne des Oineus in diesem Kampf. Und größte Trauer

über Meleagros entstand bei den Kalydoniern. Seine Schwestern aber wehklagten bei seinem Grabe unaufhörlich, bis sie Artemis mit einem Stab berührte und so in Vögel verwandelte; sie versetzte sie auf die Insel Leros und gab ihnen den Namen Meleagriden (Perlhühner). Diese aber sollen bis jetzt noch zur Frühlingszeit für Meleagros Trauer tragen. Zwei aber von Althaias Töchtern, Gorge und Deianeira, sagt man, verwandelte sie nicht, da Dionysos ihnen wohlwollte und ihm Artemis diesen Gefallen erwies[1].

3. HIERAX

Nach Boios in der « Entstehung der Vögel »

Im Lande der Mariandyner lebte Hierax, ein gerechter und ausgezeichneter Mann. Er errichtete Kultbilder für Demeter und erntete ihre Früchte in großer Menge. Da nun die Teukrer dem Poseidon zur richtigen Zeit keine Opfer darbrachten, sondern aus Nachlässigkeit es versäumten, vernichtete Poseidon ergrimmt die Früchte jenes Landes und jagte ein gewaltiges Ungeheuer aus dem Meer gegen sie. Die Teukrer aber, die sich des Ungeheuers und des Hungers nicht erwehren konnten, sandten zu Hierax und baten um Hilfe gegen den Hunger. Und jener schickte Weizen und andere Nahrung. Poseidon aber geriet in Zorn, da er ihm seine Rache zunichte machte, und verwandelte ihn in einen Vogel, der auch jetzt noch «Hierax» (Falke) genannt wird; er änderte auch sein Wesen, als er ihn verwandelte. Denn er bewirkte, daß der von den Menschen höchlich Geliebte von den Vögeln am meisten gehaßt wurde und daß er, der viele Menschen vom Tod errettet hatte, die meisten Vögel tötete.

4. KRAGALEUS

Nach Nikandros im ersten Buch der «Verwandlungen»
und Athanadas in den «Ambrakischen Geschichten»

Kragaleus, der Sohn des Dryops, wohnte im Lande Dryopis bei
den «Bädern des Herakles», von denen die Sage geht, Herakles
habe sie mit einem Keulenschlag gegen die Bergwand zum Fließen gebracht. Dieser Kragaleus war schon alt geworden und
galt bei seinen Landsleuten als gerecht und verständig. Als er
die Rinder weidete, kamen zu ihm Apollon, Artemis und Herakles, um ein Urteil in ihrem Streit über Ambrakia in Epirus zu
erhalten. Apollon sagte, die Stadt komme ihm zu, da es sein
Sohn Melaneus war, der über die Dryoper geherrscht, ganz
Epirus im Krieg erobert und zwei Kinder gezeugt hatte, Eurytos und Ambrakia, nach welcher die Stadt Ambrakia genannt
wurde; auch habe er selbst dieser Stadt sehr viel zuliebe getan.
Denn auf seinen Befehl seien die Sisyphiden gekommen und
hätten für die Ambrakioten den zwischen diesen und den Epiroten entstandenen Krieg glücklich zu Ende geführt. Sodann
habe Gorgos, der Bruder des Kypselos, auf seinen Orakelspruch
hin Ansiedler von Korinth nach Ambrakia geführt und die Ambrakioten gegen Phalaikos, der als Tyrann über die Stadt
herrschte, seiner Weissagung gemäß aufgewiegelt, und dabei
habe die Menge den Phalaikos umgebracht. Überhaupt habe er
in dieser Stadt sehr oft Bürgerkriegen, Zwistigkeiten und Auf-
ruhr ein Ende gemacht, dafür aber Gesetzlichkeit, Ordnung
und Gerechtigkeit eingesetzt, weshalb er noch jetzt bei den
Ambrakioten als «Retter Pythios» an Festzügen und Fest-
mählern besungen werde.

Artemis nun wollte den Streit mit Apollon beilegen, wünschte aber, daß er ihr Ambrakia freiwillig gebe; sie verlange nämlich die Stadt aus folgendem Grund: Als Phalaikos Tyrann der
Stadt war und aus Furcht niemand wagte, ihn umzubringen,

habe sie dem Phalaikos ein Löwenjunges vor Augen gebracht, er habe es in die Hand genommen, worauf die Mutter aus dem Wald hervorsprang, den Phalaikos anfiel und seine Brust zerfleischte. Die Ambrakioten aber hätten, nachdem sie der Knechtschaft entronnen, die «Führerin Artemis» verehrt, ein Bild der «Jägerin» verfertigt und daneben ein ehernes Tier aufgestellt.

Herakles nun zeigte, daß Ambrakia und ganz Epirus ihm gehöre. Denn als Kelten, Chaonen, Thesproter und alle Epiroten ihn bekriegten, seien sie von ihm besiegt worden, damals, als sie sich zusammenrotteten, um ihm die Rinder des Geryones zu rauben. Später aber seien Siedler aus Korinth gekommen, hätten die frühern Anwohner vertrieben und Ambrakia neu gegründet. Alle Korinther aber stammen von Herakles.

Als Kragaleus dies alles vernommen, entschied er, die Stadt gehöre Herakles. Apollon aber verwandelte ihn aus Zorn, indem er ihn mit der Hand berührte, in einen Stein an eben der Stelle, wo er stand. Die Ambrakioten opfern dem «Retter Apollon», die Stadt jedoch gehört ihrer Meinung nach dem Herakles und seinen Kindern, und dem Kragaleus bringen sie nach dem Fest des Herakles bis heute Opfer dar.

5. AIGYPIOS

Nach Boios im ersten Buch der «Entstehung der Vögel»

Von Antheus, dem Sohn des Nomion, stammte ein Sohn, Aigypios; er wohnte an der Grenze Thessaliens. Ihn liebten die Götter seiner Frömmigkeit wegen und die Menschen, weil er großmütig und gerecht war. Als er Timandre erblickte, verliebte er sich in sie, und nachdem er erfahren hatte, daß sie Witwe sei, gewann er sie mit Geld und verkehrte mit ihr, indem er sie in ihrem Hause aufsuchte. Dies nahm Neophron, der Sohn Timandres – er war ein Altersgenosse des Aigypios –, ihm übel

und plante einen Anschlag auf ihn. Mit sehr vielen Geschenken
gewann er Bulis, die Mutter des Aigypios, führte sie in jenes
Haus und schlief mit ihr. Als er zuerst in Erfahrung gebracht
hatte, zu welcher Stunde Aigypios gewöhnlich zu Timandre
kam, schickte er unter irgendeinem Vorwand seine eigene
Mutter aus dem Hause fort, an ihrer Stelle aber führte er des
Aigypios Mutter in das Gemach, als ob er zu ihr zurückkommen wollte, und täuschte beide. Aigypios nun, der von dem
Anschlag des Neophron nichts ahnte, wohnte seiner Mutter
bei, in der Meinung, es sei Timandre; und als ihn Schlaf überkam, erkannte Bulis ihren eigenen Sohn; und sie ergriff ein
Schwert, entschlossen, ihn des Augenlichts zu berauben, sich
selbst aber zu töten. Doch nach Apollons Willen wich der
Schlaf von Aigypios; wie er nun erkannte, was Neophron gegen
ihn bewerkstelligt hatte, flehte er, indem er zum Himmel em-
porschaute, alles möge zugleich mit ihm vergehen. Zeus aber
verwandelte sie in Vögel, Aigypios und Neophron wurden zu
Geiern, die den gleichen Namen, nicht aber die gleiche Farbe
und Größe hatten, sondern Neophron wurde zu einem Geier
kleinerer Art, Bulis zu einem Reiher, und Zeus gab ihr als
Nahrung nichts aus der Erde Gewachsenes, sondern Fisch-,
Vogel- oder Schlangenaugen, weil sie beabsichtigt hatte,
ihren Sohn Aigypios des Augenlichts zu berauben; Timandre
aber verwandelte er in eine Meise. Und nie ließen sich diese
Vögel miteinander sehen.

6. PERIPHAS

Periphas war in Attika ureingeboren, noch bevor Kekrops, der
Sohn der Erde, erschien. Er herrschte über die Menschen der
Frühzeit und war gerecht, reich und fromm; er brachte Apollon unzählige Opfer dar, schlichtete sehr viele Rechtssachen,
und kein Mensch fand Tadel an ihm; sondern alle ließen sich
gerne von ihm führen, und seiner außerordentlichen Taten we-

gen übertrugen die Menschen auf ihn die Ehren des Zeus und
waren der Ansicht, diese kämen dem Periphas zu; sie erbauten
ihm Heiligtümer und Tempel, nannten ihn «Retter Zeus»,
«Allüberschauer», «Gnädiger». Zeus aber ergrimmte und
wollte sein ganzes Haus mit dem Blitz verbrennen, doch auf
Apollons Bitte, ihn nicht ganz und gar zu vernichten, da er ihn
außerordentlich geehrt habe, gewährte dies Zeus dem Apollon,
ging in das Haus des Periphas, wo er ihn bei seiner Frau fand,
packte ihn mit beiden Händen und verwandelte ihn in einen
Adler, seine Frau aber verwandelte er auf ihre Bitte, auch sie zu
einem Vogel zu machen, der mit Periphas zusammenlebe, in einen Seeadler. Und dem Periphas schenkte er Ehre für seine
Frömmigkeit bei den Menschen: er machte ihn nämlich zum
König über alle Vögel und gab das heilige Szepter in seine Hut,
gestattete ihm auch, seinem Throne zu nahen; der Frau des
Periphas aber, die er in einen Seeadler verwandelt hatte, verlieh er die Gabe, den Menschen bei jeder ihrer Taten glückver-
heißend zu erscheinen.

7. ANTHOS

Nach Boios im ersten Buch der «Entstehung der Vögel»

Von Autonoos, dem Sohn des Melaneus, und Hippodameia
stammten die Söhne Erodios, Anthos, Schoineus und Akan-
thos, sowie eine Tochter, Akanthyllis, welcher die Götter
größte Schönheit geschenkt hatten. Diesem Autonoos gehör-
ten sehr viele Roßherden, und es hüteten sie seine Frau Hippodameia und die Kinder. Da Autonoos, der sehr viel Land besaß, aber die Feldarbeiten vernachlässigte, keinen Ertrag er-
zielte, sondern der Boden ihm nur Binsen (gr. schoinoi) und
Disteln (gr. akanthai) brachte, nannte er seine Kinder Akan-
thos, Schoineus, Akanthyllis, den Ältesten Erodios, weil der
Boden ihn im Stich gelassen hatte (gr. eroësen). Dieser Erodios

liebte die Roßherden ganz besonders und ließ sie auf der Wiese fressen. Als Anthos, der Sohn des Autonoos, die Stuten von der Wiese wegtrieb, wurden diese, da er ihnen ihr Futter entzog, wild, stürzten sich auf Anthos und fraßen ihn, der die Götter laut um Hilfe anrief, auf. Besinnungslos vor Schmerz, versäumte es der Vater, die Stuten sofort wegzutreiben, und auch der Diener des Knaben; die Mutter aber rang mit ihnen, doch schwach wie sie war, vermochte sie nichts, um das Unglück abzuwehren. Und jene beweinten den so getöteten Anthos, Zeus aber und Apollon verwandelten aus Mitleid alle in Vögel, den Autonoos in eine Rohrdommel (gr. oknos), weil er die Stuten wegzutreiben versäumt hatte (gr. oknesen), die Mutter in eine Haubenlerche (gr. korydos), weil sie im Kampf gegen die Pferde und um ihren Sohn sich «gerüstet» hatte (gr. ekorysseto); Anthos aber, Erodios, Schoineus und Akanthyllis ließen sie, als sie zu Vögeln geworden, denselben Namen tragen, den sie vor der Verwandlung hatten; den Diener des Anthos verwandelten sie gleich dem Bruder des Knaben in einen Reiher (gr. erodios), aber nicht von gleichem Aussehen; er ist nämlich weit kleiner als der dunkel gefärbte, und dieser Reiher setzt sich nicht zur Bachstelze (gr. anthos), wie auch die Bachstelze nicht zum Ephippos[1], weil Anthos von den Pferden (gr. hippoi) das größte Unglück erlitten hatte. Und noch jetzt flieht sie, wenn sie ein Pferd wiehern hört, und ahmt zugleich das Wiehern nach.

8. LAMIA ODER SYBARIS

Nach Nikandros im vierten Buch der «Verwandlungen»

Am Fuße des Parnaß gegen Süden liegt ein Berg, der Kirphis heißt, neben Krisa, und hier hat es noch jetzt eine riesige Höhle, in welcher ein ungeheuer großes Tier wohnte; die einen nannten es Lamia, die andern Sybaris. Dieses Tier kam jeden Tag und raubte aus den Feldern Vieh und Menschen. Als die Del-

pher schon über eine Auswanderung beratschlagten und das
Orakel befragten, in welches Land sie ziehen sollten, verkündete der Gott Befreiung von dem Unglück, wenn sie von sich
aus bereit wären, einen Bürgerknaben neben der Höhle auszusetzen. Und jene wollten tun, wie der Gott gesagt hatte. Das
Los traf Alkyoneus, des Diomos und der Meganeira Sohn, der
das einzige Kind seines Vaters war, schön von Angesicht und
von sittlichem Wesen. Und die Priester bekränzten Alkyoneus
und führten ihn zur Höhle der Sybaris; Eurybatos aber, des
Euphemos Sohn, vom Stamm des Flußgottes Axios, jung und
edel, begegnete, da er durch göttliche Fügung aus dem Land
der Kureten weggegangen war, dem Knaben und seinen Führern. Von Liebe getroffen und nachdem er erfahren, aus welchem Grunde sie des Weges zogen, hielt er es für schrecklich,
nicht nach Kräften zu helfen, sondern zu dulden, daß der Knabe
elendiglich sterbe. Er streifte also die Kränze von Alkyonos,
setzte sie sich selbst aufs Haupt und befahl, ihn an Stelle des
Knaben fortzuführen. Als ihn die Priester zur Höhle geführt
hatten, eilte er hinein, riß Sybaris von ihrem Lager, brachte sie
ans Licht und warf sie über die Felsen hinab. Sie aber schlug
beim Herabstürzen mit dem Kopf am Rand von Krisa auf
und wurde nach dieser Verwundung unsichtbar; aus dem Fels
aber kam eine Quelle zum Vorschein, und die Einwohner nennen sie Sybaris. Nach ihr benannten auch die Lokrer die Stadt,
die sie in Italien gründeten, Sybaris.

9. DIE MÄDCHEN VON EMATHIA

Nach Nikandros im vierten Buch der «Verwandlungen»

Zeus umarmte in Pierien Mnemosyne und zeugte die Musen.
Um diese Zeit herrschte der ureingeborene Pieros als König
über Emathia, der neun Töchter hatte. Im Streit mit den Musen veranstalteten diese einen Reigen und maßen sich mit ihrer

Kunst auf dem Helikon. Wenn nun die Töchter des Pieros sangen, blieb alles verdüstert, ohne auf den Chorgesang zu lauschen, wenn aber die Musen begannen, blieb der Himmel stehen und die Sterne, das Meer und die Flüsse, und der Helikon wuchs, von der Freude bezaubert, zum Himmel empor, bis nach dem Willen Poseidons Pegasos ihm Halt gebot, indem er mit dem Huf seinen Gipfel schlug. Da aber sterbliche Weiber den Streit mit Göttinnen begonnen hatten, verwandelten sie die Musen und machten neun Vögel aus ihnen. Noch heute heißen sie bei den Menschen Tauchervogel, Wendehals, Turmfalke, Häher, Grünfink, Stieglitz, Ente, Specht, Krähe.

10. DIE TÖCHTER DES MINYAS

Nach Nikandros im vierten Buch der «Verwandlungen»
und Korinna

Von Minyas, des Orchomenos Sohn, stammten die Töchter Leukippe, Arsippe, Alkathoë; und sie erwiesen sich als außergewöhnlich arbeitsam. Aufs heftigste tadelten sie die andern Frauen, weil sie jeweils die Stadt verließen und in den Bergen Bakchos zu Ehren herumschwärmten, bis Dionysos in Gestalt eines Mädchens ihnen zuredete, die heiligen Feiern des Gottes nicht zu vernachlässigen. Sie aber schenkten dem keine Beachtung. Hierüber nun ergrimmte Dionysos und wurde aus einem Mädchen zum Stier, Löwen, Panther, und aus den Webbäumen floß ihm Nektar und Milch. Auf diese Zeichen hin erfaßte die Mädchen Furcht. Und kurz darauf warfen sie die drei Lose in ein Gefäß und schüttelten sie: da nun Leukippes Los herausfiel, gelobte sie dem Gott ein Opfer zu bringen und zerriß mit ihren Schwestern den eigenen Sohn Hippasos. Dann verließen sie das Haus ihres Vaters und schwärmten als Bakchantinnen in den Bergen, pflückten sich Efeu, Winde und Lorbeer, bis Hermes sie mit seinem Stab berührte und so in Vögel verwandelte. Und die eine von ihnen wurde eine Fledermaus, die andere eine Eule, die dritte ein Uhu. Es scheuten aber alle drei das Licht der Sonne.

11. AËDON

Nach Boios in der « Entstehung der Vögel »

Pandareos wohnte im Gebiet von Ephesos, wo jetzt noch neben der Stadt eine Anhöhe liegt. Ihm gab Demeter zu Geschenk, nie von Brot, wieviel er auch zu sich nehme, Beschwerden zu fühlen. Pandareos hatte eine Tochter, Aëdon; sie heiratete der Baumeister Polytechnos, der zu Kolophon in Lydien wohnte, und die längste Zeit lebten sie in Freuden miteinander. Sie bekamen ein einziges Kind, Itys. Solange sie nun die Götter ehrten, waren sie glücklich. Da sie aber ein törichtes Wort fallen ließen, nämlich: sie liebten einander mehr als Hera und Zeus, schickte Hera, unwillig über dieses Wort, Eris zu ihnen, die bei ihren Beschäftigungen Streit entfachte. Es fehlte nur noch wenig, bis Polytechnos ein Wagengestell ausgeführt, Aëdon ihr Tuch fertiggewebt hatte, und sie kamen miteinander überein, daß wessen Arbeit schneller vollendet sei, vom andern eine Dienerin erhalte. Und da Aëdon das Tuch schneller fertiggewebt hatte – denn Hera half ihr dabei –, begab sich Polytechnos, böse über Aëdons Sieg, zu Pandareos und gab vor, von ihr geschickt zu sein, um ihre Schwester Chelidonis zu ihr zu führen, und Pandareos, der nichts Böses ahnte, gestattete dies. Als aber Polytechnos das Mädchen erhalten hatte, schändete er sie in einem Gebüsch, gab ihr dann andere Kleider, schnitt ihr das Haar vom Kopf und drohte mit dem Tod, wenn sie je davon zu Aëdon spräche. In sein Haus zurückgekehrt, übergab er Aëdon ihrer Vereinbarung nach als Dienerin die Schwester, sie aber mißbrauchte sie zum Arbeiten, bis Chelidonis mit einem Krug bei der Quelle aufs heftigste klagte und Aëdon ihre Worte hörte. Als sie aber einander erkannt und umarmt hatten, ersannen

sie Böses gegen Polytechnos. Sie schlachteten den Knaben, taten das Fleisch in einen Kessel und kochten es, Aëdon aber bedeutete ihrem Nachbarn, Polytechnos zu sagen, er möge von
dem Fleisch essen, begab sich darauf mit der Schwester zu ihrem Vater Pandareos und eröffnete, was für ein Unglück sie erlitten. Als Polytechnos aber erfuhr, daß er des Knaben Fleisch
gegessen hatte, verfolgte er sie bis zum Vater, und die Diener
des Pandareos ergriffen und banden ihn mit einer unauflösba-
ren Fessel, weil er Schande über das Haus des Pandareos gebracht hatte, und nachdem sie seinen Leib mit Honig bestri-
chen hatten, warfen sie ihn zum Vieh. Und die Fliegen belagerten und quälten den Polytechnos, Aëdon aber, die aus alter
Liebe Mitleid empfand, wehrte die Fliegen von Polytechnos ab.
Als die Eltern und der Bruder sie entdeckten, wollten sie sie
voll Abscheu töten. Bevor aber noch größeres Unglück über
das Haus des Pandareos hereinbrach, verwandelte Zeus aus
Mitleid alle in Vögel; und die einen flogen bis zum Meer, die
andern in die Luft. Pandareos wurde zum Seeadler, die Mutter
der Aëdon zum Eisvogel, und sogleich wollten sie sich ins
Meer stürzen, doch Zeus hinderte es. Das Erscheinen dieser
Vögel verheißt den Seefahrern Glück. Polytechnos wurde in
einen Pelikan verwandelt, weil Hephaistos ihm als Baumeister
ein Beil (gr. pelekys) gegeben hatte. Das Erscheinen dieses Vogels ist ein gutes Vorzeichen für einen Baumeister. Aëdons
Bruder aber wurde zum Wiedehopf; den Seefahrern wie auch
denen auf dem Lande verheißt sein Erscheinen, besonders in
Begleitung von Seeadler und Eisvogel, Glück. Aëdon (Nachtigall) und Chelidonis (Schwalbe) behielten ihren Namen; jene
klagt bei Flüssen und in Gebüschen über ihren Knaben Itys;
Chelidonis aber wurde nach dem Willen der Artemis eine Haus-
genossin der Menschen, denn gezwungen, ihre Jungfräulichkeit preiszugeben, hatte sie am meisten Artemis um Hilfe an-
gerufen.

12. KYKNOS

Nach Nikandros im dritten Buch der «Verwandlungen»
und Areus von Sparta im Gesang «Kyknos»

Von Apollon und Thyrie, der Tochter des Amphinomos,
stammte ein Sohn, Kyknos. Dieser war wohlgestaltet in seinem
Äußern, aber unfreundlich und roh im Wesen und aufs Jagen
außerordentlich versessen. Er wohnte auf dem Lande mitten
zwischen Pleuron und Kalydon. Seiner Schönheit wegen hatte
er sehr viele Liebhaber. Kyknos aber ließ aus Überheblichkeit
keinen von ihnen an sich herankommen; so wurde er schnellstens verhaßt und von allen andern Liebhabern verlassen, nur
Phylios blieb bei ihm. Aber auch ihn behandelte er mit nicht
geringem Übermut. Es erschien nämlich zu jener Zeit in Ätolien ein Ungetüm von einem Löwen, der Menschen und Tiere
mordete. Diesen nun ohne Waffe zu töten, trug Kyknos dem
Phylios auf, und der unterzog sich der Aufgabe und brachte den
Löwen mit folgender List um: Da er wußte, zu welcher Stunde
jener wohl herankommen werde, füllte er den Bauch mit viel
Speise und Wein, und als das Tier sich näherte, spie Phylios die
Speisen aus. Der Löwe fraß aus Hunger diese Nahrung, wurde
vom Wein betäubt, Phylios aber schlang den Arm um ihn und
verstopfte seinen Rachen mit dem Kleid, das er trug. Nachdem
er ihn umgebracht und auf seine Schulter gelegt hatte, trug er
ihn zu Kyknos und wurde wegen dieser Heldentat bei vielen
berühmt. Kyknos aber trug ihm einen anderen, noch unge-
wöhnlicheren Kampf auf. Es gab nämlich in diesem Land Geier
von übermäßiger Größe, und sie töteten viele Menschen. Sie
befahl er lebend zu fangen und ihm zu bringen, und zwar ohne
jedes Hilfsmittel. Als nun Phylios über diesen Auftrag ratlos
war, ließ nach göttlicher Fügung ein Adler seinen Raub, einen
halbtoten Hasen, bei ihm fallen, bevor er ihn in sein Nest hatte
bringen können. Phylios riß den Hasen auf und besudelte sich

mit dessen Blut; dann lag er ruhig auf der Erde: Die Vögel
stürzten sich nun auf ihn wie auf einen Leichnam. Phylios
packte zwei an den Fängen, hielt sie fest und brachte sie zu
Kyknos. Dieser aber trug ihm einen dritten, noch schwierige-
ren Kampf auf. Er befahl ihm nämlich, einen Stier aus der Herde
mit den Händen zu fangen und bis zum Altar des Zeus zu führen. Ratlos, was er mit diesem Auftrag anfangen solle, betete
Phylios, Herakles möge ihm beistehen. Auf dieses Gebet erschienen zwei Stiere, die um eine Kuh in Wut geraten waren,
und indem sie sich mit den Hörnern stießen, warfen sie einander zu Boden. Da sie erschöpft waren, packte Phylios den einen
Stier am Bein und schaffte ihn bis zum Altar. Nach dem Willen
des Herakles aber beschloß er, sich in Zukunft um die Aufträge
des Knaben nicht mehr zu kümmern. Dem Kyknos kam es
schlimm vor, wider Erwarten mißachtet zu werden; in seinem
Unmut warf er sich in den See namens Konope und verschwand.
Auf seinen Tod hin warf sich auch die Mutter Thyrie in den
gleichen See wie er, und nach Apollons Willen wurden beide zu
Vögeln in dem See. Nach ihrem Verschwinden wurde auch der
See umbenannt und wurde ein Schwanensee; hier zeigen sich
zur Zeit der Aussaat viele Schwäne (gr. kyknoi). Nahe liegt
auch des Phylios Grab.

13. ASPALIS

Nach Nikandros im zweiten Buch der «Verwandlungen»

Zeus und die Nymphe Othreis hatten einen Sohn, Meliteus.
Die Mutter setzte ihn im Walde aus, in Angst vor Hera, weil
sie sich Zeus hingegeben hatte. Der Knabe kam aber nach dem
Willen des Zeus nicht um, sondern wuchs heran, von Bienen
genährt. Beim Weiden von Schafen fand ihn Phagros, der Sohn
des Apollon und der Nymphe Othreis, derselben, die auch den
Knaben im Wald, den Meliteus, geboren hatte. Voller Verwun-

derung über sein gesundes Aussehen und noch mehr über das
Verhalten der Bienen nahm er ihn mit in sein eigenes Haus, wo
er sich mit seiner Erziehung große Mühe gab und ihn Meliteus
nannte, weil er von Bienen, genährt worden war. Auch erinnerte er sich des Orakelspruches, durch den der Gott ihm einst
geboten hatte, seinen von Bienen genährten Bruder zu retten.
Als der Knabe herangewachsen war, wurde er ein tüchtiger
Mann, der über sehr viele Umwohner herrschte und in Phthia
eine Stadt gründete, die er Melite nannte. In Melite kam dann
ein rücksichtsloser, verbrecherisch gesinnter Gewaltherrscher
auf, für den die Einheimischen nicht einmal einen Namen wußten; von den Fremden wurde er Tartaros genannt. Wenn eine
Jungfrau in der Stadt wegen ihrer Schönheit gerühmt wurde,
entführte er sie und tat ihr vor der Hochzeit Gewalt an. So
wurde also auch eines Tages den Knechten geboten, Aspalis,
die Tochter des hochangesehenen Argaios, zu entführen. Als
aber das Mädchen von der Absicht hörte, erhängte es sich, bevor die Häscher kamen. Bevor aber die Tat ruchbar wurde,
schwur der Bruder der Aspalis, Astygites, er werde sich an dem
Tyrannen rächen, noch ehe er die Leiche seiner Schwester her-
untergenommen habe. Er zog gleich das Kleid der Aspalis an
und versteckte das Schwert an seiner linken Seite, worauf ihn
– er hatte auch noch ein Kindergesicht – niemand mehr erkannte. So gelangte er in das Haus des Tyrannen und erschlug
ihn, unbewaffnet und unbewacht, wie er war. Die Meliteer bekränzten Astygites und gaben ihm unter Freudegesängen das
Geleit, die Leiche des Tyrannen warfen sie in den Fluß, den sie
seitdem bis auf den heutigen Tag Tartaros nennen. Den Körper der Aspalis suchten sie auf jede Weise, um ihn prächtig zu
bestatten, konnten ihn aber nirgends finden; nach dem Willen
eines Gottes war er entrückt, statt dessen sah man ein Holzbild
neben dem der Artemis stehen. Die Einheimischen nennen es
Aspalis Ameilete[1], die Fernwirkende, bei dem die Jungfrauen je-

des Jahr einen Ziegenbock aufhängten, der noch nicht besprun-
gen hat, weil auch Aspalis noch unvermählt sich erhängt hatte.

14. MUNICHOS

Munichos, der Sohn des Dryas, herrschte über die Molosser
und war ein guter Seher und gerechter Mann. Er hatte von Le-
lante die Söhne Alkandros, der ein noch besserer Seher als er
selbst war, Megaletor und Philaios, ferner eine Tochter Hyperippe. Die Götter liebten diese alle, da sie gute und gerechte
Menschen geworden waren. Als Räuber eines Nachts sie auf
dem Lande angriffen und umzingelten, schossen sie vom Ober-
geschoß aus–denn sie waren ihnen im Kampf nicht gewachsen–,
die Diebe aber warfen Feuer in das Haus. Doch Zeus duldete
ihrer Frömmigkeit wegen nicht, daß sie eines so erbärmlichen
Todes stürben, und verwandelte alle in Vögel. Hyperippe
wurde, da sie auf der Flucht vor dem Feuer ins Wasser getaucht
war, zum Taucher. Megaletor aber und Philaios wurden, weil
sie auf der Flucht vor dem Feuer durch die Wand auf die Erde
geschlüpft waren, zwei kleine Vögel. Der eine von ihnen ist
ein Ichneumon, Philaios aber heißt «Hund» (eine Art große
Fliege). Die andern flogen aus dem Feuer auf, Munichos war
zum Bussard geworden, Alkandros zum Zaunkönig. Ihre Mutter wurde ein raupensammelnder Specht. Mit diesem Vogel
stehen Adler und Reiher auf Kriegsfuß; er zerbricht nämlich
ihre Eier, wenn er der Raupen wegen an die Eiche klopft. Und
die andern leben zusammen im Wald und in der Nähe von
Schlupfwinkeln, der Taucher aber begab sich zu Seen und zum
Meer.

15. MEROPIS

Nach Boios im ersten Buch der « Entstehung der Vögel »

Eumelos, Merops' Sohn, hatte hochmütige, gewalttätige Kinder, Byssa, Meropis und Agron. Sie bewohnten die Merops-
insel Kos. Die Erde brachte ihnen reichliche Frucht, weil sie
ihnen die einzige Gottheit war, die sie ehrten und mit aller
Sorgfalt von ihnen bearbeitet wurde. Mit keinem Menschen
kamen sie zusammen, kamen in keine Stadt, nicht zum Schmaus
und nicht zu einem Götterfest, nein, wenn einer der Athene
Opfer darbrachte und die Mädchen einlud, lehnte der Bruder
die Einladung ab: er liebe keine helläugige Göttin, weil die
Mädchen selbst schwarze Augen hätten, er hasse überhaupt
einen Vogel wie die Eule; luden sie zu Artemis ein, dann sagte
er, er verabscheue eine zur Nachtzeit umherstreifende Göttin;
sollte er zu einer Spende für Hermes kommen, dann erklärte er,
einen Spitzbubengott könne er nicht achten. So spotteten sie
meistens. Hermes aber und Athene und Artemis zürnten ihnen
und näherten sich nachts ihrem Haus; Athene und Artemis in
der Gestalt von jungen Mädchen, Hermes in Hirtentracht. Er
wandte sich an Eumelos und Agron und forderte sie auf, zum
Mahle zu kommen; er bringe mit den andern Hirten Hermes
die gebührenden Opfer dar; Byssa und Meropis, so redete er
ihnen zu, sollten sie zu ihren Gespielinnen in den Hain der Athene und Artemis schicken. So sprach Hermes, als aber Meropis
das hörte, verhöhnte sie den Namen der Athene, die sie daraufhin in eine Eule verwandelte. Byssa behielt ihren Namen und
ist bis heute ein Vogel der Leukothea. Als Agron es merkte,
griff er nach seinem Speer und eilte hinaus, da machte ihn Hermes zum Regenpfeifer. Eumelos schalt den Hermes, daß er ihm
den Sohn verwandelte, dafür machte dieser aus ihm selbst den
Nachtraben, den Unglücksboten.

16. OINOË

Nach Boios im zweiten Buch der «Entstehung der Vögel»

Bei den sogenannten Pygmäen lebte ein Mädchen mit Namen
Oinoë, von tadellosem Aussehen, aber unfreundlichem und
hochmütigem Charakter. Um Artemis oder Hera kümmerte
sie sich gar nicht. Nachdem sie mit Nikodamas, einem bescheidenen, tüchtigen Bürger, sich verheiratet hatte, gebar sie einen
Sohn, Mopsos, und alle Pygmäen brachten ihr aus Freundschaft sehr viele Geschenke zur Geburt des Kindes. Hera indes,
die an ihr zu tadeln hatte, daß sie ihr jede Ehre versagte, machte
einen Kranich aus ihr, indem sie den Hals in die Länge zog und
sie zu einem hochfliegenden Vogel umbildete; dazu schuf sie
Kriegszustand zwischen ihr und den Pygmäen. Aus Sehnsucht
nach ihrem Kind Mopsos flog sie um das Haus und wollte es
nicht verlassen. Die Pygmäen aber, alle bewaffnet, verjagten
sie. Seit dieser Zeit ist bis auf den heutigen Tag Krieg zwischen
den Pygmäen und Kranichen.

17. LEUKIPPOS

Nach Nikandros im zweiten Buch der «Verwandlungen»

Galateia, Eurytios' Tochter, Spartons Enkelin, vermählte sich
in Phaistos auf Kreta mit Lampros, dem Sohne Pandions, einem
Manne von edler Geburt, der aber in dürftigen Verhältnissen
lebte. Als Galateia schwanger war, wünschte er, es möge ihm
ein Knabe geboren werden, seiner Gattin aber sagte er, wenn
sie ein Mädchen gebäre, solle sie es aussetzen. Dann ging er
fort und weidete die Schafe, Galateia aber gebar eine Tochter.
Aus Mitleid mit dem Kind und in Anbetracht dessen, daß ihr
Haus ganz einsam gelegen war – auch Träume und Traumdeuter wirkten dabei mit, die ihr rieten, das Mädchen als Knaben
aufzuziehen –, log sie ihrem Gatten vor, sie habe einen Knaben

geboren, und erzog auch so das Kind als Knaben, unter dem Namen Leukippos. Als jedoch das Mädchen heranwuchs und von unsagbarer Schönheit war, fürchtete sich Galateia vor ihrem Gatten Lampros, und weil die Sache nicht länger unentdeckt bleiben konnte, suchte sie das Heiligtum der Leto auf und flehte die Göttin an, ob es wohl möglich wäre, daß ihr Kind aus einem Mädchen zu einem Knaben werden könnte[1]. Leto hatte Mitleid mit Galateia, die immer wieder unter Tränen sie anflehte, und machte aus dem Mädchen einen Knaben. An diese Verwandlung erinnern sich noch die Bewohner von Phaistos und opfern der Phytie[2] Leto, die dem Mädchen Knabennatur gegeben hatte; auch nennen sie das Fest die Ekdysien (Ausziehfest), da das Mädchen das Mädchenkleid ausgezogen hatte. Bei Hochzeiten aber ist es Brauch, vorher neben dem Standbild des Leukippos zu schlafen.

18. EËROPOS

Nach Boios im zweiten Buch der «Entstehung der Vögel»

Eumelos, der Sohn des Eugnotos, wohnte zu Theben in Böotien und hatte einen Sohn namens Botres. Dieser Eumelos erwies dem Apollon großartige Ehren. Als er einmal in Gegenwart seines Sohnes Botres ein Opfer vollbrachte, verzehrte dieser das Hirn des Lammes, noch bevor er es als Opfer auf den Altar gelegt hatte. Als Eumelos wahrnahm, was geschehen, schlug er ihm im Zorn das brennende Scheit, das er vom Altar genommen hatte, über den Kopf; der Knabe stürzte blutüberströmt und zuckend zu Boden. Wie aber die Mutter dies sah, ebenso der Vater und die Diener, wehklagten sie aufs heftigste. Apollon aber fühlte Mitleid, und da ihn Eumelos ehrte, verwandelte er den Knaben in einen Bienenfresser[3], der noch jetzt unter der Erde brütet, immer aber aufs Fliegen bedacht ist.

19. DIE DIEBE

Nach Boios im zweiten Buch der «Entstehung der Vögel»

In Kreta ist der Sage nach eine heilige Grotte, darin soll Rhea
den Zeus geboren haben, und es ist Frevel, wenn ein Gott oder
Mensch sie betritt. Jedes Jahr zu einer bestimmten Zeit sieht
man hellen Feuerschein aus der Höhle kommen. Das geschieht
– so erzählt man –, wenn das Blut des Zeus von seiner Geburt
her aufwallt. Bewohnt wird die Grotte von den heiligen Bienen,
die Zeus genährt haben. Laios, Keleos, Kerberos und Aigolios
wagten es, sie zu betreten, um sich die Fülle des Honigs anzu-
eignen; sie hatten den Körper ganz in Erz gehüllt, als sie von
dem Honig der Bienen schöpften; dabei sahen sie die Windeln
des Zeus, und das Erz zersprang ihnen am Körper. Zeus don-
nerte und erhob schon den Wetterstrahl, da hielten ihn die
Moiren und Themis noch zurück. Durfte doch keiner in der
Höhle sterben. Indes verwandelte Zeus sie alle in Vögel, und
zwar kommt von ihnen die Gattung der weissagenden Vögel:
Drosseln, Grünspechte, Dohlen und Nachtvögel. Wenn sie sich
zeigen, ist das eine gute Vorbedeutung, mehr als die andern
Vögel verbürgen sie Erfolg, weil sie das Blut des Zeus gesehen
haben.

20. KLEINIS

Nach Boios im zweiten Buch der «Entstehung der Vögel»
und Simias von Rhodos im «Apollon»

Im sogenannten Mesopotamien, bei der Stadt Babylon, wohnte
ein gottgefälliger und reicher Mann namens Kleinis, der viele
Rinder, Esel und Schafe besaß. Ihn liebten Apollon und Artemis außerordentlich, und sehr oft kam er zusammen mit diesen
Göttern zum Tempel Apollons bei den Hyperboreern und sah
die dem Gott dargebrachten Eselsopfer. Nach Babylon zurückgekehrt, wollte auch er einst dem Gott wie bei den Hyper-

boreern opfern und stellte hundert Esel als Schlachtopfer am
Altar auf. Apollon aber erschien und drohte ihn zu töten, wenn
er nicht dieses Opfer unterlasse und ihm wie gewohnt Ziegen,
Schafe und Rinder opfere. Das Eselsopfer erfreue ihn nur, wenn
es bei den Hyperboreern verrichtet werde. Aus Furcht vor dieser Drohung führte Kleinis die Esel vom Altar fort und brachte
die Botschaft, die er vernommen, zu seinen Kindern. Er hatte
die Söhne Lykios, Ortygios und Harpasos, ferner eine Tochter
Artemiche von der Mutter Harpe. Als nun Lykios und Harpasos dies hörten, machten sie den Vorschlag, die Esel zu opfern
und sich am Fest zu ergötzen, Ortygios und Artemiche aber
forderten Gehorsam gegen Apollon, und so gehorchte Kleinis
lieber diesen. Doch Harpasos und Lykios lösten mit Gewalt
die Esel aus ihren Fesseln und trieben sie zum Altar zurück.
Und der Gott versetzte die Esel in Wut, und sie fraßen die
Kinder, ihre Diener und Kleinis auf. Sterbend riefen sie die
Götter an. Mit Harpe und Harpasos hatte Poseidon Mitleid
und verwandelte sie in Vögel, die mit demselben Namen bezeichnet werden, Leto und Artemis beschlossen, Kleinis, Artemiche und Ortygios zu retten, da sie an dem Frevel unschuldig
waren. Apollon erwies Leto und Artemis diesen Gefallen, und
bevor sie starben, verwandelte er alle in Vögel. Und Kleinis wurde zum Hypsiaietos. Dieser ist nach dem Adler der zweite der Vögel und nicht schwer zu erkennen; denn er ist ein Rehmörder,
dunkelgefärbt, groß und stark, der Adler aber schwärzer und
kleiner als jener. Lykios verwandelte sich in einen weißen Raben,
später aber wurde er durch den Willen Apollons schwarzblau,
weil er als erster gemeldet hatte, Koronis, des Phlegyas Tochter,
sei dem Alkyoneus vermählt worden[1]. Artemiche wurde zur
Haubenlerche, ein Göttern und Menschen lieber Vogel, Ortygios zur Meise (gr. aigithallos), weil er dem Vater Kleinis zu-
geredet hatte, dem Apollon Ziegen (gr. aiges) statt der Esel zu
opfern.

21. POLYPHONTE

Nach Boios im zweiten Buch der «Entstehung der Vögel»

Von Tereine, Strymons Tochter, und Ares stammte eine Tochter, Thrassa. Sie heiratete Hipponoos, der Sohn des Triballos,
und es wurde ihnen eine Tochter namens Polyphonte geschenkt. Diese verachtete die Werke der Aphrodite, ging ins
Gebirge und wurde zur Gespielin und Vertrauten der Artemis.
Aphrodite aber flößte ihr, weil sie ihre Werke verschmäht
hatte, Liebe zu einem Bären ein und stürzte sie in Wahnsinn.
Nach göttlicher Fügung also rasend, verband sie sich mit dem
Bären. Bei diesem Anblick begann Artemis sie heftig zu hassen
und hetzte alle Tiere auf sie. Aus Furcht, die Tiere könnten sie
töten, floh Polyphonte und kam ins Haus ihres Vaters. Und sie
gebar zwei Söhne, Agrios und Oreios, die sehr groß waren und
ungeheure Kraft besaßen. Diese ehrten weder Gott noch
Mensch, sondern vermaßen sich gegen alle, und wenn sie einem Fremdling begegneten, führten sie ihn nach Hause und
fraßen ihn auf. Zeus aber haßte sie und entsandte Hermes, um
sie nach seinem Belieben zu bestrafen. Hermes beschloß, ihnen
Hände und Füße abzuhauen. Doch Ares rettete, da ja Polyphonte das Geschlecht auf ihn zurückführte, ihre Söhne vor
diesem Schicksal, verwandelte sie aber mit Hermes' Hilfe in
Vögel. Polyphonte wurde zum Käuzchen, dessen Schrei nachts
ertönt, das ohne Speise und Trank lebt, Kopf nach unten,
Krallen nach oben, den Menschen Bote von Krieg und Zwietracht. Oreios aber wurde zum Lagos, einem Vogel, der zu
nichts Gutem erscheint. Agrios verwandelte sich in einen
Geier, dem bei Göttern und Menschen verhaßtesten aller Vögel, und sie flößten ihm unaufhörliche Gier nach mensch-
lichem Fleisch und Blut ein. Ihre Dienerin machten sie zum
Specht; bei ihrer Verwandlung hatte sie die Götter gebeten,
kein für die Menschen schlimmer Vogel zu werden; Hermes

und Ares hörten auf sie, da sie unter Zwang getan hatte, was die Gebieter ihr auftrugen. Es ist auch wirklich dieser Vogel von guter Vorbedeutung für einen, der auf Jagd geht und zum Mahle.

22. KERAMBOS

Nach Nikandros im ersten Buch der «Verwandlungen»

Kerambos, Sohn des Poseidonsohnes Euseiros und der othreischen Nymphe Eidothea, wohnte im Land der Melier am Fuß des Othrys. Er besaß sehr viel Kleinvieh und hütete es selbst. Nymphen aber halfen ihm dabei, da er sie in den Bergen mit seinem Gesang erfreute. Denn es heißt, er sei der tonkundigste der damaligen Menschen gewesen und seiner Hirtenlieder wegen überall gepriesen worden; er habe die Hirtenflöte in den Bergen zusammengefügt und als erster der Menschen die Leier gespielt und sehr viele schönste Melodien erfunden. Deshalb also, erzählt man, seien ihm einst die Nymphen erschienen und hätten zum Saitenspiel des Kerambos getanzt; Pan aber habe aus Wohlwollen ihm empfohlen, den Othrys zu verlassen und das Vieh in der Ebene zu weiden; denn es werde ein unglaublich kalter Winter herankommen. Doch Kerambos beschloß in jugendlichem Übermut, gleichsam von Gott verblendet, nicht vom Othrys in die Ebene wegzuziehen; gegen die Nymphen aber schleuderte er ein unfreundliches und unbesonnenes Wort: sie stammten nicht von Zeus, sondern Deino habe sie dem Spercheios geboren, Poseidon aber habe aus Verlangen nach einer von ihnen, nach Diopatre, die Schwestern festgewurzelt und in Pappeln verwandelt, bis er, gesättigt vom Beilager, sie erlöste und ihnen ihre frühere Gestalt zurückgab. So lästerte Kerambos gegen die Nymphen. Nach kurzer Zeit aber wurde es plötzlich eiskalt, die Gießbäche gefroren, viel Schnee fiel, und die Herden des Kerambos samt Pfaden und Bäumen verschwanden. Die Nymphen aber verwandelten Kerambos aus

Zorn, daß er sie geschmäht hatte, und er wurde zum holzfressenden Kerambyx. Er zeigt sich auf dem Holz, hat gebogene Zähne, bewegt andauernd die Kinnladen, ist schwarz, länglich, hat kräftige Flügel und gleicht den großen Skarabäen. Er wird «holzfressender Stier» genannt, bei den Thessaliern aber Kerambyx. Ihn brauchen die Kinder als Spielzeug, schneiden ihm den Kopf ab und tragen ihn bei sich, der aber gleicht mit den Fühlern einer aus der Schildkröte gefertigten Leier.

23. BATTOS

Nach Nikandros im ersten Buch der «Verwandlungen», Hesiod in den «Großen Eoien», Didymarchos im dritten Buch der «Metamorphosen», Antigonos in den «Veränderungen», Apollonios von Rhodos in den «Epigrammen», wie Pamphilos im ersten Buch schreibt

Argos, der Sohn des Phrixos, und die Admetostochter Perimele hatten einen Sohn, Magnes. Dieser wohnte in der Nähe von Thessalien, und die Menschen nannten das Land nach ihm Magnesia. Er hatte einen Sohn, Hymenaios, der durch seine schöne Gestalt Aufsehen erregte. Apollon liebte den Knaben auf den ersten Blick, und da er aus Magnes' Haus nicht mehr wich, hatte es Hermes auf seine Rinderherde abgesehen. Sie weideten zusammen mit den Rindern des Admetos. Zuerst ließ er über die Hunde, die sie bewachten, Schlafsucht und Hundbräune kommen, da vergaßen sie die Rinder und verloren die Fähigkeit zu bellen. Darauf trieb er zwölf Kälber, hundert Rinder, die noch nicht ins Joch gespannt waren, und den Zuchtstier mit fort. Jedem der Tiere band er Laubwerk an den Schwanz, um die Spuren zu verwischen, und so trieb er sie durch das Pelasgerland, durch das Phthiotische Achaia, durch Lokris, Böotien und Megaris, von da in den Peloponnes über Korinth und Larisa bis Tegea, von dort kam er am Lykaion- und Mainalosgebirge vorüber nach der sogenannten Warte des Battos.

Dieser wohnte hoch oben auf dem Vorgebirge, und als er das Brüllen der vorbeigetriebenen Jungtiere hörte, trat er aus seiner Behausung und sah sofort, daß es gestohlene Rinder waren, die Hermes vorbeitrieb; da verlangte er eine Belohnung dafür, daß er keinem etwas davon sagen wolle. Hermes sagte zu, und Battos leistete einen Eid darauf, daß er zu keinem etwas von den Rindern verlauten lassen werde. Als sie aber Hermes auf der Höhe des Vorgebirges Koryphasion, gegenüber von Italien und Sizilien, in die Höhle getrieben und darin versteckt hatte, nahm er eine andre Gestalt an und kehrte zu Battos zurück, um ihn auf die Probe zu stellen, ob er den Eid auch halten wollte; indem er ihm einen Mantel zur Belohnung anbot, fragte er ihn, ob er nicht gestohlene Rinder habe vorbeitreiben sehen. Battos nahm den Mantel an und verriet die Sache mit den Rindern. Hermes war empört über diese Doppelzüngigkeit, und indem er ihm mit seinem Stab einen Streich versetzte, verwandelte er ihn in einen Felsen. Ewig wechselnd liegt auf ihm Eiseskälte oder Sonnenglut. Von den Vorübergehenden wird der Ort bis heute «Warte des Battos» genannt.

24. ASKALABOS

Nach Nikandros im vierten Buch der «Verwandlungen»

Als Demeter auf der Suche nach ihrer Tochter die ganze Erde durchstreifte, rastete sie in Attika. Die von der großen Hitze Ausgetrocknete nahm Misme auf und gab ihr Wasser zum Trinken, indem sie Polei und Gerstenmehl dazutat. Durstig wie sie war, trank Demeter mit einem Zuge aus. Als der Sohn der Misme, Askalabos, das sah, lachte er laut und riet, ihr noch ein tiefes Becken oder ein Faß voll zu reichen. Erzürnt goß Demeter, was von dem Getränk übrigblieb, über ihn. Da wurde er buntscheckig über den Körper und wandelte sich in eine Eidechse, die von Göttern und Menschen gehaßt wird.

Sie lebt in Gräben, und wer sie tötet, macht sich bei Demeter
beliebt.

25. METIOCHE UND MENIPPE

Nach Nikandros im vierten Buch der «Verwandlungen»
und Korinna im ersten der «Sagen aus alter Zeit»

Orion, der Sohn des Hyrieus in Böotien, hatte zwei Töchter,
Metioche und Menippe. Als Artemis den Orion tötete, wuchsen sie bei der Mutter auf. Athene unterwies sie in der Kunst
des Webens, Aphrodite verlieh ihnen Schönheit. Als aber die
Pest ganz Böotien ergriff und viele starben, schickten sie Beauftragte zu dem Gortynischen Apollon, und dieser ließ ihnen
sagen, sie sollten die zwei glückbringenden Götter versöhnen;
sie würden ihren Groll aufgeben, wenn ihnen beiden zwei Jungfrauen mit freiem Willen als Opfer dargebracht würden. Diesem Spruch schenkte keine Jungfrau in der Stadt Gehör, bis ein
armes Weib ihn den Töchtern Orions hinterbrachte. Als sie –
sie waren gerade am Webstuhl tätig – das hörten, wählten sie
mit freiem Entschluß den Tod für ihre Mitbürger, ehe die
Krankheit, die über das Volk gekommen war, sie fortraffte:
dreimal riefen sie die Götter der Erdtiefe an, daß sie freiwillig
sich ihnen zum Opfer brächten, darauf stießen sie sich die We-
berschiffchen in den Hals und rissen sich damit die Kehle auf.
So fielen beide auf die Erde; Persephone aber und Hades hatten Mitleid und entrückten die Körper und ließen statt
ihrer Sterne aus der Erde aufgehen; sie wurden nach ihrem Erscheinen an den Himmel versetzt und von den Menschen Ko-
meten genannt. Die Böotier errichteten in Orchomenos in Böotien ein berühmtes Heiligtum der beiden Jungfrauen. Jedes
Jahr bringen ihnen Jünglinge und Mädchen Opferspenden. Bis
auf den heutigen Tag nennen die Äolier[1] sie Koronische Jungfrauen.

26. HYLAS

Nach Nikandros im vierten Buch der «Verwandlungen»

Als Herakles die Fahrt mit den Argonauten antrat und von ihnen zum Führer bestimmt wurde, nahm er auch Hylas mit, den Sohn des Keyx, einen ungemein schönen Jüngling. Als sie aber die Enge des Pontus erreicht hatten und am Fuß der Arganthone vorbeisteuerten, kam ein Sturm mit hohem Seegang, und sie mußten vor Anker gehen. Da ließ Herakles den Helden das Mahl bereiten. Hylas ging mit einem Krug zum Askaniosfluß, um ihnen Wasser zu holen. Als ihn die Nymphen, die Töchter des Flußgottes, erblickten, entbrannten sie in Liebe zu dem schönen Jüngling und stießen ihn, als er Wasser schöpfen wollte, in die Quelle. Er blieb verschwunden. Als er nicht wiederkam, verließ Herakles die Gefährten und durchsuchte überall den Wald und rief immer wieder: «Hylas! Hylas!» Die Nymphen aber hatten Angst vor Herakles, er könnte den Jüngling in seinem Versteck bei ihnen finden, und gaben ihm deswegen eine andere Gestalt. Sie machten ihn zum Echo, das immer wieder dem Herakles auf sein Rufen antwortete. Als dieser trotz allem Bemühen den Knaben nicht finden konnte, kehrte er zum Schiff zurück und fuhr mit den Helden weiter, doch ließ er den Polyphemos in der Gegend zurück, ob dieser vielleicht den Hylas aufspüren könne. Polyphemos beschloß dort sein Leben, dem Hylas aber opfern die Einheimischen bis auf den heutigen Tag an der Quelle. Dabei ruft ihn der Priester dreimal mit Namen, und dreimal antwortet ihm das Echo.

27. IPHIGENEIA

Nach Nikandros im vierten Buch der «Verwandlungen»

Von Theseus und der Zeustochter Helena stammte eine Tochter, Iphigeneia; die zog Helenas Schwester Klytaimnestra auf, bei Agamemnon aber gab sie sich als ihre Mutter aus. Denn von ihren Brüdern befragt, hatte Helena geantwortet, sie sei als Mädchen von Theseus weggegangen. Als das Heer der Achäer durch Windstille in Aulis zurückgehalten wurde, verkündeten die Seher, die Fahrt werde möglich sein, wenn sie der Artemis Iphigeneia opferten. Agamemnon gab sie, da es die Achäer verlangten, als Schlachtopfer; wie man sie aber zum Altar führte, schauten die Helden nicht hin, sondern alle wandten den Blick anderswohin. Doch Artemis ließ an Iphigeneias Statt beim Altar einen jungen Stier erscheinen; das Mädchen aber entführte sie weit weg von Griechenland an das Schwarze Meer zu Thoas, dem Sohne des Borysthenes. Jenes Nomadenvolk nannte die Göttin Taurer, da sie für Iphigeneia beim Altar einen Stier (gr. tauros) hatte erscheinen lassen, sich selbst «Stiertummlerin». Zur angemessenen Zeit brachte sie Iphigeneia auf die Leuke genannte Insel zu Achilleus, verwandelte sie in eine nie alternde, unsterbliche Göttin und nannte sie statt Iphigeneia Orsilochia. Sie wurde des Achilleus Gefährtin.

28. TYPHON

Nach Nikandros im vierten Buch der «Verwandlungen»

Typhon war als Sohn der Erde eine Gottheit von außerordentlicher Stärke, aber von befremdendem Aussehen: Es waren ihm nämlich sehr viele Köpfe, Hände und Flügel gewachsen und an den Lenden riesige Drachenwindungen; er gab mannigfache Stimmen von sich, und an Kraft konnte nichts sich mit ihm messen. Er begehrte des Zeus Herrschaft zu besitzen,

und seinem Angriff hielt keiner der Götter stand, sondern sie
flohen voll Furcht alle nach Ägypten. Athene und Zeus blieben
allein zurück. Typhon folgte jenen auf den Fuß. Sie aber ent-
kamen durch Vorsicht, indem sie sich in Tiere verwandelten.
Apollon wurde zum Falken, Hermes zum Ibis, Ares zum
schuppigen Fisch, Artemis zur Katze, einem Bock glich Dionysos, einem Rehkalb Herakles, einem Rind Hephaistos,
einer Feldmaus Leto; und wie es sich traf, änderte jeder der
übrigen Götter seine Gestalt. Doch dann warf Zeus mit dem
Blitz nach Typhon; brennend verbarg sich Typhon und
löschte die Flamme mit dem Meer; Zeus aber gab nicht nach,
sondern schleuderte den größten Berg, den Ätna, auf Typhon und stellte ihm als Wächter Hephaistos auf den Gipfel.
Der nun stemmte die Ambosse auf seinen Nacken und bear-
beitete die glühende Masse.

29. GALINTHIAS

Nach Nikandros im vierten Buch der «Verwandlungen»

Von Proitos in Theben stammte eine Tochter, Galinthias. Dieses Mädchen war Gespielin und Gefährtin Alkmenes, Elektryons Tochter. Als nun die Geburt des Herakles Alkmene be-
drängte, wollten die Moiren und Eileithyia Hera zulieb Alkmenes Wehen hemmen. So saßen sie da mit verschränkten
Händen. Galinthias aber eilte aus Furcht, die Schmerzen könnten die gequälte Alkmene von Sinnen bringen, zu den Moiren
und Eileithyia und verkündete, nach dem Willen des Zeus habe
Alkmene einen Knaben geboren, und ihre Ehrenrechte hätten
keine Geltung mehr. Hierüber erschraken die Moiren und lösten sogleich die Hände, da verließen die Wehen Alkmene sogleich, und Herakles wurde geboren. Die Moiren allerdings
wehklagten und raubten Galinthias ihr Mädchentum, da sie,
eine Sterbliche, Götter getäuscht hatte, und verwandelten sie

zum hinterlistigen Wiesel, gaben ihr ein Leben im Winkel und machten ihre Fortpflanzung zu etwas Abstoßendem; denn das Wiesel empfängt durch die Ohren und gebiert, indem es das Empfangene aus dem Hals wirft. Hekate aber bemitleidete Galinthias ihrer Verwandlung wegen und machte sie zu ihrer heiligen Dienerin. Und als Herakles herangewachsen war, erinnerte er sich an ihren Liebesdienst, stellte ihr Bild neben seinem Hause auf und brachte ihr Opfer dar. Diese beobachten die Thebaner noch heute, und vor dem Fest des Herakles opfern sie zuerst Galinthias.

30. BYBLIS

Nach Nikandros im zweiten Buch der «Verwandlungen»

In Kreta stammte von Apollon und der Minostochter Akakallis ein Sohn, Miletos. Ihn setzte Akakallis aus Furcht vor Minos im Walde aus; Wölfe, die nach Apollons Willen herbeikamen, behüteten ihn und gaben abwechslungsweise Milch. Später aber fanden ihn Hirten, nahmen ihn auf und erzogen ihn in ihren Häusern. Als der Knabe herangewachsen, schön und tatkräftig geworden war und Minos, in ihn verliebt, ihm Gewalt antun wollte, bestieg Miletos auf Sarpedons Rat nachts einen Nachen, entkam nach Karien, gründete hier eine Stadt, Milet, und heiratete Eidothea, die Tochter des Karerkönigs Eurytos. Ihm wurden Zwillingskinder geboren, Kaunos, nach dem noch jetzt eine Stadt in Karien Kaunos heißt, und Byblis. Die hatte sehr viele einheimische Freier und, durch ihren Ruf, solche aus den umliegenden Städten. Doch sie kümmerte sich wenig um diese, eine unsägliche Liebe zu Kaunos hatte sie rasend gemacht. Diese Leidenschaft war, solange sie sie verbergen konnte, vor den Eltern geheim geblieben. Da sie aber von Tag zu Tag von einem schlimmern Dämon geplagt wurde, beschloß sie, sich des Nachts vom Felsen zu stürzen. Sie ging also ins nahe Gebirge und wollte sich hinunterwerfen, Nymphen aber hielten sie voll Mitleid zurück, senkten tiefen Schlaf auf sie, wandelten sie aus einem Menschen in eine Gottheit, nannten sie Baumnymphe Byblis und machten sie zur Gefährtin ihres Daseins. Das Rinnsal aus jenem Fels aber heißt bis jetzt bei den Einheimischen «Träne der Byblis».

31. DIE MESSAPIER

Nach Nikandros im zweiten Buch der «Verwandlungen»

Vom ureingeborenen Lykaon[1] stammten die Söhne Iapyx, Daunios und Peuketios. Diese sammelten Leute und gelangten an die adriatische Küste Italiens, vertrieben die hier wohnhaften Ausoner und siedelten sich an. Die Mehrzahl ihres Heeres bestand aus Ansiedlern, Illyriern, Messapiern[2]. Darauf teilten sie das Heer und zugleich auch das Land in drei Teile und benannten sie entsprechend dem Namen des Führers Daunier, Peuketier, Messapier. Den Teil jenseits von Tarent bis zur äußersten Küste Italiens, in dem die Stadt Brindisi liegt, erhielten die Messapier, denjenigen daneben, nördlich von Tarent die Peuketier, noch weiter nördlich befuhren[3] die Daunier das Meer; das ganze Volk aber nannten sie Japyger. Und dies geschah lange vor dem Kriegszug des Herakles. Die damaligen Menschen lebten vom Kleinvieh und von der Weide. Man erzählt nun, im Lande der Messapier seien bei den sogenannten heiligen Felsen Nymphen, Herdenschützerinnen, erschienen und hätten getanzt, die Söhne der Messapier aber hätten die Herden verlassen und beim Zuschauen gesagt, sie selbst tanzten besser. Dieses Wort kränkte die Nymphen, und es entbrannte ein heftiger Wettstreit um das Tanzen. Die Knaben aber wußten nicht, daß sie mit Göttinnen wetteiferten, tanzten wie mit sterblichen Gefährtinnen, und die Art ihres Tanzes war, da ja von Hirten, kunstlos, bei den Nymphen aber war alles von höchster Schönheit. Und so siegten sie denn im Tanzen über

die Knaben und sagten zu ihnen dies: «Ihr Jünglinge, ihr habt
den Streit gegen Nymphen, Herdenschützerinnen, unternommen, nun werdet ihr Toren, da ihr unterlegen seid, büßen.»
Und die Knaben wurden, wo sie standen, neben dem Heiligtum der Nymphen, zu Bäumen. Noch jetzt vernimmt man des
Nachts aus dem Wald einen Laut wie von Klagenden, der Ort
aber heißt «Nymphen und Knaben».

32. DRYOPE

Nach Nikandros im ersten Buch der «Verwandlungen»

Dryops war der Sohn des Flußgottes Spercheios und der Polydora, einer der Danaostöchter. Er herrschte am Oitagebirge
und hatte eine einzige Tochter, Dryope, die des Vaters Schafe
weidete. Baumnymphen liebten sie über alle Maßen, und indem sie sie zu ihrer Gespielin machten, unterwiesen sie dieselbe
darin, mit Gesang und Reigentanz die Götter zu feiern. Als
Apollon sie beim Reigen sah, begehrte er sie zu umarmen. Zuerst verwandelte er sich in eine Schildkröte, als aber Dryope
mit den Nymphen über die Schildkröte lachte und scherzte
und sie an ihren Busen nahm, verwandelte er sich wieder und
wurde aus einer Schildkröte eine Schlange. Da stoben die Nymphen erschreckt auseinander und ließen sie allein, Apollon aber
umarmte sie. Tödlich erschrocken floh Dryope in das Haus
ihres Vaters, ohne aber den Eltern etwas zu sagen. Nachdem
sie darauf Andraimon, Oxylos' Sohn, zur Gattin genommen
hatte, gebar sie von Apollon einen Knaben, Amphissos. Als
dieser herangewachsen war, wurde er ein mächtiger Herrscher; er gründete am Oita eine Stadt gleichen Namens und
beherrschte als König das ganze Land. Er errichtete in Dryopis
auch ein Heiligtum des Apollon. Als Dryope dieses besuchte,
raubten sie die Baumnymphen aus Anhänglichkeit zu ihr und
verbargen sie im Wald, statt ihrer ließen sie eine Schwarzpap-

pel aus der Erde sich erheben, und neben der Pappel rissen sie eine Wasserader auf. So wandelte sich Dryope und wurde aus einer Sterblichen eine Nymphe. Amphissos errichtete seiner Mutter zuliebe ein Heiligtum der Nymphen und führte als erster ein Kampfspiel im Laufen durch. Noch heute wachen die Einheimischen über dieses Spiel. Einem Weibe ist es jedoch nicht gestattet, daran teilzunehmen, weil zwei Mädchen die Entführung der Dryope durch die Nymphen den Einheimischen verraten hatten. Die Nymphen hatten ihnen gegrollt und sie aus Jungfrauen in Fichten verwandelt.

33. ALKMENE

Nach Pherekydes

Nachdem Herakles den Menschen entrückt war, vertrieb Eurystheus seine Söhne aus dem Vaterland und herrschte selbst. Die Herakliden aber flohen zu Demophon, dem Sohn des Theseus, und siedelten sich in der attischen Tetrapolis[1] an. Eurystheus aber schickte einen Boten nach Athen und sagte den Athenern Krieg an, falls sie die Herakliden nicht vertrieben. Die Athener nun entzogen sich dem Krieg nicht, Eurystheus aber drang in Attika ein, und als es zur Schlacht gekommen war, fiel er im Kampf; die Schar der Argeier aber wurde in die Flucht geschlagen. Hyllos und die andern Herakliden sowie ihr Gefolge ließen sich nach Eurystheus' Tod wieder in Theben nieder. Zu der Zeit starb hochbetagt Alkmene, und die Herakliden trugen sie zu Grabe. Sie wohnten, wie einst auch Herakles, beim Elektra-Tor, am Markt[2]. Zeus aber entsandte Hermes mit dem Auftrag, Alkmene heimlich zu entführen, auf die Inseln der Seligen zu bringen und dem Rhadamanthys zur Gemahlin zu geben. Hermes gehorchte, entführte Alkmene und legte statt ihrer einen Stein in den Sarg. Da nun den Herakliden der Schrein beim Tragen schwer vorkam, stellten sie ihn ab, öffneten ihn und fanden statt Alkmene einen Stein; sie nahmen ihn heraus und stellten ihn in dem Hain auf, wo das Grabmal der Alkmene in Theben steht.

34. SMYRNA

Theias, dem Sohn des Belos, wurde von der Nymphe Oreithyia auf dem Libanon eine Tochter geboren, Smyrna. Sie hatte ihrer Schönheit wegen eine große Zahl Freier aus sehr vielen Städten, doch ersann sie vielerlei, um die Eltern zu täuschen und die Hochzeit aufzuschieben; denn sie raste in schrecklicher Liebe zum Vater. Am Anfang verbarg sie aus Scham die Krankheit. Als aber die Leidenschaft sie fortriß, verriet sie die Sache ihrer Amme Hippolyte; diese versprach ihr Abhilfe für ihre widernatürliche Leidenschaft, eröffnete dann dem Theias, eine Tochter reicher Leute wünsche sehnlichst, mit ihm heimlich zu schlafen. Theias – er erkannte nämlich nicht, was gegen ihn ausgeheckt wurde – war einverstanden. Und er erwartete in seinem Gemach bei Dunkelheit auf dem Lager das Mädchen, die Amme aber führte Smyrna, die sie mit dem Kleid verhüllt hatte, herbei. Und längere Zeit wurde das mißfällige und ruchlose Tun unbemerkt betrieben. Wie Smyrna schwanger geworden war und Theias ein Verlangen packte, zu erfahren, wer die Schwangere sei, verbarg er eine Fackel im Gemach, Smyrna aber wurde, als sie zu ihm kam, im unvermutet aufleuchtenden Feuerschein erkannt und verlor das Kind. Mit erhobenen Händen aber flehte sie, weder unter den Lebenden noch unter den Toten gesehen zu werden. Da verwandelte sie Zeus in einen Baum und nannte ihn mit ihrem Namen Smyrna (Myrrhe). Es heißt, dieser Baum weine jedes Jahr seine Frucht aus dem Holz. Smyrnas Vater Theias tötete sich der Freveltat wegen; das Kind aber wurde nach dem Willen des Zeus aufgezogen, erhielt den Namen Adonis, und ihn liebte Aphrodite wegen seiner Schönheit gar sehr.

35. DIE HIRTEN

Nach Menekrates von Xanthos in den «Lykischen Geschichten»
und Nikandros

Als Leto Apollon und Artemis auf der Insel Asteria (Delos [1]) geboren hatte, kam sie nach Lykien, da sie die Kinder zu den Bädern am Xanthos bringen wollte. Sobald sie in diesem Lande
angelangt war, traf sie zuerst auf die Quelle Melite und wünschte, bevor sie zum Xanthos käme, hier die Kinder zu baden. Da
aber Hirten sie fortjagten, um ihre Rinder an der Quelle zu
tränken, verließ Leto die Melite und entfernte sich; Wölfe aber
fanden sich ein, zeigten wedelnd den Weg und führten sie bis
zum Fluß Xanthos. Als Leto aber von dem Wasser getrunken
und die Kinder gebadet hatte, weihte sie Xanthos dem Apollon,
dem Land aber, das Tremilis hieß, gab sie, da Wölfe (gr. lykoi)
sie dorthin geführt hatten, den neuen Namen Lykien. Dann
kehrte sie zur Quelle zurück, um die Hirten, die sie vertrieben
hatten, zu bestrafen. Diese wuschen eben ihre Rinder an der
Quelle, Leto aber verwandelte alle zu Fröschen, schlug sie mit
einem kantigen Stein auf Rücken und Schultern, warf alle in die
Quelle und gab ihnen ein Leben im Wasser; sie aber lärmen bis
jetzt an Flüssen und Sümpfen.

36. PANDAREOS

Zu der Zeit, da Rhea aus Furcht vor Kronos in der Höhle von
Kreta Zeus verbarg, nährte ihn eine Ziege, indem sie ihm ihr
Euter darbot. Diese Ziege bewachte nach Rheas Willen ein
goldener Hund. Als aber Zeus die Titanen vertrieben und Kro-
nos der Herrschaft beraubt hatte, machte er die Ziege durch
Verwandlung unsterblich: ihr Bild steht noch jetzt unter den
Gestirnen. Den goldenen Hund aber bestimmte er zum Wäch-
ter des Heiligtums in Kreta. Ihn stahl Pandareos, der Sohn des
Merops, brachte ihn nach Sipylos, und Tantalos, der Sohn des

Zeus und der Pluto, übernahm ihn von Pandareos zur Bewachung. Doch als nach einiger Zeit Pandareos nach Sipylos kam
und den Hund zurückverlangte, schwor Tantalos, ihn nicht
erhalten zu haben. Zeus verwandelte nun Pandareos zur Strafe
für den Diebstahl, wo er eben stand, in einen Felsen, den mein-
eidigen Tantalos aber warf er nieder und stürzte über sein
Haupt den Sipylos.

37. DIE DORIER

Als Diomedes nach der Einnahme von Ilion nach Argos zurückgekehrt war, entzweite er sich mit Aigialeia, seiner Gattin – dies war Aphrodites Werk[1] –, begab sich dann nach Kalydon in Ätolien, tötete Agrios und seine Söhne und gab seinem
Großvater Oineus die Herrschaft zurück. Auf der Rückfahrt
nach Argos aber wurde er vom Sturm ins Ionische Meer verschlagen. Wie Daunios, der König der Daunier, den Ankömm-
ling erkannte, bat er, den Krieg gegen die Messapier mit ihm
zu führen, und versprach als Dank dafür einen Teil des Landes
und die Hochzeit mit seiner Tochter. Und Diomedes nahm
den Vorschlag an. Als er in der Schlacht die Messapier in die
Flucht geschlagen und das Land erhalten hatte, wies er dieses
den Doriern, die mit ihm waren, zu. Von des Daunios Tochter bekam er zwei Kinder, Diomedes und Amphinomos. Als
er hochbetagt im Lande der Daunier starb, bestatteten ihn die
Dorier auf der Insel und nannten diese Diomedeia. Sie aber
bebauten das vom König empfangene Land, und es brachte
ihnen, da sie in der Landarbeit Erfahrung hatten, reichsten
Ertrag. Nach des Daunios Tod aber planten barbarische Illyrier Böses aus Neid auf jenes Land: während die Dorier auf der
Insel Totenopfer darbrachten, erschienen plötzlich die Illyrier
und töteten alle. Nach dem Willen des Zeus verschwanden
die Körper der Hellenen, ihre Seelen aber verwandelten sich
in Vögel. Und noch jetzt, wenn ein hellenisches Schiff dort

landet, kommen die Vögel zu ihnen, vor einem illyrischen Schiff aber fliehen sie und verschwinden alle von der Insel.

38. DER WOLF

Nach Nikandros im ersten Buch der «Verwandlungen»

Aiakos, der Sohn des Zeus und der Asopostochter Aigina, hatte die Söhne Telamon und Peleus sowie von des Nereus Tochter Psamathe als dritten den Phokos. Ihn liebte Aiakos besonders, da er ein schöner und guter Mann war. Peleus und Telamon aber töteten ihn aus Neid insgeheim, wurden deshalb von Aiakos verbannt und verließen Aigina. Telamon ließ sich nun auf der Insel Salamis nieder, Peleus aber gelangte zu Eurytion, dem Sohn des Iros, und wurde auf sein Flehen bei ihm vom Mord gereinigt. Und wieder tötete er, traf auf der Jagd[1], als er auf den Eber schoß, unabsichtlich den Erytion. Auf der Flucht kam er zu Akastos; von dessen Frau verleumdet, er habe sie verführen wollen, wurde er allein auf dem Pelion zurückgelassen. Beim Umherirren traf er auf den Kentauren Cheiron, der den Bittflehenden in seine Höhle aufnahm. Und Peleus trieb viele Schafe und Rinder zusammen und führte sie zu Iros als Sühne für den Mord. Diese Sühne nahm Iros nicht an, worauf Peleus die Tiere wegführte und auf einen Götterspruch hin freiließ. Ein Wolf fiel die Schafe an, da sie ohne Hirten waren, und fraß sie auf; dieser Wolf wurde nach göttlicher Fügung in einen Stein verwandelt und stand sehr lange zwischen Lokris und dem Land der Phoker.

39. ARKEOPHON

Nach Hermesianax im zweiten Buch der «Leontion»

Arkeophon, der Sohn des Minnyrides, lebte in der Stadt Salamis auf Cypern; seine Eltern waren wenig angesehen, stammten sie doch aus Phönizien, doch hatte er sehr viel Geld und sonstiges Vermögen. Eines Tages nun erblickte er die Tochter des Herrschers von Salamis, des Nikokreon, und verliebte sich in sie. Das Geschlecht des Nikokreon stammte von Teukros, der zusammen mit Agamemnon Ilion eingenommen hatte, was aber nur das Verlangen des Arkeophon steigerte, das Mädchen als Gattin zu gewinnen, indem er gegenüber andern Freiern eine ungemein reiche Morgengabe anbot. Nikokreon jedoch nahm seine Werbung nicht an, war ihm doch die Familie des Arkeophon – als phönizischer Herkunft! – nicht gut genug. Da nun Arkeophon mit seinen Heiratsabsichten kein Glück hatte, wurde seine Liebe noch viel leidenschaftlicher. Er stellte sich sogar nachts vor dem Hause der Arsinoë ein und blieb ganze Nächte dort mit seinen Altersgenossen. Als er aber nichts damit erreichte, gewann er die Wärterin des Mädchens und versuchte es mit den reichsten Geschenken zu gewinnen: vielleicht könnte er ohne Wissen der Eltern die Verbindung mit ihr erreichen. Als ihr aber die Wärterin diesen Antrag überbrachte, verriet es Arsinoë ihren Eltern. Die ließen der Ungetreuen Zunge, Nase und Finger abschneiden und jagten sie in diesem Zustand erbarmungslos aus dem Hause. Das erweckte jedoch den Zorn der Göttin. Arkeophon suchte in maßlosem Leid, weil ihm der Weg zu seinem Ziel versperrt war, freiwillig den Tod, indem er die Aufnahme von Nahrung verweigerte. Die Bürgerschaft klagte und trauerte um den Toten, seine Verwandten aber stellten ihn am dritten Tag öffentlich zur Schau; als sie dann Anstalten machten, ihn zu bestatten, wandelte Arsinoë in ihrem Hochmut die Lust an, aus dem Haus zu treten und es mit anzusehen, wie der Leichnam des Arkeophon den Flammen übergeben wurde. Sie schaute auch wirklich zu, Aphrodite aber, empört über eine solche Gesinnung, verwandelte sie aus einem menschlichen Wesen in Stein. Mit den Füßen wurzelte sie in der Erde fest.

40. BRITOMARTIS

Kassiepeia, die Tochter des Arabios, und Phoinix, der Sohn
Agenors, hatten eine Tochter, Karme; mit ihr verband sich
Zeus und zeugte die Britomartis. Diese mied den Umgang
mit den Menschen und zog es vor, immer unvermählt zu bleiben. Zuerst begab sie sich aus Phönizien nach Argos zu den
Töchtern des Erasinos, Byze, Melite, Maira und Anchiroë,
dann suchte sie von Argos aus Kephallenia auf, wo die Bewohner sie Laphria nannten und ihr wie einer Göttin Opfer darbrachten. Darauf ging sie nach Kreta, woselbst Minos sie erblickte und mit Liebesanträgen verfolgte. Sie aber floh zu Fi-
schern, die sie unter ihren Netzen versteckten, und die Kreter
nannten sie seitdem Diktynna und opferten ihr. Nachdem Britomartis dem Minos entkommen war, fuhr sie mit einem Fischer,
Andromedes, in einem Kahn nach Aigina. Dieser wollte im Lie-
besbegehren ihr Gewalt antun, Britomartis jedoch sprang aus
dem Kahn und flüchtete in einen Hain, wo noch jetzt ihr Tempel
steht. Dort wurde sie den Augen der Menschen entrückt. In dem
heiligen Bezirk der Artemis sah man an ihrer Stelle ein Götterbild.
Die Stelle aber, an der Britomartis entschwunden war, weihten
die Aigineten, und unter dem Namen Aphaia[1] brachten sie
ihr als einer Göttin Opfer dar.

41. DER FUCHS

Kephalos, der Sohn des Deion, heiratete zu Thorikos in Attika
Prokris, des Erechtheus Tochter. Kephalos war jung, schön
und mutig. Eos, die sich seiner Schönheit wegen in ihn verliebte, raubte ihn und machte ihn zu ihrem Gefährten. Da wollte nun Kephalos Prokris auf die Probe stellen[2], ob sie ihm treu
zu bleiben wünschte. So gab er denn unter irgendeinem Vorwand an, er gehe auf die Jagd, zu Prokris aber schickte er einen
unbekannten Diener mit viel Gold und trug ihm auf, Prokris

zu sagen, daß ein Fremder, der sich in sie verliebt habe, dieses Gold gebe, wenn sie mit ihm schlafe. Prokris schlug zwar das erste Mal das Gold aus, als er aber doppelt soviel schickte, war sie einverstanden und nahm den Vorschlag an. Als nun Kephalos erkannte, daß sie ins Haus gekommen war und sich zum vermeintlichen Fremden legen wollte, brachte er eine brennende Fackel herbei und überführte sie ihres Treubruchs. Prokris aber verließ Kephalos aus Scham und kam auf ihrer Flucht zu Minos[1], dem König der Kreter. Da sie ihn von Kinderlosigkeit bedrückt fand, versprach sie Hilfe und lehrte ihn, Kinder zu bekommen. Minos nämlich schied Schlangen, Skorpione und Skolopendern aus, und alle Frauen, denen er beiwohnte, starben. Pasiphaë aber, des Helios Tochter, war unsterblich. Prokris nun ersann, damit Minos Kinder zeuge, folgendes: Sie schob eine Ziegenblase in die Scham einer Frau, und Minos sonderte zuerst die Schlangen in die Blase aus, hierauf aber kam er zu Pasiphaë und wohnte ihr bei. Und als sie Kinder bekamen, gab Minos der Prokris den Speer und den Hund; diesen entkam kein Tier, sondern sie erlegten alle. Pokris erhielt also diese Geschenke und begab sich darauf nach Thorikos in Attika, wo Kephalos wohnte; und sie ging mit ihm auf die Jagd, nachdem sie ihre Kleidung gewechselt und das Haar nach Männerart geschnitten hatte; keiner, der sie sah, erkannte sie. Als aber Kephalos sah, daß er beim Jagen gar kein Glück hatte, der Prokris aber alles gelang, wünschte er, diesen Speer zu erhalten. Auch den Hund versprach Prokris ihm zu geben, wenn er sich ihr mit seiner Jugendblüte gefällig erweisen wolle. Kephalos nahm den Vorschlag an, und als sie sich niedergelegt hatten, entdeckte sich Prokris und warf dem Kephalos vor, wieviel schimpflicher er sich vergangen habe. Kephalos erhielt zwar den Hund und den Speer; Amphitryon aber, der den Hund nötig hatte, kam zu Kephalos[2] und fragte, ob er ihn mit dem Hund gegen den Fuchs be-

gleiten wolle, und er versprach, dem Kephalos den Teil der
Beute zu geben, den er von den Teleboern gewinne. Es zeigte
sich nämlich zu dieser Zeit bei den Thebanern ein Ungeheuer
von Fuchs; er kam immer wieder vom Teumessos herunter
und raffte oft Thebaner hinweg, und sie warfen ihm alle dreißig Tage ein Kind vor, er aber packte und fraß es. Und als
Amphitryon[1] die Thebaner bat, mit ihm gegen die Teleboer
zu ziehen, und diese sich weigerten, wenn er ihnen nicht den
Fuchs erlegen helfe, vereinbarte sich Amphitryon unter dieser
Bedingung mit den Thebanern. Zu Kephalos gelangt, erzählte
er von der Vereinbarung und redete ihm zu, mit dem Hund
in den Kampf zu ziehen, Kephalos nahm an, kam und jagte
den Fuchs. Es durfte aber weder der Fuchs von einem Verfolger erfaßt werden noch dem Hund etwas Verfolgtes entfliehen: Zeus verwandelte, als sie in der thebanischen Ebene waren, beide zu Stein.

HYGINUS · SAGEN

I¹. THEMISTO

Athamas, der Sohn des Aiolos, hatte von seinem Weibe Nephele einen Sohn, Phrixos, und eine Tochter, Helle, von Themisto, der Tochter des Hypseus, zwei Söhne, Sphingios und Orchomenos, und von der Tochter des Kadmos, Ino, zwei Söhne, Learchos und Melikertes. Weil Ino ihr den Gatten geraubt habe, wollte Themisto ihre Kinder töten; sie verbarg sich daher heimlich in der Königsburg, und während sie – bei passender Gelegenheit – glaubte, die Söhne ihrer Feindin zu töten, brachte sie unwissentlich die eigenen ums Leben. Die Amme hatte sie dadurch getäuscht, daß sie verkehrte Decken auf die Kinder gelegt hatte. Als Themisto erkannte, was sie getan, tötete sie sich selbst.

2. INO

Als Ino, die Tochter des Kadmos und der Harmonia, die Kinder der Nephele, Phrixos und Helle, töten wollte, faßte sie mit den Frauen des ganzen Stammes den Entschluß und verschwor sich mit ihnen, sie sollten die Früchte, die sie ihnen zur Aussaat geben würde, anrösten, um ihr Aufkeimen zu verhindern; wenn dann Mißwachs und Mangel an Getreide herrsche, solle das ganze Volk an Hunger und Krankheit zugrunde gehen. In dieser Lage schickte Athamas einen Beauftragten nach Delphi. Ino gab diesem die Weisung, er solle einen falschen Spruch zurückbringen: Wenn er Phrixos dem Zeus opfere, so werde dies das Ende der Pest bedeuten. Da Athamas sich weigerte, darauf einzugehen, erbot sich Phrixos willig und aus freien Stücken, er allein wolle das Volk von seiner Drangsal befreien. Als er mit der Wollbinde geschmückt zum Altar geführt wurde, fühlte der Trabant Mitleid mit dem Jüngling und verriet Athamas den Plan der Ino; daraufhin übergab der König sein Weib Ino und ihren Sohn Melikertes dem Phrixos, daß er sie töte. Als dieser sie zum Tode führte, hüllte sie Dionysos in Dunst und entriß ihm seine Nährmutter Ino. – Darnach tötete[1] Athamas im Wahnsinn, in den er von Hera gestürzt[2] wurde, seinen Sohn Learchos. Ino stürzte sich mit ihrem Sohn Melikertes ins Meer. Nach dem Willen des Dionysos hieß sie von da an Leukothea, wir nennen sie Mater Matuta, Melikertes aber wurde der Gott Palaimon, den wir Portunus nennen. Für diesen werden alle vier Jahre gymnastische Spiele veranstaltet, die sogenannten Isthmien.

3. PHRIXOS

Phrixos und Helle wurden von Dionysos in Wahnsinn gestürzt, und als sie in einem Walde umherirrten, da kam ihre Mutter Nephele, wie man erzählt, zu ihnen mit einem mit goldnem Vließ bedeckten Widder – es war dies aber ein Sohn des Poseidon und der Theophane – und forderte ihre Kinder auf, ihn zu besteigen und sich nach Kolchis zum König Aietes, dem Sohn des Helios, zu begeben und dort den Widder dem Ares zu opfern. So soll es denn, wie die Sage geht, auch geschehen sein; als sie aber den Widder bestiegen hatten und er sie über das Meer trug, da stürzte Helle herab, wovon das Meer den Namen Hellespont[3] bekam, den Phrixos aber trug der Widder nach Kolchis. Dort opferte er ihn nach dem Geheiß der Mutter und hängte sein goldenes Vließ im Tempel des Ares auf; es wurde von einem Drachen bewacht, und Iason, der Sohn des Aison und der Alkimede, soll es dann geholt haben. Den Phrixos nahm Aietes mit Freuden auf und gab ihm seine Tochter Chalkiope zum Weibe; sie bekam nachher Kinder von ihm. Aietes fürchtete aber, sie würden ihn aus der Herrschaft verdrängen, weil ihm durch Wunderzeichen an-

gesagt wurde, er solle sich vor dem Fremden, dem Sohn des
Aiolos[1] hüten; daher tötete er den Phrixos. Dessen Söhne
aber, Argos, Phrontis, Melas und Kylindros[2], bestiegen ein
Schiff, um zu ihrem Großvater Athamas zu fliehen: als Iason
das Vließ holte, nahm er sie als Schiffbrüchige auf der Insel
Dia auf und brachte sie ihrer Mutter Chalkiope zurück. Durch
diese schöne Tat machte er sich bei ihrer Schwester Medeia
beliebt.

4. INO

Nach Euripides

Da der König Athamas in Thessalien glaubte, seine Gattin
Ino, von der er zwei Söhne hatte, habe den Tod gefunden,
nahm er die Tochter einer Nymphe, Themisto, zum Weibe;
mit ihr zeugte er Zwillinge. Nachher erfuhr er, daß Ino sich
auf dem Parnaß aufhalte, wohin sie zur Bakchosfeier gegangen
sei. Er schickte Leute aus, sie zu holen, verbarg sie aber,
nachdem sie zurückgebracht war. Themisto bekam Kenntnis
davon, daß sie gefunden sei, wußte aber nicht, wer es war.
Da beschloß sie, ihre Söhne zu töten; in ihr Vorhaben weihte
sie Ino selbst ein, die sie für eine Gefangene hielt, und sagte
ihr, sie solle ihre eigenen Söhne mit einem weißen, die der Ino
dagegen mit einem schwarzen Kleidungsstück zudecken. Ino
bedeckte ihre Kinder mit Weiß, die der Themisto aber mit
Schwarz. Dadurch wurde Themisto irregeführt, so daß sie die
eigenen Söhne ums Leben brachte. Als sie das entdeckte, tötete sie sich selbst. Athamas aber tötete im Wahn auf der Jagd
seinen älteren Sohn Learchos, mit dem jüngeren Melikertes
stürzte sich Ino ins Meer und wurde eine Göttin.

5. ATHAMAS

Weil Semele sich dem Zeus hingegeben hatte, verfolgte Hera
ihr ganzes Geschlecht mit erbittertem Haß. So kam es, daß
Athamas, Sohn des Aiolos, auf der Jagd im Wahnsinn seinen
eigenen Sohn mit Pfeilen tötete.

6. KADMOS

Kadmos, der Sohn des Agenor und der Argiope, hatte den Zorn
des Ares erregt, weil er den die Kastalische Quelle bewachenden
Drachen, der seine jungen Begleiter getötet hatte, erschlug. Er
wurde deswegen mit seinem Weibe Harmonia, der Tochter des
Ares und der Aphrodite, in Illyrien in Drachen verwandelt.

7. ANTIOPE

Antiope, Nykteus' Tochter, wurde von Epaphos[1] durch List
geschändet und deswegen von ihrem Gatten Lykos verstoßen.
Zeus umarmte sie, als sie verlassen war. Lykos aber nahm
Dirke zum Weibe, die Verdacht schöpfte, daß ihr Gatte sich
heimlich noch mit Antiope abgegeben habe. Sie befahl daher
ihren Dienern, sie zu fesseln und in einem dunklen Raum einzuschließen. Als ihre Niederkunft bevorstand, floh sie nach
dem Willen des Zeus aus ihrem Gefängnis ins Kithaironge-
birge; und da ihre Stunde kam und sie einen Ort suchte, wo
sie gebären könne, zwangen sie die Wehen, unmittelbar an
einem Zweiweg niederzukommen. Hirten erzogen die Zwillinge als ihre eigenen Söhne und nannten den einen Zethos[2],
weil die Mutter nach einem Ort der Niederkunft gesucht
hatte, den andern aber Amphion, weil sie ihn am Zweiweg geboren hatte. Als sie aber erfuhren, wer ihre Mutter war, banden sie
Dirke an einen wilden Stier und brachten sie so zu Tode. Aus ihrem Körper entstand im Kithairon die sogenannte Dirkäische
Quelle, dank dem Dionysos, dessen Priesterin sie gewesen war.

8. ANTIOPE

Nach Euripides

Antiope war die Tochter des Königs Nykteus in Böotien; ihre außergewöhnliche Schönheit war die Veranlassung, daß Zeus sie umarmte. Als der Vater sie bestrafen wollte und ihr wegen der Schändung den Tod androhte, floh Antiope. Zufällig wohnte an dem Ort, wohin sie kam, der Sikyonier Epaphos. Er nahm die in sein Haus Verschlagene zum Weibe. Nykteus konnte das Geschehene nicht verwinden, und als er starb, beschwor er seinen Bruder Lykos, dem er nun die Herrschaft hinterließ, und trug ihm auf, Antiope dürfe nicht straflos ausgehen; nach seinem Tode kam Lykos nach Sikyon, tötete den Epaphos und führte Antiope gefesselt in den Kithairon. Dort gebar sie Zwillinge, die sie zurücklassen mußte. Ein Hirt zog sie auf und nannte sie Zethos und Amphion. Antiope war der Gattin des Lykos, Dirke, zur Bestrafung übergeben worden, aber als sich die Gelegenheit dazu bot, ergriff sie die Flucht. Sie kam zu ihren Söhnen, von denen Zethos sie für eine Entlaufene hielt und ihr die Aufnahme verweigerte.

In die gleiche Gegend verirrte sich Dirke gelegentlich einer Dionysosfeier; sie fand Antiope und wollte sie mitnehmen, um sie zu töten. Aber der Hirte, der die Jünglinge aufgezogen hatte, verriet diesen, daß es ihre Mutter sei; da nahmen sie in aller Eile die Verfolgung auf und befreiten sie; Dirke banden sie mit den Haaren an einen Stier und schleiften sie so zu Tode. Als sie auch Lykos umbringen wollten, verhinderte es Hermes, doch mußte Lykos auf Geheiß des Gottes die Herrschaft an Amphion abtreten.

9. NIOBE

Amphion und Zethos, die Söhne des Zeus und der Tochter des Nykteus, Antiope, umgaben auf Geheiß des Apollon Theben mit einer Mauer bis zum Grab der Semele, und indem sie den

Laios, den Sohn des Königs Labdakos, in die Verbannung stießen, bemächtigten sie sich selbst der Herrschaft. Amphion
nahm Niobe, die Tochter des Tantalos und der Dione, zum
Weib und zeugte mit ihr sieben Söhne und sieben Töchter.
Diese Nachkommenschaft stellte sie über die der Leto und
äußerte voller Hochmut gegenüber Apollon und Artemis,
diese kleide sich wie ein Mann, während Apollon mit langem
Haar und tief herabwallendem Gewand auftrete, und sie selbst
habe viel mehr Kinder als Leto. Deswegen tötete Apollon ihre
Söhne mit Pfeilen, als sie in einem Walde jagten, und Artemis
mit ihren Pfeilen im Königshaus die Töchter außer Chloris.
Die Mutter aber, die um ihre verlorenen Kinder weinte, so erzählt man, sei am Sipylosgebirge zu Stein geworden, und ihre
Tränen sollen heute noch fließen. Amphion aber, als er den
Tempel des Apollon mit Gewalt nehmen wollte, wurde von
den Pfeilen des Gottes getötet.

10. CHLORIS

Chloris war die Tochter der Niobe und des Amphion, die als
einzige von sieben am Leben geblieben war. Neleus, der Sohn
des Hippokoon[1], nahm sie zum Weibe und zeugte mit ihr zwölf
Kinder, alle männlichen Geschlechts. Als Herakles Pylos einnahm, tötete er den Neleus und zehn seiner Söhne, der elfte
aber, Periklymenos, wurde durch die Gunst seines Großvaters
Poseidon in einen Adler verwandelt und entging so dem Tode.
Der zwölfte war vor Ilion Nestor, von dem man erzählt, daß
er dank der Gunst Apollons drei Menschenalter gelebt habe.
Denn die Jahre, die Apollon den Brüdern der Chloris geraubt
hatte, schenkte er dem Nestor.

12¹. PELIAS

Pelias, dem Sohn des Kretheus und der Tyro, war ein Orakelspruch verkündet worden, er solle dem Poseidon opfern, und
wenn ein «Einschuh», das heißt einer, der nur einen Schuh
anhat, ihn dabei überrasche, dann stehe sein Tod nahe bevor.
Als er nun Poseidon das Jahresopfer darbrachte, geschah es,
daß Iason, der Sohn des Aison und Neffe des Pelias, im Eifer,
sich an dem Opfer zu beteiligen, beim Übersetzen über den
Fluß Euenos einen Schuh zurückließ; um rasch zu dem Opfer
zu kommen, übersah er es. Pelias aber entging es nicht, und
im Gedanken an die Weisung des Orakels gab er ihm den Auftrag, das goldne Vließ, das Phrixos dem Ares geweiht hatte,
aus Kolchis von dem feindlichen König Aietes herbeizuholen.
Iason rief die Führer Griechenlands zusammen und brach nach
Kolchis auf.

13. HERA

Hera hatte sich in eine alte Frau verwandelt und stand am
Euhenos, um die Gesinnung der Menschen auf die Probe zu
stellen, die sie über den Fluß tragen sollten. Keiner fand sich
dazu bereit, bis Iason, der Sohn des Aison und der Alkimede,
sie hinübertrug. Sie war aber auf Pelias zornig, weil er die
Opfer für sie unterbrochen hatte, und bewirkte deshalb, daß
Iason einen Schuh in dem Schlamm zurückließ.

15². DIE LEMNIERINNEN

Auf der Insel Lemnos hatten die Frauen einige Jahre lang der
Aphrodite keine Opfer mehr dargebracht, worüber erzürnt
sie die Männer dahin brachte, sich Frauen aus Thrakien zu
holen und sich von ihren früheren zu trennen. Aber die gleiche
Aphrodite stachelte nun die Frauen von Lemnos auf, das ganze
männliche Geschlecht auf der Insel zu ermorden, nur Hypsipyle brachte ihren Vater Thoas heimlich auf ein Schiff, mit

dem er durch einen Sturm nach einer taurischen Insel verschlagen wurde. Inzwischen näherten sich die vorüberfahren-
den Argonauten Lemnos. Als Iphinoë, die Torwächterin, sie
erblickte, meldete sie es der Königin Hypsipyle, und die schon
in gesetzterem Alter stehende Polyxo gab dieser den Rat, die
Fremden zu Gast zu laden und ihrem Hause zu verpflichten.
Hypsipyle bekam von Iason zwei Söhne, Euneos und Deipylos.
Nachdem die Argonauten sich mehrere Tage hatten zurück-
halten lassen, wurden sie von Herakles mit Vorwürfen überhäuft, worauf sie Abschied nahmen. Als die Frauen von Lemnos erfuhren, daß Hypsipyle ihren Vater gerettet hatte, unternahmen sie es, sie zu töten; doch entkam sie ihnen durch die
Flucht. Räuber nahmen sie auf, brachten sie nach Theben und
verkauften sie dem König Lykos als Sklavin. Alle Lemnierinnen aber, die von den Argonauten schwanger geworden waren, gaben deren Namen ihren Söhnen.

16. KYZIKOS

König Kyzikos, der Sohn des Eusoros[1], nahm die Argonauten
auf einer Insel der Propontis gastlich auf und bewirtete sie aufs
freigebigste. Als sie sich von ihm getrennt hatten und einen
ganzen Tag gefahren waren, kam in der Nacht ein Sturm auf
und, ohne es zu wissen, wurden sie auf dieselbe Insel verschlagen. Kyzikos hielt sie für feindliche Pelasger, und in dem
nächtlichen Treffen, das er ihnen an der Küste lieferte, wurde
er von Iason getötet. Als dieser sich am folgenden Tage aufs
neue der Küste näherte, sah er, daß er den König erschlagen
hatte. Er sorgte für die Bestattung und übergab seinen Söhnen
die Herrschaft.

17. AMYKOS

Amykos, der Sohn des Poseidon und der Melia, war der König von
Bebrykien. Jeden, der in sein Reich kam, zwang er zum Faustkampf und brachte die Besiegten ums Leben. Als er die Argonauten herausforderte, trat Polydeukes gegen ihn an und tötete ihn.

18. LYKOS

Lykos, der König einer Insel der Propontis, nahm die Argonauten gastlich auf dafür, daß sie den Amykos umgebracht
hatten, den Feind, der ihm immer wieder, wie er sagte, zu
schaffen machte. Als die Argonauten während ihres Aufent-
haltes bei Lykos auszogen, um Stroh zu holen, fand Idmon,
der Sohn Apollons, durch einen Eber den Tod. Während sich
durch dessen Bestattung ihr Aufenthalt verlängerte, starb Tiphys, der Sohn des Phorbas[1]. Darauf machten sie Poseidons
Sohn Ankaios zum Steuermann.

19. PHINEUS

Der Thraker Phineus, der Sohn des Agenor, hatte von Kleopatra zwei Söhne. Diese wurden von ihrem Vater infolge einer
Anschuldigung der Stiefmutter des Augenlichts beraubt. Phineus soll von Apollon die Weissagegabe erhalten haben; da
er aber die Pläne der Götter ausplauderte, wurde er von Zeus
geblendet, und die Harpyien wurden ihm zugesellt, von denen
es heißt, daß sie die Hunde des Zeus seien, die ihm die Speise
vom Mund wegnehmen sollten. Als die Argonauten zu ihm
kamen und ihn baten, ihnen den Weg zu zeigen, erklärte er
sich dazu bereit, wenn sie ihn von der Strafe befreiten. Da verscheuchten Zetes und Kalais, die Söhne des Boreas und der
Oreithyia, von denen erzählt wird, daß sie an Haupt und Füßen gefiedert waren, die Harpyien bis zu den Strophaden und
befreiten Phineus von seiner Strafe. Darauf zeigte er ihnen, wie

sie durch die Symplegaden kommen könnten: sie sollten eine
Taube fliegen lassen. Wenn die Felsen nach dem Zusammen-
prall wieder zurückträten, (sollten sie mit aller Kraft hindurch-
rudern, falls die Taube durchgekommen wäre; falls sie aber
dabei umkäme,)[1] sollten sie umwenden. Dem Freundschaftsdienst des Phineus verdankten es die Argonauten, daß sie die
Symplegaden glücklich hinter sich brachten.

20. DIE STYMPHALISCHEN VÖGEL

Als die Argonauten zur Insel Dia kamen, wurden sie von den
Vögeln mit Federgeschossen[2] statt Pfeilen bedrängt. Da sie
der Übermacht der Vögel nicht zu widerstehen vermochten,
griffen sie der Mahnung des Phineus entsprechend zu Schilden und Lanzen und verscheuchten sie nach dem Brauch der
Kureten[3] durch Getöse.

21. DIE SÖHNE DES PHRIXOS

Als die Argonauten durch die Kyaneischen Felsen, die Symplegaden, wie sie auch heißen, in das sogenannte Euxinische
Meer eingedrungen waren und darin umherirrten, wurden sie
nach dem Willen der Hera zur Insel Dia verschlagen. Dort
fanden sie als nackte und hilflose Schiffbrüchige die Söhne des
Phrixos und der Chalkiope, Argos, Phrontides, Melas und Kylindros[4]. Als diese Iason ihr Schicksal erzählten – auf dem Wege
zu ihrem Großvater Athamas seien sie durch Schiffbruch hier
gestrandet –, nahm Iason sie auf und ließ ihnen seine Hilfe zuteil werden; dafür geleiteten sie ihn durch den Fluß Thermodon nach Kolchis. Als sie nicht mehr weit von Kolchis entfernt waren, ließen sie das Schiff an einer versteckten Stelle
vor Anker gehen und begaben sich zu ihrer Mutter Chalkiope,
Medeias Schwester, der sie von Iasons Freundschaftsdienst be-
richteten und warum sie gekommen wären. Darauf erzählte
ihnen Chalkiope von Medeia und brachte diese und ihre Söhne

mit Iason zusammen. Als Medeia ihn erblickte, erkannte sie in ihm den Mann, den sie in Träumen auf Anstiften der Hera liebgewonnen hatte, und versprach ihm alles, worauf sie ihn in das Heiligtum führten.

22. AIETES

Dem Sohn des Helios, Aietes, war ein Orakel gegeben worden, er werde so lange die Herrschaft behalten, als das von Phrixos geweihte Vließ sich im Heiligtum des Ares befände. Deswegen gab er Iason auf, folgenden Kampf zu bestehen: wenn er das goldene Vließ mitnehmen wolle, solle er die erzhufigen, flammenschnaubenden Stiere mit dem stahlharten Joch anschirren, mit ihnen pflügen und aus dem Helm Drachenzähne säen, aus denen sogleich ein Geschlecht von Bewaffneten entstünde und gegenseitig sich umbrächte. Hera aber wünschte ein für allemal aus folgendem Grunde die Rettung Iasons: als sie mit der Absicht, die Gesinnung der Menschen auf die Probe zu stellen, an einen Fluß gekommen war, hatte sie die Gestalt einer alten Frau angenommen und gebeten, man möchte sie hinübertragen; während nun alle andern, die übersetzten, sie nur verächtlich angesehen hatten, hatte Iason sie durch den Fluß getragen. Da sie nun wußte, daß Iason ohne den Rat der Medeia den Auftrag nicht durchführen könne, bat sie deswegen Aphrodite, in Medeia Liebe zu ihm zu wecken. Aphrodite brachte es dahin, daß sich Medeia in Iason verliebte; durch sie wurde er von jeder Gefahr befreit. Als er nämlich mit den Stieren gepflügt hatte und die Bewaffneten hervorgewachsen waren, warf er auf die Mahnung der Medeia hin einen Stein unter sie, worauf sie in Kampf miteinander gerieten und sich wechselseitig erschlugen. Nachdem dann der Drache durch Zaubermittel eingeschläfert war, holte Iason das Vließ aus dem heiligen Hain und machte sich mit Medeia auf den Weg zurück in sein Vaterland.

23. APSYRTOS

Als Aietes erfuhr, daß Medeia mit Iason geflohen sei, rüstete
er ein Schiff und schickte seinen Sohn Apsyrtos mit Bewaffneten zu ihrer Verfolgung. Dieser folgte ihr in Istrien im Adria-
tischen Meer bis zum König Alkinoos, doch als er dort eine
Entscheidung durch die Waffen suchte, trat Alkinoos dazwischen, um den offenen Kampf zu verhindern. Sie nahmen ihn
zum Schiedsrichter, doch hielt er sie hin bis zum folgenden
Tag. Er war etwas bekümmert, und als seine Gattin Arete
ihn nach dem Grund seines Kummers fragte, sagte er, er sei
von zwei so verschiedenen Volksstämmen wie Kolchern und
Griechen zum Schiedsrichter bestimmt. Als ihn Arete darauf
fragte, wie er denn entscheiden werde, gab Alkinoos zur Antwort: wenn Medeia eine Jungfrau sei, werde er sie dem Vater
zurückgeben, wenn aber eine Frau, ihrem Gatten. Als dies
Arete von ihrem Gemahl hörte, schickte sie einen Boten zu
Iason, worauf dieser Medeia nachts in einer Höhle umarmte.
Als sie dann am folgenden Tage zum Schiedsgericht kamen
und Medeia als Frau erfunden wurde, wurde sie dem Gatten
übergeben. Trotzdem, als sie sich wieder auf den Weg machten, verfolgte sie Apsyrtos aus Furcht vor dem väterlichen
Auftrag bis zur Insel der Athene. Als dort Iason der Göttin
opferte und Apsyrtos dazwischentrat, wurde er von Iason erschlagen. Medeia bestattete ihn, worauf sie ihren Weg fort-
setzten. Die Kolcher, die mit Apsyrtos gekommen waren, blieben aus Furcht vor Aietes dort wohnen und gründeten eine
Stadt, die sie nach Apsyrtos Apsoris nannten. Es ist eine Insel
in Istrien, Pola gegenüber, die mit der Insel Kanta[1] zusammen-
hängt.

24. IASON · DIE TÖCHTER DES PELIAS

Als Iason im Auftrag seines Oheims sich soviel Gefahren ausgesetzt hatte, überlegte er, wie er ihn, ohne vorher Verdacht zu erregen, aus dem Wege räumen könne. Medeia versprach, die Tat auszuführen. Als sie daher nicht mehr weit von Iolkos entfernt waren[1], ließ sie das Schiff an einem versteckten Platz vor Anker gehen und begab sich selbst als Priesterin der Artemis zu den Töchtern des Pelias; sie versprach, ihren Vater zu verjüngen, aber die älteste Tochter Alkestis sagte, das sei unmöglich. Um sie leichter für ihre Absicht zu gewinnen, legte sie einen Dunstkreis um sie und vollbrachte mit ihren Zaubermitteln eine Reihe von Wunderdingen, die ihnen als wirklich erschienen; so warf sie einen alten Widder in einen ehernen Kessel, und es sah dann aus, als ob ein wunderhübsches Lämmchen herausspränge. Genau so machten es dann die Peliastöchter Alkestis, Pelopeia, Medusa, Peisidike, Hippothoë: auf Anstiften der Medeia töteten sie ihren Vater und kochten ihn in dem ehernen Kessel. Als sie nachher sich betrogen sahen, flohen sie aus ihrem Vaterland. Iason aber, auf ein von Medeia gegebenes Zeichen, bemächtigte sich der Königsburg und gab dem Sohn des Pelias, Akastos, dem Bruder der Peliaden, dafür, daß er mit ihm nach Kolchis gegangen war, das väterliche Reich. Er selbst begab sich mit Medeia nach Korinth.

25. MEDEIA

Medeia, die Tochter des Aietes und der Eidyia, bekam von Iason zwei Söhne, Mermeros und Pheres, und sie lebten in größter Eintracht, da machte man ihm Vorwürfe daraus, daß ein so tapferer, stattlicher und berühmter Mann eine hergelaufene Giftmischerin zur Gattin habe. Kreon, des Menoikeus Sohn[2], der König von Korinth, vermählte mit ihm seine jüngere Tochter Glauke. Als sich Medeia, die doch an Iason so

edel gehandelt hatte, so mit Schande bedeckt sah, verfertigte
sie mit ihren Zaubermitteln einen goldenen Kranz und ließ
ihn durch ihre Söhne der Stiefmutter als Geschenk überrei-
chen. Kreusa[1] nahm das Geschenk an, worauf sie mit Iason
und Kreon verbrannte. Als Medeia die Königsburg brennen
sah, tötete sie ihre Kinder von Iason, Mermeros und Pheres,
und floh aus Korinth.

26. MEDEIA LANDESFLÜCHTIG

Nachdem Medeia aus Korinth geflohen war, fand sie in Athen
bei dem Sohne Pandions, Aigeus, Gastfreundschaft und vermählte sich mit ihm: er zeugte mit ihr einen Sohn, Medos.
Nachher begann der Priester der Artemis gegen Medeia zu
hetzen und erklärte dem König, es sei ihm unmöglich, die
Opfer rein zu vollziehen, weil eine verbrecherische Zauberin
sich in der Stadt befände. Darauf wurde sie zum zweiten Male
landesflüchtig. Mit einem Drachengespann kehrte sie aus
Athen nach Kolchis zurück. Unterwegs kam sie nach Apsoris,
wo ihr Bruder Apsyrtos begraben lag. Die Bewohner der Stadt
konnten sich der vielen Schlangen nicht erwehren. Auf ihre
Bitten hin sammelte sie Medeia ein und brachte sie in das
Grabgewölbe ihres Bruders, wo sie sich heute noch befinden.
Wenn eine das Grab verläßt, zollt sie der Natur ihr Recht.

27. MEDOS

Perses, der Sohn des Helios und Bruder des Aietes, hatte ein
Orakel erhalten, er solle vor dem Tod durch die Nachkommenschaft des Aietes auf der Hut sein: zu ihm wurde Medos
durch den Sturm verschlagen, als er seiner Mutter folgte. Die
Trabanten ergriffen ihn und führten ihn vor den König Perses. Als Medos, der Sohn des Aigeus und der Medeia, sich in
der Gewalt seines Feindes sah, gab er sich für Hippotes aus,
den Sohn Kreons. Da der König Genaueres wissen wollte, ließ

er ihn in Gewahrsam bringen. War doch Mißwachs im Lande, wie es heißt, und Mangel an Feldfrüchten. Als Medeia mit dem Drachengespann ankam, tat sie dem König gegenüber, als wäre sie eine Priesterin der Artemis; sie erklärte, sie könne den Mißwachs abwenden, und als sie von dem König hörte, Hippotes, Kreons Sohn, sei bei ihm in Haft, glaubte sie, er wäre gekommen, um die an seinem Vater begangene Untat zu rächen, und (warte auf eine Gelegenheit dazu. In der Absicht also, den Feind zu vernichten,)¹ verriet sie, ohne es zu ahnen, ihren eigenen Sohn. Sie redete dem König ein, es wäre nicht Hippotes, sondern Medos, des Aigeus Sohn, der von seiner Mutter geschickt wäre, um den König zu ermorden, und bat darum, man solle ihn ihr übergeben, um ihn aus dem Wege zu räumen, immer im Glauben, es wäre Hippotes. Als der König nun Medos herbeischaffen ließ, um ihn für seine Lüge mit dem Tode zu bestrafen, und Medeia sah, daß es sich ganz anders verhielt, als sie glaubte, sagte sie, sie wolle sich mit dem Gefangenen unterreden. Dabei gab sie ihm ein Schwert und forderte ihn auf, Vergeltung zu üben für das dem Großvater angetane Unrecht². Daraufhin erschlug Medos den Perses und nahm sein angestammtes Reich in Besitz. Nach seinem eigenen Namen nannte er das Land Medien.

28. OTOS UND EPHIALTES

Otos und Ephialtes, die Söhne des Aloeus und der Poseidontochter Iphimede³, sollen von fabelhafter Größe gewesen sein; sie wuchsen, jeder von den beiden, in einem Monat neun Fingerlängen. Daher versuchten sie, im Alter von neun Jahren, den Himmel zu ersteigen. Auf folgende Weise wollten sie sich den Zugang bahnen: sie legten den Ossa auf den Pelion – so kommt es, daß auch der Ossa Peliongebirge heißt – und türmten andre Berge aufeinander; dabei wurden sie von Apollon ergriffen und getötet. Andre Gewährsmänner indes berichten, sie seien die un-

verwundbaren Söhne des Poseidon und der Iphimede gewesen; sie wollten Artemis umarmen, und da diese gegen ihre
Kräfte nicht aufkam, sandte Apollon eine Hirschkuh zwischen
sie. Im Jagdeifer wollten sie mit den Speeren sie erlegen und
töteten sich dabei wechselseitig. In der Unterwelt, heißt es,
erleiden sie folgende Strafe: voneinander abgewandt, sind sie
mit Schlangen an eine Säule gebunden. Zwischen ihnen auf
der Säule, an der sie angebunden sind, sitzt eine Eule.

29. ALKMENE

Während Amphitryon abwesend war, um Oichalia zu erobern,
empfing Alkmene den Zeus im Schlafgemach, in der Meinung,
es sei ihr Gatte. Er war eingetreten und erzählte von seinen
Taten in Oichalia, so daß sie glaubte, den Gatten vor sich zu
haben, und sich ihm hingab. Er genoß das Beilager so sehr, daß
er den Tag unterdrückte und so die Nacht verdoppelte und
Alkmene sich wunderte über die lange Dauer der Nacht. Als
ihr nachher gesagt wurde, ihr Gemahl sei als Sieger zurückgekehrt, berührte sie das nicht im geringsten, weil sie glaubte,
ihn schon gesehen zu haben. Als nun Amphitryon die Königsburg betrat und sie so gleichgültig sah, war er befremdet und
beklagte sich, daß sie ihn nicht bei seiner Ankunft empfangen
hätte. Alkmene gab ihm zur Antwort: «Du bist ja schon längst
hier, hast du doch bei mir gelegen und mir von deinen Taten
in Oichalia erzählt.» Als sie ihm dazu alle Anzeichen nannte,
begriff Amphitryon, daß ein Gott an seiner Stelle dagewesen
war. Seit dem Tage berührte er seine Gattin nicht mehr. Von
der Umarmung des Zeus empfing sie Herakles.

30. DIE ZWÖLF VON EURYSTHEUS BEFOHLENEN KÄMPFE DES HERAKLES

Als Kind erwürgte er die zwei Schlangen, die Hera gesandt hatte, mit den beiden Händen, wovon er den Beinamen Primigenius[1] bekam. Er tötete den Nemeischen Löwen, den Selene in einer Höhle mit zwei Eingängen aufgezogen hatte, den unverwundbaren, und nahm dessen Fell als Bekleidung. Die Lernäische Hydra, die Tochter des Typhon, mit neun Köpfen, tötete er an der Lernäischen Quelle. Sie hatte so viel Gift, daß sie durch bloßen Anhauch die Menschen umbrachte, und wenn einer über die Schlafende hinwegging, hauchte sie seine Fußsohlen an, und er starb unter den größten Qualen. Er tötete sie nach Anleitung der Athene, weidete sie aus und tauchte seine Pfeile in ihre Galle; alles was er nachher mit den Pfeilen traf, war dem Tode verfallen. Dieses Gift war dann später in Phrygia die Ursache seines eigenen Untergangs[2]. Er tötete den Erymanthischen Eber. Den wilden Hirsch in Arkadien mit goldnem Geweih brachte er lebend vor den König Eurystheus. Er erlegte mit seinen Pfeilen die Stymphalischen Vögel auf der Insel des Ares, die ihre Federn als Wurfgeschosse[3] gebrauchten. Er säuberte den Rinderstall des Königs Augeias an einem Tage, zum größeren Teil mit Hilfe des Zeus; durch einen Fluß, den er zuleitete, spülte er den ganzen Mist fort. Den Stier, mit dem Pasiphaë Beilager hielt, brachte er lebend von der Insel Kreta nach Mykene. Den König Diomedes von Thrakien und seine vier Rosse, die sich von Menschenfleisch nährten, erschlug er zusammen mit seinem Gehilfen Abderos; die Rosse heißen Podargos, Lampon, Xanthos, Dinos. Die Amazone Hippolyte, die Tochter des Ares und der Königin Otrere: er raubte ihr den Amazonengürtel, dann schenkte er die gefangene Antiope dem Theseus[4]. Den dreileibigen Geryones, den Sohn des Chrysaor, tötete er mit einem einzigen Geschoß. Den ungeheuren Drachen, den Sohn des Typhon, der die goldenen Äpfel der Hesperiden zu bewachen pflegte, erschlug er am Atlasgebirge und brachte König Eurystheus die Äpfel. Den Hund Kerberos, den Sohn des Typhon, holte er aus der Unterwelt vor die Augen des Königs.

31. DIE ANDERN TATEN DES HERAKLES

Den Sohn der Ge, Antaios, brachte er in Libyen ums Leben. Dieser zwang die Fremden zu einem Ringkampf, und wenn sie erschöpft waren, machte er ihnen den Garaus; Herakles tötete ihn beim Ringen. Busiris in Ägypten, der die Fremden zu opfern pflegte; als Herakles von dessen Gewohnheit hörte, ließ er sich, mit der Opferbinde geschmückt, zum Altar führen, sowie Busiris aber die Götter anrufen wollte, erschlug er ihn und seine Gehilfen mit der Keule. Den Sohn des Ares, Kyknos, tötete er, nachdem er ihn im Kampf besiegt hatte. Als Ares dazukam und wegen seines Sohnes gegen ihn zu den Waffen greifen wollte, schleuderte Zeus seinen Blitz zwischen die beiden. Er tötete in Troia das Seeungeheuer, dem Hesione ausgeliefert war; weil ihr Vater Laomedon sie dann nicht herausgeben wollte, erschoß er ihn mit seinen Pfeilen. Den braungelben Adler, der am Herzen[1] des Prometheus fraß, erlegte er mit dem Pfeil. Lykos, den Sohn Poseidons[2], erschlug er, weil er seine Gattin Megara, Kreons Tochter, und seine Söhne Therimachos und Ophites umbringen wollte. Der Flußgott Acheloos pflegte alle möglichen Gestalten anzunehmen. Als er mit Herakles um Deianeira kämpfte, verwandelte er sich in einen Stier. Herakles entriß ihm sein Horn, das er den Hesperiden oder Nymphen schenkte. Diese füllten es mit Obst und nannten es «Horn des Überflusses». Den Sohn des Hippokoon, Neleus[3], tötete er mit seinen zehn Söhnen, weil dieser ihn nicht reinigen oder entsühnen wollte, damals, als er seine Gattin Megara, Kreons Tochter, und seine Söhne Therimachos und Ophites umgebracht hatte. Den Eurytos erschlug er, weil er seine Tochter Iole zur Ehe begehrte und jener ihn zurückwies. Den Kentauren Nessos tötete er, weil er Deianeira Gewalt antun wollte. Den Kentauren Eurytion brachte er um, weil er sich um Deianeira, des Dexamenos Tochter, seine erhoffte Gemahlin, bemühte[1].

32. MEGARA

Als Herakles von Eurystheus zu dem dreiköpfigen Hund geschickt war und Lykos, der Sohn Poseidons[2], glaubte, er habe den Tod gefunden, wollte er Megara, Kreons Tochter, seine Gattin, und seine Söhne Therimachos und Ophites ermorden und sich der Herrschaft bemächtigen. Da kam Herakles dazu und tötete Lykos: nachher aber schlug ihn Hera mit Wahnsinn, und er brachte Megara und seine Söhne Therimachos und Ophites ums Leben. Als er seines Verstandes wieder mächtig war, bat er Apollon um ein Orakel, wie er sein Verbrechen sühnen könne; da ihm der Gott keine Antwort geben wollte, raubte Herakles im Zorn den Dreifuß aus seinem Tempel – auf des Zeus Geheiß gab er ihn nachher wieder zurück – und verlangte von dem widerstrebenden Gott eine Antwort. Er wurde deswegen von Hermes in den Dienst der Königin Omphale gegeben.

33. DIE KENTAUREN

Als Herakles als Gast zu König Dexamenos gekommen war und dessen Tochter Deianeira umarmt hatte, hatte er sein Wort gegeben, sich ehelich mit ihr zu verbinden. Nach seinem Weggang indes begehrte der Kentaure Eurytion, der Sohn des Ixion und der Nephele, Deianeira zur Gattin, und aus Furcht vor Gewalt sagte sie ihm der Vater zu. Am festgesetzten Tage stellte er sich mit seinen Brüdern zur Hochzeit

ein: Herakles kam dazu und erschlug den Kentauren, worauf
er seine Verlobte mitnahm[1].

34. NESSOS

Der Kentaure Nessos, ein Sohn des Ixion und der Nephele,
wurde von Deianeira gebeten, sie über den Fluß Euenos zu
tragen: er nahm sie auf den Rücken und wollte ihr mitten im
Fluß Gewalt antun. Herakles kam darüber hinzu, und da
Deianeira ihn beschwor, durchbohrte er Nessos mit seinen
Pfeilen. Sterbend – er wußte, was für ein furchtbares Gift die
in die Galle der Lernäischen Hydra getauchten Pfeile mit sich
trugen – fing dieser sein Blut auf und gab es Deianeira mit
den Worten, es sei ein Liebesmittel; wenn sie wolle, daß der
Gatte ihrer nicht überdrüssig werde, solle sie damit seine
Kleider tränken. Deianeira glaubte daran und tat es auf die
Seite, um es sorgsam zu verwahren.

35. IOLE

Herakles freite um Iole, die Tochter des Eurytos. Da er abge-
wiesen wurde, eroberte er Oichalia, und um nun von der
Jungfrau mit Bitten bestürmt zu werden, verfiel er auf den Entschluß, ihre Angehörigen in ihrer Gegenwart umzubringen,
aber Iole blieb fest und sah ruhig mit an, wie ihre Verwandten vor ihren Augen niedergemacht wurden. Nachdem Herakles alle erschlagen hatte, schickte er Iole als Gefangene zu Deianeira voraus.

36. DEIANEIRA

Als Deianeira, die Tochter des Oineus und Gattin des Herakles, die gefangene Iole erblickte, eine Jungfrau von ungewöhnlicher Schönheit, fürchtete sie, aus ihrer Stellung als Gattin
verdrängt zu werden. Sie erinnerte sich daher der Mahnung
des Nessos und schickte einen Diener mit Namen Lichas, der
dem Herakles das mit dem Blut des Kentauren getränkte Ge-

wand bringen sollte. Etwas hiervon war auf die Erde gefallen, und als die Sonne darauf schien, begann es zu brennen. Als Deianeira das sah, erkannte sie, daß das etwas ganz anderes war, als Nessos gesagt hatte, und sandte einen, der den Überbringer des Gewandes zurückrufen sollte. Doch Herakles hatte es schon angelegt, und sogleich begann es zu brennen; als er sich in den Fluß stürzte, um die Glut zu löschen, schlug die Flamme nur höher empor; er wollte es wegreißen, da ging das Fleisch mit. Darauf schleuderte Herakles den Lichas, der das Gewand überbracht hatte, mit mächtigem Schwung ins Meer. Wo er niederfiel, tauchte ein Fels auf, der den Namen Lichasfels erhielt. Dann errichtete Philoktetes, wie es heißt, der Sohn des Poias, dem Herakles einen Scheiterhaufen im Oitagebirge, den er bestieg, um der Sterblichkeit entkleidet zu werden[1]. Für diesen Freundschaftsdienst schenkte Herakles dem Philoktetes Bogen und Pfeile. Deianeira gab sich wegen des Schicksals, das Herakles erfuhr, selber den Tod.

37. AITHRA

Poseidon und Aigeus, der Sohn des Pandion, umarmten in der gleichen Nacht Aithra, Pittheus' Tochter, im Tempel der Athene. Was sie gebären würde, überließ Poseidon dem Aigeus. Als dieser von Troizen nach Athen zurückkehren wollte, legte er sein Schwert unter einen Stein und wies Aithra an, ihm seinen Sohn dann zu schicken, wenn er den Stein aufheben und das Schwert seines Vaters an sich nehmen könne; darin werde das Erkennungszeichen seines Sohnes bestehen. So gebar Aithra den Theseus. Als dieser das Mannesalter erreicht hatte, verriet ihm seine Mutter die Weisung des Aigeus und zeigte ihm den Stein, damit er das Schwert an sich nähme; dann forderte sie ihn auf, sich auf den Weg nach Athen zu Aigeus zu machen. So brach er auf und beseitigte alle, die die Straße unsicher machten.

38. DIE TATEN DES THESEUS

Korynetes[1], den Sohn Poseidons, tötete er mit den Waffen.
Den Pityokamptes, der die Reisenden zwang, mit ihm eine
Tanne zur Erde zu biegen – wenn einer den Baum mit ihm
angepackt hatte, ließ er ihn mit allen Kräften zurückschnellen;
so stürzte jener auf die Erde und kam um –, den tötete er. Den
Prokrustes, den Sohn Poseidons; wenn ein Fremder zu ihm
kam, legte er ihn, wenn er groß war, in ein kleineres Bett und
schnitt den übrigen Teil des Körpers ab; wenn er aber klein
von Wuchs war, gab er ihm ein größeres Bett, und auf einem
Amboß dehnte er ihn aus, bis er gleich lang war wie das Bett.
Ihn tötete Theseus. Den Skiron, der an einem abschüssigen
Ort am Meere saß, die Reisenden zwang, ihm die Füße zu waschen, und sie so ins Meer stürzte, tötete Theseus auf die gleiche Art, indem er ihn ins Meer warf; daher heißen die Felsen
die Skironischen. Kerkyon, den Sohn des Hephaistos, tötete er mit den Waffen. Den Eber von Krommyon tötete er.
Den Stier in Marathon, den Herakles aus Kreta zu Eurystheus
gebracht hatte, tötete er. Den Minotauros in Knosos tötete er.

39. DAIDALOS

Daidalos, des Eupalamos Sohn, der die Kunstfertigkeit von
Athene bekommen haben soll, stürzte den Sohn seiner Schwester, Perdix[2], aus Neid auf seine Geschicklichkeit – er hatte die
Säge erfunden – vom Dachfirst herunter. Wegen dieses Verbrechens mußte er von Athen zu König Minos nach Kreta in
die Verbannung gehen.

40. PASIPHAË

Pasiphaë, die Tochter des Helios und Gattin des Minos, hatte
einige Jahre lang der Göttin Aphrodite nicht die ihr zustehen-
den Opfer dargebracht. Aus diesem Grunde flößte ihr Aphro-

dite sündhafte Liebe ein: sie verliebte sich in einen Stier[1]. Da um diese Zeit Daidalos als Verbannter kam, bat sie ihn um Hilfe. Er verfertigte für sie eine Kuh aus Holz und überzog sie mit der Haut einer wirklichen Kuh. Unter dieser Hülle vereinigte sie sich mit dem Stier; aus der Verbindung gebar sie den Minotauros, mit Stierkopf, darunter Mensch. Darauf erbaute Daidalos für den Minotauros das Labyrinth mit unauffindbarem Ausgang, in dem er eingeschlossen wurde. Als Minos die Sache erfuhr, warf er Daidalos in Gewahrsam, doch befreite ihn Pasiphaë von seinen Fesseln; so konnte er für sich und seinen Sohn Ikaros Flügel verfertigen und anpassen, worauf sie davonflogen. Ikaros flog zu hoch, und da das Wachs von der Sonne sich erwärmte, stürzte er ins Meer, das nach ihm das Ikarische genannt wurde. Daidalos gelangte auf seinem Flug zu dem König Kokalos nach Sizilien. Andre sagen: als Theseus den Minotauros tötete, führte er den Daidalos in seine Vaterstadt Athen zurück.

41. MINOS

Minos, der Sohn des Zeus und der Europa, führte mit den Athenern Krieg, in dessen Verlauf sein Sohn Androgeos im Kampfe fiel. Nachdem die Athener besiegt waren, wurden sie Minos tributpflichtig; er ordnete an, daß sie in jedem Jahr sieben Kinder dem Minotauros schickten zum Verspeisen. Als Theseus von Troizen kam und von diesem Unglück der Bürgerschaft hörte, erbot er sich freiwillig, zum Minotauros zu gehen. Beim Abschied wies der Vater ihn an, wenn er als Sieger zurückkäme, solle er auf dem Schiff weiße Segel setzen; die zum Minotauros Geschickten fuhren mit schwarzen Segeln.

42. THESEUS BEI DEM MINOTAUROS

Als Theseus nach Kreta kam, erregte er in Ariadne, der Tochter des Minos, solche Liebe, daß sie ihren Bruder verriet und den Fremden rettete, indem sie ihm den Ausgang des Labyrinthes zeigte. Nachdem er hineingegangen war und den Minotauros erschlagen hatte, kam er dadurch, daß er auf den Rat der Ariadne einen Faden abwickelte, wieder heraus, und weil er ihr sein Wort gegeben hatte, entführte er sie, um sie zu seiner Gattin zu machen.

43. ARIADNE

Auf der Insel Dia[1] wurde Theseus durch einen Sturm zurückgehalten, und da er dachte, wenn er Ariadne in seine Vaterstadt mitbrächte, möchte man ihm Vorwürfe machen, ließ er sie schlafend auf der Insel Dia zurück; Dionysos, der sie liebte, entführte sie von dort, um sich mit ihr zu vermählen. Theseus aber vergaß auf der Weiterfahrt, die schwarzen Segel zu tauschen, und da sein Vater Aigeus deswegen glaubte, er sei vom Minotauros umgebracht, stürzte er sich ins Meer, das nach ihm das Ägäische heißt. Theseus vermählte sich mit Ariadnes Schwester Phaidra.

44. KOKALOS

Minos hatte durch Daidalos vieles Unangenehme erfahren. Deswegen verfolgte er ihn nach Sizilien und ersuchte den König Kokalos um seine Auslieferung. Dieser sagte sie ihm zu; als aber Daidalos davon erfuhr, bat er die Töchter des Königs um ihre Unterstützung. Diese brachten Minos um.

45. PHILOMELA

Der Thraker Tereus, ein Sohn des Ares, war mit Prokne, der Tochter Pandions, verheiratet; da kam er nach Athen zu seinem Schwiegervater Pandion mit der Bitte, ihm die andere Tochter Philomela zur Frau zu geben; Prokne sei, so sagte er, gestorben. Pandion willigte ein und schickte Philomela samt Wachen zu ihm. Diese ließ Tereus ins Meer werfen, (die flüchtige) Philomela fand er auf einem Berg wieder und vergewaltigte sie. Nachdem er aber nach Thrakien zurückgekehrt war, schickte er Philomela zum König Lynkeus, dessen Gattin Lathusa, da Prokne ihre Vertraute war, sogleich die Nebenbuhlerin zu dieser führte. Prokne erkannte die Schwester und erfuhr von der ruchlosen Tat des Tereus; da begannen sie einmütig darauf zu sinnen, es dem König in gleicher Weise heimzuzahlen. Unterdessen wurde dem Tereus in Vorzeichen gezeigt, daß seinem Sohn Itys der Tod von Verwandtenhand bevorstehe. Auf diese Antwort hin tötete er, da er glaubte, sein Bruder Dryas sinne auf Mord an seinem Sohn, diesen seinen unschuldigen Bruder Dryas. Prokne aber tötete den von ihr und Tereus stammenden Sohn Itys, setzte ihn dem Vater beim Mahle vor und floh mit der Schwester. Als Tereus die Untat erkannt hatte und die Fliehenden verfolgte, geschah es durch das Mitleid der Götter, daß Prokne in eine Schwalbe, Philomela in eine Nachtigall verwandelt wurde. Tereus soll zum Habicht geworden sein.

46. ERECHTHEUS

Erechtheus, der Sohn Pandions, hatte vier Töchter, die sich miteinander verschworen, wenn eine von ihnen sterben sollte, wollten die andern sich selbst den Tod geben. Um diese Zeit erschien Eumolpos, der Sohn des Poseidon, vor Athen, um die Stadt anzugreifen, weil das Land Attika, wie er behauptete, seinem Vater gehört habe. Er wurde mit seinem Heere besiegt und von den Athenern getötet. Um die Freude des Erechtheus über den Tod seines Sohnes zu dämpfen, verlangte Poseidon, daß ihm eine Tochter des Erechtheus geopfert werde. Als daraufhin seine Tochter Chthonia als Opfer dargebracht wurde, töteten die andern sich selbst, wie sie es einander versprochen hatten; Erechtheus selbst wurde auf Poseidons Bitten von Zeus mit dem Blitz erschlagen.

47. HIPPOLYTOS

Phaidra, die Tochter des Minos und Theseus' Gattin, liebte ihren Stiefsohn Hippolytos. Da sie ihn nicht ihrem Willen gefügig machen konnte, schickte sie ihrem Gemahl ein Schreiben, es sei ihr von Hippolytos Gewalt angetan worden, worauf sie sich erhängte. Als Theseus das vernahm, befahl er seinem Sohn, die Stadt zu verlassen, und wandte sich an seinen Vater Poseidon, er möge seinen Sohn Hippolytos verderben. Als dieser darauf auf seinem Rossegespann dahinfuhr, tauchte plötzlich ein Stier aus dem Meere auf, bei dessen Brüllen die Rosse scheuten und Hippolytos zu Tode schleiften.

49[1]. ASKLEPIOS

Asklepios, der Sohn Apollons, soll dem Sohn des Minos, Glaukos, oder dem Hippolytos das Leben zurückgegeben haben, wofür ihn Zeus mit dem Blitz erschlug. Da Apollon dem Zeus nichts anhaben konnte, vernichtete er die Kyklopen, die ihm die Blitze geschmiedet hatten; wegen dieser Tat wurde er in die Dienstbarkeit bei Admetos, dem König von Thessalien, gegeben.

51[2]. ALKESTIS

Um die Tochter des Pelias und der Biastochter Anaxibia, Alkestis, bewarben sich mehrere Freier; Pelias wollte aber von ihren Anträgen nichts wissen und wies sie ab, veranstaltete aber einen Wettbewerb: er werde dem seine Tochter geben, der wilde Tiere an einen Wagen spanne und sie darin entführe. Admetos bat Apollon um seine Unterstützung. Weil dieser nun, wie er sagte, während der Knechtschaft edelmütig von

ihm behandelt worden war, übergab er ihm zusammenge-
schirrt einen Eber und einen Löwen, mit denen er Alkestis
davonführte. Auch das verdankte er Apollon, daß ein andrer
freiwillig für ihn sterben durfte. Da weder Vater noch Mutter
dazu bereit waren, erbot sich Alkestis und ging an seiner Stelle in den Tod; Herakles holte sie nachher aus der Unterwelt
zurück.

52. AIGINA

Als Zeus die Tochter des Asopos, Aigina, umarmen wollte,
aber vor Hera sich fürchtete, brachte er sie auf die Insel Oinone[1] und umarmte sie daselbst; in der Folge gebar sie den
Aiakos. Als Hera das erfuhr, sandte sie eine Schlange in das
Wasser, die es vergiftete; wer davon trank, mußte sterben.
Da Aiakos seine Gefährten verlor und bei der geringen Anzahl Menschen es nicht mehr länger mit ansehen konnte, bat
er beim Anblick von Ameisen den Zeus, er möchte ihm doch
Menschen zum Schutz zugesellen. Darauf verwandelte Zeus
die Ameisen in Menschen, die den Namen Myrmidonen bekamen; im Griechischen heißen nämlich die Ameisen myr-
mekes[2]. Die Insel aber erhielt den Namen Aigina.

53. ASTERIA

Als Zeus die Titanentochter Asteria liebte, behandelte sie ihn
mit Verachtung, worauf er sie in den Vogel Ortyx verwandelte, unsere «Wachtel», und ins Meer stieß. Daraus entstand
eine Insel, die den Namen Ortygia erhielt (Wachtelland). Sie
war beweglich; Leto wurde später von dem Windgott Boreas
auf sie getragen nach Zeus' Geheiß, damals, als Python sie verfolgte[3], und gebar dort, sich an einem Olivenbaum festhaltend,
Apollon und Artemis. Später wurde die Insel Delos genannt.

54. THETIS

Der Nereide Thetis war geweissagt worden, der Sohn, den sie gebären werde, werde stärker sein als sein Vater. Niemand wußte von diesem Götterspruch als Prometheus. Als nun Zeus sie umarmen wollte, versprach ihm Prometheus seinen Rat, wenn er ihn von den Fesseln befreite. Und so warnte er Zeus, nachdem dieser ihm sein Wort gegeben, mit Thetis Beilager zu halten; sonst würde einer geboren werden, mächtiger als er selbst, der ihn aus der Herrschaft verdrängte, wie er selbst es mit Kronos getan hatte. So wurde Thetis dem Sohn des Aiakos, Peleus, zur Gattin gegeben und Herakles entsandt, um den Adler zu töten, der von des Prometheus Herz zehrte[1]; darauf wurde er nach dreißigtausend Jahren vom Kaukasusgebirge befreit.

55. TITYOS

Weil Leto sich Zeus hingegeben hatte, hatte Hera den Tityos, den Sohn der Erde, der von ungeheurer Größe war, geheißen, der Leto Gewalt anzutun; als er es versuchte, wurde er von Zeus mit dem Blitz erschlagen. Über neun Morgen ausgestreckt, heißt es, lag er in der Unterwelt, und eine Schlange wurde ihm beigegeben, um von seiner Leber zu fressen, die mit dem Mond nachwuchs.

56. BUSIRIS

Als in Ägypten bei Busiris, dem Sohne Poseidons, Mißwachs war und das Land neun Jahre durch Dürre ausgetrocknet lag, ließ er aus Griechenland Seher kommen. Thrasios[2], der Neffe Pygmalions, gab dem Busiris an, bei Opferung eines Fremden werde Regen kommen; da wurde er selbst geopfert und erwies so die Glaubwürdigkeit seiner Verheißung.

57. STHENEBOIA

Als Bellerophon in der Verbannung als Gast zu König Proitos kam, verliebte sich in ihn dessen Gattin Stheneboia; da er sich weigerte, sie zu umarmen, log sie ihrem Gatten vor, er habe sich ihr unziemlich genähert. Daraufhin schickte ihn Proitos mit einem Schreiben, in dem das mitgeteilt war, zu König Iobates, dem Vater der Stheneboia. Als dieser gelesen hatte, lehnte er es ab, einen solchen Mann zu töten, sondern sandte ihn aus, der Chimaira den Garaus zu machen, dem Ungeheuer mit dem dreifachen Körper, das Flammen aushauchte, wie es hieß. Bellerophon saß auf dem Pegasos, als er die Chimaira erschlug. Nachher soll er mit ihm auf das Aleische Feld gestürzt sein[1] und sich dabei die Hüften verrenkt haben. Der König indes erkannte seine Vorzüge an und gab ihm seine andere Tochter zur Gattin. Als Stheneboia davon hörte, tötete sie sich selbst.

58. SMYRNA

Smyrna war die Tochter des Königs der Assyrier, Kinyras, und der Kenchreis. Diese vermaß sich in Worten, dadurch, daß sie die Schönheit ihrer Tochter über die der Aphrodite stellte. Die Göttin rächte sich an der Mutter, indem sie Smyrna sündige Liebe einflößte, zu ihrem eigenen Vater. Die Amme verhinderte, daß sie sich erhängte, und vermittelte auch, daß sie bei dem Vater lag, ohne daß dieser sie erkannte. Sie empfing, und damit es nicht an den Tag käme, verbarg sie sich aus Scham in den Wäldern. Nachher empfand Aphrodite Mitleid mit ihr und verwandelte sie in den Baum, von dem die Myrrhe fließt. Sie wurde Mutter des Adonis, der ihre Bestrafung an Aphrodite zu rächen suchte.

59. PHYLLIS

Demophon, der Sohn des Theseus, kam als Gast, wie erzählt wird, zu Phyllis nach Thrakien und wurde von ihr geliebt; als er in die Heimat zurückkehren wollte, gab er ihr sein Wort, er werde wiederkommen. Als er am festgesetzten Tage nicht kam, soll sie an diesem Tage neunmal an die Küste geeilt sein, die nach ihr den Namen bekam, die «Neunwege». Phyllis starb an der Sehnsucht nach Demophon. Als ihr die Eltern das Grabmal gesetzt hatten, wuchsen dort Bäume, die zu einer bestimmten Zeit um den Tod der Phyllis trauern; dann werden die Blätter welk und verwehen. Nach ihr heißen auch die Blätter im Griechischen «phylla».

60. SISYPHOS UND SALMONEUS

Die Söhne des Aiolos, Sisyphos und Salmoneus, waren einander feind. Sisyphos fragte Apollon, wie er seinen Feind, das heißt seinen Bruder, töten könnte. Die Antwort lautete: Wenn er Tyro, die Tochter seines Bruders Salmoneus, umarme und Kinder zeuge, so erstünden Rächer. Sisyphos tat so, und zwei Söhne wurden ihm geboren, welche die Mutter Tyro, nachdem sie ihr Los vernommen hatte, tötete. Doch wie dies Sisyphos erfuhr ...[1] Von ihm heißt es jetzt, daß er wegen seiner Ruchlosigkeit in der Unterwelt einen Fels mit dem Nakken einen Berg hinaufwälze, und wenn er diesen bis zum höchsten Gipfel gebracht habe, so rolle er hinter ihm wieder hinunter.

61. SALMONEUS

Salmoneus, Sohn des Aiolos, Bruder der Sisyphos, ahmte des Zeus Donnern und Blitzen nach, warf, auf einem Viergespann sitzend, brennende Fackeln ins Volk und erschreckte die Bürger; deshalb wurde er von Zeus mit dem Blitz erschlagen.

62. IXION

Ixion, der Sohn des Leonteus, versuchte Hera zu umarmen. Auf des Zeus Geheiß legte Hera eine Wolke an ihre Stelle, und Ixion glaubte, es sei das Bild Heras[1]. Aus dieser Verbindung entstanden die Kentauren. Doch Hermes band auf des Zeus Befehl Ixion in der Unterwelt auf ein Rad, das immer noch dort sich drehen soll.

63. DANAË

Danaë war die Tochter des Akrisios und der Aganippe. Ihr wurde geweissagt, der Sohn, den sie gebare, sollte den Akrisios töten; aus Furcht davor ließ Akrisios sie einmauern. Zeus aber kam in Gestalt eines goldenen Regens zu Danaë, und aus der Umarmung entsproß Perseus. Da sperrte der Vater sie wegen der Schande mit Perseus in eine Lade, die er ins Meer stieß. Nach dem Willen des Zeus wurde diese zur Insel Seriphos verschlagen, wo ein Fischer mit Namen Diktys sie fand und aufbrach. Als er die Frau mit dem Kind erblickte, führte er sie gleich zu dem König Polydektes, der sich mit ihr vermählte und Perseus im Tempel der Athene erzog. Als Akrisios erfuhr, daß sie bei Polydektes weilten, machte er sich auf den Weg, um sie zurückzufordern; als er nach Seriphos kam, bat der König für die beiden, und Perseus gab seinem Großvater Akrisios das Versprechen, ihn niemals umzubringen. Während der Zeit nun, da dieser durch einen Sturm zurückgehalten wurde, starb Polydektes; als sie ihm die Leichenspiele veranstalteten, schleuderte Perseus eine Wurfscheibe, die der Wind so unglücklich abtrieb, daß Akrisios tödlich am Kopf getroffen wurde. So geschah, was er selbst nicht wollte, durch den Willen der Götter; nach der Bestattung machte er sich auf nach Argos und nahm das Reich des Großvaters in Besitz.

64. ANDROMEDA

Kassiope stellte die Schönheit ihrer Tochter Andromeda über die der Nereiden. Deswegen forderte Poseidon, daß Andromeda, Kepheus' Tochter, einem Wal vorgeworfen werde. Als das geschehen war, kam Perseus, wie es heißt, in den Flügelschuhen des Hermes geflogen, um sie aus der Gefahr zu befreien; als er im Begriffe stand, sie mitzunehmen, wollten ihn der Vater Kepheus und Agenor, dessen Verlobte sie war, heimlich umbringen. Da hielt er ihnen das Haupt der Gorgo vor, wodurch sie alle das menschliche Aussehen verloren und in Stein verwandelt wurden. Perseus kehrte mit Andromeda in sein Vaterland zurück. Als Polydektes sich von der Stärke des Perseus überzeugt hatte, fürchtete er ihn und wollte ihn durch List umbringen; Perseus aber, der ihn durchschaute, hielt ihm das Haupt der Gorgo entgegen. Auch er büßte das menschliche Aussehen ein und wurde zu Stein.

65. ALKYONE

Als Keyx, der Sohn des Hesperos oder Lucifer und der Philonis, bei einem Schiffbruch den Tod fand, stürzte sich seine Gattin Alkyone, die Tochter des Aiolos und der Aigiale, aus Liebe zu ihm ins Meer; aber die Götter hatten Mitleid und verwandelten beide in Vögel, in die sogenannten Alkyonen. Das sind Vögel, die ihr Nest, ihre Eier und Jungen im Meer unterbringen, alles zur Winterzeit in sieben Tagen; das Meer ist dann ruhig und die Schiffer sprechen von Alkyonischen Tagen.

66. LAIOS

Dem Sohn des Labdakos, Laios, war von Apollon geweissagt, er solle sich vor dem Tod von der Hand seines eigenen Sohnes hüten. Als daher seine Gattin Iokaste, Menoikeus' Tochter, gebar, ließ er den Neugeborenen aussetzen. Periboia, die Gattin des Königs Polybos, wusch am Meere, dabei hob sie den Ausgesetzten auf; mit Wissen des Polybos, weil sie kinderlos waren, erzogen sie das Kind als ihr eigenes, und weil es durchbohrte Füße hatte, nannten sie es Oidipus (Schwellfuß).

67. OIDIPUS

Nachdem Oidipus, der Sohn des Laios und der Iokaste, das mannbare Alter erreicht hatte, war er der Stärkste von allen, und aus Neid warfen ihm die Altersgenossen vor, er sei dem König Polybos doch nur untergeschoben; Polybos sei verträglich, er dagegen höchst rücksichtslos. Oidipus fühlte, daß der Vorwurf nicht unberechtigt war. Er ging deswegen nach Delphi, um etwas über seine Eltern zu erfahren. Inzwischen wurde Laios durch Anzeichen kundgetan, daß ihm der Tod von Sohneshand bevorstehe. Als er deswegen ebenfalls nach Delphi ging, kam ihm Oidipus entgegen. Von den Gefolgsleuten aufgefordert, dem König den Weg freizugeben, achtete er gar nicht drauf. Da trieb der König die Pferde an, und ein Rad ging ihm über den Fuß, worauf Oidipus im Zorn, ohne es zu wissen, den Vater vom Wagen riß und erschlug. Nach dem Tode des Laios nahm Kreon, der Sohn des Menoikeus, das Reich in Besitz; inzwischen wurde die Sphinx, Typhons Tochter, nach Böotien geschickt, wo sie das Ackerland der Thebaner heimsuchte; sie schlug dem König Kreon einen Wettstreit vor: wenn irgendeiner das Rätsel, das sie aufgäbe, löste, wolle sie das Land verlassen, wenn er aber die Lösung nicht fände, werde sie ihn umbringen; sonst werde sie unter keiner Bedingung weichen. Daraufhin ließ der König in ganz Griechenland bekanntmachen: wer das Rätsel der Sphinx löse, dem werde er die Herrschaft geben und seine Schwester Iokaste als Gattin. Schon waren mehrere gekommen, von der Begierde nach Macht verlockt, und waren das Opfer der Sphinx geworden, da kam Oidipus und deutete das Rätsel. Die Sphinx stürzte sich in den Abgrund. Oidipus erhielt die väterliche Herrschaft und, ohne es zu wissen, seine Mutter Iokaste zur Gattin, mit der er Eteokles und Polyneikes, Antigone und Ismene zeugte. Inzwischen kam Mißwachs und Hungersnot über Theben, des Oidipus Verbrechen wegen; befragt, warum denn das Land so heimgesucht werde, erklärte Teiresias, wenn noch einer vom Drachengeschlecht da wäre und für das Vaterland in den Tod ginge, würde er das Land von der Seuche befreien. Darauf stürzte sich Menoikeus von der Mauer[1]. Während dies in Theben geschah, starb Polybos in Korinth. Oidipus war darüber sehr betrübt, glaubte er doch, daß der Verstorbene sein Vater wäre; aber Periboia entdeckte ihm die Wahrheit, daß er ein untergeschobenes Kind war; auch der alte Menoites, der ihn ausgesetzt hatte, erkannte ihn an den Narben, die er noch an den Füßen und Fersen hatte, als Sohn des Laios. Als Oidipus das alles hörte und sah, welche ruchlosen Verbrechen er begangen habe, riß er die Spangen vom Kleid der Mutter und stach sich damit die Augen aus, worauf er die Herrschaft seinen Söhnen übergab, im Wechsel von einem um das andre Jahr, und von seiner Tochter Antigone geführt, Theben für immer verließ.

68. POLYNEIKES

Nach Ablauf eines Jahres verlangte Polyneikes, Oidipus' Sohn, von seinem Bruder Eteokles die Herrschaft; dieser wollte sie nicht abtreten, weshalb Polyneikes, unterstützt von dem König Adrastos, mit sieben Heerführern vor Theben erschien, um es zu belagern. Dabei rühmte sich Kapaneus, er werde auch gegen den Willen des Zeus die Stadt einnehmen, doch als er die Mauer ersteigen wollte, wurde er vom Blitz getroffen; Amphiaraos wurde von der Erde verschlungen; Eteokles und Polyneikes töteten sich wechselseitig im Kampf. In Theben wurde ihnen das Totenopfer dargebracht, aber obwohl ein heftiger Wind ging, wandte sich der Rauch durchaus nicht nach einer Seite, sondern wurde teils hierhin, teils dorthin verweht. Während nun die Übriggebliebenen Theben berannten und die Thebaner kein Vertrauen mehr zu ihrer Lage hatten, sagte der Seher Teiresias, der Sohn des Eueres, voraus, wenn einer vom Drachengeschlecht den Tod fände, würde die Stadt vor der Niederlage bewahrt bleiben. Als Menoikeus sah, daß er allein die Rettung seiner Mitbürger erkaufen könne, stürzte er sich von der Mauer; darauf gewannen die Thebaner den Sieg[1].

69. ADRASTOS

Dem Adrastos, dem Sohne des Talaos und der Eurynome, wurde von Apollon geweissagt, er werde seine Töchter Argeia und Deipyle einem Eber und einem Löwen zu Gattinnen geben. Um dieselbe Zeit suchte Polyneikes, der Sohn des Oidipus, von seinem Bruder Eteokles vertrieben, Zuflucht bei Adrastos, und gleichzeitig kam Tydeus, der Sohn des Oineus und der Kriegsgefangenen Periboia, von seinem Vater, weil er seinen Bruder Menalippos auf der Jagd getötet hatte[2]. Als nun die Trabanten Adrastos ansagten, zwei Jünglinge in unbekannter Tracht seien gekommen – der eine war nämlich mit einer Eberhaut bedeckt, der andere mit einem Löwenfell –, erinnerte sich Adrastos des ihm verkündeten Orakelspruchs und ließ sie vor sich führen, um sie zu fragen, warum sie in diesem Aufzug in sein Reich kämen. Da verriet ihm Polyneikes, er komme von Theben und habe sich deswegen ein Löwenfell übergeworfen, weil Herakles sein Geschlecht aus Theben herleite und er die Kennzeichen seines Geschlechtes bei sich trage; Tydeus aber sagte, er sei des Oineus Sohn und führe sein Geschlecht auf Kalydon zurück, deswegen sei er mit einer Eberhaut bedeckt, womit er auf den Kalydonischen Eber anspielte. Da erinnerte sich der König des Orakelspruchs und gab die Ältere, Argeia, dem Polyneikes, der mit ihr Thersandros zeugte; die Jüngere, Deipyle, gab er Tydeus; sie wurde

Mutter des Diomedes, der vor Troia kämpfte. Polyneikes bat den Adrastos um eine Streitmacht, um das väterliche Reich von seinem Bruder wiederzuerlangen; Adrastos gab ihm nicht nur ein Heer, sondern brach selbst mit sechs andern Heerführern auf, da Theben sieben Tore hatte. Amphion nämlich, der die Stadt mit einer Mauer umgab, hatte sieben Tore errichtet und nach seinen Töchtern benannt; diese waren: Thera, Kleodoxa, Astynome, Astykrateia, Chias, Ogygia, Chloris[1].

70. DIE SIEBEN KÖNIGE,
DIE GEGEN THEBEN ZOGEN

Aus Argos Adrastos, Sohn des Talaos von Eurynome, der Tochter des Iphitos. Polyneikes aus Theben, der Sohn des Oidipus von Iokaste, der Tochter des Menoikeus. Tydeus aus Kalydon, der Sohn des Oineus von Periboia, einer Kriegsgefangenen. Amphiaraos aus Pylos, des Oikles oder, wie andere Schriftsteller sagen, des Apollon Sohn von Hypermnestra, der Tochter des Thestios. Kapaneus aus Argos, Sohn des Hipponoos von Astynome, der Tochter des Talaos und Schwester des Adrastos. Hippomedon aus Argos, Sohn des Mnesimachos von Metidike, der Tochter des Talaos, der Schwester des Adrastos. Parthenopaios, Sohn des Meleagros von Atalante, der Tochter des Iasios, vom Partheniongebirge in Arkadien. Alle diese Heerführer fanden bei Theben den Tod außer Adrastos, dem Sohn des Talaos; dieser nämlich wurde dank seinem Pferd gerettet. Er schickte später die Söhne der Sieben bewaffnet aus, um Theben zu erobern und das den Vätern angetane Unrecht zu rächen, denn sie waren unbestattet liegengeblieben auf Kreons, des Bruders der Iokaste, Befehl, der Theben in Besitz genommen hatte[2].

71. DIE SIEBEN EPIGONEN, DAS HEISST SÖHNE

Aus Argos Aigialos, Sohn des Adrastos von Demoanassa; er allein von den Sieben, die ausgezogen waren, fand den Tod, da der Vater überlebt hatte und er für den Vater stellvertretend sein Leben ließ. Die übrigen Sechs kehrten als Sieger heim. Aus Argos Thersandros, Sohn des Polyneikes von Argeia, der Tochter des Adrastos. Aus Argos Polydoros, Sohn des Hippomedon von Euanippe, Tochter des Elatos. Aus Argos Alkmaion, Sohn des Amphiaraos von Eriphyle, der Tochter des Talaos. Tlesimenes aus Mysien, Sohn des Parthenopaios von der Nymphe Klymene[1].

72. ANTIGONE

Kreon, der Sohn des Menoikeus, erließ ein Verbot, den Polyneikes oder sonst einen der mit ihm Gekommenen zu bestatten, weil sie gekommen wären, um ihre Vaterstadt zu belagern; seine Schwester Antigone aber und seine Gattin Argeia nahmen heimlich in der Nacht Polyneikes' Leichnam auf und legten ihn auf den selben Holzstoß, auf dem Eteokles verbrannt wurde. Als sie von den Wächtern dabei ertappt wurden, ergriff Argeia die Flucht, Antigone wurde vor den König geführt. Dieser übergab sie seinem Sohn Haimon, dessen Verlobte sie gewesen war, daß er sie töte. Aus Liebe zu Antigone kümmerte sich Haimon nicht um das Gebot seines Vaters, sondern vertraute sie Hirten an, während er vorgab, sie getötet zu haben. Antigone gebar einen Sohn. Als dieser ins mannbare Alter gekommen war, besuchte er Spiele in Theben; König Kreon erkannte ihn, weil alle aus dem Drachengeschlecht ein Kennzeichen am Körper hatten. Obwohl Herakles dringend für Haimon eintrat, der König möge ihm verzeihen, erreichte er nichts; Haimon tötete sich und seine Gattin Antigone. Kreon vermählte seine Tochter Megara mit Herakles; aus dieser Verbindung entsprossen Therimachos und Ophites.

73. AMPHIARAOS, ERIPHYLE UND ALKMAION

Der Seher Amphiaraos, der Sohn des Oikles und der Thestiostochter Hypermnestra, wußte, wenn er mitzöge, um Theben zu belagern, daß er von dort nicht zurückkehren würde; daher verbarg er sich mit Wissen seiner Gattin Eriphyle, der Tochter des Talaos. Um ihn aufzuspüren, verfertigte Adrastos ein Halsband aus Gold und Edelsteinen und schenkte es seiner Schwester Eriphyle dafür, daß sie, lüstern nach dem Geschenk, den Gatten verriet. Amphiaraos legte seinem Sohn Alkmaion ans Herz, nach seinem Tode die Mutter zur Rechenschaft zu ziehen. Als er dann vor Theben von der Erde verschlungen wurde, erinnerte sich Alkmaion der Weisung seines Vaters und tötete seine Mutter Eriphyle; darauf verfolgten ihn die Erinyen.

74. HYPSIPYLE

Die Sieben, die auf dem Wege waren, um Theben zu belagern, kehrten in Nemea ein, wo Hypsipyle, die Tochter des Thoas, als Wärterin den Knaben Archemoros oder Ophites[1], den Sohn des Königs Lykos, aufzog; es war ihr geweissagt worden, sie solle den Knaben nicht auf die Erde setzen, bevor er gehen könne. Da kamen also die sieben Heerführer, die nach Theben unterwegs waren, auf der Suche nach Wasser zu Hypsipyle und baten sie, ihnen Wasser zu zeigen. Sie scheute sich, den Knaben auf die Erde zu legen, doch war nicht weit von der Quelle ein hohes Eppichgewächs, darauf legte sie den Knaben. Während sie den Fremden das Wasser verriet, fraß der Drache, der die Quelle bewachte, den Knaben auf. Adrastos indes und die andern erlegten den Drachen und baten für Hypsipyle bei Lykos, während sie für den Knaben Leichenspiele veranstalteten, die alle vier Jahre stattfinden. Die Sieger erhalten dabei einen Eppichkranz.

75. TEIRESIAS

Auf dem Berg Kyllene soll der Sohn des Eueres, Teiresias, als Hirte sich paarende Schlangen mit dem Stock erschlagen oder, wie andere sagen, mit dem Fuß zertreten haben; er wurde deswegen in ein Weib verwandelt. Als er später auf die Weisung eines Orakelspruches hin an der gleichen Stelle Schlangen zu Tode trat, erhielt er seine frühere Gestalt zurück[1]. Um die selbe Zeit stritten sich Zeus und Hera im Scherz über die Frage, wer in der Umarmung den größeren Genuß empfände, Mann oder Weib; sie nahmen Teiresias als Schiedsrichter, der beides erfahren hatte. Als er in Zeus' Sinne entschied, wandte Hera erzürnt ihre Hand von ihm ab und machte ihn blind. Zeus aber gewährte ihm deswegen, daß er sieben Menschenalter lebte und vor den andern Sterblichen die Sehergabe besaß.

77[2]. LEDA

Zeus umarmte in Gestalt eines Schwanes die Tochter des Thestios, Leda, am Flusse Eurotas. Sie gebar von ihm Polydeukes und Helena, von Tyndareos dagegen Kastor und Klytaimnestra.

78. TYNDAREOS

Tyndareos, der Sohn des Oibalos, zeugte mit der Thestiostochter Leda Klytaimnestra und Helena; Klytaimnestra vermählte er mit Agamemnon, dem Sohn des Atreus; um Helena warben wegen ihrer Schönheit mehrere Freier aus mehreren Städten. Da Tyndareos in Sorge war, Agamemnon möchte seine Tochter Klytaimnestra verschmähen, und fürchtete, daraus könnte Zwietracht entstehen, verpflichtete er sich förmlich auf die Mahnung des Odysseus hin und stellte es in die freie Entscheidung der Helena, dem, mit dem sie die Ehe eingehen wollte, einen Kranz aufzusetzen. Sie setzte ihn Menelaos auf: ihm gab Tyndareos sie zur Gattin und ihm hinterließ er sterbend seine Herrschaft.

79. HELENA

Theseus, der Sohn des Aigeus und der Pittheustochter Aithra, und Peirithoos, der Sohn des Ixion, raubten die jungfräuliche Tochter des Tyndareos und der Leda, als sie im Heiligtum der Artemis opferte, und brachten sie nach Aphidnai[1], einem Gau in Attika. Da Zeus sah, daß der Wagemut der beiden so weit ging, daß sie selbst Gefahren aufsuchten, trug er ihnen im Schlafe auf, von Pluton die Persephone als Gattin für Peirithoos zu erbitten; in der Halbinsel Tainaron stiegen sie in die Unterwelt hinab, aber als sie Pluton den Grund ihres Kommens verrieten, wurden sie von den Erinyen niedergestreckt und lange Zeit gequält. Als Herakles kam, um den dreiköpfigen Hund zu holen, flehten sie um seinen Schutz; er verwandte sich für sie mit Erfolg bei Pluton und brachte sie wohlbehalten auf die Oberwelt. Wegen Helena führten ihre Brüder Kastor und Polydeukes Krieg und nahmen Theseus' Mutter, Aithra, und die Schwester des Peirithoos, Phisadie[2], gefangen, die sie ihrer Schwester als Sklavinnen übergaben.

80. KASTOR

Idas und Lynkeus, die Söhne des Aphareus, hatten zu Bräuten Phoibe und Hilaeira aus Messene, die Töchter des Leukippos. Sie waren sehr schöne Jungfrauen, und obwohl Phoibe eine Priesterin der Athene, Hilaeira der Artemis war, raubten sie Kastor und Polydeukes, in Liebe zu ihnen entbrannt. Der Verlust ihrer Bräute bewog die Söhne des Aphareus, zu den Waffen zu greifen, ob sie vielleicht sie wiedererlangten. Aber Kastor tötete Lynkeus im Kampf; nach dem Verlust des Bruders gab Idas den Gedanken an Krieg und Braut auf und machte sich daran, seinen Bruder beizusetzen. Als er dessen Gebeine in eine Urne

legte, kam Kastor dazu und hinderte die Errichtung eines Grab-
mals, weil er ihn, wie er sagte, wie ein Weib überwunden habe.
Da stieß ihm Idas empört das Schwert, mit dem er gegürtet
war, in den Leib. Andre sagen, er habe, wie er gerade mit dem
Bau beschäftigt war, eine Säule auf Kastor geworfen, und so
habe dieser den Tod gefunden. Als sie dies Polydeukes hinter-
brachten, eilte er herbei und überwand Idas im Zusammenstoß[1], worauf er den Leichnam des Bruders zurückgewann und
für die Beisetzung sorgte. Da er aber selbst von Zeus einen
Stern zugewiesen bekam, während seinem Bruder keiner zugeteilt wurde, deswegen, weil Kastor und Klytaimnestra, wie Zeus
sagte, aus dem Samen des Tyndareos hervorgegangen, er
selbst dagegen und Helena Zeuskinder seien, bat Polydeukes
um die Erlaubnis, seine Bestimmung mit dem Bruder zu teilen,
was Zeus ihm gewährte[2].

82[3]. TANTALOS

Tantalos, der Sohn des Zeus und der Pluto, zeugte mit Dione
den Pelops. Zeus pflegte dem Tantalos seine Absichten anzuvertrauen und ihn zum Mahle der Götter zuzulassen, was er
alles den Menschen hinterbrachte. Deswegen, so heißt es, steht
er in der Unterwelt bis zum Leib[4] im Wasser und leidet immer
Durst, und wenn er trinken will, weicht das Wasser zurück.
Desgleichen hängt Obst über seinem Haupte, und wenn er davon nehmen will, weichen die Äste, vom Wind bewegt, zurück. Auch schwebt ein gewaltiger Felsblock über ihm, und
immer muß er fürchten, daß er auf ihn stürzt.

83. PELOPS

Als Pelops, der Sohn des Tantalos und der Atlastochter Dione,
vom eigenen Vater beim Gastmahl für die Götter geschlachtet
war, verzehrte Demeter seinen Arm, er selbst indes erhielt
nach dem Willen der Götter das Leben zurück. Während nun

die übrigen Glieder so, wie sie gewesen waren, sich wieder zu-
sammenfügten, setzte ihm Demeter an Stelle des vergängli-
chen Armes einen elfenbeinernen ein.

84. OINOMAOS

Oinomaos, der Sohn des Ares und der Atlastochter Asterope,
war vermählt mit der Tochter des Akrisios, Euarete. Die Tochter, die er mit ihr zeugte, Hippodameia, war eine Jungfrau von
ungewöhnlicher Schönheit; er gab sie aber keinem zur Gattin,
weil ein Orakelspruch ihn vor dem Tod durch seinen Schwiegersohn gewarnt hatte. Als daher mehrere Freier um sie warben, setzte er einen Kampfpreis aus: er werde seine Tochter
dem geben, der sich im Wagenrennen mit ihm mäße und als
Sieger aus dem Kampf hervorginge – hatte er doch selbst Rosse,
die schneller waren als der Wind –, der Besiegte dagegen sollte
getötet werden. Schon hatten viele den Tod erlitten, da kam
zuletzt Pelops, der Sohn des Tantalos; doch als er die Men-
schenköpfe über den Türflügeln aufgesteckt sah, von Freiern,
die sich um Hippodameia beworben hatten, reute ihn seine
Absicht aus Furcht vor dem grausamen König; er überredete
daher dessen Wagenlenker Myrtilos und versprach ihm das
halbe Reich, wenn er ihm helfe. Gegen die feierliche Zusiche-
rung machte Myrtilos den Wagen bereit, doch setzte er nicht
die Zapfen in die Radbüchsen; daher brachen die Rosse des
Oinomaos in voller Fahrt den schadhaften Wagen auseinander.
Als Pelops siegreich mit Hippodameia und Myrtilos heim-
kehrte, kam ihm der Gedanke, man könnte ihm Vorwürfe machen, weswegen er sich weigerte, Myrtilos sein Versprechen
zu halten, und ihn in das Meer stürzte, das nach ihm das «Myrtoische» heißt. Hippodameia nahm er mit in seine Heimat, den
Peloponnes; dort zeugte er mit ihr Hippalkos, Atreus und
Thyestes.

85. CHRYSIPPOS

Laios, der Sohn des Labdakos, raubte an den Nemeischen Spielen des Pelops unehelichen Sohn Chrysippos wegen seiner
Schönheit; Pelops gewann ihn durch einen Krieg zurück. Ihn
töteten Atreus und Thyestes auf Betreiben der Mutter Hippodameia. Als Pelops Hippodameia überführte, tötete sie sich
selbst.

86. DIE PELOPIDEN

Weil Thyestes, der Sohn des Pelops und der Hippodameia, mit
der Gattin des Atreus, Aërope, Ehebruch trieb, wurde er von
seinem Bruder Atreus verbannt; er sandte aber dessen Sohn
Pleisthenes, den er wie seinen aufgezogen hatte, zur Ermordung seines Vaters. Atreus hielt ihn für den Sohn seines Bruders und tötete so den eigenen, ohne es zu wissen.

87. AIGISTHOS

Thyestes, dem Sohn des Pelops und der Hippodameia, wurde
geweissagt, daß das mit seiner Tochter Pelopia gezeugte
Kind der Rächer an seinem Bruder sein werde; als er das gehört hatte ...[1] Ein Knabe wurde geboren, den Pelopia aussetzte; Hirten legten ihn, um ihn zu säugen, unter eine Ziege;
er wurde Aigisthos genannt, deshalb weil griechisch Ziege aix
heißt.

88. ATREUS

Atreus, der Sohn des Pelops und der Hippodameia, wollte
seinen Bruder Thyestes für das Verbrechen, das dieser an ihm
begangen hatte, zur Rechenschaft ziehen; er versöhnte sich
deshalb mit ihm und holte ihn in sein Reich zurück. Darauf
schlachtete er die Söhne des Thyestes, Tantalos und Pleisthenes, und setzte sie ihm zum Mahle vor. Während er noch davon
speiste, ließ Atreus die Hände und Köpfe der Knaben herbei-
bringen; das war ein Verbrechen, wegen dessen sogar Helios

seinen Wagen abwandte. Als Thyestes es erkannte, floh er zu dem König Thesprotos, in dessen Reich, wie es heißt, sich der Avernersee befindet. Von dort gelangte er nach Sikyon, wo seine Tochter Pelopia untergebracht war. Zufällig kam er nachts dazu, als sie der Athene opferten, und weil er fürchtete, durch seine Anwesenheit die heilige Handlung zu entweihen, versteckte er sich in dem Hain. Pelopia führte den Reigentanz an, und da sie dabei ausglitt und ihr Kleid[1] mit dem Blut des Opfertieres besudelte, ging sie an den Fluß, um es abzuwaschen, wobei sie das beschmutzte Gewand ablegte. Da kam Thyestes mit verhülltem Haupt aus dem Hain gesprungen und umarmte sie. Da riß ihm Pelopia das Schwert aus der Scheide und verbarg es zurückkehrend unter der Fußspitze der Athene. Am folgenden Tage bat Thyestes den König, ihn nach Lydien[2] heimzuschicken. Inzwischen kam wegen des Verbrechens des Atreus Mißwachs auf den Feldern und Hungersnot über Mykene, worauf ein Orakelspruch dem König verkündete, er solle den Thyestes zurückholen. In der Meinung, Thyestes halte sich dort auf, begab er sich zunächst zu König Thesprotos, und als er Pelopia erblickte, bat er Thesprotos, sie ihm zur Gattin zu geben, im Glauben, sie sei dessen Tochter. Um keinen Verdacht aufkommen zu lassen, gab dieser ihm Pelopia, die schon von ihrem Vater Thyestes ein Kind trug, den Aigisthos. Als sie zu Atreus kam, gebar sie und setzte den Neugeborenen aus; Hirten legten ihn einer Ziege unter, aber Atreus ließ ihn ausfindig machen und als eigenes Kind aufziehen. In der Zwischenzeit sandte er seine Söhne Agamemnon und Menelaos, Thyestes zu suchen; um sich zu erkundigen, wandten sie sich nach Delphi. Zufällig hatte sich auch Thyestes dahin begeben, der das Orakel wegen der Rache an seinem Bruder befragen wollte; er wurde von ihnen ergriffen und vor Atreus geführt, der ihn in Gewahrsam nehmen ließ; zugleich schickte er nach Aigisthos, den er für seinen Sohn hielt, und gab ihm den Auftrag, Thyestes umzubringen. Als dieser Aigisthos erblickte mit dem Schwert in der Hand und es als dasjenige erkannte, das er damals bei der Umarmung verloren hatte, fragte er ihn, woher er es habe. Seine Mutter Pelopia habe es ihm gegeben, erwiderte jener, worauf er diese herbeiholen ließ. Sie erklärte, bei einer nächtlichen Umarmung habe sie es einem Unbekannten aus der Scheide gezogen und bei dieser Umarmung Aigisthos empfangen. Darauf riß sie ihm das Schwert aus der Hand, indem sie tat, als wollte sie sich darauf besinnen, und stieß es sich in die Brust. Aigisthos zog es aus der Brust seiner Mutter und eilte, das noch blutige Schwert in der Hand, zu Atreus. Dieser glaubte, Thyestes sei ermordet, und äußerte laut seine Freude; aber als er am Strand ein Opfer darbrachte, erschlug ihn Aigisthos und kehrte mit seinem Vater Thyestes in sein angestammtes Reich zurück.

89. LAOMEDON

Von Poseidon und Apollon erzählt man, sie hätten Troia mit einer Mauer umgeben; dafür gelobte der König Laomedon, ihnen alles Jungvieh zu opfern, das in diesem Jahre in seinem Reich geboren würde. Aus Habgier brach er dieses Gelübde; andere sagen, er hätte ihnen Gold[1] versprochen. Deswegen schickte Poseidon ein Ungeheuer, das Troia heimsuchte. Der König wandte sich an Apollon um Rat. Erzürnt verkündete der Gott, wenn Jungfrauen der Troianer dem Ungetüm überlassen würden[2], dann würde dies das Ende des Unheils bedeuten. Schon waren viele von ihm verschlungen, als das Los Hesione traf, demzufolge sie an den Felsen angebunden wurde. Da kamen mit den Argonauten, die auf der Fahrt nach Kolchis waren, Herakles und Telamon und töteten das Ungeheuer, worauf sie Hesione dem Vater unter der Bedingung zurückgaben, sie bei der Rückkehr von Kolchis mit in die Heimat nehmen zu dürfen, zugleich mit den Rossen, die über Wasserflächen und Getreidefelder eilten. Auch diese Abmachung brach Laomedon und weigerte sich, Hesione herauszugeben; deshalb kam Herakles mit Schiffen, um Troia zu erobern, wobei er Laomedon tötete und seinem Sohne Podarkes, der noch ein Kind war, das Reich übergab; er wurde später Priamos genannt[1]. Die zurückgewonnene Hesione überließ er Telamon als Gattin; sie gebar diesem den Teukros.

91[2]. ALEXANDROS PARIS

Als Priamos, der Sohn des Laomedon, aus der Verbindung mit Hekabe, der Tochter des Kisseus oder Dymas, schon mehrere Kinder hatte, träumte seine Gattin, aufs neue schwanger geworden, sie hätte eine brennende Fackel geboren, aus der sich zahlreiche Schlangen[3] erhoben hätten. Alle Traumdeuter, die wegen dieses Gesichtes befragt wurden, geboten, die Königin solle, was auch immer sie gebäre, töten, damit nicht das Vaterland in den Untergang gerissen würde. Als nun Hekabe den Alexandros gebar, wurde er Dienern übergeben, die ihn töten sollten; sie hatten aber Mitleid mit ihm und setzten ihn aus. Hirten fanden den ausgesetzten Knaben, den sie aufzogen und Paris nannten. Als er das mannbare Alter erreicht hatte, war ein Stier seine besondere Liebhaberei; da kamen eines Tages Knechte des Priamos mit dem Auftrag, einen Stier zu holen, der als Preis in einem Kampfspiel bei der Leichenfeier, die für Alexandros selbst vorbereitet wurde, ausgesetzt werden sollte, und machten sich daran, den Stier des Paris wegzuführen. Er folgte ihnen und fragte sie aus, wohin sie ihn führten. «Zu Priamos», war die Antwort, und er wäre für den bestimmt, der in den Leichenspielen für Alexandros Sieger bliebe. Aus Liebe zu seinem Stier entschloß sich Alexandros zur Teilnahme an den Kämpfen und siegte in allen, wobei er auch seine Brüder übertraf. Empört zog Deiphobos gegen ihn das Schwert; doch Alexandros sprang auf den Altar des Zeus Herkeios[4]. Da nun

Kassandra verkündete, er sei ihr Bruder, erkannte Priamos ihn an und nahm ihn in seinem Palast auf.

92. DAS URTEIL DES PARIS

Als Thetis sich mit Peleus vermählte, so erzählt man, lud Zeus alle Götter zum Mahl mit Ausnahme der Eris, der Göttin der Zwietracht. Als diese nachher dazukam und nicht eingelassen wurde, warf sie von der Tür aus einen Apfel mitten hinein mit den Worten, die Schönste solle ihn aufheben. Hera, Aphrodite, Athene, jede sprach sich die Schönheit zu, worüber ein heftiger Streit zwischen ihnen ausbrach. Da befahl Zeus dem Hermes, sie auf das Idagebirge zu Alexandros Paris zu führen und ihn zu beauftragen, das Urteil zu fällen. Hera versprach, wenn er zu ihren Gunsten urteilte, würde er in der ganzen Welt herrschen und an Reichtum alle andern übertreffen; Athene, wenn sie als Siegerin hervorginge, er würde dann der stärkste unter den Sterblichen sein und geschickt in jeder Kunst; Aphrodite aber versprach ihm Helena, Tyndareos' Tochter, die schönste aller Frauen, zur Gattin. Dieses letzte Geschenk stellte Paris über die ersten und sprach das Urteil: «Aphrodite ist die Schönste.» Dadurch wurden Hera und Athene Feindinnen der Troianer. Auf Betreiben der Aphrodite entführte Alexandros Helena aus Sparta aus dem Hause seines Gastfreundes Menelaos nach Troia und nahm sie zur Gattin. Zwei Mägde folgten ihr, Kriegsgefangene, Aithra und Thisiadie[1], die Kastor und Polydeukes ihr zugeteilt hatten, ehemalige Königinnen.

93. KASSANDRA

Von Kassandra, der Tochter des Priamos und der Hekabe, erzählt man, sie sei einst, vom Spiel ermüdet, im Heiligtum des Apollon eingeschlafen; als der Gott sie umarmen wollte, versagte sie sich ihm. Seither, wenn sie auch die Wahrheit voraussagte, fand sie keinen Glauben: das war die Rache Apollons.

94. ANCHISES

Aphrodite, so berichtet man, liebte den Anchises, den Sohn des Assarakos, und gewährte ihm das Beilager; von ihm empfing sie Aineias. Anchises sollte von alldem nichts bei den Menschen verlauten lassen. Aber beim Wein unter den Zechgenossen plauderte er es aus und wurde dafür von Zeus mit dem Blitz erschlagen. Einige berichten, er sei eines natürlichen Todes gestorben.

95. ODYSSEUS

Als Agamemnon und Menelaos, die Söhne des Atreus, mit den aufgebotenen Führern nach Troia zogen, kamen sie nach Ithaka zu dem Sohn des Laërtes, Odysseus, dem ein Orakel gegeben war, wenn er nach Troia ginge, würde er nach zwanzig Jahren, ohne Gefährten, allein und mittellos heimkehren. Als er daher erfuhr, daß die Abgesandten auf dem Wege zu ihm wären, setzte er, indem er sich wahnsinnig stellte, eine Filzmütze auf und spannte ein Pferd zusammen mit einem Rind an den Pflug. Als Palamedes ihn erblickte, durchschaute er die Verstellung, nahm seinen Sohn Telemachos aus der Wiege und legte ihn vor den Pflug mit den Worten: «Gib die Verstellung jetzt auf und komm mit unter die Aufgebotenen!» Da verpflichtete sich Odysseus zu kommen; seitdem war er der Feind des Palamedes.

96. ACHILLEUS

Da die Nereide Thetis wußte, ihr Sohn Achilleus, den sie von Peleus hatte, werde den Tod finden, wenn er vor Troia ziehe, um es zu erobern, vertraute sie ihn dem König Lykomedes auf der Insel Skyros an, der ihn in Weiberkleidern und unter anderem Namen unter seinen unverheirateten Töchtern versteckt hielt – Pyrrha nannten ihn die Mädchen nach seinem blonden Haar. Als aber die Achäer erfuhren, daß er sich bei Lykomedes versteckt halte, schickten sie eine Gesandtschaft an diesen mit der Bitte, ihn den Danaern zu Hilfe zu senden. Der König versicherte zwar, er habe ihn nicht bei sich, gab ihnen aber die Erlaubnis, im Palast zu suchen. Da sie dabei nicht durchschauten, wer es war, legte Odysseus in der Vorhalle Weibergeschenke aus, daneben auch einen Schild und eine Lanze; dann ließ er plötzlich die Trompete blasen, mit gleichzeitig einsetzendem Waffenlärm und Kampfgeschrei. Im Glauben, es seien Feinde da, riß sich Achilleus die Weiberkleider vom Leib und griff nach Schild und Lanze. Nachdem er daran erkannt war, versprach er den Argeiern seine Dienste und stellte auch seine Myrmidonen zur Verfügung.

98[1]. IPHIGENEIA

Als Agamemnon und sein Bruder Menelaos mit den andern auserlesenen Führern nach Troia zogen, um Helena, die Gattin des Menelaos, die Alexandros Paris entführt hatte, zurückzufordern, hielt sie schlechtes Wetter in Aulis zurück infolge des Zornes der Artemis, weil Agamemnon beim Jagen ihre Hindin verletzt und sie selbst hochfahrend behandelt hatte. Als der König die Opferschauer zusammenrief und Kalchas den Spruch verkündete, er könne nur entsühnen, wenn er Agamemnons Tochter Iphigeneia opfere, wollte dieser, als er dies hörte, sich zuerst nicht darauf einlassen. Da brachte ihn Odysseus durch seinen Rat auf einen guten Ausweg; Odysseus selbst wurde mit Diomedes entsandt, um Iphigeneia zu holen. Als er zu ihrer Mutter Klytaimnestra kam, log er ihr vor, das Mädchen solle mit Achilleus vermählt werden. So brachte er sie nach Aulis, und schon wollte der Vater sie opfern, da hatte Artemis Mitleid mit der Jungfrau und legte in dem dichten Nebel, den sie verbreitete, eine Hindin an ihrer Stelle auf den Altar, während sie Iphigeneia durch die Wolken in das taurische Land trug und dort zur Priesterin in ihrem Heiligtum machte.

99. AUGE

Auge, die Tochter des Aleos, war von Herakles umarmt worden; als die Zeit der Geburt gekommen war, gebar sie auf dem Partheniongebirge und setzte den Neugeborenen aus. Zur selben Zeit setzte Iasios' Tochter Atalante den Sohn aus, den sie von Meleagros geboren hatte. Den Sohn des Herakles nährte eine Hindin. Hirten hoben die beiden auf, die sie gefunden hatten, und erzogen sie; Herakles' Sohn nannten sie Telephos, weil eine Hindin ihn genährt hatte, den Sohn der Atalante aber Parthenopaios, da sie ihn auf dem Partheniongebirge ausgesetzt hatte. Auge selbst floh aus Furcht vor ihrem Vater nach Mysien zu dem König Teuthras, der keine Kinder hatte und sie wie eine Tochter hielt.

100. TEUTHRAS

Den König Teuthras in Mysien wollte Idas, der Sohn des Aphareus, der Herrschaft berauben; als Telephos, der Sohn des Herakles, der infolge eines Orakelspruches seine Mutter suchte, von Parthenopaios begleitet, zu ihm kam, versprach ihm Teuthras sein Reich und die Hand seiner Tochter Auge, wenn er ihn vor seinem Feind schütze. Telephos war mit dem Vorschlag des Königs einverstanden und besiegte zusammen mit Parthenopaios Idas in einem Treffen[1]; der König hielt ihm das gegebene Wort und gab ihm mit dem Reich, ohne daß sie es wußte, die eigene Mutter zur Gattin. Da diese aber von keinem Sterblichen berührt werden wollte, beschloß sie, Telephos zu töten, ohne zu wissen, daß es ihr Sohn war. Als sie daher das Schlafgemach betraten, ergriff Auge das Schwert, um Telephos zu durchbohren. Da richtete sich nach dem Willen der Götter eine ungeheure Schlange zwischen ihnen auf, bei deren Anblick Auge das Schwert wegwarf und dem Telephos ihre Absicht enthüllte. Daraufhin wollte dieser seine Mutter erschlagen, immer noch, ohne sie zu erkennen; sie aber flehte Herakles an, ihren Verführer, woran Telephos sie als seine Mutter erkannte und in die Heimat zurückführte.

101. TELEPHOS

Telephos, der Sohn des Herakles und der Auge, so erzählt man, wurde von Achilleus im Kampf mit Cheirons Lanze verwundet. Da ihn die Wunde von Tag zu Tag unerträglicher schmerzte, bat er Apollon um einen Spruch, was für ein Heilmittel es dafür gäbe; die Antwort lautete, niemand könne ihn heilen, wenn nicht die gleiche Lanze, mit der er verwundet wäre. Als Telephos das vernahm, suchte er den König Agamemnon auf und riß auf den Rat der Klytaimnestra den kleinen Orestes aus der Wiege mit der Drohung, er werde ihn töten, wenn nicht die Achäer für seine Heilung sorgten. Weil diesen aber geweissagt war, ohne Telephos als Heerführer könne Troia nicht erobert werden, wurde es ihnen nicht schwer, sich mit ihm auszusöhnen, und sie baten Achilleus, ihn zu heilen. Doch antwortete ihnen dieser, er verstehe nichts von der Kunst des Arztes. Da sagte Odysseus: «Nicht dich meint Apollon, sondern die Lanze als die Waffe, die die Wunde verursacht hat!» Als sie den Rost abgeschabt hatten, war Telephos geheilt. Darauf baten sie ihn, mit ihnen zu ziehen, um Troia zu erobern, hatten aber damit kein Glück, weil er Laodike, die Tochter des Priamos, wie er angab, zur Gattin hatte. Aber wegen des Freundschaftsdienstes der Heilung geleitete er sie, indem er ihnen Örtlichkeiten und Wege angab; dann machte er sich auf den Weg zurück nach Mysien.

102. PHILOKTETES

Als Philoktetes, der Sohn des Poias und der Demonassa, auf der Insel Lemnos weilte, biß ihn eine Schlange in den Fuß; Hera hatte sie gesandt im Zorn auf ihn, weil er allein vor allen es gewagt hatte, den Scheiterhaufen für Herakles zu errichten, als

ihm der sterbliche Körper genommen wurde und er in die Unsterblichkeit einging. Wegen dieses Freundschaftsdienstes hatte
Herakles ihm seine göttlichen Pfeile geschenkt. Da die Achäer
den entsetzlichen Gestank der Wunde nicht ertragen konnten,
wurde er auf Anordnung Agamemnons mit den göttlichen
Pfeilen auf Lemnos ausgesetzt; ein Hirt des Königs Aktor mit
Namen Iphimachos, der Sohn des Dolopion, ernährte den Ausgesetzten. Später wurde den Achäern geweissagt, ohne die Pfeile des Herakles könne Troia nicht erobert werden; da schickte
Agamemnon Odysseus und Diomedes als Kundschafter zu ihm,
die ihn dazu brachten, sich mit ihnen zu versöhnen und bei der
Eroberung Troias zu helfen, und ihn gleich mitnahmen.

103. PROTESILAOS

Die Achäer hatten ein Orakel erhalten, wer als erster die Küste
der Troianer berühre, werde den Tod finden. Als sie landeten,
zögerten alle andern, nur Iolaos, der Sohn des Iphiklos und der
Diomedeia, sprang als erster aus seinem Schiff und wurde auf
der Stelle von Hektor erschlagen. Alle nannten ihn seit dem
Protesilaos[1], weil er als erster von allen den Tod erlitten hatte.
Als seine Gattin Laodameia, die Tochter des Akastos, seinen Tod
erfuhr, bat sie die Götter unter Tränen, es möge ihr gestattet
sein, drei Stunden mit ihm zu sprechen; da die Götter die Bitte
erfüllten, wurde der Tote von Hermes zurückgebracht, und sie
unterhielt sich mit ihm drei Stunden lang; als er dann zum zweitenmal dahinschied, konnte Laodameia den Schmerz nicht ertragen.

104. LAODAMEIA

Als Laodameia, die Tochter des Akastos, die ihren Gatten verloren hatte, die drei von den Göttern erbetenen Stunden verbracht hatte, konnte sie den Jammer und Schmerz nicht ertragen. Daher ließ sie ein Abbild ihres Gatten Protesilaos in
Erz anfertigen, das ihm täuschend ähnlich war und das sie

unter dem Vorwand, ihm opfern zu wollen, im Schlafgemach
aufstellte. Mehr und mehr trieb sie einen förmlichen Kult mit
ihm. Als ein Diener in früher Morgenstunde Früchte zum
Opfern brachte, blickte er durch einen Spalt und sah, wie sie
das Abbild des Protesilaos in den Armen hielt und küßte; in
der Meinung, sie habe einen Buhlen bei sich, sagte er es ihrem
Vater. Dieser kam herbei, und als er in das Schlafgemach ein-
drang, erblickte er das Abbild des Protesilaos; damit seine
Tochter sich nicht länger quäle, ließ er es mit den Opfergaben
auf einem Scheiterhaufen verbrennen, Laodameia aber, die
den Schmerz nicht ertragen konnte, stürzte sich hinein und
starb den Flammentod.

105. PALAMEDES

Weil Odysseus durch die List des Naupliossohnes Palamedes
überführt worden war, sann er von Tag zu Tag auf dessen
Tod. Endlich hatte er einen Plan: er schickte einen seiner
Männer zu Agamemnon und ließ ihm sagen, er habe geträumt,
innerhalb eines Tages solle aufgebrochen werden. Agamemnon glaubte an die Wahrheit der Mitteilung und befal den
Aufbruch innerhalb eines Tages; Odysseus aber vergrub
heimlich ganz allein in der Nacht da, wo das Zelt des Palamedes gestanden hatte, eine beträchtliche Menge Goldes,
auch schrieb er einen Brief und übergab ihn einem gefangenen
Phryger zur Überbringung an Priamos, worauf er dem vorhin
erwähnten Mann den Auftrag gab, den Überbringer des Brie-
fes nicht weit vom Lager zu ermorden. Als am folgenden Tage
das Heer ins Lager zurückkehrte, fand einer den von Odysseus verfaßten Brief bei der Leiche des Phrygers und brachte
ihn Agamemnon. Überschrieben war er: «Priamos an Palamedes» und versprach ebensoviel Gold, als Odysseus in dem
Zelt vergraben hatte, wenn er das Lager Agamemnons, wie
es mit ihm verabredet war, verriete. Als daher Palamedes dem

König vorgeführt wurde und die Tat leugnete, gingen sie in
sein Zelt und gruben das Gold aus, bei dessen Anblick Agamemnon überzeugt war, daß die Tat wirklich begangen war.
So wurde Palamedes durch die List des Odysseus gefangen
und nach dem Spruch des ganzen Heeres unschuldig getötet.

106. HEKTORS AUSLÖSUNG

Agamemnon nahm Briseis, die Tochter des Priesters Brises,
eine Kriegsgefangene aus Mysien, die Achilleus erbeutet hatte,
wegen ihrer Schönheit dem Achilleus weg, damals, als er Chryseis dem Chryses, dem Priester des Apollon Smintheus[1], zurückgeben mußte. Aus Zorn darüber zog Achilleus nicht in
die Schlacht, sondern übte sich im Zelt auf der Zither. Deshalb von Patroklos gerügt, gab ihm Achilleus, als die Argeier
von Hektor in die Flucht geschlagen wurden, seine Waffen,
und so schlug jener die Troianer, die ihn für Achilleus hielten,
in die Flucht; er tötete den Sarpedon, den Sohn des Zeus und
der Europe. Nachher wurde Patroklos selbst von Hektor getötet, und dem toten Patroklos wurden die Waffen abgenommen. Achilleus versöhnte sich mit Agamemnon; dieser gab
ihm die Briseis zurück. Dann, als er unbewaffnet gegen Hektor ausgezogen war, erlangte seine Mutter Thetis von Hephaistos Waffen für ihn, welche die Nereiden durchs Meer
herbrachten. Mit diesen Waffen tötete er Hektor, band ihn an
seinen Wagen und schleifte ihn um die Stadtmauern der Troianer. Da er ihn dem Vater nicht zur Bestattung herausgeben
wollte, kam Priamos auf des Zeus Befehl und unter Führung
des Hermes ins Lager der Danaer und erhielt den mit Gold
aufgewogenen Leichnam seines Sohnes, den er begrub.

107. DAS URTEIL IM STREIT UM DIE WAFFEN

Als Achilleus nach der Bestattung Hektors um die Mauern
Troias streifte und sich rühmte, allein Troia erobert zu haben,

erregte das den Zorn Apollons. In der Gestalt des Alexandros
Paris durchbohrte er mit einem Pfeil seine Ferse, die das Sterbliche an ihm gewesen sein soll, und tötete ihn. Nach Achilleus'
Tod und Bestattung forderte der Telamonier Aias als Vetter
von ihm von den Danaern seine Waffen; aber durch den Zorn
der Athene wurden sie ihm von Agamemnon und Menelaos
aberkannt und Odysseus gegeben. Da wurde Aias wahnsinnig
und mordete im Wahn seine Herden, worauf er sich selbst
den Tod gab mit dem Schwert, das er von Hektor zum Geschenk erhalten hatte, als er während der Schlacht den Zweikampf mit ihm bestand.

108. DAS TROIANISCHE PFERD

Als die Achäer in zehn Jahren Troia nicht erobern konnten,
baute auf Geheiß der Athene Epeios ein hölzernes Pferd von
erstaunlicher Größe, in dem sich zusammen einschließen ließen Menelaos, Odysseus, Diomedes, Thessandros[1], Sthenelos,
Akamas, Thoas, Machaon und Neoptolemos; auf das Pferd
schrieben sie «Geschenk der Danaer für Athene» und verleg-
ten darauf das Lager nach Tenedos. Als die Troianer das sahen, glaubten sie, die Feinde seien abgezogen; Priamos ließ
das Pferd für Athene auf die Burg ziehen und ordnete ein großes Freudenfest an; die Seherin Kassandra erhob zwar war-
nend ihre Stimme, in dem Pferd seien Feinde eingeschlossen,
aber keiner glaubte ihr; es wurde auf der Burg aufgestellt.
Aber als sie selbst in der Nacht von Spiel und Wein erschöpft
sich dem Schlaf überlassen hatten, öffnete Sinon das Pferd und
ließ die Achäer heraus; sie machten die Wächter an den Toren
nieder und ließen auf ein gegebenes Zeichen ihre Genossen
ein; Troia fiel in ihre Hand.

109. ILIONE

Als Priamos von Hekabe ein Sohn geboren wurde, Polydoros,
gaben sie ihn ihrer Tochter Ilione zur Erziehung, die mit dem
König der Thraker, Polymestor, vermählt war. Sie erzog ihn
als ihren eigenen Sohn, während sie den Deipylos, den sie
Polymestor geboren hatte, als ihren Bruder aufzog, damit
für den Fall, daß einem von ihnen etwas geschehen sollte, immer der andre den Vorzug hätte[1], vom königlichen Geschlecht
des Priamos zu sein. Da aber die Achäer nach der Einnahme
Troias dieses ganz ausrotten wollten, warfen sie Astyanax,
den Sohn Hektors und der Andromache, von der Mauer herab und schickten Beauftragte zu Polymestor, die ihm Agamemnons Tochter mit Namen Elektra als Gattin und einen
Haufen Goldes versprechen sollten, wenn er den Sohn des
Priamos, Polydoros, töte. Polymestor ging auf den Vorschlag
der Gesandten ein und tötete, ohne es zu wissen, seinen eigenen Sohn Deipylos, während er glaubte, Priamos' Sohn Polydoros umgebracht zu haben. Dieser suchte das Orakel Apollons auf, um Näheres über seine Eltern zu erfahren, da erhielt
er die Antwort: seine Vaterstadt liege in Asche, sein Vater
sei erschlagen, seine Mutter in der Sklaverei. Als er zurückkam und alles anders vorfand, als das Orakel ihm verkündet
hatte, fragte er in der Meinung, der Sohn Polymestors zu
sein, seine Schwester, was denn dieser so ganz anders lautende
Orakelspruch bedeute. Da entdeckte ihm diese die Wahrheit,
und auf ihren Rat stach er Polymestor die Augen aus und
brachte ihn ums Leben.

110. POLYXENE

Als die siegreichen Danaer vor Ilion ihre Schiffe besteigen
und in die Heimat zurückkehren wollten, jeder mit seiner
Beute, da forderte die Stimme des Achilleus, so erzählt man,

aus seinem Grab heraus seinen Anteil an der Beute. So kam
es, daß die Danaer die schöne Polyxene, die Tochter des Priamos, deretwegen Achilleus, als er um sie warb und zu einer
Unterredung mit ihr sich eingefunden hatte, von Alexandros
und Deiphobos getötet worden war, an seinem Grabe opferten.

III. HEKABE

Als Odysseus des Kisseus oder, nach andern, des Dymas
Tochter Hekabe, Priamos' Gattin, Hektors Mutter, in die
Knechtschaft führte, stürzte sie sich in den Hellespont und
wurde, wie erzählt wird, zur Hündin; deshalb heißt das Meer
auch «Hundsmeer».

112. DIE EINANDER ZUM ZWEIKAMPF
HERAUSFORDERTEN

Menelaos den Alexandros; den Alexandros entrückte Aphrodite. Diomedes den Aineias; den Aineias errettete Aphrodite.
Diomedes den Glaukos; als sie sich als Gastfreunde erkannt
hatten, brachen sie den Kampf ab. Diomedes den Pandaros
und einen andern Glaukos; Pandaros und Glaukos fielen. Aias
den Hektor; unter Austausch von Geschenken brachen sie
den Kampf ab. Aias gab Hektor einen Gürtel, mit dem er später geschleift wurde, Hektor dem Aias ein Schwert, mit dem
er sich später tötete. Patroklos den Sarpedon; Sarpedon fiel.
Menelaos den Euphorbos; Euphorbos fiel, der später zu Pytha-
goras wurde und sich erinnerte, daß seine Seele in Körper gewan-
dert sei. Achilleus den Asteropaios; Asteropaios fiel. Achilleus
den Hektor; Hektor fiel. Achilleus den Aineias; Aineias floh.
Achilleus den Agenor; den Agenor errettete Apollon. Achilleus
die Amazone Penthesileia, Tochter des Ares und der Otrere;
Penthesileia fiel. Antilochos den Memnon; Antilochos fiel. Achilleus den Memnon; Memnon fiel. Philoktetes den Alexandros;
Alexandros fiel. Neoptolemos den Eurypylos; Eurypylos fiel.

116¹. NAUPLIOS

Als die Danaer nach der Einnahme Ilions und nach der Ver-
teilung der Beute heimkehrten, traf sie, weil sie die Heiligtümer der Götter geplündert und weil der Lokrer Aias Kassandra vom Bild der Pallas weggerissen hatte, der Zorn der
Götter. Infolge Unwetters und widriger Winde scheiterten
sie an den Kaphereischen Felsen. Während des Unwetters
wurde der Lokrer Aias von Athene mit dem Blitz getroffen;
die Wogen warfen ihn auf die Klippen, die nach ihm die Felsen
des Aias heißen. Als die andern in der Nacht die Götter um
Hilfe anriefen, hörte es Nauplios und hielt die Zeit für gekommen, um das Unrecht, das seinem Sohn Palamedes geschehen war, zu vergelten. Als ob er ihnen helfen wolle,
steckte er daher an der gefährlichsten Stelle, da, wo die Felsen jäh abstürzten, eine brennende Fackel aus; die Danaer
glaubten an eine Tat der Menschlichkeit und steuerten ihre
Schiffe in der gezeigten Richtung, worauf die meisten zer-
schellten, während die Besatzungen mit den Führern im Unwetter den Tod fanden und ihre Leiber auf die Klippen geworfen wurden; wer das Land noch schwimmend erreichte,
wurde von Nauplios erschlagen. Den Odysseus verschlug der
Sturm zu Maron, Menelaos nach Ägypten, Agamemnon erreichte mit Kassandra die Heimat.

117. KLYTAIMNESTRA

Als Klytaimnestra, die Tochter des Tyndareos und Gattin
Agamemnons, von Oiax, dem Bruder des Palamedes, hörte,
daß ihr Kassandra als Buhlerin ins Haus gebracht werde – das
war eine Lüge, die Oiax erfunden hatte, um sich für das seinem Bruder angetane Unrecht zu rächen –, faßte sie mit Aigisthos, dem Sohne des Thyestes, den Entschluß, Agamemnon und Kassandra zu ermorden; sie erschlugen ihn dann

auch mit Kassandra beim Opfern mit dem Beil. Ihren kleinen Bruder Orestes indes nahm Elektra, Agamemnons Tochter, fort und vertraute ihn Strophios in Phokis an, mit dem Agamemnons Schwester Astyoche vermählt war.

118. PROTEUS

In Ägypten, so erzählt man, lebte ein Seher, der Meergreis Proteus, der sich in alle Gestalten zu verwandeln pflegte; auf den Rat seiner Tochter Eidothea band ihn Menelaos mit einer Kette, damit er ihm sage, wann er mit der Wiedererlangung seiner Heimat[1] rechnen könne. Proteus belehrte ihn, der Zorn der Götter über den Untergang Troias verzögere sie; deswegen müsse etwas geschehen, was sie versöhne[2]. Menelaos brachte daher ein Hundertopfer dar, worauf er im achten Jahr nach dem Aufbruch von Ilion mit Helena in die Heimat zurückkehrte.

119. ORESTES

Als Orestes, der Sohn des Agamemnon und der Klytaimnestra, das mannbare Alter erreicht hatte, war er darauf bedacht, den Tod seines Vaters zu rächen; nachdem er mit Pylades den Entschluß gefaßt, begab er sich nach Mykene zu seiner Mutter Klytaimnestra, bei der er sich als Gastfreund aus Ätolien vorstellte mit der Nachricht, Orestes, den Aigisthos dem Volk als vogelfrei überlassen hatte, sei tot. Bald darauf kam Pylades, der Sohn des Strophios, mit der Urne zu Klytaimnestra, in der die Gebeine des Orestes beigesetzt seien; hocherfreut nahm Aigisthos sie gastlich auf. Die beiden ergriffen die Gelegenheit und ermordeten in der Nacht die Mutter Klytaimnestra und Aigisthos. Als Tyndareos Anklage gegen ihn erhob, wurde Orestes seines Vaters wegen von den Mykenern Gelegenheit zur Flucht gegeben; nachher verfolgten ihn die Rachegeister der Mutter.

120. IPHIGENEIA BEI DEN TAURERN

Als Orestes von den Rachegeistern verfolgt wurde, begab er
sich nach Delphi, um dort zu erfahren, wann das Maß seiner
Leiden eigentlich voll wäre. Da hieß es, er solle ins Taurerland zu dem König Thoas, dem Vater der Hypsipyle[1], gehen
und von dort das Bild der Artemis aus ihrem Tempel nach
Argos bringen, dann würden seine Leiden enden. Daraufhin
bestieg er mit seinem Freund Pylades, dem Sohn des Strophios, ein Schiff, und bald waren sie im Land der Taurer, bei
denen es Brauch war, daß jeder Fremde, der ihr Land betrat,
im Tempel der Artemis geopfert wurde. Orestes und Pylades
suchten in einer Höhle Schutz, und während sie auf eine Gelegenheit lauerten, wurden sie von Hirten ertappt und vor
den König Thoas geführt. Dieser ließ sie, wie es seine Gepflogenheit war, fesseln und in das Heiligtum der Artemis
bringen, wo sie geopfert werden sollten. Iphigeneia, Orestes'
Schwester, war darin Priesterin; als sie durch Zeichen und
Worte dahinterkam, wer sie waren und was sie herführte,
warf sie die Opfergeräte fort und legte selbst Hand an, um das
Bild der Artemis zu entfernen. Da kam der König hinzu; als
er sie fragte, warum sie das tue, log sie sich damit heraus, daß
sie erklärte, die beiden Verruchten hätten das Bild entweiht;
weil gottlose und verbrecherische Menschen in das Heiligtum
geführt worden seien, müsse das Bild zur Entsühnung ans
Meer gebracht werden, und er selbst müsse ein strenges Verbot bekanntgeben, daß kein Einheimischer die Stadt verlasse.
Der König tat alles, was die Priesterin verlangte; diese Gelegenheit ließ sich Iphigeneia nicht entgehen; unter Mitnahme des Bildes der Göttin bestieg sie mit ihrem Bruder
Orestes und Pylades ein Schiff, und von günstigem Wind wurden sie nach der Insel Sminthe getragen, zu Chryses, dem
Priester Apollons.

121. CHRYSES

Als Agamemnon vor Troia zog, kam Achilleus nach Mysien
und nahm Chryseis, die Tochter des Apollonpriesters, mit
fort, die er dann Agamemnon überließ; Chryses begab sich
zu Agamemnon, um ihn um die Rückgabe seiner Tochter zu
bitten, erreichte aber nichts. Apollon vertilgte deshalb fast
das ganze Heer teils durch Hunger, zum Teil durch eine Pest,
weswegen Agamemnon dem Priester Chryseis in schwangerem Zustand zurückschickte. Sie sagte zwar, der König habe
sie unberührt gelassen, aber als ihre Zeit kam, gebar sie den
jüngeren Chryses und gab an, sie habe ihn von Apollon empfangen. – Später wollte Chryses dem Thoas Iphigeneia und
Orestes zurückgeben; als Chryseis[1] dabei hörte, sie seien Kinder Agamemnons, entdeckte sie ihrem Sohne Chryses die
Wahrheit, sie seien Geschwister von ihm und er selbst sei ein
Sohn Agamemnons. Daraufhin erschlug Chryses mit seinem
Bruder Orestes den Thoas, und wohlbehalten gelangten sie
dann mit dem Bild der Artemis nach Mykene.

122. ALETES

Zu Elektra, der Tochter Agamemnons und Klytaimnestras,
Orestes' Schwester, brachte ein Bote die falsche Nachricht,
ihr Bruder sei mit Pylades im Taurerland der Artemis geopfert worden. Als Aletes, Aigisthos' Sohn, dies erfuhr, daß
aus dem Geschlecht der Atreussöhne niemand mehr am Leben sei, übernahm er die Herrschaft in Mykene. Um Näheres
über den Tod ihres Bruders zu erfahren, begab sich Elektra
nach Delphi; am gleichen Tage mit ihr kam dort auch Iphigeneia mit Orestes an. Der gleiche Bote, der den Tod des
Orestes mitgeteilt hatte, gab jetzt an, Iphigeneia sei die Mör-
derin ihres Bruders. Als Elektra das hörte, nahm sie ein brennendes Scheit vom Altar und wollte ihrer Schwester, ohne sie

zu erkennen, die Augen ausbrennen, wenn nicht Orestes da-
zwischengetreten wäre. Nachdem so die Erkennung herbeigeführt war, begaben sie sich nach Mykene, wo Orestes den
Sohn des Aigisthos, Aletes, erschlug und auch Erigone, die
Tochter der Klytaimnestra und des Aigisthos, umbringen
wollte; aber Artemis entführte diese und machte sie zu ihrer
Priesterin im attischen Land. Orestes aber tötete den Neoptolemos und nahm Hermione mit, des Menelaos und der Helena Tochter, die er als Gattin heimführte; Pylades vermählte
sich mit Elektra, der Tochter Agamemnons und Klytaimnestras.

123. NEOPTOLEMOS

Neoptolemos, der Sohn des Achilleus und der Deidameia,
zeugte mit der kriegsgefangenen Andromache, der Tochter
Eëtions, den Amphialos. Als er aber hörte, daß seine Verlobte,
Hermione, Orestes zur Ehe gegeben sei, begab er sich nach
Sparta und forderte sie von Menelaos zurück. Dieser wollte
nicht sein Wort brechen, er holte Hermione von Orestes zurück und gab sie Neoptolemos. Orestes erschlug wegen dieser Kränkung den Neoptolemos in Delphi beim Opfern und
gewann dadurch Hermione zurück; die Gebeine des Erschlagenen wurden im Gebiet von Ambrakia, das zu Epirus gehört,
zerstreut.

125[1]. ODYSSEE

Als Odysseus von Ilion ins Vaterland Ithaka zurückkehrte,
wurde er durch einen Sturm zu den Kikonen verschlagen, deren Stadt Ismaros er eroberte; die Beute verteilte er an seine
Gefährten. Von dort kam er zu den Lotophagen, ganz harm-
losen Menschen, welche sich von Lotos, einer aus Blättern
entstandenen Blume, nährten; diese Speise gab ein so angenehm-
mes Gefühl, daß, wer davon aß, die Heimkehr vergaß. Die beiden von Odysseus zu den Lotophagen entsandten Gefährten
dachten, da sie von den Pflanzen, die jene ihnen gaben, koste-

ten, nicht mehr daran, zu den Schiffen zurückzukehren, und er selbst führte sie gefesselt zurück. Von dort kamen sie zum Kyklopen Polyphemos, einem Sohn des Poseidon. Diesem war vom Seher Telemos, einem Sohne des Eurymos, das Orakel gegeben worden, er solle sich davor hüten, von Odysseus geblendet zu werden. Er hatte mitten auf der Stirn ein einziges Auge und war ein Menschenfresser. Wenn er das Vieh in seine Höhle zurückgetrieben hatte, versperrte er die Öffnung mit einem ungeheuren Felsblock. Er schloß Odysseus samt seinen Gefährten ein und begann diese aufzufressen. Als Odysseus sah, daß er gegen seine Rohheit und Bestialität nicht aufkommen könne, machte er ihn mit Wein, den er von Maron bekommen hatte, trunken und sagte, er heiße «Niemand». Als nun Odysseus das Auge mit einem glühenden Pfahl aussengte, rief jener mit seinem Gebrüll die übrigen Kyklopen zusammen und sagte ihnen aus der geschlossenen Höhle: «Niemand blendet mich.» Jene, in der Meinung, er sage das, um sich über sie lustig zu machen, kümmerten sich nicht mehr um ihn. Odysseus jedoch band seine Gefährten an den Schafen fest, sich selbst am Widder, und so kamen sie aus der Höhle heraus.

Nun gelangten sie zu Aiolos, einem Sohn des Hellen[1], dem von Zeus die Herrschaft über die Winde anvertraut worden war; der nahm Odysseus sehr gastfreundlich auf und gab ihm einen mit den Winden gefüllten Schlauch zum Geschenk. Die Gefährten aber glaubten, als sie den Schlauch in Empfang genommen hatten, es sei Gold und Silber drin, und wollten auch ihren Teil davon bekommen; so öffneten sie heimlich den Schlauch, und die Winde flogen davon. Er wurde zu Aiolos zurückgetrieben und von diesem fortgejagt, da offensichtlich dem Odysseus das Walten der Götter feind war. Sie kamen zu den Laistrygonen, deren König Antiphates war, (einen von den Gefährten) verschlang er, und seine elf Schiffe zerschmetterte er, mit Ausnahme des einen Schiffes, auf dem Odysseus entkam, nachdem die übrigen Gefährten zugrunde gegangen waren. Nun kam er auf die Insel Ainaria[1] zu Kirke, der Tochter des Helios, welche die Menschen, indem sie ihnen einen Trunk verabreichte, in wilde Tiere verwandelte. Zu ihr schickte er Eurylochos mit zweiundzwanzig Gefährten, welchen sie das menschliche Aussehen nahm. Eurylochos, der nicht eingetreten war, floh voll Furcht von dort und meldete das Geschehene dem Odysseus; dieser begab sich allein zu ihr. Aber auf dem Weg gab Hermes ihm ein Heilmittel und zeigte ihm, wie er Kirke täuschen könne. Als er bei Kirke angelangt war und den Becher von ihr erhielt, warf er das Gegengift, wie Hermes es ihm geraten hatte, hinein und zog das Schwert, mit der Drohung, er werde, wenn sie die Gefährten nicht zurückverwandelte, sie töten. Da erkannte Kirke, daß nicht ohne göttlichen Willen es so geschah. Nachdem sie also gelobt hatte, nichts dergleichen zu unternehmen, gab sie den Gefährten die frühere Gestalt wieder. Mit ihm aber schlief sie, und aus dieser Verbindung gebar sie zwei Söhne, Nausithoos und Telegonos. Darauf kam er zum Avernersee, stieg in die Unterwelt und traf hier seinen Genossen Elpenor, den er bei Kirke zurückgelassen hatte. Auf die Frage, wie er hierhin gelangt sei, antwortete ihm Elpenor, er sei in der Trunkenheit die Treppe hinuntergefallen und habe sich das Genick gebrochen; er bat Odysseus, wenn er in die Oberwelt zurückkehre, ihn zu begraben und das Steuerruder auf seinem Grabhügel aufzustellen. Hier sprach er auch mit seiner Mutter Antikleia über das Ende seiner Irrfahrt. Darauf kehrte er in die Oberwelt zurück, bestattete Elpenor und pflanzte, wie jener es verlangt hatte, das Steuer auf seinem Grabe auf. Dann kam er zu den Sirenen, den Töchtern der Muse Melpomene und des Acheloos, die einen Frauen-Oberkörper und einen Vogel-Unterleib hatten. Ihr Schicksal war, solange zu leben, als kein Sterblicher, der ihren Gesang hörte, vorbeigefahren wäre. Odysseus, von Kirke, der Tochter des Helios gewarnt, verstopfte den Gefährten mit Wachs die Ohren, ließ sich an den Mastbaum binden und fuhr so an ihnen vorbei. Darauf kam er zu Typhons Tochter Skylla, die oben Frauengestalt, unten einen Fischleib hatte; sechs Hunde waren aus ihr hervorgewachsen. Diese riß sechs Gefährten des Odysseus vom Schiff weg und fraß sie. Er war auf der Insel Sizilien zu den heiligen Rindern des Helios gekommen, die im Kessel brüllten, als seine Genossen sie kochten; Odysseus war von Teiresias und Kirke gewarnt worden, sie nicht zu berühren. So verlor er nun deshalb hier viele Gefährten. Er gelangte zur Charybdis, die dreimal am Tage das Wasser einschlürfte, dreimal es wieder ausspie; auf den Rat des Teiresias hin konnte er an ihr vorbeifahren. Aber Helios war zornig, weil seine Rinder getötet worden waren – als Odysseus auf dessen Insel gekommen war und auf die Warnung des Teiresias hin verboten hatte, sich an den Rindern zu vergreifen, fingen seine Gefährten sie, während er schlief; als sie diese dann kochten, blökte das Fleisch im Kessel –, und deshalb zündete Zeus mit dem Blitz sein Schiff an. Nach dem Schiffbruch und dem Verlust der Gefährten irrte er umher, und schwimmend gelangte er von hier zur Insel Aiaia[1], wo die Nymphe Kalypso, die Tochter des Atlas, wohnte; sie, von der Schönheit des Odysseus gefangen, hielt ihn ein ganzes Jahr zurück und wollte ihn nicht entlassen, bis Hermes auf des Zeus Geheiß der Nymphe meldete, sie solle ihn heimschicken. Und als das Floß gezimmert war und Kalypso ihn mit allem Nötigen ausgestattet hatte, entließ sie ihn. Dieses Floß zerschmetterte Poseidon mit seinen Fluten, weil er seinen Sohn, den Kyklopen, des Augenlichts beraubt hatte. Als er da von den Wogen herumgeworfen wurde, gab ihm Leukothea, die wir Mater Matuta nennen und die im Meer lebt, ihren Gürtel, den er sich um die Brust band, um nicht unterzugehen. Als er so getan hatte, entkam er durch Schwimmen. Darauf gelangte er

zur Insel der Phäaken. Da er ganz entblößt war, deckte er sich mit
Blättern zu. Nausikaa, die Tochter des Königs Alkinoos, brachte
eben zum Fluß die Kleider zur Wäsche. Jener kroch aus den Blättern heraus und bat sie um Hilfe. Sie, von Mitleid bewegt, bedeckte ihn mit einem Mantel und führte ihn zu ihrem Vater. Alkinoos nahm ihn großzügig in seine Gastfreundschaft auf, stat-
tete ihn mit Geschenken aus und entließ ihn in seine Heimat
Ithaka. Durch den Zorn des Hermes litt er nochmals Schiffbruch.
Nach zwanzig Jahren – alle Gefährten hatte er verloren – kam er
allein ins Vaterland zurück. Als er, von den Menschen nicht erkannt, zu seinem Haus gelangte, sah er, daß die Freier, die
Penelope zur Frau wünschten, den Königshof belagerten, und
gab vor, ein Fremder zu sein. Seine Amme Eurykleia erkannte, wie sie ihm die Füße wusch, daß es Odysseus sei. Darauf
tötete er mit Hilfe der Athene zusammen mit seinem Sohn
Telemachos und zwei Dienern die Freier mit Pfeilen.

Scholion[1]: Deioneus zeugte Kephalos, Kephalos den Arkeisios, Arkeisios den Laërtes, Laërtes Odysseus, Odysseus mit Kirke den Telegonos, mit Penelope den Telemachos; Telegonos mit
Penelope, des Odysseus Gattin, den Italos, der nach seinem Namen Italien benannte; von Telemachos stammte Latinos, der
nach seinem Namen der lateinischen Sprache den Namen gab.

126. DES ODYSSEUS WIEDERERKENNUNG

Odysseus war vom König Alkinoos[2], dem Vater der Nausikaa,
mit Geschenken entlassen worden; er erlitt Schiffbruch und
kam so entblößt nach Ithaka zu einer seiner Hütten, wo der
Schweinehirt, mit Namen Eumaios, wohnte. Obschon der
Hund ihn erkannte und ihn anwedelte, konnte Eumaios ihn
nicht wiedererkennen, da Athene ihn und sein Aussehen verwandelt hatte. Eumaios fragte ihn, woher er stamme, worauf
jener antwortete, er sei durch Schiffbruch hierher gelangt.
Als der Hirt ihn fragte, ob er den Odysseus getroffen hätte,

sagte er, er sei sein Gefährte, und begann, Merkmale und Beweise zu nennen. Nun nahm ihn Eumaios in seiner Hütte auf, belebte ihn mit Trank und Speise. Wie Diener hierher kamen, die ausgeschickt worden waren, um in der gewohnten Weise Schafe zu holen, und jener den Eumaios fragte, wer sie seien, sagte er: «Da nach des Odysseus Wegfahrt schon etliche Zeit vergangen war, kamen Freier und verlangten Penelope zur Gattin. Sie aber hielt jene hin mit der Bedingung: Erst wenn ich das Tuch fertiggewoben habe, werde ich heiraten. Was sie aber tagsüber webte, das löste[1] sie wieder des Nachts, und so hielt sie jene hin. Nun aber tafeln jene mit den Mägden des Odysseus und essen seine Herde auf.» Da gab ihm Athene sein Aussehen zurück. Sobald der Schweinehirt sah, daß es Odysseus sei, umarmte er ihn innig und begann zu weinen vor Freude und sich zu wundern, was denn ihn verwandelt hätte. Ihm sagte Odysseus: «Führe mich morgen zum Königshof zu Penelope.» Als er ihn dorthin führte, verwandelte ihn Athene wiederum in die Gestalt eines Bettlers. Als ihn Eumaios zu den Freiern geführt hatte und diese mit den Mägden speisten, sprach er zu ihnen: «Nun habt ihr noch einen zweiten Bettler, der mit Iros euch Spaß machen kann.» Da sagte Melanthios, einer der Freier[2]: «Besser, sie sollen miteinander kämpfen, und der Sieger wird eine Blutwurst nebst einem Rohr erhalten, womit er den Besiegten vertreiben kann.» Als sie gekämpft hatten und Odysseus den Iros niedergeschlagen und ihn vertrieben hatte, führte Eumaios den Odysseus in Bettlergestalt zur Amme Eurykleia und sagte, es sei ein Gefährte des Odysseus; als er (weitersprechen)[3] wollte, hielt ihm Odysseus den Mund zu und riet Penelope und der Amme, seinen Bogen und seine Pfeile den Freiern zu geben; derjenige, der ihn spannen könne, möge sie heiraten. So tat sie, und als sie untereinander in Wettstreit traten und niemand den Bogen spannen konnte, sagte Eumaios aus Hohn: «Geben wir (ihn diesem Greis.»

Obschon) Melanthios, der (unter den Freiern) war, dies nicht zulassen wollte, gab Eumaios den Bogen dem Greis. Jener durchbohrte alle Freier mit Ausnahme des Hirten Melanthios. Dieser wurde ohne Wissen der Freier festgenommen. Odysseus schnitt ihm Nase, Arme und die übrigen Körperteile stückweise ab und bemächtigte sich seines Hauses mit der Gattin. Seinen Mägden aber befahl er, die Leiber der Freier ans Meer zu tragen. Sie selbst bestrafte er auf Penelopes Verlangen nach dem Freiermord.

127. TELEGONOS

Telegonos, der Sohn des Odysseus und der Kirke, von seiner Mutter ausgeschickt, den Vater zu suchen, wurde durch einen Sturm nach Ithaka verschlagen und dort durch Hunger genötigt, auf den Feldern zu plündern; ohne ihn zu erkennen, griffen Odysseus und Telemachos ihn an. Dabei wurde Odysseus von seinem Sohn Telegonos erschlagen – es war ihm geweissagt worden, er solle sich vor dem Tod durch die Hand seines Sohnes hüten; als dieser den Erschlagenen erkannte, kehrte er auf Geheiß der Athene mit Telemachos und Penelope in seine Heimat, auf die Insel Aiaia, zurück. Sie brachten den toten Odysseus zu Kirke und sorgten für die Bestattung. Ebenfalls auf Geheiß der Athene nahm Telegonos Penelope, Telemachos Kirke zu Gattinnen. Von den letzteren stammte Latinos, der den Latinern den Namen gab[1]; Penelope und Telegonos zeugten den Italos, der Italien seinen Namen gab.

129[2]. OINEUS

Als Dionysos bei Oineus, dem Sohn Parthaons, eingekehrt war, verliebte er sich in Althaia, Thestios' Tochter und Oineus' Gattin; sobald dieser es merkte, verließ er aus freien Stücken die Stadt, indem er so tat, als hätte er Opfer zu verrichten. Dionysos jedoch umarmte Althaia, die dann Deia-

neira gebar; dem Oineus aber schenkte er für seine edle Gastfreundschaft den Weinstock und zeigte ihm, wie er ihn pflanzen solle; zugleich ordnete er an, daß die Frucht desselben
nach seinem Gastgeber oinos (Wein) genannt wurde.

130. IKARIOS UND ERIGONE

Als Dionysos unter die Menschen gegangen war, um ihnen
seine süßen und wohlschmeckenden Früchte zu zeigen, fand
er bei Ikarios und Erigone hochherzige Gastfreundschaft. Er
schenkte ihnen einen Schlauch voll Weines und forderte sie
auf, für seine Verbreitung in den andern Ländern zu sorgen.
Ikarios belud einen Wagen und kam mit seiner Tochter Erigone und dem Hund Maira auch zu Hirten nach Attika, denen er diese ganz neue Art Süßigkeit zeigte. Da die Hirten
allzu unmäßig tranken, fielen sie berauscht zu Boden; in der
Meinung, Ikarios habe ihnen ein gefährliches Gift verab-
reicht, schlugen sie ihn mit Knitteln tot. Der Hund Maira
heulte um den erschlagenen Ikarios und zeigte dadurch Erigone, wo der Vater unbestattet lag; als sie ihn fand, erhängte
sie sich über seiner Leiche an einem Baum. Erzürnt wegen
dieses Vorfalls, verhängte Dionysos über die Töchter der
Athener die gleiche Strafe[1]. Sie erbaten deswegen von Apollon
einen Orakelspruch, worauf ihnen bedeutet wurde, die Strafe
sei verhängt, weil sie sich um den Tod des Ikarios und der
Erigone nicht gekümmert hatten. Auf diesen Spruch hin be-
straften sie die Hirten und stifteten für Erigone, um das Verderben abzuwenden, das Schaukelfest[2], indem sie zugleich den
Brauch einführten, daß sie während der Weinlese von den
Früchten zuerst Ikarios und Erigone opferten. Beide wurden
nach dem Willen der Götter unter die Gestirne versetzt; Erigone als Sternbild der Jungfrau, die wir Iustitia nennen, Ikarios bekam unter den Sternbildern den Namen Arkturus, der
Hund Maira hieß von nun an Canicula (Hundsstern).

131. NYSOS

Als Dionysos seine Streitmacht nach Indien führte, übergab er, bis er selbst wieder zurückkäme, die Herrschaft über Theben seinem Erzieher Nysos; als er aber aus Indien zurückkehrte, weigerte sich Nysos, ihm die Herrschaft abzutreten. Dionysos wollte nicht mit seinem Erzieher kämpfen und war damit einverstanden, daß er das Reich behielt, bis sich für ihn eine Möglichkeit fand, es wiederzuerlangen. So versöhnte er sich mit ihm nach drei Jahren, indem er vorgab, in seinem Reich die Dreijahresopfer begehen zu wollen – so benannt, weil er sie immer nach dem dritten Jahre zu begehen pflegte; dabei ließ er Bewaffnete in Weibertracht statt der Bakchen mitwirken und Nysos gefangennehmen, wodurch er seine Herrschaft zurückgewann.

132. LYKURGOS

Lykurgos, der Sohn des Dryas, vertrieb den Dionysos aus seinem Reich; er leugnete dessen Gottheit, und nachdem er Wein getrunken und im Rausch seiner Mutter hatte Gewalt antun wollen, versuchte er die Weinstöcke abzuhauen mit den Worten, sie seien ein gefährliches Giftmittel, das die Denkart verändere. Im Wahnsinn, in den ihn Dionysos stürzte, erschlug er Gattin und Sohn, ihn selbst warf Dionysos den Panthern vor im Rhodopegebirg in Thrakien, über das er herrschte. Von ihm erzählt man auch, er habe statt der Weinstöcke sich einen Fuß abgehauen.

133. AMMON

Als Dionysos in Indien Wasser suchte, ohne es zu finden, kam plötzlich, so heißt es, aus der Sandwüste ein Widder hervor. Als Dionysos unter dessen Führung Wasser fand, bat er Zeus, ihn unter die Gestirne zu versetzen: bis auf den heutigen Tag

trägt es den Namen des «Widders der Tagundnachtgleiche».
An der Stelle aber, wo er das Wasser gefunden hatte, wurde
der Tempel errichtet, der nach Zeus Ammon genannt ist.

134. DIE TYRRHENER

Obgleich die Tyrrhener, die später Etrusker genannt wurden,
Seeräuber waren, bestieg Dionysos als Knabe ihr Schiff und
bat sie, ihn nach Naxos zu bringen; nachdem sie ihn aufgenommen hatten, wollten sie ihm wegen seiner Schönheit Gewalt antun, aber der Steuermann Akoites hinderte sie daran,
wofür er selbst sich Gewalttätigkeiten von ihnen gefallen lassen mußte. Als Dionysos sie in ihrem Vorhaben beharren sah,
verwandelte er die Ruder in Thyrsosstäbe, die Segel in Wein-
laub, die Taue in Efeuranken; Löwen und Panther sprangen
daraus hervor. Als die Schiffer das sahen, sprangen sie voller
Angst ins Meer, aber im Meer gab er ihnen eine andere Gestalt: alle, die sich hinabstürzten, wurden Delphine – davon
wurden die Delphine Tyrrhenerfische genannt, und das Meer
heißt seitdem das Tyrrhenische. Es waren zwölf an Zahl[1], mit
Namen: Aithalides, Medon, Lykabas, Libys, Opheltes, Melas, Alkimedon, Epopeus, Diktys, Simon, Akoites; der letztgenannte war der Steuermann, den Dionysos wegen seiner
freundlichen Gesinnung rettete.

135. LAOKOON

Laokoon, des Akoites[2] Sohn und Bruder des Anchises, Priester
des Apollon, heiratete gegen den Willen des Apollon und
zeugte Kinder; durch sein Schicksal wurde er dazu geführt,
dem Poseidon am Strande zu opfern. Apollon schickte bei dieser Gelegenheit von Tenedos aus durch die Wogen des Meeres zwei Schlangen, die seine Söhne Antiphas und Thymbraios töten sollten. Als Laokoon ihnen Hilfe bringen wollte,
umschlangen sie auch ihn und töteten ihn. Die Phryger glaub-

ten, dies sei deshalb geschehen, weil Laokoon seinen Speer gegen das Troianische Pferd geworfen hatte.

136. POLYIDOS

Glaukos, der Sohn des Minos und der Pasiphaë, fiel beim Ballspiel in ein Faß voll Honig. Auf der Suche nach dem Knaben wandten sich die Eltern an Apollon; dieser gab ihnen die Antwort: «Ein mit einem Rätsel behaftetes Wesen¹ ist euch geboren; wer das Rätsel auflöst, wird euch den Knaben wieder geben!» Als er den Spruch vernommen hatte, fing Minos damit an, die Seinen nach dem rätselhaften Wesen zu befragen; sie sagten ihm, es sei ein Kalb geboren, das dreimal am Tage während vier Stunden die Farbe verändere; zuerst sei es weiß, dann rot, zuletzt schwarz. Minos aber rief zur Auflösung des Rätsels Seher zusammen. Während sich sonst keiner fand, der das Rätsel lösen konnte, erklärte Polyidos, der Sohn des Koiranos, das Wundertier gleiche dem Brombeerstrauch: zuerst sei er weiß, dann rot, zur Zeit der Reife jedoch schwarz. Da sagte Minos zu ihm: «Nach dem Spruch Apollons mußt du mir meinen Sohn wiedergeben.» Während Polyidos die Zeichen beobachtete, sah er eine Eule auf der Weinkammer sitzen und Bienen verjagen. Er nahm das Vorzeichen als günstig an, worauf er den Knaben entseelt aus dem Faß zog. Da sagte Minos zu ihm: «Den Körper hast du gefunden, gib mir nun auch den Geist zurück!» Da Polyidos erklärte, das sei unmöglich, ließ ihn Minos zusammen mit dem Knaben in der Familiengruft einschließen und ein Schwert mit hineinlegen. Als sie so eingeschlossen waren, kroch plötzlich eine Schlange auf den Körper des Knaben zu. Polyidos glaubte, sie wolle ihn auffressen, und blitzschnell traf er sie tödlich mit dem Schwert. Eine zweite Schlange suchte den Partner und sah ihn getötet, worauf sie ein Kraut herbeiholte, mit dem sie die erste berührte und wieder zum Leben weckte. Dasselbe tat nun Polyidos;

als sie nun drinnen laut riefen, kam einer vorbei und brachte gleich dem König die Kunde. Dieser ließ das Grab öffnen und bekam seinen Sohn wohlbehalten wieder, den Polyidos schickte er reich beschenkt in sein Vaterland zurück.

137. MEROPE

Als der König Polyphontes von Messene den Sohn des Aristomachos, Kresphontes, getötet hatte, nahm er sein Reich und seine Gattin Merope in Besitz. Den unmündigen Sohn indes, den Merope von Kresphontes hatte, schickte sie heimlich zu einem Gastfreund nach Ätolien. Polyphontes suchte ihn beharrlich und versprach dem, der ihn ermorde, einen Haufen Goldes. Als er das mannbare Alter erreicht hatte, faßte er den Entschluß, den Tod seines Vaters und seiner Brüder zu rächen, und begab sich daher zu dem König Polyphontes, um Anspruch auf das Gold zu machen, indem er erklärte, er habe den Sohn des Kresphontes und der Merope, Telephontes, ermordet. Um mehr darüber zu erfahren, forderte ihn der König auf, einstweilen als Gast bei ihm zu bleiben. Als er sich übermüdet dem Schlaf hingegeben hatte, kam der Alte, der als Bote zwischen Mutter und Sohn hin- und herging, weinend zu Merope und berichtete, Telephontes sei nicht mehr bei dem Gastfreund, sei auch nirgends aufzufinden. Da hielt Merope den Fremden, der im Hause schlief, für seinen Mörder und schlich mit einem Beil in das Gastzimmer, um den eigenen Sohn, ohne es zu ahnen, zu erschlagen; aber der Alte erkannte ihn und riß die Mutter von der unseligen Tat zurück. Diese nahm die Gelegenheit wahr, sich an ihrem Feinde zu rächen, und söhnte sich scheinbar mit Polyphontes aus. Als er, darüber erfreut, ein Opfer veranstaltete, tat der Fremde so, als wolle er das Opfertier schlachten, dabei traf er tödlich den König und kam so in den Besitz des väterlichen Reiches.

138. PHILYRA IN EINE LINDE VERWANDELT

Als Kronos den Zeus in allen Ländern suchte, umarmte er in
Gestalt eines Hengstes in Thrakien Philyra, die Tochter des
Okeanos; sie gebar von ihm den Kentauren Cheiron, der die
ärztliche Kunst erfunden haben soll. Als Philyra sah, daß das
Kind, das sie geboren hatte, ein ganz ungewohntes Äußeres
besaß, bat sie Zeus, ihr eine andere[1] Gestalt zu geben; darauf
wurde sie in den Baum philyra, die Linde, verwandelt.

139. DIE KURETEN

Als Rhea[2] von Kronos den Zeus gebar, bat Hera, sie möchte
ihn ihr überlassen; hatte doch Kronos den Hades unter die
Erde und den Poseidon unter die Meereswellen verstoßen,
weil er wußte, wenn ein Sohn von ihm da sei, dem sei es bestimmt[3], ihm die Herrschaft zu entreißen. Als er aber Rhea
fragte, wo[4] das Kind sei, das sie geboren habe, zeigte sie ihm
einen umwickelten Stein: Kronos verschlang ihn. Als er die
Täuschung erkannte, machte er sich auf die Suche nach Zeus
von Land zu Land, Hera aber hatte diesen nach der Insel
Kreta gebracht. Amaltheia, die Amme des Knaben, hängte
ihn in der Wiege an einem Baume auf: er sollte nicht im Himmel, nicht auf der Erde, nicht im Meer gefunden werden. Und
damit man das Schreien des Kindes nicht höre, rief sie Knaben zusammen und gab ihnen Schilde und Lanzen mit dem
Auftrag, sich um den Baum zu bewegen und Lärm zu machen.
Im Griechischen wurden sie Kureten genannt[5].

140. PYTHON

Python, der Sohn der Ge, war ein Drache von ungeheurer
Größe. Vor Apollon pflegte er auf dem Parnaß Orakelsprüche
zu verkünden, doch war ihm vom Schicksal bestimmt, durch
einen Sohn der Leto den Untergang zu finden. Um diese Zeit

hielt Zeus Beilager mit Leto, der Tochter des Polus[1]. Als Hera
das erfuhr, sollte nach ihrem Willen Leto dort gebären, wo
die Sonne niemals hinkommt. Von dem Augenblick an, da
Python gewahrte, daß Leto von Zeus schwanger war, verfolgte er sie beharrlich, um sie zu töten. Auf des Zeus Geheiß
indes hob der Windgott Boreas Leto auf und trug sie zu Poseidon; dieser nahm sie in seinen Schutz, um aber die Entscheidung der Hera nicht zu durchkreuzen, verbrachte er sie
auf die Insel Ortygia, die er dann mit seinen Fluten bedeckte.
Als Python sie nicht fand, kehrte er zum Parnaß zurück. Poseidon aber ließ die Insel Ortygia wieder an die Oberfläche
kommen; sie wurde nachher Delos genannt. Dort gebar Leto,
indem sie sich an einem Ölbaum festhielt, Apollon und Artemis, denen Hephaistos Pfeile zum Geschenk gab. Am vierten
Tag nach ihrer Geburt vollzog Apollon die Rache für seine
Mutter: er begab sich zum Parnaß, erlegte den Python mit
seinen Pfeilen – darnach hieß er dann Pythios – und sammelte
die Gebeine in einem Kessel, den er in seinem Tempel aufstellte. Dann veranstaltete er Leichenspiele für ihn, die bis
heute die Pythischen Spiele heißen.

141. DIE SIRENEN

Die Sirenen, die Töchter des Acheloos und der Muse Melpomene, irrten wegen des Raubes der Persephone jammernd umher
und kamen dabei zum Felsen Apollons, wo sie auf den Wunsch
der Demeter, weil sie der Persephone nicht geholfen hatten, in
Flügelwesen verwandelt wurden. Nach einem Orakelspruch
sollten sie solange leben, als keiner, der ihren Gesang hörte, vorbeifuhr. Odysseus aber wurde ihnen zum Verhängnis; als er,
schlau wie er war, an den Klippen, auf denen sie weilten, vorbeigefahren war, stürzten sie sich ins Meer. Nach ihnen heißt diese
Gegend, die zwischen Sizilien und Italien liegt, die «Sirenen».

142. PANDORA

Prometheus, der Sohn des Iapetos, bildete als erster Menschen aus Lehm. Nachher schuf Hephaistos auf des Zeus Geheiß aus Lehm die Gestalt des Weibes, dem Athene den Lebenshauch verlieh, während die übrigen Götter ihm, der eine dies, der andre jenes Geschenk gaben; daher verliehen sie ihr den Namen Pandora. Vermählt wurde sie mit Prometheus' Bruder, Epimetheus; ihre Tochter war Pyrrha, die als erste Sterbliche gezeugt wurde, wie es heißt.

143. PHORONEUS

Inachos, der Sohn des Okeanos, zeugte mit seiner Schwester Argeia den Phoroneus, der als erster über die Menschen geherrscht haben soll. Vorher hatten die Menschen Jahrhunderte lang ohne Städte und Gesetze gelebt und eine einzig Sprache gesprochen, unter der Herrschaft des Zeus, aber nachdem Hermes die Sprachen der Menschen nach Völkern eingeteilt hatte[1], kam Zwietracht unter die Sterblichen, zum großen Mißfallen des Zeus. Deshalb übergab er dem Phoroneus die erste Herrschaft. Dafür stiftete dieser als erster Opfer für Hera.

144. PROMETHEUS

Die Menschen begehrten einst von den Unsterblichen das Feuer, wußten aber nicht, es auf die Dauer zu verwahren; Prometheus brachte es ihnen nachher in einem Narthexstengel auf die Erde und zeigte ihnen, wie sie es mit Asche zugedeckt erhalten konnten. Auf Geheiß des Zeus befestigte ihn deswegen Hermes mit eisernen Nägeln im Kaukasus an einen Felsen und gesellte ihm einen Adler, der von seinem Herzen[2] fraß; was er am Tage verzehrt hatte, wuchs in der Nacht nach. Nach dreißigtausend Jahren tötete Herakles den Adler und befreite dadurch Prometheus.

145. NIOBE ODER IO

Von Phoroneus und Kinna[1] stammen Apis und Niobe; diese umarmte Zeus als erste sterbliche Frau. Von ihr stammt Argos, der mit seinem Namen die Stadt Argos benannte. Von Argos und Euadne stammen Kriasos, Peiranthos, Ekbasos; von Peiranthos Kallirhoë[2], Argos, Arestorides, Triopas; dieser ...[3], von ihm stammen Eurisabe, Anthos, Pelasgos, Agenor; von Triops und Oreaside Xanthos und Inachos; von Pelasgos Larisa, von Inachos und Argeia Io. Diese liebte Zeus und umarmte sie, dann verwandelte er sie in Kuhgestalt, damit Hera sie nicht erkenne. Als Hera dies erfuhr, schickte sie den Argos, dem überall Augen blinkten, ihr zum Wächter; den tötete Hermes auf des Zeus Befehl. Doch Hera schickte ihr ein Schreckbild, das die von Angst Gehetzte dazu brachte, sich ins Meer zu stürzen, das nun das Ionische genannt wird. Darauf schwamm sie nach Skythien; daher heißt die Gegend Bosporos (Rinderfurt). Darauf kam sie nach Ägypten, wo sie den Epaphos gebar. Als Zeus erfuhr, daß sie seinetwegen so viele Kümmernisse ertragen hatte, gab er ihr ihre eigene Gestalt zurück und machte sie zu einer ägyptischen Göttin, die Isis genannt wird.

146. PERSEPHONE

Pluton bat Zeus, ihm seine und der Demeter Tochter Persephone zur Gattin zu geben. Niemals werde Demeter zulassen, erklärte Zeus, daß ihre Tochter im dunklen Tartaros weile, doch solle er sie rauben, wenn sie am Ätna, dem Berg in Sizilien, Blumen pflücke. Als nun dort Persephone mit Aphrodite, Artemis und Athene Blumen suchte, erschien Pluton mit einem Viergespann und entführte sie; später erreichte Demeter von Zeus, daß sie die eine Hälfte des Jahres bei ihr, die andere bei Pluton weilte.

147. TRIPTOLEMOS

Als Demeter ihre Tochter Persephone suchte, kam sie zum König Eleusinus[1], dessen Gattin Kothonea den Knaben Triptolemos geboren hatte, und gab sich als Amme aus. Die Königin nahm sie gern zum Nähren für ihren Sohn. Da Demeter ihren Pflegling unsterblich machen wollte, nährte sie ihn tagsüber mit Göttermilch, nachts verscharrte sie ihn heimlich im Feuer. Deshalb wuchs er viel rascher, als es bei Sterblichen sonst der Fall war. Da sich die Eltern darüber wunderten, beobachteten sie die Amme. Als sie das Kind wieder ins Feuer stecken wollte, entsetzte sich der Vater, da tötete Demeter im Zorn Eleusinos, ihrem Pflegling Triptolemos aber teilte sie eine Vergünstigung zu, die für alle Zeiten dauert: um die Feldfrüchte zu verbreiten, gab sie ihm einen mit Drachen bespannten Wagen, auf dem er über den Erdkreis fuhr und ihn mit Feldfrüchten anbaute. Als er nach Hause zurückkam, sollte er auf Anordnung des Keleos für sein Verdienst getötet werden; nachdem dieser aber den wahren Sachverhalt erkannt hatte, gab er auf Geheiß der Demeter Triptolemos das Reich, das er nach seinem Vater Eleusis nannte, und stiftete der Göttin einen heiligen Brauch, die Thesmophorien[2], wie sie auf griechisch heißen.

148. HEPHAISTOS

Als Hephaistos erfuhr, daß Aphrodite heimlich mit Ares schlief, und er sich klar war, der Kraft jenes Gottes nicht Widerstand leisten zu können, schmiedete er eine eherne Kette und legte diese ums Bett, um Ares mit List zu fangen. Als jener zum Stelldichein gekommen war, fiel er mit Aphrodite in die Falle, so daß er sich nicht mehr befreien konnte. Als Helios dies dem Hephaistos gemeldet hatte, sah er sie nackt daliegen; er rief alle Götter zusammen; und auch sie sahen es. Seither hielt Scham Ares davon ab, dies wieder zu tun. Aus diesem Zusammensein wurde Harmonia geboren, der Athene und Hephaistos ein mit Verbrechen getränktes Gewand zum Geschenk gaben, und deshalb ging ein verbrecherisches Geschlecht hervor. Dem Helios aber war Aphrodite, weil er sie angezeigt hatte, bis auf seine Nachfahren immer feind.

149. EPAPHOS

Zeus gab seinem Sohne Epaphos, den er mit der Io gezeugt hatte, den Auftrag, in Ägypten feste Städte zu bauen und dort zu herrschen. Zuerst baute er Memphis und einige andre. Mit seiner Gattin Kassiopeia zeugte er eine Tochter Libye, nach der das Land seinen Namen hat.

150. TITANENKAMPF

Als Hera sah, daß Epaphos, der Sohn eines Kebsweibes, so große Herrschermacht besaß, sorgte sie dafür, daß er beim Jagen ums Leben kam; zugleich mahnte sie die Titanen, Zeus aus der Herrschaft zu verdrängen und sie dem Kronos zurückzugeben. Als sie versuchten, den Himmel zu ersteigen, schleuderte sie Zeus im Bunde mit Athene, Apollon und Artemis in den Tartaros, dem Atlas aber, der sie anführte, legte er die Himmelswölbung auf die Schultern; heute noch, so erzählt man, trägt er den Himmel.

151. DIE NACHKOMMEN DES TYPHON
UND DER ECHIDNA

Vom Giganten Typhon und der Echidna stammen Gorgon[1], der dreiköpfige Hund Kerberos, der Drache, der die Äpfel der Hesperiden jenseits des Ozeans hütete, die Hydra, die Herakles bei der Lernäischen Quelle tötete, der Drache, der das Fell des Widders in Kolchis hütete, die Skylla, die oben Frau, unten Hund war und der sechs Hunde entsprangen, die Sphinx in Böotien, die Chimaira in Lykien, die vorne Löwen-, hinten Drachengestalt hatte, in der Mitte sie selbst, Chimaira, war. Von Medusa, einer Tochter des Gorgon, und Poseidon stammen Chrysaor und das Pferd Pegasos, von Chrysaor und Kallirrhoë der dreigestaltige Geryones.

152. TYPHON

Tartaros zeugte mit Tartara den ungeheuer großen und schrecklich anzusehenden Typhon: ihm entsprangen aus den Schultern hundert Drachenhäupter. Der forderte Zeus heraus, mit ihm um die Herrschaft zu kämpfen. Zeus traf seine Brust mit dem flammenden Blitz; als er in Flammen stand, legte er über ihn den Berg Ätna, der sich in Sizilien befindet, und von dem es heißt, er brenne daher noch immer.

152 a. PHAËTHON

Als Phaëthon, des Helios und der Klymene Sohn, heimlich den Wagen des Vaters bestiegen und sich ziemlich hoch über die Erde erhoben hatte, fiel er aus Furcht in den Fluß Eridanos. Zeus traf ihn mit dem Blitz, und alles begann zu brennen. Um das ganze Geschlecht der Sterblichen mit gutem Grund zu vernichten, gab Zeus vor, den Brand löschen zu wollen; er ließ die Flüsse von überallher das Land überschwemmen, und das ganze Geschlecht der Sterblichen ging zugrunde außer Pyrrha und Deukalion. Doch die Schwestern des Phaëthon wurden, da sie die Pferde ohne Befehl des Vaters angeschirrt hatten, in Pappeln verwandelt.

153. DEUKALION UND PYRRHA

Als der Kataklysmos – was wir Sintflut oder Überschwemmung nennen – sich ereignete, ging das ganze Menschengeschlecht zugrunde außer Deukalion und Pyrrha, die auf den Ätna, der, wie es heißt, der höchste Berg Siziliens ist, flohen.

Da sie aber vor Einsamkeit nicht leben konnten, baten sie
Zeus, ihnen Menschen zu geben oder sie mit gleichem Unglück zu schlagen. Da befahl ihnen Zeus, Steine hinter sich
zu werfen. Auf sein Geheiß waren diejenigen, die Deukalion
warf, Männer, die der Pyrrha Frauen. Deshalb heißt Volk
laos, denn las heißt griechisch Stein.

154. DER PHAËTHON DES HESIOD

Phaëthon, der Sohn des Klymenos und der Nymphe Merope[1],
einer Tochter des Okeanos, wie wir wissen, Enkel des Helios,
hatte durch den Hinweis seines Vaters erfahren, daß Helios
sein Großvater sei. Er erhielt den Sonnenwagen, machte aber
üblen Gebrauch davon. Denn da er zu nahe an der Erde fuhr,
verbrannte er mit dem nahen Feuer alles, und vom Blitz getroffen, fiel er in den Po; dieser Fluß heißt bei den Griechen
Eridanos[2]; als erster benannte ihn Pherekydes. Die Äthiopier
aber wurden schwarz, da wegen der Hitze des nahen Feuers
ihr Blut schwarze Farbe bekam. Die Schwestern des Phaëthon
verwandelten sich, während sie den Tod des Bruders beweinten, in Pappeln. Ihre Tränen wurden, wie Hesiod angibt,
zu Bernstein gehärtet; doch wurden sie Heliaden genannt.
Es sind Merope, Helie, Aigle, Lampetie, Phoibe, Aitherie,
Dioxippe. Der König Liguriens aber, Kyknos, der dem Phaëthon nahestand, wurde, als er seinen Verwandten beweinte,
in einen Schwan (gr. kyknos) verwandelt; auch dieser singt
sterbend ein Klagelied.

164[3]. ATHEN

Als Poseidon und Athene wetteiferten, wer zuerst eine Stadt
in Attika gründen dürfe, nahmen sie Zeus zum Schiedsrichter. Weil Athene erstmals hier einen Ölbaum pflanzte, der
jetzt noch stehen soll, wurde zu ihren Gunsten entschieden.
Doch Poseidon wollte eben in seinem Zorn das Meer gegen

dieses Land leiten, als Hermes ihm auf des Zeus Geheiß verbot, dies zu tun. So gründete Athene nach ihrem Namen Athen; diese Stadt soll in dem Land als erste gebaut worden sein.

165. MARSYAS

Athene soll als erste aus einem Hirschknochen eine Flöte hergestellt haben und sei zum Mahl der Götter gekommen, um zu singen. Hera und Aphrodite verspotteten sie, weil sie bläulich anlief und die Backen aufblies. Als häßlich befunden und beim Spiel verlacht, kam sie in den Wald Ida zu einer Quelle, hier erblickte sie sich im Wasser beim Spielen und sah, daß sie mit Recht verlacht worden war. Daher warf sie die Flöte fort und sprach den Fluch aus, daß, wer sie aufhebe, schwer sollte bestraft werden. Die Flöte fand der Hirt Marsyas, ein Sohn des Oiagros, einer von den Satyrn; fleißig übte er darauf und erreichte von Tag zu Tag einen lieblicheren Ton, so sehr, daß er Apollon zum Wettstreit mit dem Zitherspiel herausforderte. Apollon kam, und sie nahmen die Musen zu Schiedsrichterinnen. Als Marsyas schon als Sieger aus dem Wettstreit hervorging, drehte Apollon die Zither um – und der Ton blieb derselbe; das konnte Marsyas auf der Flöte nicht erreichen. Daher band Apollon den besiegten Marsyas an einen Baum und übergab ihn einem Skythen, der ihm gliedweise die Haut abzog; den übrigen Körper überließ er seinem Schüler Olympos zur Bestattung. Von seinem Blut erhielt der Fluß Marsyas seinen Namen.

166. ERICHTHONIOS

Hephaistos hatte für Zeus und die andern Götter aus Gold und Erz Sessel angefertigt; kaum hatte sich Hera daraufgesetzt, da schwebte sie plötzlich in der Luft. Als deswegen zu Hephaistos geschickt wurde, er solle die Mutter, die er festgebunden hatte, losmachen, bestritt er, im Zorn darüber, daß er aus dem

Himmel geworfen worden war[1], überhaupt eine Mutter zu
haben. Doch als ihn Dionysos betrunken in die Götterver-
sammlung brachte, konnte er sich gegen die Sohnespflicht
nicht sträuben, worauf ihm Zeus die Wahl freistellte, wenn
er irgend etwas von ihnen wünsche, solle er es bekommen.
Da stachelte ihn Poseidon auf – als erbitterter Gegner der
Athene –, Athene zur Gattin zu begehren. Sie wurde ihm zu-
gestanden, doch als er mit ihr das Schlafgemach betrat, verteidigte sie auf den Rat des Zeus ihre Jungfräulichkeit mit
den Waffen, und aus seinem Samen, der sich während des
Ringens auf die Erde ergoß, entstand ein Knabe, der unten
die Gestalt einer Schlange hatte; sie gaben ihm deswegen den
Namen Erichthonios: eris heißt im Griechischen Streit
und chthon Erde. Da Athene ihn heimlich aufzog, gab sie
ihn in einer Lade den Töchtern des Kekrops, Aglauros, Pandrosos und Herse, zur Verwahrung. Als diese die Lade öffneten, verriet es eine Krähe, da wurden sie von Athene mit
Wahnsinn geschlagen und stürzten sich selbst ins Meer.

167. DIONYSOS

Dionysos, der Sohn des Zeus und der Persephone, wurde von
den Titanen zerrissen, Zeus zerdrückte sein Herz und gab es
Semele zu trinken[2]. Als sie davon schwanger wurde, verwandelte sich Hera in die Amme der Semele, Beroë, und sagte zu
ihr: «Meine Tochter, bitte Zeus, er möge so zu dir kommen
wie zu Hera, damit du erfährst, was für eine Wonne es ist, von
einem Gott umarmt zu werden!» Semele wurde durch diese
Worte gereizt, die Bitte an Zeus zu richten, da wurde sie vom
Blitz getroffen. Aus ihrem Leibe wurde Dionysos entbunden
und Nysos zur Erziehung übergeben, wovon er den Namen
Dionysos[3] erhielt und «der von zwei Müttern Geborene» genannt wurde.

168. DANAOS

Danaos, Belos' Sohn, hatte von mehreren Gattinnen fünfzig
Töchter, ebensoviele Söhne hatte sein Bruder Aigyptos. Dieser wollte seinen Bruder Danaos und dessen Töchter umbringen[1], um das väterliche Reich allein zu beherrschen; er
bat daher den Bruder um Frauen für seine Söhne. Da dieser
die wahre Absicht durchschaute, floh er mit Hilfe der Athene
aus Afrika nach Argos. Damals, so erzählt man, baute Athene
zum erstenmal ein Schiff mit Doppelbug, auf dem Danaos floh.
Als aber Aigyptos von der Flucht desselben erfuhr, schickte
er seine Söhne zur Verfolgung mit dem Geheiß, ihn entweder
zu töten oder nicht mehr zu ihm zurückzukehren. Als sie
nach Argos kamen, begannen sie den Kampf gegen ihren
Oheim. Sobald Danaos die Unmöglichkeit des Widerstandes
einsah, versprach er ihnen seine Töchter zu Frauen, um sie
vom Kampf abzubringen. Darauf nahmen sie die Töchter des
Oheims zu Frauen, die dann aber auf Anordnung ihres Vaters
ihre Männer umbrachten, nur Hypermnestra ließ Lynkeus
am Leben. Die andern müssen deswegen in der Unterwelt, so
heißt es, Wasser in ein durchlöchertes Faß schöpfen. Für Hypermnestra und Lynkeus wurde ein Tempel errichtet.

169. AMYMONE

Amymone, des Danaos Tochter, wurde von ihrem Vater geschickt, um Wasser für ein Opfer zu holen; auf der Suche darnach schlief sie, von Müdigkeit überwältigt, ein, worauf ein
Satyr ihr Gewalt antun wollte. Sie rief Poseidon um seinen
Schutz an. Als dieser den Dreizack nach dem Satyr schleuderte, blieb er in einem Felsen stecken, während der Gott den
Satyr verscheuchte. Er fragte das Mädchen, was es in der
Einsamkeit suche, worauf es erklärte, es sei vom Vater geschickt, um Wasser zu holen. Darauf wurde es von Poseidon

umarmt. Dafür dachte er Amymone eine Gunst zu, indem er
sie aufforderte, den Dreizack aus dem Felsen zu ziehen. Als
sie das tat, kamen drei Springquellen hervor, die nach ihr
«Quelle der Amymone» benannt wurden. Aus der Umarmung
entsproß Nauplios. Die Quelle wurde später die Lernäische
genannt[1].

171[2]. ALTHAIA

Althaia, die Tochter des Thestios, wurde in der gleichen
Nacht von Oineus und Ares umarmt. Als sie davon den Meleagros gebar, erschienen sogleich die Parzen Klotho, Lachesis,
Atropos im Königshaus und weissagten ihm sein Schicksal: Klotho sagte, er werde hochsinnig, Lachesis, er werde stark sein,
Atropos erblickte auf dem Herd ein brennendes Scheit und
sprach: «Er wird solange leben, als dieses Scheit nicht verzehrt
sein wird.» Als seine Mutter Althaia dies hörte, sprang sie vom
Lager auf und löschte das Scheit, um es als schicksalhaft mitten
im Hause zu vergraben, damit es nicht im Feuer verbrenne[3].

172. OINEUS

Als Oineus, Porthaons Sohn, der König von Ätolien, allen
Göttern das Jahresopfer darbrachte und dabei Artemis über-
ging, war die Göttin aufgebracht und sandte einen Eber von
ungeheurer Größe, der das Kalydonische Land verheerte. Da
erbot sich Meleagros, Oineus' Sohn, mit auserlesenen Helden
Griechenlands auszuziehen, um ihn zu erlegen.

174[4]. MELEAGROS

Althaia, des Thestios Tochter, gebar von Oineus den Meleagros. Da sei im Königshaus ein brennendes Scheit erschienen. Die Parzen seien hierher gekommen und sagten dem
Meleagros sein Schicksal voraus: er werde solange leben, als
dieses Scheit unversehrt sei. Dieses nun verschloß Althaia in
einem Schrein und bewahrte es sorgfältig auf. Unterdessen

schickte Artemis, zornig, weil Oineus ihr die jährlichen Opfer nicht dargebracht hatte, einen ungeheuer großen Eber, der das Gebiet von Kalydon verwüsten sollte. Ihn tötete Meleagros mit auserwählten Jünglingen aus Griechenland und schenkte sein Fell der Jungfrau Atalante wegen ihrer Tapferkeit. Doch Plexippos ...[1], Althaias Brüder, wollten es ihr entreißen. Als sie Meleagros wegen seines Versprechens anflehte, schritt jener ein; er stellte die Liebe über die Verwandtschaft und tötete seine Oheime. Als dies die Mutter Althaia vernahm, daß ihr Sohn eine so große Untat gewagt hatte, holte sie der Mahnung der Parzen eingedenk das Scheit aus dem Schrein hervor und warf es ins Feuer. So tötete sie, indem sie Rache für die Brüder nehmen wollte, ihren Sohn. Doch seine Schwestern, außer Gorge und Deianeira, wurden nach dem Willen der Götter, während sie noch weinten, in Vögel verwandelt, die Meleagriden (Perlhühner) genannt werden. Seine Gattin Alkyone[2] aber starb in Trauer und Kummer.

175. AGRIOS

Wie Agrios, der Sohn des Parthaon, sah, daß sein Bruder Oineus der Kinder beraubt war, vertrieb er den wehrlosen aus dem Königreich und nahm dieses selbst in Besitz. Unterdessen erfuhr Diomedes, der Sohn des Tydeus und der Deipyle, nach der Eroberung von Troia, daß sein Großvater aus dem Reiche vertrieben worden war; er kam nach Ätolien, mit Sthenelos, Sohn des Kapaneus, maß sich in den Waffen mit des Agrios Sohn Lykopeus, tötete ihn, vertrieb den nun wehrlosen Agrios aus dem Königreich und gab die Herrschaft seinem Großvater Oineus zurück. Der aus seinem Reich vertriebene Agrios gab sich nachher den Tod.

176. LYKAON

Man erzählt: zu Lykaon, dem Sohn des Pelasgos, kam Zeus als Gast und umarmte seine Tochter Kallisto, woraus Arkas entsproß, der dem Land seinen Namen gab. Die Söhne Lykaons indes wollten Zeus auf die Probe stellen, ob er ein Gott wäre; sie vermischten Menschenfleisch mit anderem Fleisch und setzten es ihm beim Mahle vor. Als er es merkte, stürzte er voller Zorn den Tisch um und erschlug Lykaons Söhne mit dem Blitz. An der Stelle erbaute später Arkas eine Stadt, die den Namen Trapezus[1] erhielt. Ihren Vater verwandelte Zeus in einen lykos, das heißt Wolf.

177. KALLISTO

Kallisto, Lykaons Tochter, wurde in eine Bärin verwandelt, wie es heißt, wegen des Zornes der Hera, weil sie mit Zeus buhlte. Später versetzte sie Zeus unter die Zahl der Sterne des sogenannten Großen Bären, des Sternbildes, das sich nicht von der Stelle bewegt und nicht untergeht. Denn Tethys, die Gemahlin des Okeanos und Pflegemutter der Hera, hindert es daran, in den Ozean unterzugehen. Von diesem Sternbild heißt es in den Kretika:

Du aus dem Schoße gezeugt der verwandelten Tochter Lykaons,
Die, vom eisigen Gipfel geraubt der arkadischen Berge,
Jetzt für ewige Zeit vom Bad im Ozean ausschließt
Tethys, weil sie es wagte, an Heras Stelle zu liegen.

Dieses Sternbild der Bärin heißt bei den Griechen Helike. Am Kopf hat sie sieben weniger helle Sterne, an beiden Ohren zwei, einen am Vorderbug, auf der Brust einen hellen, am Vorderfuß einen, außen an der Hüfte einen hellen, auf dem Hinterschenkel zwei, am Hinterfuß zwei, am Schwanz drei, im ganzen zweiundzwanzig.

178. EUROPE

Europe aus Sidon war die Tochter Argiopes und Agenors. Sie trug Zeus, der sich in einen Stier verwandelt hatte, von Sidon nach Kreta und zeugte mit ihr Minos, Sarpedon, Rhadamanthys. Ihr Vater Agenor schickte seine Söhne aus, sie sollten entweder ihre Schwester zurückführen oder ihm nicht mehr unter die Augen treten. Phoinix kam nach Afrika und blieb hier; daher werden die Bewohner Afrikas Poeni (Punier) genannt. Kilix benannte nach sich das Land Kilikien. Kadmos kam auf seiner Irrfahrt nach Delphi; hier erhielt er die Antwort, er solle von den Hirten ein Rind kaufen, das an der Seite ein Sichelmal trage, und es vor sich hertreiben; es sei Schicksalspruch, daß, wo es sich niederlege, er eine Stadt gründe und hier herrsche. Als Kadmos sein Los vernommen, das Befohlene durchgeführt hatte und Wasser suchte, kam er zur Kastalischen Quelle, die ein Drache, ein Sohn des Ares, bewachte. Der tötete des Kadmos Gefährten, aber Kadmos erlegte ihn mit einem Stein. Seine Zähne säte er auf Athenes Weisung und pflügte, aus dem Boden entwuchsen die Sparten (die Gesäten). Diese bekämpften sich gegenseitig. Fünf von ihnen überlebten, nämlich Chthonios, Udaios, Hyperenor, Peloros und Echion. Das Land wurde Böotien (Rinderland) genannt nach dem Rind, dem er gefolgt war.

179. SEMELE

Kadmos, der Sohn des Agenor und der Argiope, zeugte mit Harmonia, der Tochter des Ares und der Aphrodite, vier Töchter, Semele, Ino, Agaue, Autonoë, und den Sohn Polydoros. Zeus wollte sich mit Semele verbinden; als dies Hera erfuhr, verwandelte sie sich in die Amme Beroë, kam zu ihr und überredete sie, von Zeus zu wünschen, daß er in derselben Art wie zu Hera auch zu ihr käme: «Damit du merkst»,

sagte sie, «was für eine Lust es ist, bei einem Gotte zu liegen.»
Daher bat Semele Zeus, so zu ihr zu kommen. Ihr Wunsch
wurde ihr erfüllt, Zeus kam mit Blitz und Donner, und Semele ging in Flammen auf. Aus ihrem Leib wurde Dionysos
geboren; Hermes entriß ihn dem Feuer und gab ihn dem Nysos zur Erziehung. Darum heißt er Dionysos[1].

180. AKTAION

Der Hirte Aktaion, ein Sohn des Aristaios und der Autonoë,
betrachtete Artemis beim Baden und wollte ihr Gewalt antun. Deswegen erzürnt, bewirkte Artemis, daß auf seinem
Kopfe Hörner wuchsen und er von seinen eigenen Hunden
zerrissen wurde.

181. ARTEMIS

In dem schattigen Tal, das Gargaphia heißt, badete einst zur
Sommerzeit Artemis, vom langen Jagen ermüdet, an der sogenannten Parthenionquelle. Aktaion, der Enkel des Kadmos und
Sohn des Aristaios und der Autonoë, suchte den gleichen Ort auf,
um sich und seine Hunde zu erfrischen, mit denen er die Verfolgung des Wildes geübt hatte: da stieß er auf den Anblick der
Göttin. Damit er nicht ausplaudern könne, verwandelte sie ihn
in einen Hirsch. So wurde er als Hirsch von seinen Hunden zerrissen[2].

184[3]. PENTHEUS UND AGAUE

Pentheus, der Sohn des Echion und der Agaue, leugnete die
Gottheit des Dionysos und wollte seinen Geheimdienst nicht
annehmen. Daher zerstückte ihn seine Mutter Agaue zusammen mit ihren Schwestern Ino und Autonoë Glied für Glied,
im Wahnsinn, den Dionysos ihr eingab. Als sie wieder zu Verstand kam und sah, was für ein entsetzliches Verbrechen sie
auf Anstiften des Gottes begangen hatte, floh sie aus Theben,
und umherirrend kam sie zu dem König Lykotherses nach
Illyrien, der sie aufnahm.

185. ATALANTE

Von Schoineus erzählt die Sage, daß er eine Tochter Atalante hatte, eine Jungfrau von ungewöhnlicher Schönheit, die
dank ihrem Mut und ihrer Kraft es den Männern im Lauf zu-
vortat. Sie bat ihren Vater, er möge sie unvermählt lassen.
Als daher mehrere Freier sie zur Gattin begehrten, ordnete
ihr Vater einen Kampf für sie an: wer sie heimführen wolle,
solle vorher im Lauf sich mit ihr messen, mit der Einschränkung, daß jener ohne Waffen vor ihr fliehen dürfe, während
sie in voller Rüstung ihm folge; wen sie vor dem Ziel einhole,
den dürfe sie töten und seinen Kopf in der Rennbahn anhef-
ten. Als sie schon viele überwunden und getötet hatte, wurde
sie zuletzt von Hippomenes, dem Sohne des Megareus und
der Merope, besiegt. Dieser hatte nämlich von Aphrodite
drei wunderschöne Äpfel erhalten, in deren Verwendung er
zuvor unterwiesen war; während des Kampfes selbst warf er
sie in die Bahn und hielt dadurch das Ungestüm der Läuferin
auf. Über dem Aufheben und Anstaunen des Goldes bog sie
ab und überließ dem Jüngling den Sieg. Wegen seiner Be-
harrlichkeit gab ihm Schoineus gern seine Tochter zur Gattin.
Aber als er sie in seine Heimat führte, vergaß er, daß er nur
durch den Beistand der Aphrodite gesiegt hatte, und versäumte es, ihr zu danken. Darüber war die Göttin aufgebracht, und als er auf dem Parnaß dem «Sieger Zeus» opferte, entfachte sie seine Leidenschaft, so daß er die Gattin im Heiligtum
umarmte; dafür wurden sie von Zeus in Löwe und Löwin verwandelt, denen die Götter den Liebesverkehr versagt haben.

186. MELANIPPE

Melanippe, die schöne Tochter des Desmontes[1] oder, nach
andern Dichtern, des Aiolos, wurde von Poseidon umarmt und
gebar ihm zwei Söhne. Als Desmontes das erfuhr, ließ er Me-

lanippe blenden und in einen Kerker einschließen, wo ihr nur
das Allernotwendigste an Speise und Trank gereicht wurde;
die Kinder sollten wilden Tieren vorgeworfen werden. Als
das geschehen war, kam eine Milchkuh zu ihnen und gab ihnen das Euter. Hirten, die das beobachtet hatten, hoben sie
auf, um sie zu erziehen. Indessen hatte Metapontos, der König
von Ikarien, von seiner Gemahlin Theano verlangt, sie solle
ihm entweder Kinder gebären oder das Land verlassen; da
schickte sie aus Angst zu den Hirten, irgendein Kind zu ermitteln, um es dem König unterzuschieben. Diese schickten
die zwei, die sie gefunden hatten, und die Königin gab sie als
ihre eigenen aus. Nachher gebar Theano zwei Kinder von
Metapontos. Da dieser aber die ersten sehr gern hatte, weil
sie so hübsch waren, suchte Theano sie zu beseitigen, um
ihren eigenen Kindern das Reich zu erhalten. Eines Tages
mußte sich Metapontos zu Artemis von Metapontion begeben, um Opfer darzubringen. Bei dieser Gelegenheit verriet
Theano ihren eigenen Söhnen, die früheren seien untergeschoben, und da sie auf die Jagd gingen, fügte sie hinzu: «Tötet sie mit euren Jagdmessern!» Als sie daher auf den Berg
kamen, fingen sie auf den Rat der Mutter Streit an, aber mit
dem Beistand des Poseidon blieben dessen Söhne Sieger und
töteten die Söhne des Metapontos; als ihre Leichen in das
Königshaus gebracht wurden, gab sich Theano mit einem
Jagdmesser den Tod. Boiotos und Aiolos, die Rächer, flohen
zu den Hirten, von denen sie aufgezogen worden waren; dort
eröffnete ihnen Poseidon, sie seien seine Söhne und ihre Mutter werde in Haft gehalten. Da suchten sie Desmontes auf und
erschlugen ihn, worauf sie ihre Mutter befreiten, der Poseidon
das Augenlicht wiedergab. Die Söhne brachten sie darauf
nach Ikarien zu dem König Metapontos und entdeckten ihm
die Heimtücke der Theano. Später vermählte sich Metapontos mit Melanippe und nahm die Söhne an Kindes Statt

an; in der Propontis gründeten sie unter ihrem Namen Boiotos
Boiotia und Aiolos Aiolia.

187. ALOPE

Da die Tochter des Kerkyon, Alope, sehr schön war, wurde
sie von Poseidon umarmt und gebar davon ein Kind, das sie
ohne Wissen des Vaters ihrer Amme übergab, um es auszusetzen. Als das Kind ausgesetzt war, kam eine Stute und bot
ihm Milch. Ein Hirt, welcher der Stute nachgegangen war,
gewahrte das Kind und hob es auf, doch als er es, mit einem
königlichen Kleid angetan, in seine Hütte brachte, bat ein
andrer Hirt, es ihm zu schenken. Er schenkte es ihm, aber
ohne das Kleid. Dadurch kam es zwischen den beiden zum
Zank, weil der, der den Knaben empfangen hatte, die Kennzeichen seiner freien Geburt beanspruchte, was der andre ablehnte; so stritten sie sich herum und brachten zuletzt ihren
Streit vor den König Kerkyon. Der das Kind geschenkt bekommen hatte, begann wieder damit, die Kennzeichen zu
verlangen. Als sie herbeigeschafft wurden und Kerkyon sie
als zum zerschnittenen Kleid seiner Tochter gehörend erkannte, legte die Amme der Alope aus Angst das Geständnis
ab, das Kind gehöre Alope. Darauf befahl der König, seine
Tochter zeitlebens einzuschließen, das Kind aber auszusetzen.
Zum zweitenmal wurde es von einer Stute genährt und von
Hirten gefunden, die es aufhoben und in der Überzeugung,
es sei so der Wille der Götter, aufzogen und ihm den Namen
Hippothoos[1] gaben. Als Theseus von Troizen aus in das Land
kam, tötete er Kerkyon; Hippothoos aber suchte ihn auf und
bat ihn um sein angestammtes Reich. Theseus überließ es ihm
gern, da er ihn als einen Sohn des Poseidon kannte, von dem
er selbst sein Geschlecht herleitete. Den Körper der Alope verwandelte Poseidon in eine Quelle, die nach ihr benannt wurde.

188. THEOPHANE

Theophane, die Tochter des Bisaltes, war von ungewöhnlicher Schönheit. Da mehrere Freier bei ihrem Vater um sie warben, entführte sie Poseidon und brachte sie nach der Insel Krumissa. Als die Freier von ihrem Aufenthalt daselbst hörten, rüsteten sie ein Schiff und machten sich auf die Fahrt nach Krumissa. Um sie zu täuschen, verwandelte Poseidon Theophane in ein sehr hübsches Schaf, sich selbst in einen Widder und die Bewohner von Krumissa in anderes Kleinvieh. Als die Freier kamen und keinen Menschen antrafen, machten sie sich daran, das Kleinvieh zu schlachten und es zum Lebensunterhalt zu verzehren. Sobald Poseidon das gewahrte, daß die in Kleinvieh Umgeformten verzehrt wurden, verwandelte er die Freier in Wölfe. Er selbst hielt als Widder Beilager mit Theophane. Daraus entsproß der Widder mit dem goldenen Vließ, der den Phrixos nach Kolchis trug. Dessen Fell hielt Aietes im Hain des Ares verwahrt, von wo Iason es holte.

189. PROKRIS

Prokris war die Tochter Pandions[1]. Sie hatte Kephalos, Sohn des Deion, zur Frau. Da sie sich in wechselseitiger Liebe ergeben waren, gaben sie einander das Treuwort, sich nicht mit jemand anders in Liebe zu verbinden. Kephalos nun war der Jagd ergeben und so zu früher Stunde auf den Berg gegangen; da faßte Eos, die Gattin des Tithonos, Liebe zu ihm und wünschte, von ihm umarmt zu werden; Kephalos lehnte es ab, da er Prokris sein Wort gegeben hatte. Da sagte Eos: «Ich will nicht, daß du ihr die Treue brichst, falls nicht sie zuerst sie gebrochen hat.» Daher verwandelte sie ihn in die Gestalt eines Gastfreundes und gab ihm schöne Geschenke, die er Prokris bringen sollte. Als nun Kephalos, der sein Aussehen verändert hatte, gekommen war, gab er die Geschenke der

Prokris und schlief mit ihr. Da nahm ihm Eos das Aussehen des Gastfreundes weg. Als jene Kephalos erblickte, merkte sie, daß sie von Eos getäuscht worden war, und floh hierauf nach Kreta, wo Artemis verehrt wurde. Artemis erblickte sie und sagte zu ihr: «Mit mir jagen Jungfrauen, du aber bist keine Jungfrau. Geh weg aus unserem Kreis.» Da erzählte ihr Prokris, was ihr zugestoßen und daß sie von Eos getäuscht worden sei. Artemis, von Mitleid berührt, gab ihr einen Jagdspieß, dem niemand entgehen, und den Hund Lailaps, dem kein Wild entfliehen konnte, und hieß sie gehen und sich mit Kephalos messen. Prokris schnitt ihre Haare, und wie ein Jüngling gekleidet, kam sie nach dem Willen der Artemis zu Kephalos, forderte ihn heraus und übertraf ihn im Jagen. Wie Kephalos sah, daß Hund und Spieß eine solche Macht hatten, bat er seinen Gast – er merkte nicht, daß es seine Gattin war –, ihm den Spieß und den Hund zu verkaufen. Jene schlug dies zuerst ab. Er versprach ihr auch einen Teil des Königreiches; sie wollte nicht. «Aber wenn du durchaus darauf beharrst», sagte sie, «dies zu besitzen, so gib mir, was die Knaben zu geben pflegen.» Da jener Spieß und Hund brennend begehrte, versprach er, dies zu geben. Als sie ins Gemach gekommen waren, zog Prokris ihr Kleid aus und zeigte, daß sie eine Frau und seine Gattin sei. Kephalos erhielt die Geschenke und versöhnte sich mit ihr. Da sie aber nichtsdestoweniger Eos fürchtete, folgte sie ihm am frühen Morgen, um ihn zu beobachten, und verbarg sich im Gebüsch. Kephalos sah, wie dieses Gebüsch sich bewegte, warf den unausweichlichen Jagdspieß und tötete Prokris, seine Gattin. Von ihr hatte Kephalos einen Sohn, Arkeisios, von welchem Laërtes, der Vater des Odysseus, abstammt.

190. THEONOË

Der Seher Thestor hatte einen Sohn, Kalchas, und zwei Töchter, Leukippe und Theonoë[1]. Letztere wurde beim Spiel vom

Meere aus von Seeräubern entführt und nach Karien gebracht; der König Ikaros kaufte sie als Buhlerin. Thestor aber machte sich nach dem Verlust seiner Tochter auf den Weg, sie zu suchen; infolge eines Schiffbruchs kam er nach Karien und wurde ebendort, wo seine Tochter Theonoë weilte, ins Gefängnis geworfen. Leukippe jedoch, die nun Vater und Schwester verloren hatte, wandte sich nach Delphi, ob wohl eine Möglichkeit bestünde, sie aufzuspüren. Da antwortete Apollon: «Gehe als mein Priester von Land zu Land, und du wirst sie finden.» Als Leukippe den Spruch vernahm, schor sie sich das Haar und zog als junger Priester durch die Länder, um eine Spur zu finden. So kam sie auch nach Karien. Als Theonoë sie sah, empfand sie Liebe zu dem vermeintlichen Priester und ließ ihn zu sich kommen, um Beilager mit ihm zu halten; als Weib erklärte Leukippe, das sei unmöglich, worauf Theonoë erzürnt den Priester im Schlafgemach einschließen und einen aus dem Zuchthaus kommen ließ, der ihn umbringen sollte. Dazu wurde der alte Thestor ahnungslos zu seiner Tochter geschickt. Theonoë, die ihn nicht erkannte, reichte ihm ein Schwert mit der Aufforderung, den Priester zu töten. Als er mit dem Schwert in der Hand eintrat, sagte er, man nenne ihn Thestor; zwei Töchter habe er verloren, Leukippe und Theonoë, und jetzt sei er so weit gekommen, daß man ein Verbrechen von ihm verlange. Schon hatte er es gegen sich gekehrt und wollte sich das Leben nehmen, da riß ihm Leukippe – kaum daß sie den Namen des Vaters gehört hatte – das Schwert aus der Hand; nun wollte sie zur Ermordung der Königin schreiten, wozu sie den Beistand ihres Vaters Thestor erbat. Als Theonoë den Namen des Vaters vernahm, entdeckte sie sich als seine Tochter. König Ikaros aber schickte ihn nach erfolgter Anerkennung reich beschenkt in die Heimat zurück.

191. KÖNIG MIDAS

Midas, der König von Mygdonien, der Sohn der Göttermutter, wurde als Schiedsrichter[1] von Tmolos herbeigeholt, als sich Apollon mit Marsyas oder Pan im Flötenspiel maß. Als Tmolos Apollon den Sieg zusprach, erklärte Midas, er hätte ihn eher dem Marsyas zuerkennen sollen. Da war Apollon empört und sagte zu ihm: «Deine Ohren werden von nun an dem Verstand entsprechen, den dein Urteil verrät», worauf er veranlaßte, daß Midas Eselsohren bekam. Um diese Zeit – Dionysos führte damals seine Scharen nach Indien – kam Silenos vom richtigen Weg ab, wobei ihn Midas gastlich aufnahm und ihm einen Führer mitgab, der ihn zum Gefolge des Dionysos zurückbrachte. Wegen dieses Freundschaftsdienstes gab Dionysos Midas die Möglichkeit, sich etwas auszusuchen: was er wolle, solle er sich von ihm erbitten. Da bat ihn Midas, alles was er berühre, möge zu Gold werden. Seine Bitte wurde erfüllt, und als er in seinen Palast kam, verwandelte sich alles, was er berührte, in Gold. Als ihn schon der Hunger quälte[2], bat er Dionysos, ihm das blendende Geschenk wieder wegzunehmen. Der Gott forderte ihn auf, im Paktolos zu baden, dessen Wasser sogar, als sein Körper mit ihm in Berührung kam, eine goldene Farbe annahm. Der Fluß heißt heute noch in Lydien Chrysorrhoas[3].

192. HYAS

Atlas hatte von Pleione oder der Okeanide Aithra[4] zwölf Töchter und einen Sohn, Hyas. Dieser wurde von einem Eber oder Löwen getötet, und in der Trauer um ihn verzehrten sich die Schwestern. Zuerst wurden fünf von ihnen unter die Sternbilder versetzt und haben, nach ihrem Bruder Hyaden genannt, ihren Platz zwischen den Hörnern des Stieres: Phaisyla, Ambrosia, Koronis, Eudore, Polyxo; lateinisch heißen sie

suculae (Schweinchen). Einige sagen, Hyaden hießen sie nach
ihrer Stellung in Form des griechischen Buchstabens Υ; nach
andern, weil sie bei ihrem Aufgang Regen bringen, im Griechischen ist hyein regnen; einige sind der Ansicht, sie
seien deshalb unter die Sterne aufgenommen, weil sie die
Ammen des Dionysos gewesen seien, die Lykurgos von der
Insel Naxos verjagt hatte. Die übrigen Schwestern, die sich
durch die Trauer aufrieben, wurden später zu Sternen und
Pleiaden genannt, weil sie die Mehrzahl[1] waren. Andere führen die Benennung auf ihre nahe Verbindung miteinander
zurück – das griechische plesion bedeutet nahe –, sie stehen nämlich so dicht beieinander, daß man sie kaum zählen
kann, und kein Menschenauge kann unterscheiden, ob es
sechs sind oder sieben. Ihre Namen sind: Elektra, Alkyone,
Kelaino, Merope, Sterope, Taygete und Maia, von denen
Elektra sich angeblich nicht zeigt, weil sie Dardanos verloren
hat und Troia ihr geraubt ist; andre glauben, Merope habe
Scheu, sich sehen zu lassen, weil sie einen Sterblichen zum
Gatten bekommen habe[2], die andern dagegen Götter; deshalb ist sie auch aus dem Reigen der Schwestern verbannt
und trägt trauernd ihre Haare aufgelöst, weswegen sie Haar-
stern genannt wird oder Langstern[3], weil er sich in die Länge
erstreckt, oder Schwertstern, weil er wie eine Schwertspitze
geformt ist; das ist der Stern, der traurige Ereignisse ankün-
digt.

193. HARPALYKOS

Der Thraker Harpalykos, der König der Amymnäer, hatte
eine Tochter, Harpalyke. Als sie ihre Mutter verlor, nährte
er sie am Euter von Kühen und Stuten und übte die Heran-
wachsende in den Waffen, um nachher einen Nachfolger für
sein Reich zu haben; das Mädchen täuschte auch nicht die
väterlichen Erwartungen, sie wurde so streitbar, daß sie sogar ihrem Vater das Leben rettete. Als Neoptolemos auf der

Heimkehr von Troia Harpalykos im Kampfe bezwang und schwer verwundete, rettete sie den von der Vernichtung bedrohten Vater durch ihr ungestümes Eingreifen. Später indes wurde Harpalykos bei einem Aufstand seiner Untertanen getötet. Harpalyke konnte seinen Tod nicht verwinden und suchte die Wälder auf, wo sie die Viehgehöfte zerstörte und zuletzt bei einer Zusammenrottung der Hirten umkam.

194. ARION

Da Arion von Methymna die Kunst des Saitenspiels beherrschte, schätzte ihn der König Periandros[1] von Korinth; er bat den König um die Erlaubnis, in den Städten seine Kunst zu zeigen, und da er hierdurch ein großes Vermögen erworben hatte, machten seine Diener gemeinschaftliche Sache mit Schiffern, um ihn zu ermorden. Apollon erschien ihm im Traum und forderte ihn auf, im Festgewand, bekränzt, zu singen und sich denen anzuvertrauen, die ihm zu Hilfe kämen. Als ihn nun seine Diener und die Schiffer töten wollten, bat er sie um die Erlaubnis, vorher noch einmal zu singen. Sowie der Saitenklang zusammen mit seiner Stimme vernehmbar wurde, drängten sich Delphine um das Schiff, bei deren Anblick er sich hinabstürzte. Sie nahmen ihn auf den Rücken und trugen ihn nach Korinth zu dem König Periandros. Als er das Land betrat, vergaß er in der Hast, einen Weg zu suchen, den Delphin ins Meer zurückzudrängen; er verendete im Sand. Nachdem Arion seine Abenteuer Periandros erzählt hatte, ließ dieser den Delphin bestatten und ihm ein Denkmal errichten. Einige Zeit später wurde ihm gemeldet, das Schiff, auf dem Arion gefahren war, sei durch einen Sturm nach Korinth verschlagen worden. Er ließ die Schiffer vor sich führen, und als er sie nach Arion befragte, erklärten sie, er sei gestorben und sie hätten für seine Bestattung gesorgt. Der König gab ihnen zur Antwort: «Morgen werdet ihr an dem Grabmal des Del-

phins schwören!» Er ließ sie deswegen bewachen und forderte
Arion auf, in dem Schmuck, mit dem er sich ins Meer gestürzt hatte, sich am nächsten Morgen bei dem Grabmal des
Delphins zu verstecken. Als der König die Beschuldigten vor-
führen ließ und ihnen befahl, bei dem toten Delphin zu
schwören, daß Arion eines natürlichen Todes gestorben sei,
trat dieser hinter dem Grabmal hervor; voller Staunen darüber, welches göttliche Wesen ihn gerettet habe, blieben sie
stumm. Bei dem Grabmal des Delphins ließ sie der König ans
Kreuz schlagen. Apollon aber versetzte Arion wegen seines
Saitenspiels mit dem Delphin unter die Sterne.

195. ORION

Zeus, Poseidon, Hermes kamen nach Thrakien zum König
Hyrieus auf Besuch; da sie von ihm großzügig aufgenommen
worden waren, gaben sie ihm einen Wunsch frei, falls er etwas
möchte. Jener wünschte sich Kinder. Hermes brachte von dem
Stier, den Hyrieus ihnen geopfert hatte, die Haut; dahinein ließen sie ihren Samen fallen und vergruben dies in die Erde[1]. Daraus entstand Orion. Als dieser Artemis vergewaltigen wollte,
tötete sie ihn. Nachher wurde er von Zeus unter die Sterne
versetzt und dieses Sternbild nennt man Orion.

196. PAN

Da die Götter in Ägypten Typhons Wildheit fürchteten, hieß
sie Pan, sich in wilde Tiere verwandeln[2], um ihn so leichter zu
täuschen; ihn tötete Zeus nachher mit dem Blitz. Nach dem
Willen der Götter wurde Pan, da sie auf seinen Rat hin der
Gewalt des Typhon entgangen waren, unter die Sterne versetzt; da er sich in dieser Zeit in eine Ziege verwandelt hatte,
so wurde er Steinbock genannt, und wir nennen ihn Capricornus.

197. APHRODITE

In den Euphratstrom, so erzählt man, fiel einst ein Ei von ungeheurer Größe. Fische wälzten es ans Ufer, wonach sich
Tauben darauf niederließen und durch ihre Wärme die Aphrodite[1] ausbrüteten, die später die Syrische Göttin genannt
wurde; sie war gerechter und gütiger als die andern Götter,
weswegen Zeus ihr einen Wunsch freistellte. So kam es, daß
die Fische unter die Sterne versetzt wurden; deswegen essen
auch die Syrer keine Fische und Tauben, die nach ihnen zu
den Göttern zählen.

198. NISOS

Nisos, der Sohn des Ares oder, wie andre wollen, des Deion,
der König von Megara, hatte, wie die Sage erzählt, purpur-
rotes Haupthaar, und er sollte, einem Orakelspruch zufolge,
solange herrschen, als er sich dieses Haar bewahre. Als Minos, der Sohn des Zeus, kam, um mit ihm zu kämpfen,
brachte es Aphrodite so weit, daß Skylla, des Nisos Tochter,
sich in ihn verliebte. Um ihm den Sieg zu verschaffen, schnitt
sie ihrem Vater im Schlaf das verhängnisvolle Haar ab. So
wurde Nisos von Minos besiegt. Als dieser nun nach Kreta
zurückkehren wollte, bat ihn Skylla, sie mit sich zu nehmen,
wie er es versprochen habe; doch erklärte Minos, das fromme
Kreta werde eine solche Verbrecherin nicht aufnehmen. Da
stürzte sich Skylla ins Meer, um der Verfolgung zu entgehen.
Nisos wurde auf der Verfolgung in den Vogel Haliaitos, das
heißt Seeadler, verwandelt, seine Tochter in den Fisch, den
sie Keiris[2] nennen. Heute noch stürzt sich der Vogel, wenn er
den schwimmenden Fisch erspäht, ins Wasser und packt und
zerfleischt ihn mit den Krallen.

199. NOCH EINE SKYLLA

Skylla, die Tochter des Flusses Krataiis, soll ein wunderschönes Mädchen gewesen sein. Glaukos liebte sie, den Glaukos aber die Tochter des Helios, Kirke. Da aber Skylla die Gewohnheit hatte, im Meer zu baden, vergiftete Kirke, die Tochter des Helios, aus Eifersucht das Wasser mit Zaubermitteln, und als nun Skylla hineinstieg, wuchsen ihr aus dem Unterleib Hunde, und sie wurde zu einem wilden Tier. Sie rächte das ihr angetane Unrecht, denn dem Odysseus raubte sie, als er vorbeifuhr, Gefährten.

200. CHIONE

Chione oder, wie andre Dichter sie nennen, Philonis, die Tochter Daidalions, wurde in der gleichen Nacht, so heißt es, von Apollon und Hermes umarmt. Von Apollon gebar sie den Philammon, von Hermes den Autolykos. Später, beim Jagen, ließ sie sich zu übermütigen Reden gegen Artemis hinreißen und wurde von dieser mit Pfeilen getötet. Ihr Vater Daidalion weinte um die einzige Tochter und wurde von Apollon in den Vogel Daidalion, das heißt Habicht, verwandelt.

201. AUTOLYKOS

Hermes beschenkte den Autolykos, den er mit Chione gezeugt hatte, damit, daß er sehr diebisch war, aber niemals beim Diebstahl ertappt wurde: alles was er entwendete, verwandelte sich in jede Gestalt, die er nur wollte, aus Weiß in Schwarz oder aus Schwarz in Weiß, aus Gestutzt in Gehörnt oder aus Gehörnt in Gestutzt. So bestahl er auch dauernd die Herde des Sisyphos, und obwohl er nicht ertappt werden konnte, wußte Sisyphos, daß er der Dieb war, weil die Stückzahl seiner Herde sich dauernd vergrößerte, während seine eigene Herde immer kleiner wurde. Um ihn zu überführen,

versah er die Hufe seiner Herdentiere mit einem Zeichen. Als
nun Autolykos wieder nach seiner Gewohnheit gestohlen hatte
und Sisyphos zu ihm kam, erkannte dieser seine gestohlenen
Tiere an den Hufen und nahm sie mit. Während seines Auf-
enthaltes indes umarmte er die Tochter des Autolykos, Antikleia, die spätere Gattin des Laërtes, die ihm Odysseus gebar. Manche nennen diesen deswegen «von Sisyphos' Geschlecht». Diesem Umstand verdankte Odysseus seine Ver-
schlagenheit.

202. KORONIS

Als Apollon Koronis, die Tochter des Phlegyas, geschwängert
hatte, gab er ihr als Wache einen Raben, damit niemand sie
vergewaltige. Mit ihr schlief Ischys, des Elatos Sohn; er
wurde deshalb von Zeus mit dem Blitz getötet. Apollon traf
die Schwangere mit seinem Pfeil und tötete sie; aus ihrem
Leib schnitt er den Asklepios heraus und zog ihn auf, doch
den Raben, der Wache gehalten hatte, verwandelte er aus
einem weißen in einen schwarzen Vogel.

203. DAPHNE

Apollon verfolgte die jungfräuliche Daphne, die Tochter des
Flusses Peneios; sie bat die Erde um Hilfe, diese nahm sie in
sich auf und verwandelte sie in einen Lorbeerbaum. Apollon
brach davon einen Zweig und legte ihn sich ums Haupt.

204. NYKTIMENE

Nyktimene, die Tochter des Königs der Lesbier, des Epopeus,
soll eine Jungfrau von ungewöhnlicher Schönheit gewesen
sein. In glühender Liebe umarmte sie der eigene Vater, weswegen sie sich schamerfüllt in Wäldern versteckte. Athene
hatte Mitleid mit ihr und verwandelte sie in eine Eule. Aus
Scham kommt diese nicht ans Tageslicht, sondern zeigt sich
nur in der Nacht.

205. ARGE

Als die Jägerin Arge einen Hirsch verfolgte, soll sie ihm zugerufen haben: «Magst du auch dem Lauf des Sonnengottes gleichkommen, werde ich dich dennoch einholen.» Der erzürnte Helios verwandelte sie in eine Hindin.

206. HARPALYKE

Klymenos, des Schoineus Sohn und König von Arkadien, schlief, von Liebe gepackt, mit seiner Tochter Harpalyke. Als sie geboren hatte, setzte sie beim Mahle dem Vater das Kind vor; als der Vater Klymenos dies erfuhr, tötete er Harpalyke.

214[1]. NARKISSOS

Narkissos war leidenschaftlich der Jagd ergeben. Von den Anstrengungen des Jagens ermüdet, suchte er einst eine Quelle auf, um seinen Durst zu löschen. Da erblickte er im Wasserspiegel sein Bild, und indem er es für ein fremdes ansah, verliebte er sich in dasselbe und verzehrte sich von Tag zu Tag mehr vor Sehnsucht nach ihm, bis er zuletzt in die Blume verwandelt wurde, die seinen Namen trägt.

219. ARCHELAOS

Archelaos, der Sohn des Temenos, wurde von seinen Brüdern in die Verbannung geschickt und begab sich nach Makedonien zu dem König Kisseus. Da dieser von seinen Nachbarn bedrängt wurde, versprach er Archelaos sein Reich und die Hand seiner Tochter, wenn er ihn vor dem Feind schütze; sei er doch vom Stamm des Herakles – Temenos war ein Sohn des Herakles[2]. Er besiegte die Feinde in einer Schlacht und verlangte darauf von dem König, was ihm versprochen war. Dieser aber, von seinen Freunden gegen ihn aufgehetzt, brach sein Wort und dachte daran, ihn auf heimtückische Weise zu

ermorden. Er ließ eine Grube ausbauen, reichlich Kohlen hin-
einschaffen und anzünden; das Ganze war mit einer dünnen
Lage Zweige überdeckt. Archelaos sollte sie betreten und
hinunterfallen. Aber ein Sklave des Königs verriet es ihm,
worauf er erklärte, er wolle den König unter vier Augen
sprechen. Als kein Zeuge mehr da war, packte er ihn und
warf ihn in die Grube, in der er umkam. Darauf floh Archelaos gemäß einem Orakelspruch Apollons nach Makedonien[1],
wobei eine Ziege ihm den Weg zeigte; dort gründete er die
Stadt Aigeai, die von «Ziege» ihren Namen hat. Alexander der
Große soll ein Nachkomme von ihm sein.

220. DIE SORGE

Als die Sorge[2] einst einen Fluß durchschritt, erblickte sie eine
kreideartige Lehmmasse, hob sie nachdenklich auf und machte
sich daran, den Menschen zu bilden. Während sie noch über
ihr Gebilde bei sich nachdachte, kam Iupiter dazu; die Sorge
bat ihn, ihm den Lebenshauch zu geben, was er gern gewährte.
Als sie ihm dann ihren Namen geben wollte, verwehrte es der
Gott und erklärte, sein Name müsse ihm gegeben werden.
Sie stritten noch um den Namen, da erhob sich Mutter Erde
und verlangte, das Gebilde müsse ihren Namen bekommen,
habe sie doch ihren Leib dafür hergegeben. Sie nahmen Saturnus als Schiedsrichter. Dieser überlegte bei sich und entschied dann: «Du, Iupiter, hast ihm den Lebenshauch gegeben;
so nimm die Seele nach seinem Tode zurück! Mutter Erde
hat ihm den Körper verliehen, so soll sie auch den Körper zu-
rückerhalten![3] Nachdem aber die Sorge ihn einmal gebildet
hat, mag sie ihn besitzen, solange er lebt! Aber da ihr euch
um den Namen streitet, Menschenbild[4] möge er genannt
werden, da er aus Lehm gebildet ist!»

221. DIE SIEBEN WEISEN

Pittakos von Mytilene, Periandros von Korinth, Thales von Milet, Solon von Athen, Chilon von Sparta, Kleobulos von Lindos, Bias von Priene. Ihre Aussprüche sind: Das Beste, sagt Kleobulos, Bewohner von Lindos, ist das Maß. Du, Periandros aus Korinth, lehrst, alles müsse auch überlegt werden. Erkenne die Zeit, sagt Pittakos, Sproß Mytilenes. Bias von Priene meint, die Bösen seien in der Mehrzahl. Thales von Milet warnt den Bürgen vor Schaden. Erkenne dich selbst, sagt Chilon, geboren in Sparta. Solon aus Athen gebietet: Nichts im Übermaß.

223[1]. DIE SIEBEN WELTWUNDER

1. Der Tempel der Artemis in Ephesos, welchen die Amazone Otrere, die Gattin des Ares, errichtet hat. 2. Das Grabmal des Königs Mausolos aus leuchtenden Steinen, 24 Meter hoch, mit einem Umfang von 402 Metern. 3. Die eherne Statue des Helios auf Rhodos, das heißt der Koloß, 27 Meter hoch. 4. Das Bild des Olympischen Zeus, das Pheidias aus Elfenbein und Gold schuf, sitzend, 18 Meter hoch. 5. Der Palast des Königs Kyros in Ekbatana, den Memnon aus verschiedenartigen weißen, mit Gold verbundenen Steinen erbaute. 6. Die Mauer in Babylon, welche Semiramis, die Tochter der Derketo, aus Backstein und Schwefel, verbunden mit Eisen baute, 7 1/2 Meter dick, 18 Meter hoch, 55 1/2 Kilometer lang. 7. Die Pyramiden in Ägypten, die keinen Schatten werfen, 18 Meter hoch.

224. STERBLICHE, DIE UNSTERBLICH WURDEN

Herakles, Sohn des Zeus und der Alkmene. Dionysos, Sohn des Zeus und der Semele. Kastor und Polydeukes, Brüder der Helena, Söhne des Zeus und der Leda. Perseus, Sohn des Zeus und der Danaë, aufgenommen unter die Gestirne. Arkas, Sohn des Zeus und der Kallisto, versetzt unter die Gestirne. Ariadne, Tochter des Minos und der Pasiphaë, nannte Dionysos (lat. Liber pater) Libera. Kallisto, Tochter des Lykaon, versetzt in den Großen Bären. Kynosura, die Amme des Zeus, versetzt in den Kleinen Bären. Krotos, Sohn des Pan und der Eupheme, Milchbruder der Musen, versetzt in das Sternbild des Schützen. Ikarios und Erigone, die Tochter des Ikarios, versetzt in die Sterne, Ikarios ins Sternbild des Arkturus, Erigone in das der Jungfrau. Ganymedes, Sohn des Assarakos[1], im Wassermann, einem der zwölf Sternbilder. Myrtilos, Sohn des Hermes und der Theobule, im Fuhrmann. Asklepios, Sohn des Apollon und der Koronis. Pan, Sohn des Hermes und der Penelope. Ino, Tochter des Kadmos, als Leukothea, welche wir Mater Matuta nennen. Melikertes, Sohn des Athamas, als Gott Palaimon.

225. DIE ERSTEN TEMPELERBAUER

Dem Olympischen Zeus errichtete zuerst Pelasgos, der Sohn des Triopas, in Arkadien einen Tempel. Thessalos errichtete den Tempel des Zeus zu Dodona im Lande der Molosser. Eleuther stiftete als erster ein Heiligtum für Dionysos und zeigte, wie er zu verehren sei. Phoroneus, Sohn des Inachos, schuf als erster der Hera in Argos einen Tempel. Die Amazone Otrere, Gattin des Ares, erbaute als erste der Artemis einen Tempel in Ephesos[2]. Lykaon, der Sohn des Pelasgos, errichtete dem Hermes von Kyllene in Arkadien einen Tempel.

238[3]. VÄTER, DIE IHRE TÖCHTER TÖTETEN

Agamemnon, Sohn des Atreus, tötete Iphigeneia, welche Artemis rettete[4]. Klymenos, Sohn des Schoineus, Harpalyke, weil sie ihm seinen Sohn beim Mahl vorsetzte. Hyakinthos aus Sparta brachte seine Tochter Antheis um, gemäß dem an die Athener ergangenen Orakel. Erechtheus, Sohn des Pandion,

tötete Chthonia den Losen gemäß im Interesse der Athener;
ihre andern Schwestern brachten sich selbst um. Kerkyon,
Sohn des Hephaistos, tötete die Alope, weil sie mit Poseidon
gebuhlt hatte. Aiolos die Kanake wegen der mit ihrem Bruder
begangenen Makareus Blutschande.

239. MÜTTER, DIE IHRE SÖHNE TÖTETEN

Medeia, die Tochter des Aietes, den Mermeros und Pheres,
ihre Söhne von Iason. Prokne, Tochter des Pandion, den Itys,
ihren Sohn von Tereus, dem Sohn des Ares. Ino, die Tochter
des Kadmos, den Melikertes, ihren Sohn von Athamas, dem
Sohn des Aiolos, als sie vor ihm floh. Althaia, Tochter des
Thestios, den Meleagros, ihren Sohn von Oineus, dem Sohn
des Parthaon, weil er seine Oheime getötet hatte. Themisto,
die Tochter des Hypseus, den Sphingios und Orchomenos,
ihre Söhne von Athamas, dem Sohn des Aiolos, auf Anstiften
der Ino, der Tochter des Kadmos. Tyro, die Tochter des Salmoneus, ihre zwei Söhne von Sisyphos, dem Sohn des Aiolos,
gemäß dem Orakel des Apollon. Agaue, die Tochter des Kadmos, den Pentheus, den Sohn Echions, auf Anstiften des Dionysos. Harpalyke, Tochter des Klymenos, tötete wegen der
Ruchlosigkeit des Vaters, weil sie gegen ihren Willen mit ihm
geschlafen hatte, den Sohn, den sie von ihm empfangen hatte.

240. FRAUEN, DIE IHRE GATTEN TÖTETEN

Klytaimmestra, Tochter des Thestios[1], den Agamemnon, des
Atreus Sohn. Helena, Tochter des Zeus und der Leda, den
Deiphobos, Sohn des Priamos. Agaue den Lykotherses in Illyrien, um die Herrschaft ihrem Vater Kadmos zu geben. Deianeira, Tochter des Oineus, den Herakles, Sohn des Zeus und
der Alkmene, auf Anstiften des Nessos. Ilione, Tochter des
Priamos, den Polymestor, den König der Thraker. Semiramis den Ninos, König in Babylon.

241. MÄNNER, DIE IHRE FRAUEN TÖTETEN

Herakles, des Zeus Sohn, Megara, Tochter des Kreon, im Wahnsinn. Theseus, Sohn des Aigeus, die Amazone Antiope, Tochter des Ares, gemäß dem Spruch Apollons. Kephalos, Sohn des Deion oder des Hermes, die Prokris, des Pandion Tochter[1], aus Fahrlässigkeit.

242. SELBSTMÖRDER

Aigeus, der Sohn des Poseidon[2], stürzte sich ins Meer, woher es Ägeisches Meer heißt. Euenos, der Sohn des Herakles[3], stürzte sich in den Fluß Lykormas, der jetzt Chrysorrhoas genannt wird. Aias, der Sohn des Telamon, tötete sich selbst wegen des Schiedsspruchs über die Waffen. Lykurgos, der Sohn des Dryas, tötete sich selbst im Wahnsinn, den Dionysos über ihn gebracht hatte. Makareus, der Sohn des Aiolos, tötete sich wegen seiner Schwester Kanake, das heißt seiner Geliebten. Agrios, der Sohn des Parthaon, tötete sich, als er von Diomedes aus seinem Reich vertrieben wurde. Kaineus, der Sohn des Elatos, tötete sich selbst. Menoikeus[4], Iokastes Vater, stürzte sich von der Mauer Thebens wegen der Pest. Nisos, der Sohn des Ares, tötete sich, als er das schicksalshafte Haar verloren hatte. Klymenos, der Sohn des Schoineus, König von Arkadien, tötete sich, weil er mit seiner Tochter gebuhlt hatte. Desgleichen Kinyras, der Sohn des Paphos, König der Assyrer, weil er mit der Tochter Smyrna gebuhlt hatte. Herakles, der Sohn des Zeus, warf sich selbst ins Feuer. Adrastos und sein Sohn Hipponoos stürzten sich auf den Spruch Apollons hin ins Feuer. Pyramos in Babylonien tötete sich aus Liebe zu Thisbe. Oidipus, der Sohn des Laios, tötete sich seiner Mutter Iokaste wegen, nachdem er sich geblendet hatte.

243. SELBSTMÖRDERINNEN

Hekabe, die Tochter des Kisseus oder des Dymas, Gattin des Priamos, stürzte sich ins Meer, woher es Kyneisches Meer heißt, da sie in eine Hündin (gr. kyon, Hund) war verwandelt worden. Ino, die Tochter des Kadmos, stürzte sich mit ihrem Sohn Melikertes ins Meer. Antikleia, die Tochter des Autolykos, Mutter des Odysseus, tötete sich auf die falsche Nachricht über Odysseus. Stheneboia, die Tochter des Iobates, Gattin des Proitos, aus Liebe zu Bellerophon. Euadne, die Tochter des Phylakos, warf sich wegen ihres Gatten Kapaneus, der bei Theben gefallen war, in denselben Scheiterhaufen. Aithra, die Tochter des Pittheus, tötete sich wegen des Todes ihrer Söhne. Deianeira, die Tochter des Oineus, wegen Herakles, da sie, von Nessos getäuscht, ihm ein Gewand geschickt hatte, in welchem er verbrannte. Laodameia, die Tochter des Akastos, aus Sehnsucht nach ihrem Gatten Protesilaos. Hippodameia, die Tochter des Oinomaos, Gattin des Pelops, weil auf ihren Rat Chrysippos getötet worden war. Neaira, die Tochter des Autolykos, wegen des Todes ihres Sohnes Hippothoos. Alkestis, die Tochter des Pelias, starb für ihren Gatten Admetos einen stellvertretenden Tod. Ilione, die Tochter des Priamos, wegen des Todes ihrer Eltern. Themisto, die Tochter des Hypseus, weil sie auf Veranlassung der Ino ihre eigenen Söhne tötete. Erigone, die Tochter des Ikarios, erhängte sich wegen ihres Vaters Tod. Phaidra, die Tochter des Minos, erhängte sich wegen ihrer Liebe zum Stiefsohn Hippolytos. Phyllis erhängte sich wegen Demophon, dem Sohn des Theseus. Kanake, die Tochter des Aiolos, tötete sich aus Liebe zu ihrem Bruder Makareus. Byblis, die Tochter des Miletos, tötete sich aus Liebe zu ihrem Bruder Kaunos. Kalypso, die Tochter des Atlas, tötete sich aus Liebe zu Odysseus. Dido, die Tochter des Belos, tötete

sich aus Liebe zu Aineias. Iokaste, die Tochter des Menoikeus,
wegen des Todes ihrer Söhne und des Frevels. Antigone, die
Tochter des Oidipus, wegen des Polyneikes Bestattung. Pelopia, die Tochter des Thyestes, wegen des Verbrechens ihres
Vaters. Thisbe aus Babylonien wegen Pyramos, weil er sich
getötet hatte. Semiramis in Babylonien warf sich, nachdem
sie ihr Pferd verloren hatte, in den Scheiterhaufen.

244. VERWANDTENMÖRDER

Theseus, Sohn des Aigeus, den Pallas (Pelias) den Sohn des Bru-
ders Neleus[1]. Amphitryon den Elektryon, den Sohn des Perseus.
Meleagros, Sohn des Oineus, seine Oheime Plexippos und
Agenor wegen Atalante, der Tochter des Schoineus. Telephos,
Sohn des Herakles, Hippothoos und Nereus[2], die Söhne seiner
Großmutter. Aigisthos den Atreus und Agamemnon, den
Sohn des Atreus. Orestes den Aigisthos, den Sohn des Thy-
estes. Megapenthes, Sohn des Proitos, den Perseus, Sohn des
Zeus und der Danaë, wegen des Vaters Tod. Abas tötete we-
gen seines Vaters Lynkeus den Megapenthes. Phegeus, Sohn
des Alpheios, die Tochter seiner Tochter Alphesiboia. Am-
phion, Sohn des Tereus, die Söhne seines Großvaters. Atreus,
Sohn des Pelops, setzte Tantalos und Pleisthenes, die kleinen
Söhne des Thyestes, diesem zum Mahle vor. Hyllos, Sohn des
Herakles, den Sthenelos, den Bruder seines Urgroßvaters
Elektryon. Medos, Sohn des Aigeus, den Perses, den Bruder
des Aietes, einen Sohn des Helios. Daidalos, Sohn des Eupalamos, den Sohn seiner Schwester, Perdix, aus Neid auf seine
Geschicklichkeit.

245. DIE IHRE SCHWIEGERVÄTER
UND SCHWIEGERSÖHNE TÖTETEN

Iason, Sohn des Aison, Phlegyonas[3]. Pelops, Sohn des Tantalos, den Oinomaos, Sohn des Ares. Die ihre Schwiegersöhne

töteten: Phegeus, Sohn des Alpheios, den Alkmaion, Sohn des
Amphiaraos; derselbe tötete auch den Eurypylos. Aietes,
Sohn des Helios, den Phrixos, Sohn des Athamas.

246. DIE IHRE SÖHNE VERSPEISTEN

Tereus, Sohn des Ares, den ihm von Prokne geborenen Itys.
Thyestes, Sohn des Pelops, die ihm von Aërope geborenen
Tantalos und Pleisthenes. Klymenos, Sohn des Schoineus,
seinen ihm von seiner Tochter geborenen Sohn.

247. DIE VON HUNDEN GEFRESSEN WURDEN

Aktaion, Sohn des Aristaios. Thasius aus Delos, Sohn des
Apollonpriesters Anios; daher gibt es in Delos keine Hunde.
Der Tragödiendichter Euripides wurde in einem Tempel auf-
gefressen[1].

248. DIE VON EINEM EBER VERWUNDET UMKAMEN

Adonis, Sohn des Kinyras. Ankaios, Sohn des Lykurgos, vom
Kalydonischen Eber. Idmon, Sohn des Apollon, der ausgezo-
gen war mit den Argonauten, um Stroh zu holen, beim König
Lykos. Hyas, Sohn des Atlas und der Pleione, von einem
Eber oder Löwen.

249. UNHEILVOLLE FACKELN

Die Fackel, die Hekabe, Tochter des Kisseus oder Dymas, zu
gebären glaubte. Die des Nauplios an den Felsen des Kaphereus, als die Griechen Schiffbruch litten. Die der Helena, welche sie von den Mauern herab zeigte, und so Troia verriet.
Die der Althaia, welche den Meleagros tötete.

250. WAGENLENKER, DIE DURCH IHRE
VIERGESPANNE UMKAMEN

Phaëthon, Sohn des Helios und der Klymene. Laomedon,
Sohn des Ilos und der Leukippe. Oinomaos, Sohn des Ares und
der Asteria[1], Tochter des Atlas. Diomedes, Sohn des Ares und
derselben. Hippolytos, Sohn des Theseus und der Amazone
Antiope. Amphiaraos, Sohn des Oikles und der Hypermnestra, Tochter des Thestios. Glaukos, den Sohn des Sisyphos, fraßen die eigenen Stuten an den Leichenspielen für
Pelias. Iasion, Sohn des Zeus und der Atlastochter Elektra.
Salmoneus, der auf dem Viergespann sitzend, die Blitze nachahmte, wurde mit dem Gespann vom Blitz getroffen.

251. DIE MIT ERLAUBNIS DER PARZEN
AUS DER UNTERWELT ZURÜCKKEHRTEN

Demeter, als sie ihre Tochter Persephone suchte. Dionysos:
er stieg zu seiner Mutter Semele, der Tochter des Kadmos,
hinunter. Herakles, Sohn des Zeus, der den Hund Kerberos
heraufführen mußte. Asklepios, Sohn des Apollon und der
Koronis. Kastor und Polydeukes, die Söhne des Zeus und der
Leda, kehren in abwechselndem Tod zurück. Protesilaos,
Sohn des Iphiklos, wegen Laodameia, Tochter des Akastos.
Alkestis, Tochter des Pelias, wegen ihres Gatten Admetos.
Theseus, Sohn des Aigeus, wegen Peirithoos. Hippolytos, Sohn
des Theseus, der nachher Virbius[2] genannt wurde, durch den
Willen der Artemis. Orpheus, Sohn des Oiagros, wegen seiner
Gattin Eurydike. Adonis, Sohn des Kinyras und der Smyrna,
durch den Willen der Aphrodite. Glaukos, Sohn des Minos, wur-
de von Polyidos, dem Sohn des Koiranos, wieder zum Leben
erweckt. Odysseus, Sohn des Laërtes, wegen des Vaterlandes.
Aineias, Sohn des Anchises, wegen des Vaters. Hermes, Sohn
der Maia, auf seinem gewöhnlichen Weg (als Seelengeleiter).

252. DIE MIT TIERMILCH ERNÄHRT WURDEN

Telephos, Sohn des Herakles und der Auge, von einer Hindin. Aigisthos, Sohn des Thyestes und der Pelopia, von einer Ziege. Aiolos und Boiotos, Söhne des Poseidon und der Menalippe, von einer Kuh. Hippothoos [1], Sohn des Poseidon und der Alope, von einer Stute. Romulus und Remus, Söhne des Mars und der Ilia [2], von einer Wölfin. Antilochos, Sohn des Nestor, der auf dem Ida [3] ausgesetzt wurde, von einer Hündin. Harpalyke, Tochter des Harpalykos, des Königs der Amymnäer, von einer Kuh und einer Stute. Camilla, Tochter des Metabus, des Königs der Volsker, von einer Stute.

253. DIE BLUTSCHANDE BEGINGEN

Iokaste mit ihrem Sohn Oidipus. Pelopia mit ihrem Vater Thyestes. Harpalyke mit ihrem Vater Klymenos. Hippodameia mit ihrem Vater Oinomaos. Prokris mit ihrem Vater Erechtheus; aus dieser Verbindung entstand Aglauros. Nyktimene mit ihrem Vater Epopeus, dem König der Lesbier. Menephron mit seiner Tochter Kyllene in Arkadien und mit seiner Mutter Bliade.

254. FROMME FRAUEN

Antigone, Tochter des Oidipus, bestattete ihren Bruder Polyneikes. Elektra, die Tochter des Agamemnon, gegenüber ihrem Bruder Orestes. Ilione, Tochter des Priamos, gegen ihren Bruder Polydoros und die Eltern. Pelopia, Tochter des Thyestes, gegen ihren Vater: sie rächte ihn. Hypsipyle, Tochter des Thoas, gegen ihren Vater, dem sie das Leben rettete. Chalkiope, Tochter des Aietes, ließ ihren Vater, als er seine Herrschaft verlor, nicht im Stich. Harpalyke, Tochter des Harpalykos, rettete ihren Vater im Krieg und schlug die Feinde in die Flucht. Erigone, Tochter des Ikarios, erhängte

sich, nachdem sie ihren Vater verloren hatte. Agaue, Tochter
des Kadmos, tötete den König Lykotherses in Illyrien und
gab ihrem Vater die Herrschaft. Xanthippe ernährte ihren
Vater Mykon, der in einem Kerker eingeschlossen war, mit
ihrer Milch. Tyro, Tochter des Salmoneus, tötete ihres Vaters wegen die eigenen Söhne.

254a. FROMME MÄNNER

Als in Sizilien der Ätna eben zu brennen anfing, riß Damon seine Mutter aus dem Feuer, ebenso Phintias den Vater[1]. So auch
Aineias in Troia: er trug seinen Vater Anchises und seinen
Sohn Askanios auf den Schultern aus der Feuersbrunst. Kleobis und Biton[2], Söhne der Kydippe: Kydippe, die Priesterin
der Hera von Argos, hatte die Rinder auf die Weide geschickt;
diese erschienen zur Stunde, da die heiligen Geräte zum Tempel der Hera auf dem Berge hätten geführt und die Opfer vollzogen werden müssen, nicht, sondern waren gestorben. Wenn
aber zur festgesetzten Stunde die Opfer nicht vollzogen wurden, mußte die Priesterin sterben. In dieser Beklemmnis
spannten sich Kleobis und Biton statt der Rinder unter das
Joch und führten die heiligen Geräte und die Mutter Kydippe
auf dem Wagen zum Heiligtum. Nach vollzogenem Opfer
betete Kydippe zu Hera, wenn sie ihre Opfer heilig gehalten
hätte, wenn ihre Söhne ihr gegenüber fromm gewesen seien,
dann möge sie ihren Söhnen das Glück gewähren, welches den
Sterblichen zuteil werden könne. Nach diesem Gebet führten
die Söhne den Wagen und die Mutter zurück und da sie müde
waren, ruhten sie sich im Schlaf aus ...[3]. Kydippe aber erkannte, daß für die Sterblichen nichts besser sei als Sterben,
und deswegen gab sie sich selbst den Tod.

255. RUCHLOSE FRAUEN

Skylla tötete ihren Vater Nisos. Ariadne, Tochter des Minos, tötete ihren Bruder[1] und ihre Söhne. Prokne, Tochter des Pandion, tötete ihren Sohn. Die Danaiden töteten ihre Gatten, die ihre Vettern waren[2]. Die Lemnierinnen auf der Insel Lemnos töteten Väter und Söhne. Harpalyke, Tochter des Klymenos, tötete den Sohn, den sie aus der Verbindung mit ihrem Vater geboren hatte. Tullia, eine Römerin, lenkte den Wagen über den Leichnam ihres Erzeugers, woher die «Ruchlose Gasse» ihren Namen hat[3].

256. KEUSCHE FRAUEN

Penelope, Tochter des Ikarios, Gattin des Odysseus. Euadne, Tochter des Phylakos, Gattin des Kapaneus. Laodameia, Tochter des Akastos, Gattin des Protesilaos. Hekabe, Tochter des Kisseus, Gattin des Priamos. Theonoë, Tochter des Thestor. Alkestis, Tochter des Pelias, Gattin des Admetos. Bei den Römern Lucretia, Tochter des Lucretius, Gattin des Collatinus[4].

257. INNIGE FREUNDSCHAFTEN

Pylades, Sohn des Strophios, mit Orestes, dem Sohn des Agamemnon. Peirithoos, Sohn des Ixion, mit Theseus, dem Sohn des Aigeus. Achilleus, Sohn des Peleus, mit Patroklos, dem Sohn des Menoitios. Diomedes, Sohn des Tydeus, mit Sthenelos, dem Sohn des Kapaneus. Peleus, Sohn des Aiakos, mit Phoinix, dem Sohn des Amyntor. Herakles, Sohn des Zeus, mit Philoktetes, dem Sohn des Poias. Harmodios und Aristogeiton[5], die wie Brüder waren. Als in Sizilien Dionysios, ein sehr grausamer Tyrann, herrschte und seine Untertanen foltern und töten ließ, wollte Moiros[6] den Tyrannen ermorden; ihn, der bewaffnet war, ergriffen die Trabanten und führten ihn zum König. Befragt, gab er zur Antwort, er habe den König töten

wollen. Der König befahl, ihn zu kreuzigen. Moiros bat ihn
um eine Frist von drei Tagen, um seine Schwester zu verheiraten, und gab dem Tyrannen seinen Freund und Gefährten
Selinuntius als Bürgen für seine Rückkehr in drei Tagen.
Der König gewährte ihm diese Frist und sagte zu Selinuntius,
wenn Moiros zum bestimmten Tage nicht zurückkomme,
dann werde er dieselbe Strafe leiden und Moiros freigelassen.
Als dieser nach Verheiratung seiner Schwester auf dem Rückweg war, brach plötzlich Sturm und Regen los, und der Fluß
schwoll so an, daß er weder hindurchgehen noch hinüber-
schwimmen konnte. Moiros setzte sich am Ufer nieder und
begann zu weinen voll Angst, daß der Freund nun für ihn
sterben müsse. Der Tyrann[1] aber gab den Befehl, den Selinuntius zu kreuzigen, da bereits sechs Stunden des dritten
Tages verflossen seien und Moiros nicht komme; ihm antwortete Selinuntius, der Tag sei noch nicht verstrichen.
Als schon neun Stunden verflossen waren, befahl der König,
den Selinuntius zum Kreuz zu führen. Als er dorthin geführt
wurde, kam doch endlich Moiros, der den Fluß hatte überschreiten können, nach und rief von weitem: «Halt ein, Hen-
ker, ich bin da, für den er sich verbürgt hat!» Dies wurde dem
König gemeldet; er ließ die beiden zu sich führen, schenkte
dem Moiros das Leben und bat sie, ihn in ihre Freundschaft
mit aufzunehmen. Harmodios und Aristogeiton: Ebenfalls in
Sizilien und denselben Tyrannen wollte Harmodios ermorden.
Um den Freund auf die Probe zu stellen, tötete er eine Sau,
die Junge geworfen hatte, kam dann mit blutigem Schwert
zu seinem Freund Aristogeiton, sagte, er habe die Mutter ermordet und bat, er möge ihn verbergen. Als Aristogeiton ihm
Unterschlupf gewährte, bat er ihn, auf die Straße zu gehen
und ihm die Gerüchte, die über seine Mutter umlaufen, zu
melden. Er meldete, es gebe keine Gerüchte. Des Abends gerieten sie miteinander in Streit und der eine legte dem andern

immer Schlimmeres zur Last, aber auch so wollte Aristogeiton
ihm nicht vorwerfen, daß er die Mutter ermordet habe. Da
eröffnete ihm Harmodios, er habe eine Sau, die Junge geworfen, getötet und deshalb Mutter gesagt. Er sagte ihm, er wolle
den König ermorden und bat ihn, sein Helfer zu sein. Als sie
kamen, um den König zu ermorden, wurden sie, bewaffnet
wie sie waren, von den Trabanten ergriffen, und als sie zum
Tyrannen geführt wurden, entkam Aristogeiton den Trabanten, und als Harmodios allein zum König geführt worden
war und sie ihn fragten, wer sein Gefährte gewesen sei, biß
sich jener, um den Freund nicht zu verraten, die Zunge ab
und spie sie dem König ins Gesicht. Nisus mit seinem Eury-
[1]lus, für den er auch starb[1].

270[2]. SCHÖNE MÄNNER

Iasion, Sohn des Ilithius[3], den Demeter geliebt haben soll,
wenn man den Geschichten glaubt. Kinyras, Sohn des Paphos,
König der Assyrer. Anchises, Sohn des Assarakos, den Aphrodite liebte. Alexandros Paris, Sohn des Priamos und der Hekabe, dem Helena gefolgt ist. Nireus, Sohn des Charops. Kephalos, Sohn des Pandion[4], den Eos liebte. Tithonos, Sohn des
Laomedon, Gatte der Eos. Parthenopaios, Sohn des Meleagros
und der Atalante. Achilleus, Sohn des Peleus und der Thetis.
Patroklos, Sohn des Menoitios. Idomeneus, der Helena liebte.
Theseus, Sohn des Aigeus und der Aithra, den Ariadne liebte.

271. SCHÖNE JÜNGLINGE

Adonis, Sohn des Kinyras und der Smyrna, den Aphrodite
liebte. Endymion, Sohn des Aitolos[5], den Selene liebte.
Ganymedes, Sohn des Erichthonios[6], den Zeus liebte. Hya-
kinthos, Sohn des Oibalos, den Apollon liebte. Narkissos,
Sohn des Flusses Kephisos, der sich selbst liebte[7]. Atlantios,
Sohn des Hermes und der Aphrodite, der Hermaphroditos

genannt wurde¹. Hylas, Sohn des Theiodamas, den Herakles
liebte. Chrysippos, Sohn des Pelops, den Theseus an den
Spielen raubte².

273³. DIE ERSTEN FÜNFZEHN WETTSPIELE
UND IHRE BEGRÜNDER BIS AUF AENEAS

... an fünfter Stelle die in Argos, welche Danaos, Sohn des Belos, mit dem Gesang für die Hochzeit seiner Töchter veranstaltete, woher der Name «Hochzeitslied» kommt.

An sechster Stelle wieder die in Argos, welche Lynkeus,
Sohn des Aigyptos, für Hera von Argos einrichtete; sie heißen
«Schild in Argos». Wer in diesen Spielen siegt, erhält statt eines
Kranzes einen Schild, deshalb, weil Abas, Sohn des Lynkeus
und der Hypermnestra, seinen Eltern meldete, Danaos sei ge-
storben, Lynkeus für ihn aus dem Tempel der Hera von
Argos den Schild, den Danaos in der Jugend getragen und
Hera geweiht hatte, wegnahm und ihn seinem Sohn Abas zum
Geschenk gab. Wenn einer in diesen Spielen einmal gesiegt
hat und wiederum zum Wettkampf antritt, dann besteht das
Gesetz, daß er, falls er nicht noch einmal siegt, bestraft wird;
dies wurde verordnet, damit nicht der gleiche immer wieder
antrete.

An siebter Stelle richtete Perseus, Sohn des Zeus und der
Danaë, Leichenspiele für seinen Ernährer Polydektes auf der
Insel Seriphos ein; als er hier kämpfte, traf er seinen Großvater Akrisios und tötete ihn. So geschah, was er selbst nicht
wollte, durch das Walten der Götter⁴.

An achter Stelle richtete Herakles in Olympia die gymni-
schen Spiele für Pelops, Sohn des Tantalos, ein, in welchen er
selbst den Ring- und Faustkampf, den wir Doppelkampf nennen, mit Achareus kämpfte.

An neunter Stelle wurden die Spiele in Nemea für Archemoros, den Sohn des Lykos und der Eurydike, veranstaltet,

und zwar von den sieben Führern, die nach Theben zogen, um es zu belagern; in diesen Spielen siegten später im Lauf Euneos und Deipylos, Söhne des Iason und der Hypsipyle. Auch in diesen Spielen hatte der Flötenspieler sieben mit einem Überwurf geschmückte Sänger, welche die pythischen Lieder sangen, weshalb er später Chorflötist genannt wurde.

An zehnter Stelle soll Eratokles, andere Dichter sagen Theseus, die Isthmischen Spiele für Melikertes, den Sohn des Athamas und der Ino, eingerichtet haben.

An elfter Stelle veranstalteten die Argonauten am Marmarameer Spiele für den König Kyzikos und seinen Sohn, den Iason ahnungslos nachts am Gestade getötet hatte, mit Springen, Ringen und Speerwerfen.

An zwölfter Stelle aber die, welche Akastos, Sohn des Pelias, für die Argeier veranstaltete[1]. In diesen Spielen siegten Zetes, Sohn des Boreas, im Langlauf, Kalais, auch er ein Sohn des Boreas, im Doppellauf, Kastor, Sohn des Zeus, im Zweihundertmeterlauf, Polydeukes, auch er ein Sohn des Zeus, im Faustkampf, Telamon, Sohn des Aiakos, im Diskuswerfen, Peleus, auch er Sohn des Aiakos, im Ringen, Herakles, Sohn des Zeus, im Doppelkampf, Meleagros, Sohn des Oineus, im Speerwerfen. Kyknos, Sohn des Ares, tötete mit den Waffen Pilus[2], Sohn des Diodotos, Bellerophontes siegte im Rennen; mit dem Viergespann aber siegte Iolaos, Sohn des Iphiklos, über Glaukos, Sohn des Sisyphos, den die Pferde mit den Zähnen zerfleischten; Eurytos, Sohn des Hermes, im Bogenschießen, Kephalos, Sohn des Deion, mit der Schleuder, Olympos, Schüler des Marsyas, im Flötenspiel, Orpheus, Sohn des Oiagros, im Kitharaspiel, Linos, Sohn des Apollon, im Gesang, Eumolpos, Sohn des Poseidon, im Gesang zur Flöte des Olympos.

An dreizehnter Stelle veranstaltete in Troia Priamos beim Kenotaph für seinen Sohn Paris[3], der auf seinen Befehl hätte getötet werden sollen, gymnische Spiele, in welchen sich im

Laufe maßen Nestor, Sohn des Neleus, Helenos, Sohn des Priamos, Deiphobos, auch er ein Sohn des Priamos, Polites, ebenfalls ein Sohn des Priamos, Telephos, Sohn des Herakles, Kyknos, Sohn des Poseidon, Sarpedon, Sohn des Zeus, der Hirt Paris Alexandros, der unerkannte Sohn des Priamos. Es siegte aber Paris und wurde als Sohn des Priamos erkannt.

An vierzehnter Stelle veranstaltete Achilleus Leichenspiele für Patroklos, wobei Aias im Ringen siegte und als Preis ein goldenes Becken erhielt, darauf Menelaos im Speerwerfen und zum Preis einen goldenen Speer erhielt. Als dies Schauspiel zu Ende war, warf er zwölf gefangene Phryger, ein Pferd und einen Hund in den Scheiterhaufen des Patroklos[1].

An fünfzehnter Stelle veranstaltete Spiele Aeneas[2], Sohn der Aphrodite und des Anchises, in Sizilien bei seinem Gastfreund Akestes, dem Sohn des Flusses Crinisus; hier ehrte Aeneas die Gebeine seines Vaters, und mit einem Wettspiel erwies er den Manen (der Seele des Toten) die gebührenden Ehren: zuerst fand ein Wettkampf zur See statt, und zwar traten dazu an Cloanthus mit dem Schiff Skylla, Mnestheus mit dem Schiff Pistris, Gyas mit der Chimaera, Sergestus mit dem Kentauren. Es siegte aber Cloanthus mit seinem Schiff Skylla und empfing als Preis ein Talent Silber und einen goldenen Mantel, in welchen mit Purpur «Ganymedes» eingewirkt war; Mnestheus erhielt einen Panzer, Gyas trug Becken und Becher, die mit in Silber ausgeführten Reliefs geschmückt waren, davon, Sergestus eine Gefangene namens Pholoë mit ihren zwei Söhnen. Im zweiten Wettspiel dann, einem Wettlauf, maßen sich Nisus, Euryalus, Diores, Salius, Helymus, Panopes; es siegte Euryalus und erhielt als Preis ein schön aufgezäumtes Pferd; zweiter war Helymus, der einen Amazonenköcher, dritter Diores, der einen argolischen Helm erhielt, dem Salius schenkte Aeneas ein Löwenfell, dem Nisus einen Schild, das Werk des Didymaon. Im dritten Wettspiel, mit

den Schlagriemen, maßen sich Dares und Entellus; es siegte
Entellus; als Preis erhielt er einen Stier, dem Dares gab er ein
Schwert und ein Messer. Im vierten, dem Bogenkampf, wett-
eiferten Hippokoon, Mnestheus, Akestes, Eurytion, der einen
Helm zum Geschenk erhielt, weil er, auf den Spruch des
Aeneas hin, wegen des Vorzeichens dem Akestes die Sie-
ger-Ehre überließ [1]. Im fünften spielten die Knaben «Troia»
unter Führung des Askanius.

274. ERFINDER

... einer mit Namen Kerasos mischte den Wein mit Wasser
aus dem Fluß Acheloos in Ätolien, woher mischen griechisch
kerasai heißt. Unsere Vorfahren hatten an den Pfosten der
Speisesofas mit Weinranken umwundene Eselsköpfe, womit
sie bedeuteten, daß der Esel die Süße des Weines gefunden
habe. Der Bock aber brachte am Weinstock, den er angenagt
hatte, mehr Früchte hervor, wodurch man das Beschneiden
entdeckt hat. Pelethronios erfand als erster Zügel und Pack-
sattel für die Pferde. Belone erfand als erste die Nadel, die
griechisch belone heißt. Kadmos, Sohn des Agenor, fand und
barg als erster in Theben das Erz; Aiakos, Sohn des Zeus, fand
als erster in Panchaia auf dem Berge Tasos Gold. König Indos
in Skythien fand als erster das Silber, welches Erichthonios
zuerst nach Athen brachte. In Elis, einer Stadt im Peloponnes, wurden zuerst Wagenrennen veranstaltet. König Midas,
Sohn der Kybele, in Phrygien, fand als erster das Blei und
das Zinn. Die Arkader brachten als erste den Göttern Opfer.
Phoroneus, Sohn des Inachos, schmiedete als erster Waffen
für Hera, welcher deshalb als erster Königsmacht innehatte.
Der Kentaure Cheiron, Sohn des Kronos, führte als erster
dank Kräutern die Heilkunde (Chirurgie) ein; Apollon war
der Erfinder der Augenheilkunde; an dritter Stelle aber fand
Asklepios die klinische Wissenschaft. Die Alten hatten keine

Hebammen; und so starben die Frauen aus Scham. Denn die
Athener hatten verordnet, kein Sklave und keine Frau dürfe
die Heilkunst lernen. Ein Mädchen namens Hagnodike begehrte, als sie herangewachsen war, die Heilkunst zu lernen,
und in diesem Bestreben schor sie sich die Haare, legte Män-
nerkleider an und trat bei einem Herophilos in die Lehre. Als
sie diese Kunst erlernt hatte und hörte, daß eine Frau in Wehen lag, kam sie zu ihr; diese wollte sich ihr, in der Meinung,
sie sei ein Mann, nicht anvertrauen; da hob Hagnodike ihr
Gewand auf und zeigte, daß sie eine Frau sei, und so heilte sie
die Frauen. Als die Ärzte sahen, daß sie selbst bei den Frauen
nicht zugelassen wurden, begannen sie Hagnodike anzuklagen und sagten, sie sei ein Buhlknabe und Verführer der
Frauen und diese würden Unwohlsein bloß vortäuschen. Die
Mitglieder des Gerichtshofes versammelten sich und wollten
Hagnodike verurteilen. Hagnodike hob ihr Gewand auf und
zeigte ihnen, daß sie eine Frau sei. Noch heftiger begannen
da die Ärzte sie anzuklagen. Deshalb kamen nun die Angesehensten der Frauen zum Gericht und sagten: «Ihr seid nicht
Gatten, sondern Feinde, weil ihr die verurteilt, welche für
uns Rettung fand.» Damals verbesserten die Athener das Gesetz, so daß die freigeborenen Frauen die Heilkunst lernen
durften. Perdix, Sohn von Daidalos' Schwester, erfand den
Zirkel und die Säge aus dem Rückgrat eines Fisches. Daidalos,
Sohn des Eupalamos, schuf als erster Götterbilder. Oannes,
der in Chaldäa aus dem Meer[1] aufgetaucht sein soll, deutete
die Astrologie. Die Lyder färbten die Wolle mit jungen Zwei-
gen, dann auch den Faden. Pan erfand das Flötenspiel. In Sizilien fand Demeter als erste das Getreide. Tyrrhenos, Sohn
des Herakles, erfand die Tuba folgendermaßen: in der Meinung,
seine Gefährten äßen Menschenfleisch, flohen dieser Grausamkeit wegen die Bewohner ringsum; damals blies Tyrrhenos, weil einer von ihnen gestorben war, auf einer mit

einem Loch versehenen Muschel, rief die Leute zusammen,
und sie bezeugten ihnen, daß sie den Toten bestatteten
und nicht auffräßen. Deshalb heißt der Klang der Tuba «Tyrrhenische Weise». Diese Sitte bewahren die Römer noch heute,
und wenn einer gestorben ist, spielen die Tubabläser, und
die Freunde werden zusammengerufen, um Zeuge zu sein, daß
er weder durch Gift noch durchs Schwert umkam. Horn-
bläser waren als erste diejenigen, die zu den Volksversamm-
lungen riefen. Die Bewohner Afrikas und Ägyptens kämpften zuerst mit Knitteln, später führte Belos, Sohn des Poseidon, Krieg mit dem Schwert; von ihm hat der Krieg (bellum)
seinen Namen.

275. STÄDTEGRÜNDER

Zeus gründete in Indien Theben, nach dem Namen seiner
Amme Thebais; die Stadt heißt hecatompylae, weil sie hundert Tore hat. Die Chalkidische Athene[1] Athen, das sie
nach ihrem Namen nannte. Epaphos, Sohn des Zeus, in Ägypten Memphis. Arkas, Sohn des Zeus, in Arkadien Trapezus.
Apollon, Sohn des Zeus, Arnai. Eleusinus[2], Sohn des Hermes,
Eleusis. Dardanos, Sohn des Zeus, Dardania. Argos, Sohn des
Agenor[3], Argos. Kadmos, Sohn des Agenor, das siebentorige
Theben. Perseus, Sohn des Zeus, Perseis. Kastor und Polydeukes, Söhne des Zeus, Dioskoris. Medos, Sohn des Aigeus
und der Medeia, in Ekbatana Meda[4]. Kameiros, Sohn des Helios, Kameiros. Dionysos in Indien Ammon[5]. Die Nymphe
Ephyre, Tochter des Okeanos, Ephyre, das man später Ko-
rinth nannte. Sardo, Tochter des Sthenelos, Sardes. Kinyras,
Sohn des Paphos, Smyrna nach dem Namen seiner Tochter.
Perscus, Sohn des Zeus, Mykene. Semiramis, Tochter der Derketo, Babylon in Syrien.

277[1]. ERFINDER

Die Parzen Klotho, Lachesis und Atropos fanden die sieben[2] griechischen Buchstaben A, B, H, T, I, Y; andere sagen, Hermes habe sie aus dem Fluge der Kraniche entdeckt, die, wenn sie fliegen, Buchstaben ausdrücken. Palamedes aber, Sohn des Nauplios, fand ebenfalls elf Buchstaben, Simonides ebenfalls vier: Ω, E, Z, Φ, Epicharmos aus Sizilien zwei: Π, Ψ. Diese Buchstaben soll Hermes zuerst nach Ägypten gebracht haben, aus Ägypten Kadmos nach Griechenland, welche der aus Arkadien flüchtige Euandros nach Italien brachte und seine Mutter Karmenta in lateinische umwandelte, fünfzehn an Zahl. Apollon fügte beim Kitharaspiel[3] die übrigen hinzu. Ebenso lehrte Hermes als erster den Sterblichen auch die Ringkunst. Demeter zeigte, wie man Rinder zähmt, und ihrem Schüler Triptolemos, wie man Feldfrüchte sät. Als er gesät und eine Sau, das heißt ein Schwein, was er gesät, wieder ausgewühlt hatte, ergriff er die Sau, führte sie zum Altar der Demeter, legte Getreide auf ihren Kopf und opferte sie der Demeter. So wurde zum erstenmal der Brauch gefunden, über das Opfertier Schrotmehl und Salz zu streuen. Das Segeln erfand Isis, denn als sie ihren Sohn Harpokrates suchte, segelte sie mit einem Schiff. Athene baute als erste ein Schiff mit Doppelbug für Danaos, auf dem er vor seinem Bruder Aigyptos floh.

ANHANG

NACHWORT

Am 11. Dezember 1956 starb Ludwig Mader in Fischen (Allgäu). In Obermoschel in der bayrischen Pfalz am 7. März 1883 geboren, besuchte Ludwig Mader das humanistische Gymnasium in Augsburg. Nach dem Studium der klassischen Philologie in Erlangen und in Berlin bei Wilamowitz wirkte er als Oberlehrer von 1906 an in Bükkeburg und ab 1910 in Essen am Burg-Gymnasium. Von 1925 bis 1956 war der Verstorbene Oberstudiendirektor des ehemaligen Kaiser-Wilhelm-, des heutigen Einhard-Gymnasiums in Aachen.

Ludwig Mader veröffentlichte einen großen lateinischen Lehrgang zusammen mit Siebourg und später Wecker, ferner eine kleine griechische Kulturgeschichte und verfaßte zahlreiche Aufsätze im Rahmen seines Fachgebietes. In der Bibliothek der Alten Welt erschienen 1951 seine «Antiken Fabeln».

Das Manuskript der «Griechischen Sagen» enthielt Auslassungen größeren Umfanges, welche, dem heute herrschenden Grundsatz der Bibliothek der Alten Welt entsprechend, möglichst vollständige Ausgaben zu veröffentlichen, Liselotte Rüegg neu übersetzte[1]. Sie besorgte auch die Bereinigung der Übersetzung und der Anmerkungen sowie die Register. Der Übersetzung zugrunde gelegt wurden folgende Textausgaben: Mythographi Graeci I: Apollodori Bibliotheca, ed. R. Wagner. Leibzig 1894. – II 1: Parthenius, ed. P. Sakolowski. Antoninus Liberalis, ed. Ed. Martini. Leibzig 1896. – II 1 Suppl.: Parthenii Nicaeni quae supersunt, ed. Ed. Martini. Leibzig 1902. – Apollodorus, The Library, ed. J. G. Frazer. London [3]1954–56. – Parthenius, ed. S. Gaselee. London [4]1955. – Hygini fabulae, ed. H. I. Rose. Leiden o. J. (1934).

DER HERAUSGEBER

ANMERKUNGEN

Die mit (M) bezeichneten Anmerkungen stammen von Ludwig Mader

9 ¹ Überliefert ist hier und vier Zeilen weiter unten Praxithea, was die meisten Herausgeber als Irrtum in Metaneira ändern. Es wird aber auch vermutet, Apollodor habe zwei Sagenversionen vermengt, in deren einen des Keleos Gattin nicht Metaneira, sondern Praxithea heißt.

11 ¹ Der seinen Träger unsichtbar macht, vgl. I 7.
  ² Der folgende Satz: «Und Herakles tötete alle Sterbenden mit seinen Pfeilen» wurde von Mader nicht übersetzt.

12 ¹ Blut heißt gr. haima (M).

13 ¹ «Daher wurden die Menschen metaphorisch als laoi (Leute) bezeichnet, von laas, Stein» (von M nicht übersetzt).

22 ¹ Die Worte «dem Bruder des Salmoneus» wurden als wohl späterer Zusatz von M nicht übersetzt.

28 ¹ Zur sprechenden Argo s. I 110.

33 ¹ Etymologische Spielerei: Anaphe von anaphainesthai, «auftauchen» (M).

38 ¹ Frazer vermutet, daß die vom Scholiast zu Homer, Ilias I 42 in diesem Zusammenhang aus dem 2. Buch Apollodors zitierten Worte «Er aber nahm das Land in Besitz und nannte nach sich die Einwohner Danaer» hierher gehören.

39 ¹ Da kurz vorher bereits eine Hippodameia genannt ist, vermutet Wagner nach Hygin 170 Hippothoë, andere anderes; doch weiter unten erscheint auch zweimal der Name Euippe.

40 ¹ Die Stelle ist verderbt. Ich lese mit Frazer: ... τελευτῆσαι ἐκείνῳ τῷ θανάτῳ. πρὶν δὲ τελευτῆσαι usw. Zu Nauplios als Pirat vgl. Epitome 6, 7 ff.

44 ¹ Der hier folgende Abschnitt, wohl ein späterer Einschub, wurde von M nicht übersetzt: «Bei Pindar und Hesiod im ,Schild' heißt es von Perseus: Ganz bedeckte den Rücken das Haupt des schrecklichen Ungeheuers, der Gorgo, umgehängt war ihm die Tasche. Diese heißt kibisis, weil darin Gewand und Speise versorgt sind (gr. keisthai).»
  ² Vgl. Anm. 1 zu S. 11.

54 1 Ich lese μελίας als Eigenname (M).

61 1 Ligurien.

62 1 Vermutlich ist eine kurze Schilderung des Kampfes ausgefallen (M).

63 1 Vgl. II 153 (M).

2 Der Weg, wie er hier geschildert ist, verträgt sich schlecht mit unsern geographischen Vorstellungen. Man hat deshalb vorgeschlagen, Λυδίας statt Λιβύης zu lesen (M).

3 Herakles, der Finder des Ölbaums bzw. des olympischen Siegerkranzes (vgl. Pindar, Ol. III 13 ff.), mußte an Stelle des befreiten Prometheus sich symbolisch fesseln, ebenso – in Cheiron – einen Ersatzmann stellen (vgl. dazu II 85).

4 Die im Text vorhandene Lücke läßt sich dem Sinne nach ausfüllen durch Vergleich mit dem Scholiasten zu Apollonios von Rhodos IV 1396 (M).

64 1 Der Satz «Es war aber damals den Fremden nicht erlaubt, eingeweiht zu werden; doch zum Adoptivsohn des Pylios geworden, konnte er sich einweihen lassen» wurde von M als möglicherweise unecht nicht übersetzt.

69 1 «Jungfrauengebirge» (M).

71 1 Vgl. II 118. Herakles als starker Esser ist ein beliebtes Motiv der alten Komödie (M).

2 D. h. jener Stamm der Lokrer, der am Berg Knemis am Golf von Malia wohnt.

72 1 Herakles hatte seine Pfeile in die Galle der Hydra getaucht (s. II 80), und somit war auch des Nessos Blut vergiftet.

2 Die Stelle ist verderbt, die Übersetzung daher unsicher.

3 Hier und im Folgenden Lücken im Text.

74 1 Der griechische Text ist lückenhaft, wie Diodor IV 58, 3 f. zeigt. Die Worte «Dann zog Aristomachos ... Urenkel» sind ergänzt von M, nach Paus. II 7, 6 (A., Sohn des Kleodaios) und III 15, 10 (K., Sohn des Hyllos).

2 Kleodaios ist Konjektur eines früheren Herausgebers (Thomas Gale 1675) für Kleolaos. Doch wohl unrichtig, handelt es sich ja, wie das Folgende zeigt, um die Söhne des Aristomachos (welcher ein Sohn des Kleodaios, Enkel des Hyllos ist): Temenos, Aristodemos, Kresphontes. Sie sind die «dritte Frucht» im Geschlecht der Herakliden.

75 1 Ich lese mit Preller-Robert, Die Griechische Heldensage⁴ II 2, S. 659, 2: στένυγρον οὐ κατὰ τὸν Ἰσθμόν, ἀλλὰ κατὰ τὸν τὴν εὐρυγάστορα δεξιὰν ἔχοντα τὴν θάλασσαν. (M).

² Entweder Irrtum, oder der Name Haimon wurde in Andraimon
verderbt: Oxylos ist ein Sohn des Haimon, Urenkel eines Andraimon
(s. Register A. 2).

77   ¹ Die Worte: ῥόδου ἀποπλέων sind als verderbt nicht übersetzt.
80   ¹ Vgl. Hygin 136.
82   ¹ Im griechischen Text πέπλος, das Hauptstück der Frauentracht,
     vgl. III 58.81 (M).
     ² Worin die Überlistung bestand, zeigt Hygin 167.179 (M).
83   ¹ Die Quellenangabe fehlt. Der in Versen abgefaßte Namenkatalog
     ist schlecht überliefert und wohl ein späterer Einschub.
84   ¹ Die Worte: «gegen die Inder» wurden als Einschub von M nicht
     übersetzt.
     ² Die Worte: «und ganz Indien, wobei er dort Säulen errichtete»
     sind wohl ebenso ein Einschub.
86   ¹ Die Überlieferung ist schlecht und lückenhaft. Ich lese mit Frazer
     ἀμφότεροι δὲ ἀπὸ Εὐβοίας τῆς Βοιωτίδος φυγόντες, ἐπεὶ usw.
     und ergänze die Lücke nach καὶ mit Heyne ἐκεῖθεν ἐλθόντες εἰς
     Θήβας (M).
89   ¹ Vgl. III 25 (M).
90   ¹ Der Text ist verderbt, übersetzt wird nach Frazers Konjektur.
     Als Schwester des Adrastos (s. I 103) schlichtet Eriphyle Streitig-
     keiten zwischen diesem und ihrem Gemahl.
91   ¹ Vgl. I 115 (M).
92   ¹ Vgl. III 23 f.
     ² Ich lese mit Frazer: οὖσαν γὰρ τῇ Χαρικλοῖ προσφιλῆ τὴν
     Ἀθηνᾶν αὐτὸν γυμνὴν ἐπιστάντα ἰδεῖν (M).
93   ¹ Die Worte: «Was Teiresias zu Zeus und Hera sagte» sowie die
     darauf folgenden zwei Hexameter: «Einen von zehn Teilen der
     Freude genießt der Mann, die zehn vollendet das Weib, sich freuend
     in ihrem Sinn» wurden von M als späterer Einschub nicht über-
     setzt.
94   ¹ Vgl. III 58.61 f. (M).
95   ¹ Der Text ist unsicher, übersetzt wurde nach Frazers Vermutung.
98   ¹ Ein Name fehlt.
     ² Tisch: gr. trapeza.
102 ¹ Der folgende Abschnitt (121), vermutlich ein späterer Einschub,
     wurde von M nicht übersetzt: «Ich fand, daß er folgende Helden
     wieder zum Leben erweckt haben soll: Kapaneus und Lykurgos,
     wie Stesichoros in der Eriphyle erzählt, Hippolytos, wie der Dich-
     ter der Naupaktika berichtet, Tyndareos, wie Panyassis erzählt,

Hymenaios nach dem Bericht der Orphiker und Minos' Sohn
Glaukos nach jenem des Melesagoras.»

103   ¹ Vgl. I 87.

107   ¹ Diesen Abschnitt hat M als vielleicht unecht nicht übersetzt.

108   ¹ II 134ff.

111   ¹ Die etymologische Spielerei des griechischen Textes Aias–aietos,
      «Adler», läßt sich im Deutschen nicht nachbilden (M).

112   ¹ Kurz vorher (163) hat Apollodor richtig Polydora als des Peleus
      Tochter erwähnt.

113   ¹ Der Name Achilleus mit cheile, «Lippen», in Zusammenhang ge-
      bracht, ist natürlich Spielerei (M).

114   ¹ Die nachfolgende Lücke im Text wurde schon von Heyne er-
      kannt (M).

117   ¹ Falls der Text ohne Streichungen beibehalten wird, würde die
      Stelle lauten: «... verführte sie, indem er sagte, Prokne, die er
      auf einem Landgut versteckt hielt, sei tot. Er vermählte sich nun
      auch mit Philomela und wohnte ihr bei, worauf» usw.

122   ¹ Der folgende Satz, vermutlich ein Einschub, wurde von M nicht
      übersetzt: «Dort wurde er der Helfershelfer Pasiphaës, die in Liebe
      zum Stier des Poseidon entbrannt war, und verfertigte eine höl-
      zerne Kuh, baute auch das Labyrinth, wohin die Athener alljähr-
      lich sieben Knaben und ebensoviele Mädchen dem Minotauros zum
      Fraß schicken mußten.»

123   ¹ Hier, mitten im Bericht über des Theseus Taten auf seinem Weg
      nach Athen, bricht der Text ab. Die Fortsetzung ist uns nur in ei-
      ner gekürzten Fassung bekannt: Ende des 19. Jahrhunderts wurden
      fast gleichzeitig zwei Manuskripte entdeckt, die beide einen Aus-
      zug (Epitome) aus Apollodors «Bibliothek» enthalten (vgl. Ein-
      leitung S. XXIIf.).

125   ¹ D.h. mit den geretteten Gefährten, vgl. III 213.

126   ¹ Der Text ist unsicher, übersetzt wurde nach Wagners Konjek-
      tur.

128   ¹ Abschnitt 21 stammt aus der Sprichwortsammlung des Zenob (V
      33), der diese Geschichte wahrscheinlich Apollodor entnahm.
      ² Ich lese mit Herwerden und Frazer εἰς ἀίδιον statt εἰς ᾿Αϊδω-
      νέα (M).

129   ¹ Übersetzt wurde nach Frazers Konjektur: οὐκ ἔπειθεν αὐτῷ
      συνελθεῖν.

131   ¹ Abschnitt 15 stammt aus dem «Chiliades» betitelten Werk des
      Grammatikers Johannes Tzetzes (12. Jh. n. Chr.), der diese Er-

zählung wahrscheinlich Apollodor entnahm. Übersetzt wurde nur,
soweit er etwas Neues bringt, d.h. I 456–461; 462–65 entsprechen Abschnitt 16.

134 1 Sie wurden deshalb von den Griechen aus ihrer Heimat Delos geholt, um das Heer zu versorgen, vgl. Ovid, Metamorphosen XIII
650 ff.

135 1 Wer sich die Mühe des Zusammenzählens macht, wird sehen,
daß die Rechnung nicht stimmt.

136 1 Euripides hatte dafür aus Gründen der Bühnenwirksamkeit eine
Vorliebe (M).
2 Cheiron hatte sie Peleus, dem Vater des Achilleus, zur Hochzeit
geschenkt; vgl. Homer, Ilias XVI 140 ff., Apollodor III 170.
3 Vgl. Epitome 2,10.

138 1 Vgl. Homer, Ilias XX 90 f., 188 f. (M).

139 1 Nach Homer, Ilias II 843, ist Hippothoos der Enkel des Pelasgos,
des Sohnes des Teutamos.
2 Die ihm Agamemnon wegnahm, um sich schadlos zu halten für
die Rückgabe der Chryseis, der Tochter des Priesters Chryses.
Dies muß dem Sinn nach in der Lücke gestanden haben. Vgl. dazu Homer, Ilias I. Das Folgende (bis 4,7) ist eine Inhaltsangabe der Ilias.
3 Sonst heißt Dolons Vater Eumedes; vgl. z.B. Homer, Ilias X 314,
Ovid, Lieder der Trauer III 4,27 (BAW 1963)

141 1 Vgl. Epitome 1,17 (M).
2 Diese dachte man sich bei der Mündung der Donau. Nach der
sonstigen Sagenüberlieferung lebte hier der unsterbliche Achilleus,
während sein Leib bei Troia bestattet wurde, vgl. Homer, Odyssee XXIV 43 ff., Pausanias III 19,11 ff.

144 1 Vgl. Homer, Odyssee IV 277 ff.
2 Antenor hatte ihnen das Leben gerettet, vgl. Epitome 3,29.

146 1 Vgl. Epitome 3,8 (M).

147 1 Wahrscheinlich ist der Name des Gottes ausgefallen (M).

148 1 Iberien, Landschaft zwischen Kaspischem und Schwarzem Meer.
Sangarios, Fluß in Bithynien, der sich ins Schwarze Meer ergießt.
2 Die beiden Sätze in Abschnitt 15 geben wohl ein und dieselbe
Stelle Apollodors in zwei verschiedenen Auszügen wieder; da sie
sich gegenseitig ergänzen und präzisieren, wurden beide übersetzt,
ebenso die aus Tzetzes (s. Anm. 1 zu S. 131) stammenden Abschnitte
15a,b,c, die das in 15 Gesagte weiter ausführen.

149 1 Das Ursprüngliche bei Tzetzes (Lykophron 495) erhalten:
φάσματι κρατηθείς (M).

151 ¹ «in das heilige Feuer» lese ich mit Herwerden; vgl. Euripides, Iphigenie im Taurerlande 626 (M).

152 ¹ Zu den Irrfahrten des Odysseus 7, 2–25 vgl. Homer, Odyssee IX 39 ff.–XII, V 149 ff.–VII, XIII–183; zu 7, 26–33, I 230 ff.–II 110, XIII 373 ff.–XXIV.

156 ¹ Der Name ist verderbt, vielleicht aus Triton, der als Vater der S. gilt.

157 ¹ Die Liste hier enthält bloß 53 Namen; so auch weiter unten 41 statt 44.

166 ¹ Telegonos; vgl. Apollodor, Epitome 7, 36.
     ² Möglicherweise ist eine Lücke im griechischen Text (M).

167 ¹ Etwas Derartiges ist dem Sinne nach zu erwarten. Der Text ist verderbt und bis jetzt noch nicht geheilt (M).

168 ¹ Um eine Kolonie zu gründen. Thessalien (hier liegt Pherai), Kreta, Leukippos spielen in der Gründungsgeschichte von Magnesia eine Rolle, vgl. U. v. Wilamowitz, Die Herkunft der Magneten am Maeander, Hermes XXX 177 ff.

169 ¹ Im Text steht ἀμφ' αὐτόν, «seiner Leute»; die von einigen Herausgebern vorgeschlagene Konjektur ἀμφ' αὐτήν ist sinngemäß.

170 ¹ Galliereinfall in Kleinasien 278 v. Chr.

173 ¹ Nach der Konjektur ἱλάσασθαι für das überlieferte unsinnige βιάσασθαι, «vergewaltigen».

174 ¹ Nach der Konjektur πάντα ἐνιαυτόν für das überlieferte πάντα ἑκατόν, «ein volles Hundert».

175 ¹ Nämlich Miletos.
     ² Hier besteht wohl eine Lücke im Text. Überhaupt sind diese aus Nikainetos zitierten Hexamter sehr verderbt überliefert, die Übersetzung fraglich. (Vgl. R. Holland, Philol. Wochenschrift 1924, S. 302 f.)
     ³ Itys: zu der bekannten Sage von Prokne, die, in eine Nachtigall verwandelt, um ihren toten Knaben klagt, vgl. Apollodor III 193 ff., Hygin 45 (Hier nach röm. Version Pr. = Schwalbe, Ph. = Nachtigall).

176 ¹ Die zweite Quellenangabe ist verderbt.

178 ¹ Des Melissos Sohn, Aktaion, wurde seiner Schönheit wegen von einem der Bakchiaden (korinthisches Herrschergeschlecht) entführt und im Streit der Parteien getötet, worauf sich die Korinther gegen die Tyrannen empörten und sie stürzten. Peirene ist eine Quelle auf der Burg von Korinth.
     ² Salz ist das Symbol der Gastfreundschaft.

179 ¹ Karisch; Halikarnaß, woher Antheus kommt, liegt in Karien.

² Wird der überlieferte Text an dieser umstrittenen Stelle beibehalten, kann mit ξένος «Gastfreund», nur Phobios gemeint sein, der «Unglückseligste», da er ja durch Kleoboias Tat, wie vorher zu lesen war, vom Fluch beladen ist und seiner Herrschaft entsagt.

183 ¹ Vgl. Apollodor I 25, wo aber Oinopions Tochter Merope heißt.

184 ¹ Achilleus als Sohn des Peleus, wie nachher Aiakide als Enkel des Aiakos.

² Thetis, die Mutter des Achilleus, heißt «blau» als Meergöttin.

185 ¹ «unter den Feinden», d.h. jenen der Spartaner; das überlieferte τῶν πολεμίων muß, wie mir scheint, nicht in τῶν πόλεων, «unter den Städten», geändert werden. Der Schluß der Geschichte fehlt. Vgl. dazu Plutarch, Pyrrhos, cap. 26 (BAW Bd. VI).

186 ¹ Mit diesem Beinamen als Göttin der Vorsehung wurde Athene in Delphi verehrt. Zur Halsbandgeschichte s. Apollodor III 60f. 86ff.

188 ¹ Vgl. Apollonios von Rhodos, Argonauten I 976–1065.

191 ¹ Ihren Großeltern mütterlicherseits; Pentheus, ihr Bruder, war von den Bakchen zerrissen worden, vgl. Apollodor III 36.

193 ¹ Die Parthenios-Ausgabe von S. Gaselee, Loeb Cl. Library ⁴1955, hält am überlieferten Text μαλακιζόμενος ἐπιμονῇ fest, während frühere Herausgeber dies änderten in μάλα κακιζόμενος ἐπὶ μονῇ, «seines Bleibens wegen sehr getadelt zu werden».

197 ¹ Der Vergleich mit Akontios und Kydippe ist wohl eine spätere Zufügung; zu dieser Geschichte vgl. Ovid, Briefe der Leidenschaft XXf., und Aristainetos, Erotische Briefe I 10 (BAW 1951).

199 ¹ Deianeira (vielleicht auch Gorge) galt als Tochter des Dionysos und der Althaia, der Gattin des Oineus, vgl. Apollodor I 64, Hygin 129.

204 ¹ Die Stelle ist verderbt, der Vogel jedenfalls nicht zu identifizieren.

211 ¹ Was dieser Beiname bedeutet, ist zweifelhaft. E. Oder, De Antonino Liberali, Diss. Bonn 1886, S. 15f., bringt ihn in Zusammenhang mit der Glosse μειλεῖν, «gefallen».

215 ¹ Folgender Abschnitt wurde von Mader als wohl späterer Einschub nicht übersetzt: «So wie es geschah, als Kainis, die Tochter des Atrax, nach Poseidons Willen zum Lapithen Kaineus wurde. Teiresias aber verwandelte sich aus einem Mann in eine Frau, weil er Schlangen, die er am Dreiweg bei der Paarung traf, tötete, wurde dann wieder aus einer Frau zum Mann, da er zu wiederholten Malen auf einen Drachen einhieb; und Hypermnestra soll,

wenn sie, als Frau verkauft, einen entsprechenden Erlös einge-
bracht hatte, sich in einen Mann verwandelt und so ihren Vater
Aithon ernährt haben. Der Kreter Siproites aber sei verwandelt
worden, weil er beim Jagen die badende Artemis erblickt hatte.»
Zu Kaineus vgl. Apollodor Ep 1, 22; zu Teiresias Apollodor III 71.
Zu Aithon und Hypermnestra vergleiche man, was Ovid von Erysichthon und dessen Tochter erzählt, Metamorphosen VIII 848–
874.

² Etwa «der Erschaffenden»; Phytios ist ein Beiwort, das sonst Helios und Zeus zukommt.

³ Gr. eeropos.

217 ¹ Vgl. Apollodor III 119.

222 ¹ Mit Berkel ist vielleicht Aoner (= Böotier) zu lesen. Was unter
«Koronischen Jungfrauen» zu verstehen ist, ist rätselhaft (M). Vgl.
Ovid, Metamorphosen XIII 692 ff.

227 ¹ In Arkadien, vgl. Apollodor III 96.

² Die in vorhistorischer Zeit in Kalabrien eingewanderten Messapier waren wohl illyrischen Ursprungs. Die Stelle ist umstritten;
auch wenn man das überlieferte «Illyrier» streicht, wird nicht
klar, warum der dritte Teil Messapier, hingegen das gesamte Volk
Iapyger heißt.

³ Der Text ist verderbt, der Sinn unsicher.

229 ¹ Nördlicher Teil Attikas mit den vier Städten Oinoë, Marathon,
Probalinthos, Trikorythos.

² Statt des überlieferten ἐν τῇ ἀγορᾷ, «am Markt», wird ἐν τῇ
πρώτῃ ὥρᾳ vermutet, also: «Sie wohnten, wie einst auch Herakles
in frühester Jugend, beim Elektra-Tor.»

231 ¹ Vgl. Apollodor I 21, Hygin 53.

232 ¹ Aus Rache für die ihr von Diomedes im Troianischen Krieg bei-
gebrachte Wunde (vgl. Homer, Ilias V 330 ff.) machte Aphrodite
seine Gattin zur Ehebrecherin, die den Heimkehrenden vertrieb.
Zu Diomedes und Agrios vgl. Apollodor I 78.

233 ¹ Gemeint ist die Jagd auf den Kalydonischen Eber; vgl. Apollodor
I 70, III 163.

235 ¹ Der schöne Tempel auf der Insel Aigina ist inschriftlich als Tempel der Aphaia gesichert. Zu Britomartis, Diktynna und Aphaia vgl.
K. Hoenn, Artemis, Gestaltwandel einer Göttin. Zürich 1946 (M).

² Der Zusammenhang wird deutlich, wenn man Hygin 189 liest;
vgl. auch Ovid, Metamorphosen VII 700 ff.

236 ¹ Vgl. Apollodor III 197 f.

² Vgl. Apollodor II 57 f.

237 ¹ Der überlieferte Text lautet καὶ ἐπειδὴ ᾽Αμφιτρύωνος ἰόντος
ἐδεήθη usw. Einen Genetivus absolutus bei gleichem Subjekt hält
E. Oder, De Antonino Liberali, Diss. Bonn 1886, S. 28, für unmöglich und liest ἐπειδὴ ᾽Αμφιτρύων; das übrigbleibende οσιον-
τος bringt er in Zusammenhang mit ὁσιοῦν, «entsühnen»: somit
wäre vielleicht die Entsühnung Amphitryons durch Kreon (vgl.
Apollodor II 57) erwähnt.

241 ¹ Die vorangehenden kurzen Exzerpte (bloße Aufzählung von Namen, vgl. Einleitung S. XXIV) wurden nicht übersetzt.

242 ¹ Vgl. Apollodor III 28 und zum Ganzen I 80. 84 (M).

² Überliefert ist: «von Zeus», sicher falsch, wie Apollodor III 28
zeigt (M).

³ D. h. «Meer der Helle».

243 ¹ Phrixos ist der Enkel des Aiolos. Offenbar hat Hygin das griechische Αἰολίδης, was Sohn, aber auch Nachkomme des Aiolos heißt,
mißverstanden; vgl. auch Einleitung S. XXVII.

² Sonst Kytisoros; vgl. Apollodor I 83.

244 ¹ Nicht Epaphos (s. auch 8), sondern Epopeus heißt sonst der Verführer oder Gatte der Antiope; vgl. Apollodor III 42.

² ἀπὸ τοῦ ζητεῖν τόπον, alterum vero Amphionem, ὅτι ἐν διόδῳ
ἢ ὅτι ἀμφὶ ὁδὸν αὐτὸν ἔτεκεν, id est quoniam in bivio eum edi-
dit heißt es im Text, um die Namen zu erklären. Derartige etymologische Spielereien sind bei den Mythographen beliebt (M).

246 ¹ Sonst gilt Poseidon als Vater, und gleich nachher wird Periklymenos als Enkel des Poseidon bezeichnet! Vgl. Apollodor I 90 ff.
Entweder ist Hippokoon ein Irrtum oder Entstellung eines Bei-
wortes, das dem Poseidon zukommt.

247 ¹ 11 enthält eine schlecht überlieferte Namenaufzählung der Söhne
und Töchter der Niobe.

² 14 besteht in der Hauptsache aus einem teilweise verderbten Na-
menverzeichnis der Argonauten.

248 ¹ Vielmehr: Enkel des Eusoros; Kyzikos gilt sonst als Sohn des
Aineus und der Eusorostochter Ainete.

249 ¹ Tiphys gilt sonst als Sohn des Hagnias, vgl. Apollodor I 111.

250 ¹ Die Übersetzung folgt der Ergänzung, wie Rose sie vorschlägt.

² Herodot IV 7 erzählt vom Skythenland: «In dem Land, das darüber
hinaus liegt, kann man nicht weiter sehen oder vorwärtskommen
vor lauter Federn; denn Land und Luft sind voller Federn, und das
ist es, was die Sicht hindert.» Er deutet es auch selbst (31) auf den

Schneereichtum des Nordens. Vgl. auch Apollonios von Rhodos, Argonauten II 1030 ff. (M).

3 Vgl. Hygin 139 (M).

4 S. Anm. 2 zu S. 243.

252 1 Eine Insel dieses Namens wird sonst nirgends genannt (M).

253 1 Überliefert ist: «Als sie daher schon weit von Kolchis entfernt waren» usw.

2 Es müßte heißen: «des Lykaithos Sohn», Hygin verwechselt den Korinther mit dem Thebaner Kreon (M).

254 1 Glauke/Kreusa: Die Namengebung schwankt, doch ist es bezeichnend für Hygin, daß ohne Kommentar gleich nacheinander diese Tochter Kreons bald so, bald so genannt wird.

255 1 Die im Text vorhandene Lücke ist so etwa dem Sinne nach auszufüllen (M).

2 Aietes war von seinem Bruder Perses der Herrschaft beraubt worden, vgl. Apollodor I 147.

3 Nach Apollodor I 53 ist ihr Vater Triops, dieser wie sein Bruder Aloeus ein Sohn des Poseidon; aus ihrer Verbindung mit Poseidon stammen die Söhne Otos und Ephialtes.

257 1 Tatsächlich scheint in Rom ein Kultus des Hercules Primigenius bestanden zu haben, wie wir auch von einer Fortuna Primigenia wissen, der Göttin der Glückskinder von Geburt an (M).

2 Vgl. Apollodor II 158f. Phrygia soll ein Ort am Oita sein.

3 Vgl. Anm. 2 zu S. 250. Hygin verwechselt die Vertreibung der Stymphalischen Vögel (s. Apollodor II 92f.) mit einer Episode aus der Argonautensage.

4 Vgl. Apollodor II 98 ff., Ep 1, 16.

258 1 Die sonstige Überlieferung spricht übereinstimmend von der Leber. Vielleicht ein Versehen des Abschreibers: cor statt iecur (iecur) (M).

2 Verwechslung mit Lykos, dem Sohne des Poseidonsohns Hyrieus; s. Register Lykos (1).

3 Vgl. Anm. 1 zu S. 246.

259 1 Sonst heißt des Dexamenos Tochter Mnesimache (vgl. Apollodor II 91), und Deianeira ist die Tochter des Oineus (s. 36). Entweder liegt eine Verwechslung zweier ähnlicher Sagen vor (Kampf des Herakles um Mnesimache gegen Eurytion; um Deianeira gegen Acheloos oder Nessos) oder, wie auch vermutet wurde, Dexamenos ist mit Oineus identisch, Mnesimache bloß ein anderer Name für Deianeira.

2 S. Anm. 2 zu S. 258.

260 1 Von M nicht übersetzt wurde folgender Abschnitt, den Rose als
hier nicht passend ausklammert (allerdings müßte dann auch der
Titel Anstoß erregen): «Ebenso geschah es bei einer andern Hochzeit: als Peirithoos Hippodameia, des Adrastos Tochter, heiratete,
versuchten die vom Wein berauschten Kentauren den Lapithen
die Frauen zu rauben. Die Kentauren töteten viele von ihnen und
kamen durch jene ums Leben.»

261 1 Das überlieferte ascendisse mortalitatem ist sinnlos. Vielleicht
liegt eine Lücke vor, die etwa mit: et exuisse auszufüllen ist (Rose)
(M).

262 1 «Keulenträger», dies der Beiname des Periphetes, vgl. Apollodor III 217. Bald wird Hephaistos, bald Poseidon als sein Vater genannt. Pityokamptes, «Fichtenbeuger», Beiname des Sinis, vgl.
Apollodor III 218.
2 Bei Apollodor III 214 heißt des Daidalos Schwester Perdix, ihr
Sohn Talos.

263 1 Mit dem überlieferten Text: ut taurum quem ipsa amabat alia
amaret ist nichts anzufangen, wahrscheinlich ist etwas ausgefallen
(M).

264 1 Alter Name von Naxos.

266 1 48: schlecht überlieferte Aufzählung der Könige Athens.
2 50: kürzere Dublette von 51.

267 1 Dies der alte Name von Aigina; das überlieferte: in insulam De-
lon ist sinnlos, wahrscheinlich ein Irrtum Hygins (M).
2 Etymologische Spielerei (M).
3 Dazu s. 140.

268 1 Vgl. Anm. 1 zu S. 258 (M).
2 Bei Apollodor II 116 heißt er Phrasios.

269 1 Zur Strafe dafür, daß er im Übermut die Behausung der Götter
hatte auskundschaften wollen.

270 1 In der Lücke muß eine verruchte Tat des Sisyphos erwähnt worden sein.

271 1 Vielmehr glaubt Ixion, das Bild sei wirklich Hera, vgl. Apollodor
Ep 1,20. Leonteus als Vater des Ixion erwähnt nur Hygin.

274 1 Diese Weissagung und der Opfertod des Menoikeus gehören in
die Sage der Sieben gegen Theben, vgl. 68, Apollodor III 73.

275 1 Hier folgen zwei verkürzte und teilweise schlecht überlieferte
Wiedergaben derselben Sage (68a, b Rose).
2 Vgl. Apollodor I 76; weder des Oineus noch des Tydeus Bruder
heißt Menalippos (Melanippos); nicht in der Verbannungs-, aber

in der Todesgeschichte spielt ein Melanippos eine Rolle, s. Apollodor I 77, III 75 f.

276 ¹ Hier folgt eine verkürzte, schlecht überlieferte Wiedergabe derselben Sage (69 a Rose).

    ² Hier folgt ein weiterer schlecht überlieferter Katalog der «Sie-
ben» (70 a Rose).

277 ¹ Die Liste ist unvollständig, es fehlen die Söhne von Tydeus und
Kapaneus, nämlich Diomedes und Sthenelos; letzterer wird in einem zweiten, schlechtüberlieferten Verzeichnis (71 a Rose) noch
genannt. Vgl. Apollodor III 82 und zu Hygin 70 III 63.

278 ¹ Sonst Opheltes, vgl. Apollodor I 104, III 64. Lykos als Vater nur
bei Hygin, sonst heißt er Lykurgos.

279 ¹ Vgl. Lessings Fabel «Tiresias» (M).

    ² 76: schlecht überliefertes Verzeichnis der thebanischen Könige.

280 ¹ Statt des überlieferten: detulerunt Athenas lese ich mit Muncker
(Hygin-Ausgabe 1681): Aphidnas (M).

    ² Sowohl hier wie in 92, wo Thisiadie steht, ist der Name verderbt.
Wilamowitz, Homerische Untersuchungen 222, 15, vermutet Phy-
sadeia; bei Homer, Ilias III 144, heißt die zweite Dienerin Helenas
Klymene.

281 ¹ uno proelio heißt es im Lateinischen. Offensichtlich ist hier das
Zahlwort schon zum unbestimmten Artikel abgeschwächt (vgl.
Wackernagel, Vorlesungen über Syntax II S. 151, und Stolz-
Schmalz, Lat. Grammatik⁵ S. 482 (M).

    ² Der hier anschließende Satz, wohl ein späterer Einschub, wurde
von M nicht übersetzt: «Daher der Ausdruck ‚losgekauft durch
wechselseitigen Tod‘; und deshalb bewahren die Römer folgenden
Brauch: Wenn sie (bei den Circus-Spielen) einen Kunstreiter (eigentlich Abspringer) ins Rennen schicken, hat einer zwei Pferde,
die Filzkappe (die zur Tracht der beiden Brüder gehört) auf dem
Kopf und springt von einem Pferd auf das andere über, weil jener
seine und des Bruders Stelle vertritt.»

    ³ 81: schlecht überlieferte Aufzählung der Freier Helenas.

    ⁴ Man erwartet: «bis zum Mund». Vermutlich hieß es bei dem grie-
chischen Mythographen, den Hygin vor sich hatte, μέχρι τοῦ
στόματος, was Hygin mit σώματος verwechselt hat (M).

283 ¹ «umarmte er seine Tochter», dies etwa ist dem Sinne nach zu ergänzen; vgl. Apollodor Ep 2, 14.

284 ¹ vestis, was gleich darauf als tunica bezeichnet wird (M).

    ² Lydien oder Phrygien gilt als Heimat von Thyestes' Vater Pe-

lops, der ja ein Sohn des Tantalos ist; er kam nach Griechenland als Freier der Hippodameia.

285 ¹ Im Text heißt es: alii dicunt parum eum promisisse. Das ist natürlich sinnlos. Ich lese aurum, statt parum (M).

² Im Text heißt es: ceto religatae fuissent, knapp statt religatae et ceto obiectae, «wenn Jungfrauen (an den Felsen) angebunden und dem Ungeheuer preisgegeben würden» (Rose). Oder sollte in religatae nicht einfach relictae stecken? (M).

286 ¹ ἀπὸ τοῦ πρίασθαι setzt Hygin hinzu. Wieder eine der beliebten etymologischen Spielereien (M). Vgl. Apollodor II 136.

² 90: schlecht überlieferte Aufzählung der Söhne und Töchter des Priamos.

³ Nur Hygin berichtet dies (M).

⁴ «Der den Hof Schützende» (M).

287 ¹ Vgl. Anm. 2 zu S. 280.

289 ¹ 97: schlecht überlieferter Katalog der Troia-Kämpfer und ihrer Schiffe.

290 ¹ Vgl. Anm. 1 zu S. 281 (M).

292 ¹ Diese Nachricht findet sich nur bei Hygin; vielleicht ist sie entstanden durch eine Verwechslung zwischen dem Iphiklos-Sohn Protesilaos und dem Iphikles-Sohn Iolaos.

294 ¹ D. h. «des Beschützers der Mäuse». Die Maus (griech. sminthos) als Symbol der Weissagung war dem Apollon heilig.

295 ¹ Th. wohl nach Vergil Aeneis II 261 unter die Helden im hölzernen Pferd gezählt.

296 ¹ ut si alteri eorum quid foret, parentibus praestaret. Vor parentibus muß alter ausgefallen sein (vgl. Stoll bei Roscher I 983, 31) (M).

298 ¹ 113: Fehlerhaftes Verzeichnis von Zweikämpfern im Troianischen Krieg. 114/115: Zahlen der von den griechischen bzw. troianischen Helden Getöteten, die natürlich jeder Grundlage entbehren.

299 ¹ Der Ausdruck quando domum repetitionem haberet ist befremdlich. Sollte es nicht heißen reditionem? Vgl. die Plautinische Wendung quid huc tibi reditio est, und zur Stelle auch Rose (M).

² Überliefert ist ideoque id fieri debere quod ἑκατόμβη Graece dicitur. Ich lese mit Schmidt (Hygin-Ausgabe von 1872) id fieri debere, quod eam possit placare. Die Worte eam possit placare sind offenbar verdrängt durch das in den Text eingedrungene Glossem zum folgenden itaque Menelaus ἑκατόμβην fecit, das vollständig lautet: ἑκατόμβη Graece dicitur, cum centum armenta occiduntur (M).

300 ¹ Die Gleichsetzung des Lemniers Thoas mit dem Taurerkönig ist schon alt.

301 ¹ M liest Chryseis audiit statt des überlieferten Chryses audiit senior, und nachher quae statt qui. Im allgemeinen wird diese verderbte Stelle folgendermaßen verstanden: Als Chryses der Jüngere die mit dem Bild der Artemis geflohenen Iphigeneia und Orestes an den sie verfolgenden Thoas ausliefern will, erfährt Chryses der Ältere, die Verfolgten seien Agamemnons Kinder, worauf er seinem Enkel (oder Chryseis ihrem Sohn) die Wahrheit entdeckt, nämlich, daß er der Halbbruder des Orestes und der Iphigencia sei. Hygin gibt hier wohl den Inhalt der verlorenen Sophokleischen Tragödie «Chryses» wieder.

302 ¹ 124: Fehlerhaftes Verzeichnis der Könige von Argos und Mykene.

303 ¹ Hygin verwechselt den Windbeherrscher mit dem Sohn des Hellen.

304 ¹ Hygin verwechselt Ainaria (das heutige Ischia) mit der im allgemeinen als Aufenthaltsort der Kirke angegebenen Insel Aiaia, die aber auch in dieser Gegend, am Vorgebirge Kirkaion (Monte Circeo), lokalisiert wurde.

305 ¹ Nicht Aiaia, sondern Ogygia heißt meistens die Insel der Kalypso.

306 ¹ Gelehrte Erklärung, die später der Handschrift beigefügt wurde.
² Im Text steht Alcinius, wie denn dieses ganze Kapitel voll Fehler ist.

307 ¹ Das Verbum detexere scheint im doppelten Sinn gebraucht: «fertigweben, auflösen»; oder das zweite Mal wäre retexere zu lesen. Eventuell ist nach Rose nicht nur texebat, noctu zu ergänzen, sondern texebat, noctu retexebat, numquam detexebat, also: «Was sie aber tagsüber webte, löste sie nachts und webte nie fertig.»
² Wohl ein Irrtum; kurz nachher wird M. richtig als Hirt des Odysseus bezeichnet.
³ Der Text ist hier und im Folgenden lückenhaft; übersetzt wurde nach Mutmaßungen von Rose.

308 ¹ Auffallend heißt es im lateinischen Text qui ex suo nomine Latinae linguae nomen imposuit, wo man eher genti oder terrae erwarten sollte (M).
² 128: Fehlerhaftes Verzeichnis von Sehern.

309 ¹ D.h. wahnsinnig geworden, erhängen sie sich wie Erigone.
² Dabei wurden Bilder, Masken, Phallen an Bäumen aufgehängt.

311 ¹ Doch sind nur elf genannt.
² Antenor oder Kapys wird sonst als Laokoons Vater genannt;

Akoites hier ist vielleicht nur ein durch den kurz vorher Genannten bedingter Irrtum.

312 1 Anders wußte ich den Ausdruck monstrum nicht zu deuten (vgl.
Apollodor III 18) (M).

314 1 Statt des überlieferten aliquam lese ich mit Muncker (Hygin-Ausgabe 1681) aliam (M).

2 Im lateinischen Text steht Opis; wie Kronos mit dem römischen
Gott Saturnus identifiziert wurde, so Rhea mit der römischen Opis
oder Ops.

3 Der überlieferte Text quod sciret si quis ex eo natus esset, se
regno privaret ist lückenhaft. Hinter natus ist etwa zu ergänzen:
superesset, fatum esse ut (vgl. Schmidt, Hygin-Ausgabe 1872, z.
Stelle) (M).

4 Statt ut ist ubi zu lesen (M).

5 Was im Text noch folgt: alii Corybantes dicunt, hi autem Lares
appellantur, ist unverständlich (M).

315 1 Als Vater der Leto gilt der Titane Koios, die Personifikation des
Himmelsgewölbes. Da hier eine richtige Übersetzung, nicht nur
eine Latinisierung des griechischen Namens vorliegt, wurde er so
beibehalten.

316 1 Der überlieferte Text lautet: Postquam Mercurius sermones hominum interpretatus est, unde ἑρμηνευτὴς dicitur interpres-Mer-
curius enim Graece Ἑρμῆς vocatur; idem nationes distribuit –,
«Nachdem Hermes die Sprachen der Menschen deutete, weshalb
der Dolmetscher hermeneutes genannt wird – denn Mercurius
heißt griechisch Hermes; er auch teilte die Völker ein –, da kam
Zwietracht» usw. Statt dessen liest M, da die Stelle wohl verderbt
ist und kaum einen rechten Sinn ergibt: postquam Mercurius sermones hominum in nationes distribuit.

2 Vgl. S. 258, Anm. 1 (M).

317 1 Der Name ist verderbt, vielleicht ist Kerdo zu lesen, sie nennt
Pausanias II 21, 1 als Gemahlin des Phoroneus. Bei Apollodor (II 1)
heißt sie Teledike.

2 Wohl verderbt statt Kallithoë. Rose übernimmt die Konjektur
von Scaliger: ex Pirantho et Callirhoë.

3 Was in der Lücke gestanden hat, ist nicht auszumachen; «von
ihm» geht wohl auf Triopas (= Triops), jedenfalls gelten Pelasgos,
Agenor, auch Xanthos als seine Söhne. In dem verderbten ex hoc
Eurisabe, Anthus, Pelasgus, Agenor wird ein ex hoc Iasus, Chry-
santhis, P., A. vermutet. Auch der Name Oreaside ist verderbt.

318 ¹ Offenbar ein Mißverständnis des griech. Ἐλευσῖνος (T., Sohn)
des Eleusis, vgl. Apollodor I 32.
    ² Ein Fest, das im Herbst überall in Griechenland und nur von
Frauen gefeiert wurde, um das Gedeihen des eben gesäten Getrei-
des zu fördern.

319 ¹ Gorgon als Vater der Gorgonen nur bei Hygin; gebildet wurde
der Name wohl nach dem Beispiel Phorkos–Phorkiden, während
aber sonst Phorkos als Vater der Gorgonen und der Phorkiden gilt,
vgl. Apollodor I 10.

321 ¹ Diese Elternangabe findet sich nur hier. Allgemein gilt Phaëthon als
Sohn des Helios und der Okeanostochter Klymene (vgl. 152 a, 250)
oder als Sohn des Kephalos und der Eos.
    ² Ursprünglich ein mythischer Fluß, wurde er später mit dem Po
identifiziert.
    ³ 155–163: z. T. sehr verderbte Verzeichnisse der Söhne des Zeus,
des Helios, des Poseidon, des Hephaistos, des Ares, des Hermes,
des Apollon, des Herakles sowie der Amazonen.

323 ¹ Hera wollte von ihrem lahmen Sohn nichts wissen, s. Homer,
Ilias XVIII 395 ff. Eine andere Version des berühmten Sturzes bei
Apollodor I 19, dazu s. Ilias I 590 ff.
    ² Im orphischen Mythos von Dionysos Zagreus will Zeus dem ihm
von Persephone geborenen Sohn die Weltherrschaft übergeben;
von der eifersüchtigen Hera aufgestachelt, locken die Titanen das
Kind an sich, zerreißen es und verschlingen seine Glieder. Zeus
aber ißt das Herz oder gibt es Semele und zeugt mit ihr den neuen
Dionysos.
    ³ Der Name soll also zusammengesetzt sein aus Zeus (Dio-) und Nysos.

324 ¹ Hygin allein hat diesen vielleicht ältesten Zug der Sage bewahrt
(M).

325 ¹ Von dieser Sage existieren zwei Varianten, wovon die zweite,
ausführlichere wohl die ältere ist und deshalb übersetzt wurde.
    ² 170: Sehr verderbtes Verzeichnis der Danaiden und ihrer Mör-
der. Was von Hypermnestra und Lynkeus erzählt wird, entspricht
dem in 273 («An sechster Stelle» usw.) Gesagten.
    ³ Statt des sinnlosen obrueretur, das sich aus dem vorangehenden
obruit in den Text eingeschlichen hat, lese ich combureretur (M).
    ⁴ 173: Verderbtes Verzeichnis der Teilnehmer an der Kalydoni-
schen Jagd.

326 ¹ Die beiden andern Namen Ideus und Lynkeus sind wohl irrtüm-
licherweise in den Text geraten und darum von Rose ausgeschlos-

sen worden. Apollodor I 62 nennt außer Plexippos noch Iphiklos, Euippos, Eurypylos.

² Eigentlich heißt sie Kleopatra, doch schon Homer erzählt, sie sei Alkyone genannt worden, weil ihre Mutter Marpessa wie ein Eisvogel (ἀλκύων) geklagt hatte, als Apollon sie raubte, Ilias IX 556ff. Vgl. auch Apollodor I 60f.

327   ¹ Von gr. trapeza, «Tisch» (M).

329   ¹ Vgl. Anm. 3 zu S. 323.

² Es folgt eine lange, z.T. verderbte Aufzählung der Hunde mit Namen (vgl. Einl. S. XXV) (M).

³ 182: Lückenhaftes Verzeichnis der Töchter des Okeanos.

183: Verderbtes Verzeichnis der Sonnenpferde und der Horen, d.h. der Töchter des Zeus und der Themis.

330   ¹ Ungriechischer Name, der sonst nirgends begegnet. Sicher ein Mißverständnis Hygins oder schon seiner griechischen Quelle, hervorgerufen durch den Titel der Euripideischen Tragödie, auf die das Hyginkapitel letzten Endes zurückgeht: Μελανίππη ἡ δεσμῶτις, vgl. Einl. S. XXVII (M).

332   ¹ Sonst Hippothoon.

333   ¹ Hygin verwechselt Prokris und Prokne, jene war die Tochter des Erechtheus, diese des Pandion (2).

334   ¹ Die Sage ist sonst nirgends überliefert (M).

336   ¹ So ist die Lücke im Text wohl zu ergänzen (M).

² Vgl. Einl. S. XXVIf. (M).

³ «Goldstrom». Hier verrät sich die griechische Quelle Hygins (M).

⁴ Der Name ist im lateinischen Text ausgefallen (M).

337   ¹ Mit πλείονες in Verbindung gebracht, weil ihrer mehr seien als die Hyaden. Ansprechender ist die Erklärung mit πελειάδες: Die sich dicht zusammendrängenden Sterne gleichen fliehenden Tauben (vgl. Preller-Robert I⁴ 464, 4) (M).

² Sisyphos. Zu den göttlichen Gatten der übrigen Pleiaden s. Apollodor III 110ff.: Sterope gilt nach anderer Überlieferung nicht als Gattin des Oinomaos, sondern als dessen Mutter von Ares. Kelaino, Alkyone/Poseidon. Maia/Zeus. Taygete/Zeus (116). Elektra/Zeus (138).

³ Die griechische Quelle ist von Hygin mißverstanden. Aus λογχώδης (so hieß der Stern wegen seiner Ähnlichkeit mit einer Lanzenspitze) wurde bei dem Römer longodes, «länglich» (M).

338   ¹ Überliefert ist Pyranthus. Die Geschichte erzählt Herodot I 24 (M).

339 ¹ Eine etymologische Spielerei: der Name Orion wurde mit οὐρεῖν, urinare, in Zusammenhang gebracht.

   ² Vgl. Apollodor I 41, Antoninus Liberalis 28.

340 ¹ Mit Aphrodite wurde die orientalische Göttin Astarte gleichgesetzt.

   ² Nach der sonstigen Überlieferung ebenfalls ein Vogel, der Reiher (M).

343 ¹ Die Stücke 207 bis 218 fehlen im Text, nur die Überschriften sind erhalten (Makareus, Rhodos, Kyrene, Hekatea, Herse, Endymion, Atys, Narkissos, Hermaphroditos, Eurydike, Maleas). Darnach handelte 214 von Narkissos, wahrscheinlich identisch mit der Erzählung, die uns der Scholiast Lactantius Placidus zu Statius, Thebais VII 341 erhalten hat und die wir von ihm übernehmen (M).

   ² Mißverständnis aus dem gr. Herakleides, was Sohn und Nachkomme des H. bedeutet. T. ist ein Sohn des Aristomachos und Ururenkel des Herakles, vgl. Apollodor II 171 ff.

344 ¹ Wo er schon ist! Vielleicht ist beim ersten Makedonien Mygdonien, ein Landstrich in Makedonien, zu verstehen, denn Kisseus wird auch als König von Mygdonien erwähnt. Aigeai oder Aigai (also von gr. aix, «Ziege», hergeleitet) war die älteste Residenz und Begräbnisstadt der makedonischen Könige.

   ² Dies ist – wenn man von den ganz spärlichen Hinweisen auf römisches Sagengut absieht (252 werden Romulus und Remus, dann Camilla, 255 Tullia, 256 Lucretia erwähnt) – die einzige lateinische Sage.

   ³ Im Text eine Lücke, deren Ausfüllung aber dem Sinne nach nicht zweifelhaft sein kann (M).

   ⁴ Homo vocetur quoniam ex humo videtur esse factus: das Wortspiel läßt sich im Deutschen unmöglich wiedergeben. Ich suchte mir, so gut es ging, zu helfen (Menschenbild – aus Lehm gebildet). Zum Ganzen vgl. Herder, «Das Kind der Sorge», (M); ferner die Interpretation von M. Heidegger in «Sein und Zeit», 1. Hälfte, Halle 1927, S. 197 ff.

345 ¹ Von 222 ist nur der Titel, «Die sieben lyrischen Dichter», erhalten.

346 ¹ Im allgemeinen gilt G. als Sohn des Tros, vgl. Apollodor III 140.

   ² Der anschließende Satz quod postea a rege ... restituerunt ist lückenhaft. Vielleicht wurde, wie Rose vermutet, noch die bekannte Geschichte von Herostratos, der, um sich einen Namen zu machen, den Tempel anzündete, erwähnt und daß er unter König

Alexander wiederhergestellt wurde. Auch der Schluß ist unvollständig.

3 Von 226 bis 237 existieren nur noch die Titel: Sterbliche Frauen,
die von Zeus; von Apollon; von Poseidon; von Hermes; von Dionysos; von Ares; von Boreas umarmt wurden; Göttinnen, die von
Sterblichen umarmt wurden; Vatermörder; Muttermörder; Bru-
dermörder; Väter, die ihre Söhne töteten.

4 Der folgende Satz ist verderbt, ein Kallisthenes, der offenbar
ebenfalls seine Tochter getötet hat, wird erwähnt.

347   1 Vielmehr des Tyndareos.

348   1 S. Anm. 1 zu S. 333.

2 Sonst des Pandion; doch ist sicher, daß Poseidon einst im Aigeus-
Mythos eine große Rolle spielte.

3 Vielmehr des Ares. Zur Geschichte vgl. Apollodor I 59f.

4 Menoikeus, der Vater des Kreon, wird mit dem gleichnamigen
Sohn verwechselt; vgl. auch 67.

350   1 Pallas ist ein Sohn Pandions wie Aigeus, also Onkel des Theseus,
vgl. Apollodor III 206f., Ep 1, 11. Mit Neleus hat Theseus nichts zu
tun, weshalb Rose vermutet, nach Pallas sei der Name Pelias ausgefallen; Neleus und Pelias sind feindliche Brüder, vgl. Apollodor I 93.
Korrekturzusatz: Im Text ist nach Pallas ein Punkt zu setzen.

2 Der Name ist wohl verderbt, die Stelle unsicher.

3 Der Text ist verderbt.

351   1 Jagdhunde des Königs Archelaos von Makedonien, bei dem Euripides seine letzten Jahre verbrachte, sollen ihn zerrissen haben.

352   1 Vielmehr der Asterope, vgl. 84.

2 Vgl. Ovid, Metamorphosen XV 543f.

353   1 Vgl. Anm. 1 zu S. 332.

2 Ilia heißt sie als Schutzgöttin der Troer; sonst Rhea Silvia.

3 Was kaum stimmen kann. Vielleicht ist etwas ausgefallen, und es
war auch Paris, der auf dem Ida ausgesetzt wurde, noch erwähnt
worden, vgl. 91.

354   1 Die Namen dieses berühmten Brüderpaars von Katane variieren,
ihre Geschichte wird oft erzählt, vgl. z.B. Pausanias X 28,4; Mar-
tial VII 24,5; als Symbol der Frömmigkeit erscheinen sie auch auf
Münzen.

2 Im Text steht Cleops und Bitias.

3 «um nicht mehr zu erwachen», dies etwa muß in der Lücke gestanden haben. Vgl. Herodot I 31 oder Polybios XXII 18, Pausanias
II 20, 2.

355 ¹ Gemeint ist der Minotauros, der von Theseus mit Hilfe der Ariadne getötet wurde, vgl. 42. Über die Tötung ihrer Söhne (vgl. Ep 1,9) ist sonst nichts bekannt, vielleicht ist der Text lückenhaft.
² Vgl. 168.
³ Auf ihr Betreiben tötete Tarquinius Superbus ihren Vater Servius Tullius, vgl. Livius I 46 ff.
⁴ Von Sextus Tarquinius, dem Sohn des Tarquinius Superbus geschändet, verübte sie Selbstmord, worauf die Königsherrschaft in Rom gestürzt wurde, vgl. Livius I 58 f.
⁵ Die berühmten «Tyrannenmörder». Vgl. Thukydides I 20, VI 54 ff., und das Volkslied in: Griechische Lyriker, BAW 1949, S. 130.
⁶ Die Geschichte ist bekannt mit den Namen Phintias und Damon, vgl. Cicero, Vom rechten Handeln III 45, Gespräche in Tuskulum V 63. Schiller folgt Hygin (vgl. Einleitung S. XXXII).

356 ¹ Im Text steht Phalaris, zwar auch ein grausamer Tyrann in Sizilien, der aber rund 200 Jahre früher lebte als der zuerst (richtig) genannte Dionysios (der Jüngere). – Nicht gegen «denselben Tyrannen», wie es nachher heißt, sondern gegen Hipparch in Athen verübten Harmodios und Aristogeiton einen Anschlag.

357 ¹ Ein aus Vergils Aeneis bekanntes Freundespaar (IX 176–450).
² 258–261 wurden nicht übersetzt, da sie nicht Hygin zuzuschreiben sind. Von 262–268 sind nur die Titel erhalten: Das Käuzchen, Demeter (diese beiden wohl auch nicht Hyginisch), Die vom Blitz erschlagen wurden, Die durch Poseidon, Hermes oder Athene umkamen, Die durch Apollon umkamen, Kriegerische Frauen, Tapfere Helden. 269 mit dem Titel Hochangesehene Männer ist verstümmelt.
³ Der Name ist verderbt. Apollodor III 138 nennt diesen Iasion einen Zeussohn, vgl. Hygin 250.
⁴ Deion (Deioneus) oder Hermes werden sonst als Vater des K. genannt.
⁵ Vielmehr des Aëthlios; Aitolos war sein Sohn; vgl. Apollodor I 56 f.
⁶ S. Anm. 1 zu S. 346.
⁷ Vgl. Ovid, Metamorphosen III 341 ff.

358 ¹ Vgl. Ovid, Metamorphosen IV 288 ff.; 368 nennt Ovid ihn Atlantiades (Enkel des Atlas); aus dieser oder einer ähnlichen Stelle bildete Hygin vielleicht den Namen Atlantios.
² Vgl. 85, wo Laios als Räuber genannt ist. Nach einer andern Version raubte den Chrysippos Zeus (woraus vielleicht das irrtümliche «Theseus» entstanden ist).

³ Von 272 ist nur der Titel, Auf dem Areiopag geführte Vatermord-
prozesse, erhalten.

⁴ Vgl. 63.

359 ¹ Die berühmten Leichenspiele für Pelias wurden in Poesie und
bildender Kunst oft verherrlicht.

² Der Name ist verderbt, vielleicht aus Lycum.

³ Vgl. 91.

360 ¹ Vgl. Homer, Ilias XXIII 171 ff.

² Da dieser Abschnitt Vergils Aeneis (V 42 ff.) entnommen ist,
wurden die Namen in der lateinischen Form belassen.

361 ¹ Vgl. Aeneis V 519 ff.

362 ¹ Genauer: aus dem Erythräischen Meer (dem Persischen Meerbu-
sen).

363 ¹ Wohl scheinen in mythischer Zeit Beziehungen zwischen Chalkis,
der Hauptstadt Euboias, und Attika bestanden zu haben; so werden Pandoros, Sohn des Erechtheus, und attische Kolonisten als
Urbewohner erwähnt; aber nichts weist darauf hin, daß Athene
hier besonders verehrt worden wäre; Rose vermutet ein Mißverständnis ihres Beinamens Chalkioikos «Erzbehauste».

² S. Anm. 1 zu S. 318.

³ Sonst: des Zeus, vgl. 145 und Apollodor II 2 f.

⁴ Unsinn; Ekbatana ist eine Stadt in dem nach Medos benannten
Medien, vgl. 27, Apollodor I 147.

⁵ Vgl. 133.

364 ¹ 276: Verderbte Aufzählung der größten Inseln.

² Nur sechs aber werden genannt.

³ Insofern wenigstens, als die Noten durch Buchstaben oder buch-
stabenähnliche Zeichen wiedergegeben wurden.

367 ¹ Apollodor, Epitome 1, 21 f. 2, 15 f. 3, 9–14. 3, 34–4, 7. 6, 15 a–
15 c. 7, 1–40. Parthenios 1–3. 5–8. 11–14. 17. 19. 21. 23 f. 27 f. 30–
35. Antoninus Liberalis 1–8. 10–12. 14. 18. 20–22. 27–31. 33–38.
41. Hygin 38. 45. 60–62. 70 f. 85. 87. 106. 112. 125 f. 135. 145.
148. 151–154. 164 f. 174. 178–180. 189. 195 f. 199. 202 f. 205 f.
221–277.

REGISTER DER MYTHISCHEN NAMEN

Die Personennamen erscheinen – auch in der Übersetzung – in griechischer Form, mit Ausnahme derjenigen aus der römischen Sage und der verderbten.

Abkürzungen bei Personennamen

Br. = Bruder   S.   = Sohn   T. = Tochter
G. = Gatte, Gattin   Schw. = Schwester   V. = Vater
M. = Mutter

Abkürzungen bei Stellenangaben

I–III = Apollodor I–III   AL = Antoninus   H = Hygin
Ep   = Apollodor, Epitome   Liberalis   P = Parthenios

ARISBE, T. des Merops III 147f.

ARISTAIOS, V. des Aktaion III 26. 30. H 180f. 247

ARISTODEME, T. des Priamos III 153

ARISTODEMOS, S. des Aristomachos (1) II 173.177f.

ARISTOGEITON H 257 (S. 356f.)

ARISTOMACHOS, S. des Kleodaios II 171. H 137

ARISTOMACHOS, S. des Talaos I 103. III 63

ARISTON P 25

ARISTRATOS, Freier der Penelope Ep 7,30

ARKAS, S. des Zeus und der Kallisto III 101f. H 176.224.275

ARKEISIOS, V. des Laërtes I 112. H 125 (S. 306). 189

ARKEOPHON, S. des Minnyrides AL 39

ARNEOS, V. der Megamede II 66

ARSINOË, T. des Leukippos (4), M. des Asklepios III 118

ARSINOË, T. des Nikokreon AL 39

ARSINOË, T. des Phegeus III 87.90

ARSINOOS, V. des Chromios und Ennomos Ep 3,35

ARSIPPE, T. des Minyas AL 10

ARTEMICHE, T. des Kleinis AL 20

ARTEMIS, T. des Zeus und der Leto I 21f.25.27.38.55.66.105. II 81f. III 30f.46.100f.126.183. Ep 2,2.10, 3,21f. P 9.15. AL 1f.4.11.13.15f.17 (Anm.1). 20f. 25. 27f. 35. 40. H 9. 24. 26ff.53. 79f. 98. 120ff. 140. 146.150. 172. 174. 180f. 186. 189.195. 200. 223. 225. 238. 251.

ASIA, T. pes Okeanos I 8

ASIOS, S. des Hyrtakos Ep 3,35

ASKALABOS, S. der Misme AL 24

ASKALAPHOS, S. des Acheron I 33. II 125f.

ASKALAPHOS, S.des Ares,Argonaut I 113. III 130

ASKANIOS (Askianus), S. des Aineias (Aeneas) H 254a. 273 (S. 361)

ASKANIOS, S. des Aretaon Ep 3,35

ASKANIOS, S. des Priamos III 153.

ASKLEPIOS, S. des Apollon III 118ff.131.H49.202.224.251. 274 (S. 361)

ASOPIS, T. des Thespios II 163

ASOPOS, S. des Okeanos, V. der Aigina I 85. II 5f. III 156f. 161. AL 38. H 52

ASPALIS AL 13

ASSAON, V. der Niobe P 33

ASSARAKOS, S. des Tros III 140f. H 94.224.270

ASSESOS, V. des Antheus P 14

ASTAKOS III 74

ASTERIA, Titanin I 8f.21. H 53

ASTERIA, T. des Atlas H 250

ASTERIA, T. des Danaos II 17

ASTERIOS, Herrscher in Kreta III 5.7f.

ASTERIOS, s. Minotauros

ASTERIOS, S. des Kometes, Argonaut I 113

ASTERIOS, S. des Neleus I 93

ASTERODIA, T. des Deion I 86

ASTEROPAIOS, S. des Pelegon Ep 4,7. H 112

ASTEROPE, T. des Atlas H 84

ASTEROPE, T. des Kebren III 147

ASTRAIOS, S. des Kreios I 8f.

28

93.98.102.113. II 130.142f.
III 46. Ep 3,12. H 10.31.244.
273 (S.360)

NELO, T. des Danaos II 18

NEMESIS, M. der Helena III 127

NEOMERIS, Nereide I 12

NEOPHRON, S. der Timandre AL 5

NEOPTOLEMOS (Pyrrhos), S. des
Achilleus und der Deidameia
III 174. Ep 5,10ff. 21. 24. 6,5.
12ff. 7,40. H 108.112.122f.
193

NEPHALION, S. des Minos II 99.
III 7

NEPHELE, G. des Athamas I 80.82.
H 1–3

NEPHELE, G. des Ixion H 33f.
(vgl. Ep 1,20)

NEPHOS, S. des Herakles II 164

NEREIDEN, Töchter des Nereus
und der Doris I 11f.136. II 43.
III 171. H 64.106

NEREUS, S. des Pontos und der Ge
I 10f. II 115. III 34.158.168.
AL 38

NEREUS H 244

NESAIE, Nereide I 12

NESSOS, Kentaur II 86.151f.157.
H 31.34.36.240.243

NESTOR, S. des Neleus und der
Chloris I 93f. II 142. III 129. Ep
3,12. 6,1. H 10.252.273 (S.
360)

NIKANDRE P 27

NIKE, T. des Pallas (2) und der
Styx I 9

NIKE, T. des Thespios II 162

NIKIPPE, T. des Pelops II 53

NIKIPPE, T. des Thespios II 164

NIKODAMAS, G. der Oinoë AL 16

NIKODROMOS, S. des Herakles
II 162

NIKOKREON AL 39

NIKOMACHOS, Freier der Penelope
Ep 7,27

NIKOSTRATOS, S. des Menelaos
III 133

NIKOTHOË, Harpyie I 122

NINOS, G. der Semiramis H 240

NIOBE, T. des Assaon P 33

NIOBE, T. des Phoroneus II 1f.
III 96. H 145

NIOBE, T. des Tantalos III 45ff.
H 9f.

NIREUS, S. des Charopos
(Charops) Ep 3,13. H 270

NIREUS, S. des Poseidon und der
Kanake I 53

NISAS, Freier der Penelope
Ep 7,29

NISOS, V. der Skylla III 206.210f.
H 198.242.255

NISSAIOS, Freier der Penelope
Ep 7,29

NISUS H 257.273 (S.360)

NOMION, V. des Antheus, Thessalier AL 5

NOMION, V. des Nastes und
Amphimachos, Karer Ep 3,35

NYKTEIS, G. des Polydoros (3)
III 40

NYKTEUS, S. des Chthonios oder
des Hyrieus, V. der Antiope III
40ff.111. H 7ff.

NYKTEUS, V. der Kallisto III 100
(nach Asios)

NYKTIMENE, T. des Epopeus (1)
H 204.253

NYKTIMOS, S. des Lykaon III 96.
99

POLYDOROS, S. des Priamos
III 151. H 109. 254
POLYGONOS, S. des Proteus II 105
POLYIDOS, Freier der Penelope
Ep 7, 27
POLYIDOS, S. des Koiranos III 18 ff.
H 136. 251
POLYKASTE, T. des Nestor I 94
POLYKLES, Br. der Polykrite P 9
POLYKRITE, Schw. des Polykles P 9
POLYKTOR, S. des Aigyptos II 19
POLYLAOS, S. des Herakles II 161
POLYMEDE, T. des Autolykos,
M. des Iason I 107
POLYMEDON, S. des Priamos III 153
POLYMELE, T. des Aiolos (1) P 2
POLYMELE, T. des Peleus III 176
POLYMESTOR, König der Thraker
H 109. 240
POLYMNIA, Muse I 13
POLYNEIKES, S. des Oidipus III 55.
57–63. 66 ff. 74. 78. 81 f. Ep
3, 17. H 67–72. 243. 254
POLYNOME, Nereide I 12
POLYPEMON III 218. Ep 1, 4
POLYPHEIDES, Herrscher von
Sikyon Ep 2, 15
POLYPHEMOS, S. des Elatos (5),
Argonaut I 113. 117. AL 26
POLYPHEMOS, S. des Poseidon und
der Thoosa, Kyklop Ep 7, 4 ff.
H 125
POLYPHONTE, T. des Hipponoos
(3) AL 21
POLYPHONTES, Herold des Laios
III 51
POLYPHONTES, Herrscher von
Messene II 180. H 137
POLYPOITES, Freier der Penelope
Ep 7, 27

POLYPOITES, S. des Apollon und
der Phthia I 57
POLYPOITES, S. des Odysseus
Ep 7, 34
POLYPOITES, S. des Peirithoos
III 130. Ep 3, 14. 6, 2
POLYTECHNOS, G. der Aëdon AL 11
POLYXENE, T. des Priamos
III 151. Ep 5, 23. H 110
POLYXENOS, König von Elis II 55
POLYXENOS, S. des Agasthenes
III 130
POLYXO, G. des Danaos II 19
POLYXO, Lemnierin H 15
POLYXO, M. der Antiope (2) III 111
POLYXO, T. des Atlas, Hyade H 192
PONTOMEDUSA, Nereide I 11
PONTOS, G. der Ge I 8. 10
PORPHYRION, Gigant I 35 f.
PORTHAON (Parthaon, Portheus),
S. des Agenor (7) oder des Ares
I 59. 63. AL 2. H 129. 172. 175.
239. 242
PORTHEUS, s. Porthaon
PORTHEUS, S. des Lykaon III 97
PORTHEUS, V. des Echion Ep 5, 20
PORTUNUS, s. Melikertes
POSEIDON, S. des Kronos und der
Rhea I 4. 7. 25. 27 f. 38. 53. 60.
90. 93. 108. 112 f. 119 f. 144. II
10. 13 f. 23. 32. 42 f. 50 f. 67.
86. 88. 94. 103. 105. 109. 111.
115 f. 138 f. 147. III 1. 3. 8 f.
75. 77. 111. 117. 156. 161. 168.
170. 178 ff. 196. 201. 204. 208.
215 (S. 122, Anm. 1). Ep 1, 2. 19.
2, 3. 6, 6. 7, 4. 9. 24 f. 34. AL 3.
9. 17 (Anm. 1). 20. 22. H 3. 10.
12. 17 f. 28. 31 f. 37 f. 46 f. 56.
64. 89. 125. 135. 139 f. 151.

THERSANDROS, S. des Polyneikes III 81 f. Ep 3, 17. H 69.71

THERSILOCHOS, Freier der Penelope 7, 27

THERSITES, S. des Agrios (5) I 77 f. Ep 5, 1

THESEUS, S. des Aigeus und der Aithra I 67.111.147. II 124. 133. III 12.56.79.128.216 ff. Ep 1, 1–12.16 ff.21.23 f. 5, 2. 22. AL 27.33. H 30.37 f.40– 43. 47. 79. 187. 241. 243 f. 250 f. 270 f. 273 (S. 359)

THESPIOS, König der Thespier II 65.72.149.161.165

THESPROTOS, S. des Lykaon, König der Thesproter III 96. H 88

THESSALOS (Thettalos) II 166. Ep 3, 13. 6, 15.15 b. H 225

THESSANDROS H 108

THESTALOS, S. des Herakles II 166

THESTIOS, S. des Ares und der Demonike I 59.62.64.68.71 ff. 113. III 125. AL 2. H 70.73. 77 f.129.171.174.239 f.250

THESTOR, Seher H 190.256

THETIS, Nereide, M. des Achilleus I 11.19.136. III 34.168–171. 174. Ep 3, 14.26.29. 6, 5 f. 12. P 21. H 54.92.96. 106.270

THETTALOS, s. Thessalos

THISBE H 242 f.

THOAS, Freier der Penelope Ep 7, 27

THOAS, S. des Andraimon (2) Ep 3, 12. 7, 40. H 108

THOAS, S. des Borysthenes, König der Taurer Ep 6, 27. AL 27 H 120 f.

THOAS, S. des Dionysos, V. der Hypsipyle I 114 f. III 65. Ep 1, 9. H 15.74. 120.254

THOAS, S. des Ikarios (1) III 126

THOON, Gigant I 38

THOOSA, M. des Polyphemos Ep 7,4

THRASIOS, s. Phrasios

THRASSA, G. des Hipponoos (3) AL 21

THRASYMEDES, Freier der Penelope Ep 7, 27

THRASYMEDES, S. des Nestor I 94

THREPSIPPAS, S. des Herakles II 161

THRIASOS, Freier der Penelope Ep 7, 28

THYESTES, S. des Pelops II 56. Ep 2, 10–16. H 84–88. 117.243 f. 246.252 ff.

THYMBRAIOS, S. des Laokoon H 135

THYMBRIS, M. des Pan I 22

THYONE (Semele) III 38

THYREUS, S. des Oineus I 64

THYRIE, T. des Amphinomos AL 12

TIGASIS, S. des Herakles II 163

TIMANDRA, T. des Tyndareos III 126

TIMANDRE, M. des Neophron AL 5

TIPHYS, Steuermann der Argonauten I 110. 126. H 18

TIPHYSE, T. des Thespios II 164

TISAMENOS, S. des Orestes II 171. 176. Ep 6, 28

TISIPHONE, Erinye I 3

TISIPHONE, T. des Alkmaion III 94

TITANAS, S. des Lykaon III 97

TITANEN, Söhne des Uranos und der Ge I 2 f. 6 ff. 34. AL 36. H 150.167

REGISTER DER ZITIERTEN AUTOREN

AKUSILAOS VON ARGOS, 5. Jh. v. Chr., stellte in seinen «Genealogien» die epische Heldensage in prosaischer Form dar. II 2. 5 f. 26. 94. III 30. 96. 133. 156. 199

ALEXANDROS VON PLEURON (Ätolien), geb. 315 v. Chr., war als Tragödiendichter bekannt; schrieb auch Elegien, wie den in P 14 zitierten «Apollon» (die Geschicke unglücklich Liebender werden vom Gott vorausgesagt).

ANDRISKOS, ein vielleicht im 3. oder 2. Jh. v. Chr. lebender Verfasser einer Lokalgeschichte von Naxos. P 9. 19

ANTIGONOS VON KARYSTOS, Dichter aus dem Anfang der Kaiserzeit; außer Epigrammen ist nur noch der Titel seines mythographischen Werkes «Veränderungen» sowie einer kleineren Dichtung erhalten. AL 23

APOLLONIOS VON RHODOS, 3. Jh. v. Chr., alexandrinischer Dichter. Erhalten ist sein Epos «Die Argonauten», nicht aber die in epischer Form erzählten Gründungssagen, wozu «Kaunos» gehört. Auch die Epigramme sind bis auf eines verloren. I 123. P 1. 11. 28. AL 23

AREUS VON SPARTA, unbekannter Dichter. AL 12

ARISTODEMOS VON NYSA, 1. Jh. v. Chr., Lehrer der Rhetorik und Grammatik. Seine «Geschichten» waren wohl eine Sammlung von Erzählungen in der Art von Parthenios' «Liebesleiden». P 8

ARISTOKRITOS, weder über seine Lebensdaten noch seine Schriften ist etwas Genaueres bekannt. P 11

ARISTOTELES VON STAGIRA, 384–322 v. Chr., Gründer der Peripatetischen Schule, welche philosophische Theorien auf Grund von reichem empirischem Material entwickelte. Aus der Sammlung von Staatsverfassungen stammt möglicherweise die Geschichte P 14

ASIOS VON SAMOS, Epiker des 7. Jh. v. Chr. III 100

ASKLEPIADES VON MYRLEA (Bithynien), 1. Jh. v. Chr., Lehrer der Grammatik. Verfaßte Kommentare zu Homer und Theokrit sowie Schriften zur Grammatik. Von seiner Geschichte Bithyniens in mindestens 10 Büchern ist nichts erhalten. P 36

ASKLEPIADES VON TRAGILOS, 4. Jh.

v. Chr., Mythograph, s. Einleitung, S. XVII. II 6. III 7

ATHANADAS, Verfasser einer Lokalgeschichte von Ambrakia. AL 4

BOIOS. Die «Entstehung der Vögel», eine anonyme, in Hexametern verfaßte Dichtung, schrieb man wohl in alexandrinischer Zeit einer legendären delphischen Priesterin und Dichterin namens Boio zu; später wurde Boio zu Boios. AL 3. 5.7.11.15f.18–21

DEMARATOS, vermutlich Verfasser eines Romans über die Argonautensage. I 118

DICHTER DER ALKMAIONIS, eines um 600 v. Chr. im korinthischen Kulturkreis entstandenen Epos, das die Taten des Alkmaion erzählte. I 76

DICHTER DER BESIEDLUNG VON LESBOS, einer anonymen epischen Dichtung des 4. Jh. v. Chr. P 21

DICHTER DER EPEN VON DER HEIMKEHR (Nosten). In diesen nachhomerischen Epen wurden, wie der Titel sagt, die Geschicke der nach der Eroberung Troias heimkehrenden Helden erzählt. II 23

DICHTER DER KLEINEN ILIAS, eines nachhomerischen Epos, welches die Ereignisse des Troianischen Krieges vom Streit um Achills Waffen bis zur Einholung des hölzernen Pferdes erzählte. Ep 5,14

DICHTER DER NAUPAKTIKA, eines spätestens Anfang des 5. Jh. v. Chr. entstandenen Epos genealogischen Inhalts. III 121 (S. 102, Anm. 1)

DICHTER DER THEBAIS, eines uns nur noch in Fragmenten erhaltenen Epos aus homerischer Zeit über den «Zug der Sieben gegen Theben». I 74

DIDYMARCHOS, Metamorphosendichter, wohl aus alexandrinischer Zeit. AL 23

DIODOROS VON ELAIA, Elegiker, wohl aus alexandrinischer Zeit. P 15

DIONYSIOS SKYTOBRACHION VON MYTILENE, 2. Jh. v. Chr., Verfasser eines Argonautenromans, s. Einleitung S. XX. I 118

EUMELOS VON KORINTH, 8. Jh. v. Chr. oder später, Epiker. III 100.102.133

EUPHORION VON CHALKIS, 3. Jh. v. Chr., Dichter und Gelehrter; verfaßte unter anderem kleinere Epen in alexandrinischer Manier. Der «Apollodoros» gehörte zu einer Reihe von Einzelgedichten, die vielleicht nach dem Adressaten benannt sind; der «Thraker» (dieser Titel bleibt unklar) scheint einen bunten Inhalt gehabt zu haben. Ep 6,15b. P 13.26.28

EURIPIDES, ca. 485–406 v. Chr., der jüngste der drei großen attischen Tragiker. II 11. III 75. 94.109. H 4.8

HEGESIPPOS VON MEKYBERNA, 3.

Jh. v. Chr., Verfasser einer Lokalgeschichte von Pallene. P 6.16

HELLANIKOS VON MYTILENE, 5. Jh. v. Chr., Geschichtsschreiber. Die «Troischen Geschichten» waren wohl ein genealogisches Werk. P 34

HERMESIANAX VON KOLOPHON, um 300 v. Chr. Seine 3 Bücher umfassende Sammlung von Elegien trägt nach seiner Geliebten den Titel «Leontion». In den «Persika» war vielleicht die Geschichte von Nanis enthalten. P 5.22. AL 39

HERODOROS VON HERAKLEIA, um 400 v. Chr., Sophist, Verfasser einer Heraklesgeschichte, s. Einleitung S. XX. I 118. III 45

HESIOD VON ASKRA (Böotien). Außer dem epischen Lehrgedicht «Werke und Tage» ist uns seine «Theogonie» erhalten, neben Homers Ilias und Odyssee die Hauptquelle aller Mythographie. Der «Schild» des Herakles ist ein ihm zugeschriebenes Epos in 460 Versen, wohl aus der Wende vom 7. zum 6. Jh v. Chr. In den «Großen Eoien» erzählt er die Abkunft edler Geschlechter von berühmten Heroinen. I 74.123. II 2.5.26.31.38 (S. 44, Anm. 1). III 45.71.96.100. 109.183. AL 23. H 154

HOMER I 19. II 25.31. III 3.45

KASTOR VON RHODOS, 1. Jh. v. Chr. Seine «Geschichtsbücher» (Chronika) sind eine tabellari-sche Zusammenstellung orientalischer, griechischer, römischer Geschichte von der mythischen Zeit bis 61/60 v. Chr. Hieraus ergibt sich der Terminus post quem für die Abfassung von Apollodors «Bibliothek». II 5

KEPHALON VON GERGITHOS. Unter diesem fingierten Namen schrieb der um 200 v. Chr. lebende Hegesianax von Alexandreia (Troas) seine «Troischen Geschichten», s. Einleitung S. XX. P 4.34

KERKOPS VON MILET, Epiker des 6. Jh. v. Chr. II 6.23

KORINNA VON TANAGRA (Böotien), um 500 v. Chr., verfaßte lyrische Gedichte über böotische Sagenstoffe. AL 10.25

KRETIKA, vielleicht ein Werk des Epimenides, der als Wundertäter und Theologe in Kreta lebte (etwa um 500 v. Chr.) und auch eine Theogonie verfaßte. H 177

LIKYMNIOS VON CHIOS, 5. Jh. v. Chr., Dithyrambendichter und Rhetor. P 22

MELESAGORAS oder AMELESAGORAS. Unter diesem Namen eines sagenhaften eleusinischen Sehers liefen eine Reihe griechischer Wundergeschichten. III 121 (S. 102, Anm. 1)

MENEKRATES VON XANTHOS, 4. Jh. v. Chr., Verfasser einer Geschichte Lykiens. AL 35

MOIRO VON BYZANTION, um 300 v. Chr., verfaßte epische Ge-

dichte, Hymnen, Elegien; von
den «Verwünschungen» ist
nichts erhalten. P 27

NEANTHES VON KYZIKOS, der ältere, um 300 v.Chr., Rhetor.
Von seinen verschiedenen
Schriften kann man sich kaum
mehr eine genauere Vorstellung
machen. Das erwähnte 2.Buch
gehört vielleicht zu dem die mythische Zeit seiner Stadt be-
schreibenden Werk. P 33

NIKAINETOS VON SAMOS oder AB-
DERA, 2.Hälfte des 3.Jh., Verfasser von Epigrammen und epischen Gedichten («Lyrkos»);
die in P 11 zitierten Verse stammen wohl ebenfalls aus dem
«Lyrkos». P 1.11

NIKANDROS VON KOLOPHON, 2.
Jh. v.Chr., Grammatiker und
Dichter. Seine «Verwandlungen» in epischer Form sind
hauptsächlich durch Antoninus
Liberalis bekannt. «Über die
Dichter» war wohl ein Prosa-
werk. P 4.34. AL 1f. 4.8ff.
12f.17.22–32.35.38

ORPHIKER, Verfasser der unter Orpheus' Namen gehenden Schriften kosmogonischen, theogoni-
schen Inhalts. III 121 (S.102,
Anm. 1)

PAMPHILOS VON ALEXANDRIA, 1.
Jh. n.Chr., Grammatiker. Das
Zitat stammt vielleicht aus sei-
nem Sammelwerk «Leimon»
(Wiese). AL 23

PANYASSIS VON HALIKARNASS, 5.
Jh. v.Chr., Onkel Herodots,

verfaßte ein Epos über Herakles
mit mehreren Exkursen. I 32.
III 121 (S. 102, Anm. 1). 183

PEISANDROS. Von den verschiedenen Personen dieses Namens ist
hier wohl der Mythograph aus
hellenistischer Zeit gemeint.I 75

PHAINIAS VON ERESOS (Lesbos),
um 320 v.Chr., Schüler des
Aristoteles. Die Geschichte von
Antileon und Hipparinos stammt
wohl aus seiner Schrift «Tyran-
nenmord aus Rache». P 7

PHEREKYDES VON ATHEN, 5.Jh.
v.Chr. In seinen 10 Bücher umfassenden «Geschichten» erzählte er die Abstammungen
der Götter und adligen Geschlechter. I 25.32.76.118. II
6.62.148. III 3.24f. 70.100.
158. AL 33. H 154

PHILETAS VON KOS, um 300 v.
Chr., alexandrinischer Gelehrter und Dichter. Vom «Hermes», einem kleinen Epos, sind
einige Verse erhalten. P 2

PHILOKRATES, Verfasser einer
Schrift über Thessalien. III 176

PHYLARCHOS VON ATHEN, 3.Jh.
v.Chr. Sein Geschichtswerk in
28 Büchern über die Zeit 272–
200 enthielt zahlreiche mythographischen Exkurse. P 15.25.
31

PINDAR, 518–438 v.Chr., der
große thebanische Chorlyriker.
II 38 (S. 44, Anm. 1)

SIMIAS VON RHODOS, um 300 v.
Chr., alexandrinischer Dichter
und Grammatiker. P 33. AL 20

INHALTSVERZEICHNIS

Hyginus · Sagen